中国体育小镇建设纲要

主　编　陈　刚　杨国庆
副主编　叶小瑜

人民体育出版社

前　言

2016年7月，住房城乡建设部、国家发展改革委、财政部联合下发了《关于开展特色小镇培育工作的通知》，要求到2020年培育1000个左右各具特色、富有活力的特色小镇。2017年5月，国家体育总局办公厅颁布了《关于推动运动休闲特色小镇建设工作的通知》，提出到2020年，在全国扶持建设一批体育特征鲜明、文化气息浓厚、产业集聚融合、生态环境良好、惠及人民健康的运动休闲特色小镇。2017年8月，国家体育总局赵勇副局长在全国运动休闲特色小镇培训工作会议上指出，从战略和全局的高度充分认识建设体育特色小镇的重要意义，要遵循体育特色小镇发展的规律。2017年8月，国家体育总局公布了首批运动休闲特色小镇试点项目名单，初步在全国选定了96个体育小镇示范性试点。

从实践层面上看，2016年9月，江苏省体育局采用"省地共建"模式在全国体育系统率先启动体育健康特色小镇创建工程，并提出了力争到2020年培育20个体育健康特色小镇的战略目标。当前，各地纷纷兴起了体育小镇建设热潮，各种类型的体育小镇正如雨后春笋般出现在中国大地上，成为各地深入推进新型城镇化建设、促进全民健身国家战略实施、推动体育产业发展和供给侧结构性改革、促进脱贫攻坚和区域经济发展、提升老百姓幸福感和获得感的重要抓手。体育小镇已成为中国体育实践的热门话题。

《中国体育小镇建设纲要》一书正是在这样的背景下应运而生的。本书主要是希望通过对体育小镇建设兴起的时代背景、体育小镇的内涵、中国体育小镇建设发展现状、国外体育小镇建设的经验研究、中国体育特色小镇建设指南及评价指标体系等理论问题的研究，并精选了江苏省14个体育健康特色小镇创建实录的案例，重点总结和提炼了体育小镇建设的江苏模式、特色与经验，新意层出、发人深省、令人振奋，是一部适应时代潮流和产业发展新理念的力作，也是中国体育小镇初创期建设成果的缩影与展示。本书旨在抛砖引玉，不断丰富和完善中国体育小镇建设与发展的理论，探索中国体育小镇建设的路径，为我国各地大量体育小镇的创建提供必要的实际操作方法和手段。

全书共分为"理论篇"和"实践篇"，其中"理论篇"共6章，"实践篇"是江苏省首批和第二批省地共建的14家体育健康特色小镇创建实录的案例。基本内容体系安排如下。

第一章，体育小镇建设兴起的时代背景及政策解析。这一章主要从新型城镇化战略、全面推进"健康中国"建设、供给侧结构性改革、精准扶贫、美丽乡村建设、体育惠民、全民幸福等角度阐述体育小镇建设兴起背景，然后从国家层面和地方层面解读体育小镇的相关政策。

第二章，体育小镇概述。这一章首先在对相关概念辨析的基础上，尝试界定体育小镇的基本概念，归纳了体育小镇的四种主要类型，简要分析了体育小镇的系统、构成要素和功能。

第三章，我国体育小镇建设发展现状。首先描述了我国体育小镇建设的基本情况，就我国重点区域体育小镇建设情况进行了分析，然后结合体育小镇建设的典型案例分析，探讨了体育小镇建设发展趋势及挑战。

第四章，国外体育小镇建设的经验研究。本章结合法国沙木尼体育旅游小镇和意大利蒙特贝卢纳镇、奥修国际静修村等案例，剖析了国外运动休闲型、产业型、康体型和赛事型体育小镇建设模式，并总结提炼出国外体育小镇建设模式的共性经验及其对我国的启示。

第五章，中国体育小镇建设指南。这一章首先在分析我国体育小镇建设现状和发展形势的基础上，从指导思想、建设原则、发展理念和建设目标上阐明了体育小镇建设的总体要求，明确体育小镇建设的主要任务和建设内容，最后分析了体育小镇建设的主要措施与保障体系。

第六章，中国体育小镇建设评价指标体系。本章在立足于分析体育小镇评价指标体系构建意义的基础上，重点探讨了体育小镇评价指标体系构建的原则、构建的维度和指标的选择。

实践篇首先对江苏省体育健康特色小镇创建实践值得推广的经验与做法进行了总结与提炼，同时立足江苏省首批和第二批省地共建的14家体育健康特色小镇创建实践，从体育健康特色小镇基本情况介绍、主要做法、企业访谈录和调研手记的角度研究了江苏省体育健康特色小镇创建的案例，并邀请了国内知名专家对案例进行了点评。

本书的完成与既有研究成果的继承是分不开的。在编写过程中，笔者大量参阅了已有的特色小镇文献，许多实例资料和统计数据来自于近一年各类研究机构的研究报告和相关资料。所涉及参考文献，凡属于专门引述的，我们都注明了出处，其他情况在书后附注"参考书目"或"参考文献"，以尊重作者对本书的劳动与贡献。在此，特向有关文献的作者表示谢意！

在本书编写过程中，江苏省体育局的领导，上海体育学院和南京体育学院的教授专家给予了大量的鼓励、指导和帮助。江苏省体育局潘时华处长、王峰主任、王丽丽女士在实地调研和资料收集方面给予了直接支持和热情帮助；虞重干教授、鲍明晓研究员、张林教授、陈锡尧教授、李海教授、刘兵教授在研究思路方面给予的指导和鼓励；陈海波教授、高力翔教授、于翠兰教授等老师的指导和关爱；李金宝副教授带领的南京体育学院记者团付出的辛勤工作，王龙飞教授、王凯博士、姚利松老师和王俊之老师的细致工作为本书增添了亮色；南京体育学院硕士研究生董敏、谢亚骐、张樱、董燕圆、夏文倩、岳莹莹、郭赛赛同学进行了大量的文献资料收集整理、调查问卷的发放和统计工作，在此一并特致谢意！

此外，本书能这样快速地与读者见面，同人民体育出版社的领导和编辑们的努力是分不开的。本书的编写是在时间极其紧迫的情况下进行的，加之笔者水平有限，其差错在所难免，谨请读者朋友指正和海涵。我们真诚地希望，随着中国体育小镇建设实践的不断深入，来自社会方方面面的反馈信息将使本书在今后的修订中得以充实和提高。

潮平两岸阔，风正一帆悬。相信《中国体育小镇建设纲要》的出版，必将激发中国体育人用创新的精神、无穷的智慧和伟大的创造力，共同谱写出健康中国、体育强国的壮美篇章，推动中国运动休闲特色小镇又快又好地发展。

编者
2017年10月

目 录

理论篇

第一章　体育小镇建设兴起的时代背景及政策解析 …………… 2

第一节　体育小镇建设兴起的时代背景………………………… 2
　一、新型城镇化是关注现代人的需求、实现体育惠及民生的重要途径
　　……………………………………………………………… 3
　二、全民健身是"健康中国"的有力支撑 …………………… 4
　三、推进体育供给侧改革与大力发展体育产业………………… 6
　四、脱贫攻坚是我国"十三五"时期的重大战略任务………… 7
　五、发展体育事业的根本目的是提升全体人民的幸福感和获得感…… 8

第二节　国家体育小镇相关政策解析…………………………… 10
　一、国家特色小镇相关政策的解读……………………………… 10
　二、关于体育小镇相关政策的解读……………………………… 13

第三节　地方体育小镇相关政策解析…………………………… 15
　一、北京体育小镇相关政策分析………………………………… 15
　二、浙江体育小镇相关政策分析………………………………… 16
　三、江苏体育小镇相关政策分析………………………………… 17
　四、海南体育小镇相关政策分析………………………………… 19
　五、安徽体育小镇相关政策分析………………………………… 20
　六、青海体育小镇相关政策分析………………………………… 22

第二章　体育小镇概述 ··· 23

第一节　体育小镇的内涵 ··· 23
一、体育小镇与相关概念的辨析 ····································· 23
二、体育小镇的概念界定 ··· 25

第二节　体育小镇的类型 ··· 26
一、产业型体育小镇 ·· 27
二、休闲型体育小镇 ·· 27
三、康休型体育小镇 ·· 28
四、赛事型体育小镇 ·· 28

第三节　体育小镇的系统及构成要素 ································· 29
一、体育小镇系统的理论脉络 ······································· 29
二、体育小镇系统的构成要素分析 ································ 30

第四节　体育小镇的功能 ··· 37
一、体育小镇是适应经济新常态、实现产业转型升级的重要抓手
 ·· 37
二、体育小镇是推行新型城镇化，发展新农村建设的着力点 ········ 37
三、体育小镇是加快美丽乡村建设的推进器 ··················· 38
四、体育小镇是弘扬历史传统文化的重要平台 ················ 38
五、体育小镇是破解"三产"联动、"四化"同步困境的突破口
 ·· 39
六、体育小镇是推进创新创业的重要载体 ······················ 39

第三章　我国体育小镇建设发展现状 ······························· 41

第一节　体育小镇建设概述 ··· 41
一、体育小镇建设的数量 ··· 42

二、体育小镇建设的省市区域分布……………………………… 43

三、体育小镇建设的区域分布…………………………………… 45

四、体育小镇建设的行业分布…………………………………… 46

五、体育小镇建设模式…………………………………………… 48

六、体育小镇运营公司行业特征………………………………… 53

第二节 我国重点区域体育小镇建设情况概述……………………… 55

一、北京体育小镇建设情况分析………………………………… 55

二、浙江体育小镇建设情况分析………………………………… 56

三、江苏体育小镇建设情况分析………………………………… 56

四、海南体育小镇建设情况分析………………………………… 58

五、安徽体育小镇建设情况分析………………………………… 59

六、青海体育小镇建设情况分析………………………………… 59

七、福建体育小镇建设情况分析………………………………… 60

八、四川体育小镇建设情况分析………………………………… 61

九、山东体育小镇建设情况分析………………………………… 62

第三节 体育小镇建设典型案例分析………………………………… 63

一、北京国际足球冰雪小镇……………………………………… 63

二、绍兴柯桥酷玩小镇…………………………………………… 65

三、桐庐·莱茵国际足球小镇…………………………………… 65

四、冠军小镇……………………………………………………… 66

五、白鹭湖体育健康特色小镇…………………………………… 67

六、湖州德清县莫干山"裸心"体育小镇……………………… 68

七、嵩皇体育小镇………………………………………………… 69

八、银湖智慧体育产业基地……………………………………… 70

九、北仑国际赛车小镇…………………………………………… 70

第四节　体育小镇建设发展趋势及挑战……………………… 72
　　一、发展趋势………………………………………………… 72
　　二、面临的挑战……………………………………………… 75

第四章　国外体育小镇建设的经验研究……………………… 78

第一节　国外体育小镇建设模式分析………………………… 78
　　一、运动休闲型体育小镇…………………………………… 78
　　二、产业型体育小镇………………………………………… 88
　　三、康体型体育小镇………………………………………… 94
　　四、赛事型体育小镇………………………………………… 99
第二节　国外体育小镇建设模式的共性经验及其对我国的启示……… 105
　　一、国外体育小镇建设模式的共性经验…………………… 105
　　二、对我国体育小镇建设的启示…………………………… 110

第五章　中国体育小镇建设指南………………………………… 116

第一节　我国体育小镇的建设现状与发展形势……………… 116
　　一、建设现状………………………………………………… 116
　　二、发展形势………………………………………………… 117
第二节　总体要求……………………………………………… 118
　　一、指导思想………………………………………………… 118
　　二、建设原则………………………………………………… 119
　　三、发展理念………………………………………………… 120
　　四、建设目标………………………………………………… 121
第三节　主要任务与建设内容………………………………… 122
　　一、治理自然环境…………………………………………… 122
　　二、完善基础设施建设……………………………………… 123

三、涵养人文资源……124
　　四、培育体育产业……125
第四节　主要措施与保障体系……127
　　一、创新体制改革，服务小镇建设……127
　　二、完善政策体系，加强政策落实……127
　　三、构建评价体系，引导小镇建设……128
　　四、加强法治建设，优化法制环境……128
　　五、重视人才培养，强化智力支撑……128
　　六、加强行业管理，监督行业发展……129
　　七、强化思想认识，增强组织领导……129

第六章　中国体育小镇建设评价指标体系……130

第一节　体育小镇评价指标体系构建的意义……130
　　一、促进体育小镇建设的科学性……130
　　二、促进体育小镇建设的预测性……131
　　三、促进体育小镇建设的反馈与调节……131
　　四、促进体育小镇建设的比较与激励……131
第二节　体育小镇评价指标体系构建的原则……132
　　一、全面性与代表性相结合的原则……132
　　二、共性指标与特色指标相结合的原则……132
　　三、主观评价与客观评价相结合的原则……133
　　四、动态性与操作性相结合的原则……133
第三节　体育小镇评价指标体系构建的维度……133
　　一、基础维度……134
　　二、特色维度……134
　　三、产业维度……134

四、制度维度……………………………………………………… 135
　第四节　体育小镇评价指标体系的选择……………………………… 135
　　一、中国体育小镇评价指标初探稿………………………………… 135
　　二、体育小镇评价指标体系专家咨询与修整……………………… 137
　　三、评分标准………………………………………………………… 143

实践篇

第七章　江苏省体育健康特色小镇创建实践的思考与启示 …… 146
　一、对江苏省体育健康特色小镇创建的战略思考 ………………… 147
　　（一）建设体育健康特色小镇顺应了江苏"两聚一高"目标要求
　　　　…………………………………………………………………… 147
　　（二）建设体育健康特色小镇顺应了健康中国和全民健身国家战略
　　　　要求 ……………………………………………………………… 147
　　（三）建设体育健康特色小镇是推动体育产业转型升级要求 …… 148
　二、江苏省体育健康特色小镇创建的经验解析……………………… 148
　　（一）采用"省地共建"的形式率先在全国体育系统中启动……… 148
　　（二）关注人的需求，因势利导、因地制宜，开拓体育产业发展新空间
　　　　…………………………………………………………………… 149
　　（三）聚焦"特色"，拒绝千镇一面，让"体育+"模式焕发新生机
　　　　…………………………………………………………………… 150
　三、"江苏经验"对我国运动休闲特色小镇建设的启示……………… 151

第八章　江苏省体育健康特色小镇创建实录………………………… 153
　一、绿色马场，魅力新桥
　　——江阴新桥镇体育健康特色小镇创建实录…………………… 153

（一）案例简介……………………………………………… 154
（二）做法提炼……………………………………………… 155
（三）访谈对话……………………………………………… 163
（四）调研手记……………………………………………… 166
专家点评……………………………………………………… 167

二、置身汤山温泉，拥抱运动健康
　　——南京市汤山温泉体育健康特色小镇创建实录………… 168
（一）案例简介……………………………………………… 169
（二）做法提炼……………………………………………… 171
（三）访谈对话……………………………………………… 180
（四）调研手记……………………………………………… 184
专家点评……………………………………………………… 185

三、从"小作坊"到"体育教学具之乡"的华丽转身
　　——淮安施河镇体育健康特色小镇创建实录……………… 187
（一）案例简介……………………………………………… 188
（二）做法提炼……………………………………………… 189
（三）访谈对话……………………………………………… 201
（四）调研手记……………………………………………… 202
专家点评……………………………………………………… 203

四、四位一体，享受乐活体育
　　——扬州市仪征枣林湾体育健康特色小镇创建实录……… 204
（一）案例简介……………………………………………… 204
（二）做法提炼……………………………………………… 206
（三）访谈对话……………………………………………… 213
（四）调研手记……………………………………………… 216
专家点评……………………………………………………… 217

五、让体育休闲成为新型城镇化的新名片
　　——溧阳上兴镇体育健康特色小镇创建实录……………………218
　　（一）案例简介……………………………………………………219
　　（二）做法提炼……………………………………………………220
　　（三）访谈对话……………………………………………………231
　　（四）调研手记……………………………………………………233
　专家点评………………………………………………………………234

六、畅游慢城，享受健康
　　——高淳桠溪国际慢城体育健康特色小镇创建实录……………237
　　（一）案例简介……………………………………………………237
　　（二）做法提炼……………………………………………………238
　　（三）访谈对话……………………………………………………246
　　（四）调研手记……………………………………………………248
　专家点评………………………………………………………………249

七、"生态体育＋"引领时尚运动新潮流
　　——宿迁晓店镇体育健康特色小镇创建实录 ……………………251
　　（一）案例简介……………………………………………………251
　　（二）做法提炼……………………………………………………253
　　（三）访谈对话……………………………………………………259
　　（四）调研手记……………………………………………………262
　专家点评………………………………………………………………263

八、漫步锦溪，体验特色生态休闲
　　——昆山锦溪镇体育健康特色小镇创建实录……………………264
　　（一）案例简介……………………………………………………264
　　（二）做法提炼……………………………………………………268
　　（三）访谈对话……………………………………………………277

（四）调研手记·····················280
专家点评·························281

九、科技+体育，让电竞触手可及
——太仓天镜湖电竞小镇创建实录·············282
（一）案例简介·····················283
（二）做法提炼·····················285
（三）访谈对话·····················294
（四）调研手记·····················296
专家点评·························298

十、南京老山打造有氧运动基地
——南京老山有氧运动小镇创建实录·············300
（一）案例简介·····················300
（二）做法提炼·····················302
（三）访谈对话·····················311
（四）调研手记·····················313
专家点评·························315

十一、凤凰：振翅欲飞的足球小镇
——张家港凤凰镇体育健康特色小镇创建实录········317
（一）案例简介·····················317
（二）做法提炼·····················319
（三）访谈对话·····················333
（四）调研手记·····················334
专家点评·························335

十二、"百年煤城"的绿色户外休闲体育集聚区大变革
——徐州市贾汪区体育健康特色小镇创建实录········337
（一）案例简介·····················337

（二）做法提炼…………………………………………………… 339
（三）访谈对话…………………………………………………… 352
（四）调研手记…………………………………………………… 356
专家点评………………………………………………………………… 358
十三、传统与新潮体育元素碰撞出别样火花
　　——武进太湖湾体育休闲小镇创建实录…………………… 359
（一）案例简介…………………………………………………… 359
（二）做法提炼…………………………………………………… 361
（三）访谈对话…………………………………………………… 371
（四）调研手记…………………………………………………… 374
专家点评………………………………………………………………… 375
十四、激情扬中攀登身心之巅
　　——镇江市扬中镇极限运动小镇创建实录………………… 376
（一）案例简介…………………………………………………… 377
（二）做法提炼…………………………………………………… 380
（三）访谈对话…………………………………………………… 385
（四）调研手记…………………………………………………… 387
专家点评………………………………………………………………… 388
参考文献………………………………………………………………… 390

理 论 篇

第一章 体育小镇建设兴起的时代背景及政策解析

第一节 体育小镇建设兴起的时代背景

2016年7月,住房城乡建设部、国家发展改革委、财政部在联合颁发的《关于开展特色小镇培育工作的通知》中提出,到2020年,培育1000个左右各具特色、富有活力的休闲旅游、商贸物流、现代制造、教育科技、传统文化、美丽宜居等特色小镇。在政策的指引下,全国范围内掀起了特色小镇的建设热潮。继2016年10月,住建部公布了首批127个全国特色小镇名单后,2017年5月,住建部办公厅在发布的《关于做好第二批全国特色小镇推荐工作的通知》中要求,2017年6月30日前将特色小镇推荐名单和推荐材料上报至住建部村镇建设司,随后将以现场答辩形式审查推荐的特色小镇,会同财政等部门认定并公布第二批全国特色小镇名单。住建部公布了全国特色小镇分配数量,共计300个,将基本奠定特色小镇在全国省域的分布格局,第二批全国特色小镇候选名额几乎是第一批的两倍,并且推荐要求更加严格。

体育小镇作为特色小镇中的一个重要组成部分,集运动休闲、人文内涵、经济发展于一体,为小城镇的可持续发展提供了一种新模式,成为经济新常态下中国体育产业发展的新载体和新空间。2016年9月,江苏省率先在全国体育系统启动体育健康特色小镇建设工作,提出力争到2020年在全省培育20个体育健康特色小镇。2016年10月，国务院办公厅在印发的《关于加快发展健身休闲产业的指导意见》中提出，鼓励和引导旅游景区、旅游度假区、乡村旅游区等根据自身特点，建设特色健身休闲设施。2017年5月，国家体育总局办公厅出台了《关于推动运动休闲特色小镇建设工作的通知》，明确指出到2020年，在全国扶持建设一批体育特征鲜明、文化气息浓厚、产业集聚融合、生态环境良好、惠及人民健康的运动休闲特色小镇。2017年8月，国家体育总局公布了首批运动休闲特色小镇试点项目名单，在全国选定了96个体育小镇示范性试点。一时间，各地纷纷出台体育小镇建设规划，体育小镇的建设也成为了当前社会备受瞩目的焦点。

一、新型城镇化是关注现代人的需求、实现体育惠及民生的重要途径

在推进现代化建设过程中，我国提出了新型工业化、新型城镇化、农业现代化、信息化的四化同步战略。新型城镇化建设成为实现我国现代化建设的必由之路。建设特色小镇是在四化同步的大背景下推进新型城镇化的一个抓手。新型城镇化的"新"首先体现在新的大格局，即大、中、小城市与小城镇协调布局与发展；其次"新"在人的城镇化，核心是解决人的城镇化，实现人的现代化，重点解决人的居住、就业和人民生活的舒适度、幸福感和满意度的问题。2014年3月，中共中央国务院在印发的《国家新型城镇化规划（2014—2020年）》中强调推进新型城镇化，使城市规模结构更加完善，中心城市辐射带动作用更加突出，中小城市数量增加，小城镇服务功能增强。2016年2月，国务院印发的《关于深入推进新型城镇化建设的若干意见》中提出，加快特色镇发展，因地制宜、突出特色、创新机制，充分发挥市场主体作用，推动小城镇发展与疏解大城市中心城区功能相结合、与特色产业发展相结合、与服务"三农"相结合。2016年7月1日，住房城乡建设部、国家发展改革委、财政部联合发布《关于开展特色小镇培育工作的通知》，提出到2020年，全国培育1000个左右的特色小镇。2017年

3月，国务院在政府工作报告中提出，支持中小城市和特色小城镇发展，推动一批具备条件的县和特大镇有序设市，发挥城市群辐射带动作用。体育特色小镇的"特"体现在特色体育产业、特色旅游、特色文化三个领域。小镇，就是小而精，规模适度。这种方式在新型城镇化里面解决了中国特色背景下，中国的农民就地城镇化与城市居民的逆都市化需求。

2016年9月12日，江苏省体育局在体育领域内率先印发了《关于开展体育健康特色小镇建设工作的通知》，提出通过省地共建方式打造体育健康特色小镇，在全国形成引领和示范作用。江苏体育健康特色小镇的"特"在于更多关注的是民生，以人民为中心，将体育产业的实惠落到老百姓身上，通过打造体育健康特色小镇，给这个小镇和来这个小镇的人带来健身的便利，带来健康的环境、绿色的环境，在这个基础上，把产业做起来。

随着人民生活水平的提高，我国国民体育休闲娱乐、健康运动等需求消费的逐渐提高，人民日益增长的多元化体育需求与体育有效供给不足的问题日渐突出。建设体育小镇能够最大限度地利用市场机制合理配置体育资源，提供多样化的体育设施，改善体育场馆开放的利用效率，提高群众对体育赛事的关注度，增加体育消费需求，对于小镇综合效益的发挥以及区域经济增长的拉动起到了激活的作用。可见，体育小镇建设是新型城镇化建设战略的重要组成部分，也顺应了体育产业转型升级的发展要求，成为满足现代人的需求、实现体育惠及民生的重要途径。

二、全民健身是"健康中国"的有力支撑

十八大以来习近平总书记关于体育工作发表了一系列重要讲话、批示、审视，形成了关于体育工作的重要思想，提供了建设体育强国的行动指南。国家体育总局副局长赵勇在2017年8月全国运动休闲特色小镇培训工作会议上提出，习总书记的体育思想可以集中概括为五个战略：体育强则中国强，体育强国梦与中

华民族伟大复兴中国梦息息相关的战略定位；发展以人民为中心的体育，体育要着眼提高全体人民的健康水平和生活品质，实现人民的幸福生活追求的战略方针；由体育大国迈向体育强国的战略目标；竞技体育和群众体育全面发展，全民健身和全民健康深度融合的战略思路；改革创新是体育发展的根本动力这个重大的战略举措。其中，习总书记将全民健身上升到了国家战略层面给予重视。党的十八届五中全会通过的《中共中央关于制定国民经济和社会发展第十三个五年规划的建议》中提出了健康中国建设的战略构想。在2016年8月召开的全国卫生与健康大会上，习近平总书记全面阐述了推进健康中国建设的重大意义，重申没有全民健康就没有全面小康，提出"要倡导健康文明的生活。全民健康是国家综合实力的重要体现，是经济社会发展进步的重要标志"。全民健身是实现全民健康的重要途径和手段，是全体人民增强体魄、幸福生活的基础保障。实施全民健身计划是国家的重要发展战略。全民健身是健康中国建设的有力支撑和全面建成小康社会的国家名片。2016年6月，国务院印发的《全民健身计划（2016—2020）》中提出，到2020年，群众体育健身意识普遍增强，参加体育锻炼的人数明显增加，每周参加1次及以上体育锻炼的人数达到7亿，经常参加体育锻炼的人数达到4.35亿。2016年10月，中共中央、国务院印发的《健康中国2030规划纲要》中提出，把健康城市和健康村镇建设作为推进健康中国建设的重要抓手。随着国民对健康的日益重视，体育小镇逐渐进入了人们的视野。2017年4月，在落实全民健身国家战略新闻通气会上，国家体育总局副局长赵勇透露，今年国家体育总局将推出十项举措，其中包括建设100个运动休闲特色小镇。体育小镇融运动、健康、休闲、旅游多元功能于一体，有助于推进"健康中国"战略实施，带动小镇所在区域体育、健康及相关产业发展，打造各具特色的产业集聚区，形成与当地经济社会相适应、良性互动的"大健康"产业发展格局。

三、推进体育供给侧改革与大力发展体育产业

供给侧改革是我国在经济新常态背景下实施的重大经济管理战略，旨在通过改革和创新来解放生产力，拓展新兴领域和创造新的经济增长点，促进经济社会的健康与可持续发展。推进供给侧结构性改革，意味着我国经济增长从主要依靠需求侧发力转变为依靠供给侧和需求侧同时发力，更加注重解决深层次结构性矛盾。新型城镇化是我国最大的内需潜力和发展动能所在，推进新型城镇化能够释放新需求、创造新供给。为适应和引领经济新常态，积极推进供给侧结构性改革，浙江省实施了"产城融合共生"的特色小镇建设模式，得到了国家和社会的高度关注，并迅速成为全国各地学习的典范。体育小镇的建设可以为体育产业的发展尤其是体育旅游业的发展释放新需求、创造新供给，从而为体育产业的发展提供新动能。近几年我国体育产业发展态势迅猛，在国民经济发展与全民健康中发挥了巨大的作用。2014年全国体育产业总规模超过1.35万亿元，实现增加值4041亿元，占当年国内生产总值的0.64%，2011—2014年体育产业增加值年均增长率为12.74%，凸显出成为国民经济新兴产业的巨大潜力。《体育产业发展"十三五"规划》中提出"实现体育产业总规模超过3万亿，产业增加值在国内生产总值中比重达到1%，体育服务业增加值占比超过30%"。可见，国家体育产业未来五年的目标是要完成产业规模的成倍增长。目前，我国人均GDP已超过6000美元，但人均年体育消费只相当于全球平均水平的十分之一左右，居民的体育消费潜力巨大，市场前景广阔，体育产业的发展迎来了黄金发展期。当然，与发达国家相比我国体育产业的发展还存在着诸多不足。特别是体育产业的分布存在明显的失衡现象。产业类型以体育用品制造业为主，产业分布集中在个别省份。体育竞赛表演业的分布集中在大中型城市，乡村居民很难在现场一睹芳容。国务院关于《加快发展体育产业 促进体育消费的若干意见》中特别指出："因地制宜发展体育产业，打造一批符合市场规律、具有市场竞争力的体育产业基

地，建立区域间协同发展机制，优化产业布局。"在我国，县域经济是联接城市经济与乡村经济的主阵地。随着我国的新型城镇化建设，建设特色体育小镇的兴起，体育产业作为体育小镇的核心内容，也迎来了自身的发展机遇期。发展体育产业是顺应市场需求、加快发展服务业、推动经济转型升级的必然要求，是拉动内需、扩大有效投资、促进供给侧结构性改革的切实举措，是保障和改善民生、推进美丽中国和健康中国建设的重要体现。特别是体育旅游产业，体育产业与旅游产业相关度高，我国大部分的旅游资源集中在乡镇一级的行政区域，通过体育撬动旅游文化资源，把旅游产业发展与体育小镇的建设相衔接，形成"体育+旅游"的新思路。2016年5月，国家体育总局与国家旅游局联合发布《关于推进体育旅游融合发展的合作协议》中提出"体育+旅游"越来越受大众消费的青睐，进一步丰富体育旅游产品是保障和改善民生、推进美丽中国和健康中国建设的重要体现。总之，体育产业的发展不仅有助于促进乡村的转型发展，还能带动乡村经济的增长，提供更多就业岗位，助力老百姓脱贫致富，从而带动小镇区域经济快速发展。

四、脱贫攻坚是我国"十三五"时期的重大战略任务

建设特色小镇是推进供给侧结构性改革的重要平台，是深入推进新型城镇化、辐射带动新农村建设的重要抓手。全力实施脱贫攻坚、坚决打赢脱贫攻坚战是"十三五"时期的重大战略任务。在贫困地区推进特色小（城）镇建设，有利于为特色产业脱贫搭建平台，为转移就业脱贫拓展空间，为易地扶贫搬迁脱贫提供载体。"体育+旅游"是体育小镇的重要特色。体育旅游的自然属性使得我国众多的体育旅游资源分布在原生态自然景区，这些景区又和贫困地区高度地重合。这些地处偏远的地区过去交通不便，恰恰保护了生态，现在变成了优质的体育与旅游资源。体育旅游的发展、体育特色小镇的建设，可以为贫困人口提供更多的就业机会，带动贫困人口发展体育旅游产业从而增加个人收入，同时可以扩

大贫困人口地区农产品的销售，从而帮助贫困户稳定脱贫，成为区域经济的一个增长极，进而带动整个区域经济的发展。体育特色小镇的建设除了可以为贫困地区带来经济方面的利益之外，还可以提升区域农民的健康水平。农村现在最贫困的是因病导致的困难群体，体育特色小镇的建设，可以为区域农民提供更为丰沛的体育运动资源，通过引导农民参与运动可以提高区域农民的健康水平，为其摆脱贫困打下良好的身体基础。

五、发展体育事业的根本目的是提升全体人民的幸福感和获得感

社会发展主要是人的发展，社会要以人为中心，人的发展是社会发展的标志。中共中央在《国民经济和社会发展第十三个五年规划的建议》中提出，实现全面建成小康社会奋斗目标的原则是坚持人民主体地位。人民是推动发展的根本力量，实现好、维护好、发展好最广大人民根本利益是发展的根本目的。必须坚持以人民为中心的发展思想，把增进人民福祉、促进人的全面发展作为发展的出发点和落脚点。发展以人民为中心的体育，体育要着眼提高全体人民的健康水平和生活品质，实现人民对幸福生活的追求是习近平总书记重要的体育战略方针。在第十三届全国运动会开幕之际，中共中央总书记、国家主席、中央军委主席习近平2017年8月27日上午在天津会见全国群众体育先进单位、先进个人代表和全国体育系统先进集体、先进工作者代表以及在本届全运会群众比赛项目中获奖的运动员代表时强调"加快建设体育强国，就要坚持以人民为中心的思想，把人民作为发展体育事业的主体，把满足人民健身需求、促进人的全面发展作为体育工作的出发点和落脚点，落实全民健身国家战略，不断提高人民健康水平"。国家体育总局副局长赵勇在2017年8月16日全国运动休闲特色小镇建设工作培训会议上也强调："新型城镇化新在人的城镇化，核心是解决人的城镇化，实现人的现代化。"城镇化的根本目的是为人类生活创造更美好、更有效的生存环境，使得

城乡之间、不同人群之间更加融合。在城镇化建设中，"人"始终是最为关键也是最为重要的因素。没有人口的集聚，就没有城市的构成，城镇化战略的出发点和落脚点必须体现在作为主体的"人"的身上。在体育的发展中，现阶段体育对于个人的价值体现在促进人的全面发展上。而总书记的五大体育战略思想集中到一点也是要发展以人民为中心的体育，为老百姓造福，为全体人民造福。体育的发展为个人带来的福祉体现在个人对体育的幸福感与获得感。我国在体育事业的"十三五"规划中提出了"增强人民群众的幸福感和获得感，有效提高全民族健康水平"的发展目标。在2016年10月，国务院办公厅印发的《关于加快发展健身休闲产业的指导意见》中也强调了推进健身休闲产业供给侧结构性改革，不断满足大众多层次多样化的健身休闲需求，提升幸福感和获得感的重要性。体育小镇的独特性在于它既能促进体育内容的融入，让体育惠及民生，又能促进产城融合，为群众增加多样化的体育设施，成为深入推进新型城镇化和城市现代化发展的新载体。因此，体育小镇的建设应以人的发展为核心、以体育产业为主导，凝聚乡土情调、保护青山绿水、保留传统文化、融入体育业态，让体育小镇不但留得住青山绿水，更能集聚人、留得住人，成为未来中国非常有前景的城镇化形态和生活居住的形态的新样本，成为我国推进新型城镇化建设的新载体，成为提升城镇老百姓幸福感与获得感的新抓手。

第二节　国家体育小镇相关政策解析

一、国家特色小镇相关政策的解读

近年来，国家有关部门出台了大量特色小镇的相关政策，如表1-1所示。

表1-1　国家特色小镇相关政策

发布时间	政策名称	主要内容
2016年7月	住建部 发改委 财政部《关于开展特色小镇培育工作的通知》	制定了2020年的培育目标。到2020年，培育1000个左右各具特色、富有活力的休闲旅游、商贸物流、现代制造、教育科技、传统文化、美丽宜居等特色小镇，引领带动全国小城镇的建设
2016年8月	住建部《关于做好2016年特色小镇推荐工作的通知》	做好2016年特色小镇推荐上报工作，确定2016年各省推荐数量
2016年10月	发改委《关于加快美丽特色小镇建设的指导意见》	落实新型城镇化战略部署和推进供给侧结构性改革的重要抓手，坚持用改革的思路、创新的举措发挥统筹协调作用，整合各方面力量，加强分类指导，努力打造一批新兴产业集聚、传统产业升级、体制机制灵活、人文气息浓厚、生态环境优美的美丽特色小（城）镇
2016年10月	住建部 中国农业发展银行《关于推进政策性金融支持小镇建设通知》	发挥政策性信贷资金对小城镇建设发展的重要作用，做好中长期政策性贷款的申请和使用，不断加大小城镇建设的信贷支持力度，切实利用政策性金融支持，全面推动小城镇建设发展
2016年12月	发改委《关于实施"千企千镇工程"推进美丽特色小（城）镇建设的通知》	以建设特色鲜明、产城融合、充满魅力的美丽特色小（城）镇为目标，以探索形成政府引导、市场主导、多元主体参与的特色小（城）镇建设运营模式为方向，加强政企银合作，拓宽城镇建设投融资渠道，加快城镇功能提升
2017年1月	住建部 国家开发银行《关于推进开发性金融支持小镇建设的通知》	支持以农村人口就地城镇化、提升小城镇公共服务水平和提高承载能力为目的的设施建设；支持促进小城镇产业发展的配套设施建设；支持促进小城镇宜居环境塑造和传统文化传承的工程建设

（续表）

发布时间	政策名称	主要内容
2017年4月	住建部 中国建设银行《关于推进商业金融支持小镇建设的通知》	支持改善小城镇功能、提升发展质量的基础设施建设；支持促进小城镇特色发展的工程建设；支持小城镇运营管理融资
2017年5月	体育总局办公厅《关于推动运动休闲特色小镇建设工作的通知》	将运动休闲特色小镇建设和脱贫攻坚任务紧密结合起来，多措并举、综合施策、循序渐进、以点带面，促进体育与健康、旅游、文化等产业实现融合协调发展，带动区域经济社会各项事业全面发展
2017年5月	国务院办公厅《关于县域创新驱动发展的若干意见》	充分发挥市场主体作用，结合地方特色产业基础和发展潜力，加大对经济发达镇、特色小镇、专业小镇、技术创新专业镇等的支持力度，建设美丽乡村

（一）《关于开展特色小镇培育工作的通知》

1. 基本原则

第一，坚持突出特色。从当地经济社会发展实际出发，发展特色产业，传承传统文化，注重生态环境保护，完善市政基础设施和公共服务设施，防止千镇一面。依据特色资源优势和发展潜力，科学确定培育对象，防止一哄而上。

第二，坚持市场主导。尊重市场规律，充分发挥市场主体作用，政府重在搭建平台、提供服务，防止大包大揽。以产业发展为重点，依据产业发展确定建设规模，防止盲目造镇。

第三，坚持深化改革。加大体制机制改革力度，创新发展理念，创新发展模式，创新规划建设管理，创新社会服务管理。推动传统产业改造升级，培育壮大新兴产业，打造创业创新的新平台，发展新经济。

2. 目标

到2020年，培育1000个左右各具特色、富有活力的休闲旅游、商贸物流、现代制造、教育科技、传统文化、美丽宜居等特色小镇，引领带动全国小城镇建设，不断提高建设水平和发展质量。

（二）《关于推动运动休闲特色小镇建设工作的通知》

1. 基本原则

第一，因地制宜，突出特色。从各地实际出发，依托各地传统体育文化、运动休闲项目和体育赛事活动等特色资源，结合当地经济社会发展和基础设施条件，依据产业基础和发展潜力科学规划、量力而行、有序推进，形成体育产业创新平台。

第二，政府引导，市场主导。强化政府在政策引导、平台搭建、公共服务等方面的保障作用；充分发挥市场在资源配置中的决定性作用，鼓励、引导和支持企业、社会力量参与运动休闲特色小镇建设并发挥重要作用。

第三，改革创新，融合发展。鼓励各地创新发展理念、发展模式，大胆探索、先行先试。促进运动休闲产业与体育用品制造、体育场地设施建设等其他体育产业门类，旅游、健康、文化等其他相关产业互通互融和协调发展。

第四，以人为本，分类指导。以人民为中心，充分发挥体育在引导形成健康生活方式、提高人民健康水平、促进经济社会发展等方面的综合作用。鼓励东部地区多出经验和示范，政策和资金支持向中西部贫困地区倾斜。

2. 主要任务

到2020年，在全国扶持建设一批体育特征鲜明、文化气息浓厚、产业集聚融合、生态环境良好、惠及人民健康的运动休闲特色小镇；带动小镇所在区域体育、健康及相关产业发展，打造各具特色的运动休闲产业集聚区，形成与当地经济社会相适应、良性互动的运动休闲产业和全民健身发展格局；推动中西部贫困落后地区在整体上提升公共体育服务供给和经济社会发展水平，增加就业岗位和居民收入，推进脱贫攻坚工作。

第一章　体育小镇建设兴起的时代背景及政策解析

"十三五"规划以来，我国经济社会进入到一个新的发展阶段，一方面谋求产业发展方式的转型升级，另一方面为实现全面发展小康社会的目标，实施精准扶贫的战略。随着经济的迅速发展，交通网络的不断发达，国家对基础设施的建设以及对公共设施投入的逐年加大，人们更愿意选择环境较好的生存空间，这对于特色小镇的发展是个绝佳的时机。国家也把握发展机遇，出台了相关政策，加快特色小镇在全国范围内的推进，特色小镇迅速成为社会资本的投资热点。

借助政策优势，着力打造特色小镇的特色产业链，以"创新、绿色"的发展理念，为小镇中的居民打造宜居宜游的生活环境。近年来，为鼓励特色小镇的蓬勃发展，从国家到地方，都出台了一系列的政策，包括给小镇的土地支持、资金支持、人才培养等。可见，政策助力发展特色小镇的建设已成为一种共识。

二、关于体育小镇相关政策的解读

当前，从国家到地方都在紧锣密鼓积极创建各类体育特色小镇，浙江省、江苏省、福建省等全面启动了实施体育特色小镇培育工程。体育特色小镇集合体育、旅游、文化、健康等多种产业，已经形成"体育+"的发展模式，不仅能够促进经济的转型升级，而且能够满足小镇中居民生活和消费的需求。体育特色小镇的建设使得中国体育休闲产业从传统观赏型旅游向体验式旅游转变，是实现健身休闲产业落地的重要载体，同时也与健康中国战略相辅相成。为了更好地推动体育小镇建设，当前从国家到地方都纷纷出台了一系列发展体育小镇的政策（表1-2）。

表1-2　国家体育小镇相关政策

发布时间	政策名称	主要内容
2016年7月	国家体育总局《体育产业发展"十三五"规划》	充分挖掘冰雪、森林、湖泊、江河、湿地、山地、草原、沙漠、滨海等独特的自然资源和传统体育人文资源，研制出台冰雪运动、山地户外运动、水上运动、航空运动等产业发展规划，重点打造冰雪运动、山地运动、户外休闲运动、水上运动、汽摩运动、航空运动、武术运动等各具特色的体育产业集聚区和产业带

(续表)

发布时间	政策名称	主要内容
2016年10月	国务院办公厅《关于加快发展健身休闲产业的指导意见》	实施健身服务精品工程，打造一批优秀健身休闲俱乐部、场所和品牌活动。结合各级体育产业基地建设，培育一批以健身休闲服务为核心的体育产业示范基地、单位和项目。发挥重大体育旅游项目的引领带动作用，发展一批体育旅游示范基地。拓宽健身休闲服务贸易领域，探索在自由贸易试验区开展健身休闲产业政策试点，鼓励地方积极培育一批以健身休闲为特色的服务贸易示范区
2016年11月	国务院办公厅《关于进一步扩大旅游文化体育健康养老教育培训等领域消费的意见》	2016年内完成体育类社团组织第一批脱钩试点；运用商业运营模式推动体育场馆多层次开放利用；制定实施冰雪运动、山地户外运动、水上运动、航空运动等专项运动产业发展规划
2016年12月	国家旅游局 国家体育总局《关于大力发展体育旅游的指导意见》	到2020年，在全国建成100个具有重要影响力的体育旅游目的地，建成100家国家级体育旅游示范基地，推出100项体育旅游精品赛事，打造100条体育旅游精品线路，培育100家具有较高知名度和市场竞争力的体育旅游企业与知名品牌，体育旅游总人数达到10亿人次，占旅游总人数的15%，体育旅游总消费规模突破1万亿元
2017年5月	体育总局办公厅《关于推动运动休闲特色小镇建设工作的通知》	将运动休闲特色小镇建设和脱贫攻坚任务紧密结合起来，多措并举、综合施策、循序渐进、以点带面，促进体育与健康、旅游、文化等产业实现融合协调发展，带动区域经济社会各项事业全面发展

2014年，国务院46号文件《关于加快发展体育产业促进体育消费的若干意见》出台，首次将体育产业发展定位为国家战略，并强调了体育的经济功能，提出"体育产业成为经济转型升级的重要力量"。2016年，体育产业市场化发展的步伐加速，体育总局出台了《体育产业"十三五"规划》，其中强调，要因地制宜发展特色鲜明、产城融合、充满魅力的小城镇，提出构建结构合理、布局均衡、功能完善、门类齐全的体育产业体系。同年，中共中央、国务院印发了《"健康中国2030"规划纲要》，这一政策的提出为体育小镇兴起奠定了基础。健康是促进人的全面发展的必然要求，是经济社会发展的基础条件。随着时代的进步和社会的发展，人们重视健康的发展，这也是体育小镇兴起的有利时代，从

而增强体育部门撬动社会资源，服务全民健身的能力，进一步发挥体育的潜在优势。因此，体育小镇的建设顺应了国家提出的大健康的要求，也是全面推进健康中国的应然之意。

据赛迪顾问发布的数据显示：2016年国内建设中的体育小镇已经超过100个，2017年仍将保持高速增长，预计会超过200个。目前，正在建设的体育小镇主要围绕户外、马拉松、冰雪、足球、自行车这些大众参与度高的体育项目，且以户外运动为主。

第三节　地方体育小镇相关政策解析

自国务院发布《关于加快发展体育产业促进体育消费的若干意见》以来，北京、浙江、江苏等经济发达地区为破解新经济常态下地区经济发展和体育产业发展面临的新问题和新挑战，因地制宜、因势利导，以体育小镇建设为突破口和新载体，大力发展体育特色产业，形成了区域特色经济新形态。以安徽和青海为代表的经济欠发达地区和少数民族地区，以海南为代表的国际旅游城市也充分利用自身的资源禀赋、地理条件和传统文化优势，制定了一系列推进本省体育小镇建设的政策措施，以建设体育小镇为突破口，寻求区域经济差异化发展道路。

一、北京体育小镇相关政策分析

北京作为一座具有鲜明奥运特色的城市，有着相当雄厚的群众体育作为基础，有一定数量的体育人口，这为体育小镇的发展提供了有效支持。加上北京冬奥会的申办成功，也为体育小镇的发展带来良机。

北京充分利用国家振兴发展足球事业的各项优惠政策，大力建设和发展壮大体育展示、休闲旅游、足球教育等相关产业，形成体育产业集群和产业生态链，发展体育特色一条龙经济，让体育小镇政策惠及每一个体育小镇（表1-3）。以建设北京丰台的足球小镇为契机，不仅仅要建设更多的足球场地，还要建设更多的篮球场地、羽毛球场地、网球场地、乒乓球场地等，争取让更多体育项目的爱好者都能够享受到运动的乐趣，让更多热爱体育运动的民众参与进来。只有让最广大群众参与，才能让体育小镇的社会效益最大化，让体育小镇惠及更多的老百姓。

表1-3　北京体育小镇相关政策

发布时间	政策名称	内容
2017年3月	《北京市"十三五"时期体育发展规划》	持续推动北京市体育事业和体育产业发展
2017年5月	《北京市关于进一步促进和规范功能性特色小城镇发展有关问题的通知》	为进一步促进新型城镇化建设和城乡一体化持续健康发展，不断提高本市小城镇承接承载能力，更好地吸引国企、科研企业、社会资本等参与功能性特色小城镇建设，全面提升本市小城镇规划建设管理水平

二、浙江体育小镇相关政策分析

作为我国特色小镇先行先试地区，浙江省通过颁布系列政策，明确了特色小镇规划建设的要求、内容、政策等，是从推动全省经济转型升级和城乡统筹发展大局出发做出的重大决策，根据浙江的自身特色，决心将重点培育和规划建设100个左右产业特色鲜明、体制机制灵活、人文气息浓厚、生态环境优美、多种功能叠加的特色小镇。

浙江省高度重视发展体育小镇，在浙江重点打造的200多家特色小镇当中，体育小镇占据了较大的比例。浙江省出台系列政策，从土地要素、金融支持、人才支撑等方面助力体育小镇的建设（表1-4）。2016年7月，浙江省颁布了《关于加快发展体育产业促进体育消费的若干意见》，提出"建设杭州湾、环舟山群岛、环太湖和环浙南等运动休闲发展带"，"培育创建一批体育特征突出、产业基础较好、产业融合潜力较大的特色小镇"。

浙江省发达的块状经济模式和融资能力为体育小镇的发展创造了良好的条

件，浙江省还拥有丰富的山水旅游资源，省内拥有多个国家级风景区和良好的生态环境，为浙江省体育小镇的建设提供了优质的资源基础。浙江省因势利导、通过制定一系列的政策，有力地推进了浙江体育小镇建设。目前，浙江省境内的湖州、嘉兴、绍兴等地的多个体育小镇已在申报、规划和创建中，涌现了湖州德清县莫干山"裸心"体育小镇、嘉兴海宁马拉松小镇、嘉兴平湖市九龙山体育小镇、绍兴柯桥"酷玩"小镇等一批知名的体育小镇。

表1-4 浙江体育小镇相关政策

发布时间	政策名称	主要内容
2015年4月	《浙江省人民政府关于加快特色小镇规划建设的指导意见》	特色小镇是相对独立于市区，具有明确产业定位、文化内涵、旅游和一定社区功能的发展空间平台，区别于行政区划单元和产业园区
2016年6月	《浙江省文化厅关于加快推进特色小镇文化建设的若干意见》	强化特色小镇文化遗产保护传承，提升特色小镇公共文化服务效能，推动特色小镇文化产业跨界融合
2016年7月	《浙江省关于加快发展体育产业促进体育消费的若干意见》	建设杭州湾、环舟山群岛、环太湖和环浙南等运动休闲发展带，培育创建一批体育特征突出、产业基础较好、产业融合潜力较大的特色小镇
2016年10月	《浙江省关于公布第一批省级特色小镇创建名单通知》	在全省形成梯度培育、上下联动、滚动推进的特色小镇创建格局

三、江苏体育小镇相关政策分析

同为经济发达地区，江苏省不断创新体育产业发展和新型城镇化的建设理念与发展方式，2016年9月，江苏省体育局在全国体育系统中率先创新性地提出体育健康特色小镇的战略举措，颁布了《省体育局关于开展体育健康特色小镇建设工作的通知》《省体育局关于做好体育健康特色小镇共建推荐工作的通知》，启动江苏体育健康特色小镇建设工作，提出到2020年培育20个左右产业特色鲜明、发展模式多元、体育服务便捷、建设空间集约、发展富有活力、人文充满魅力、生态健康宜居的体育健康特色小镇，在全国形成体育类特色小镇建设的引领和示范的目标。

为了保障工作的顺利推进，江苏省出台了相关政策配套和扶持方法（表1-5）。江苏省体育局一方面会将体育健康特色小镇建设作为重点扶持领域，以奖补方式支持体育健康特色小镇共建，整合优质政策资源，在体育产业发展、体育场馆设施建设与运营、体育赛事活动举办、体育人才培养、体育社会组织改革创新方面给予政策倾斜；另一方面，江苏省体育局在实际工作开展过程中，还会向发改、住建、财政等部门争取政策支持或协同配合工作。

总体上看，江苏省在建设体育小镇的政策上提出了五点坚持，即坚持创新导向，高标准培育特色小镇；坚持因地制宜，差异化打造特色小镇；坚持以人为本，高起点创建宜业宜居宜游小镇；坚持市场主导，多元化建设小镇构建主题；坚持节约用地，集约化提升土地产出效益，这使江苏省在建设体育小镇方面有了更明确的政策导向。目前，江苏省体育局已和首批8个和第二批6个体育健康特色小镇所在的县（市、区）政府签署共建协议，以省地共建的模式启动了体育健康特色小镇创建工程。

表1-5 江苏体育小镇相关政策

发布时间	政策名称	内容
2016年9月	《江苏省体育局关于开展体育健康特色小镇建设工作的通知》	推动体育产业转型升级，提升公共体育服务水平，加快建设体育强省，助力新型城镇化和健康江苏建设
2017年1月	《关于培育创建江苏特色小镇的指导意见》	力争通过3~5年的努力，分批培育创建100个左右产业特色鲜明的小镇
2017年2月	《江苏省关于培育创建江苏特色小镇的实施方案》	坚持政府规划引领、市场主导运作、民众广泛参与，力争通过3~5年的努力，分批培育创建100个左右产业特色鲜明、多种功能叠加、体制机制灵活、人文气息浓厚、生态环境优美、宜业宜居宜游的特色小镇，彰显江苏产业特色、突显苏派人文底蕴、引领区域创新发展

四、海南体育小镇相关政策分析

作为国际旅游岛的海南省,近年来随着海南国际马拉松赛、环海南岛国际公路自行车赛、环海南岛国际大帆船赛等众多赛事的连续举办,海南省体育产业市场不断扩大。而随着全民休闲时代的到来和体育小镇建设的兴起,拥有着优越自然地理环境、得天独厚天候条件和众多品牌赛事的海南省,开始了海南体育小镇建设的探索之路,并通过制定一系列连续性的政策不断推动体育小镇建设。

2014年4月,海南省颁布了《海南省特色风情小镇建设指导意见》,提出全省每年选择2~3个示范镇,各市县至少选择1个重点镇,通过省、市县两级集中投入,逐年推进,建成一批功能齐备、设施完善、生活便利、环境优美、特色鲜明、经济繁荣、社会和谐的特色风情小城镇,并制定了特色风情小镇选定参考条件。2015年10月,海南省颁布《百个特色产业小镇建设工作方案》,明确提出"全省在'多规合一'中先行选择100个特色产业小镇进行规划建设"。2017年6月,海南省制定了《海南省特色产业小镇建设三年行动计划》,计划到2019年底基本完成全省100个特色产业小镇建设任务;到2020年全省100个特色产业小镇在环境、功能、产业、特色等方面更加完善,成为全省发展新的亮点(表1-6)。

总体上看,海南省从土地、财政、金融等方面对特色小镇建设给予政策上的扶持。海南省一直将"体育+旅游"作为海南旅游经济转型升级的突破口,而作为特色小镇的重要组成部分的体育小镇也受到了高度关注。据调查,海南省将相继出台一系列推进体育旅游产业发展的规划,以休闲体育元素解决旅游差异化问题,目前海南有关部门正以发展运动休闲特色小镇为载体,着手研究制定健身休闲重点运动项目的发展规划,将因地制宜优化健身休闲产业"水、陆、空"三维空间布局,全面铺开立体式的体育旅游项目,形成全省联动发展的健身休闲综合产业格局。2017年8月,海口市观澜湖体育健康特色小镇与三亚市潜水及水上运动特色小镇被列入全国首批运动休闲特色小镇试点项目。

表1-6 海南体育小镇相关政策

发布时间	政策名称	内容
2014年4月	《海南省特色风情小镇建设指导意见》	建设特色风情小镇带动，加快城镇化进程，逐步实现城乡基础设施、公共服务、就业和社会保障的城乡一体化。确立了特色风情小镇选定参考条件，根据经济社会基础良好、区位优势明显、交通设施便利、人口聚集度高、资源环境承载力强等标准和要求，全省每年选择2~3个示范镇，各市县至少选择1个重点镇，通过省、市县两级集中投入，逐年推进，建成一批功能齐备、设施完善、生活便利、环境优美、特色鲜明、经济繁荣、社会和谐的特色风情小城镇
2015年10月	《海南省百个特色产业小镇建设工作方案》	全省在"多规合一"中先行选择100个特色产业小镇进行规划建设。从实际出发，结合当地资源、产业条件，以热带特色高效农业、旅游、互联网、医疗健康、渔业、民族文化等产业为发展重点。提出土地要素保障、财政支持、金融支持和政策整合的政策措施
2017年6月	《海南省特色产业小镇建设三年行动计划》	提出按照"规划引领、项目带动、突出特色、全面推进、总量控制、动态调整"的创建程序，力争用3年时间，基本完成100个特色产业小镇建设任务。计划到2019年底基本完成全省100个特色产业小镇建设任务；到2020年全省100个特色产业小镇在环境、功能、产业、特色等方面更加完善，成为全省发展新的亮点

五、安徽体育小镇相关政策分析

安徽省有着丰富的自然资源和深厚的文化底蕴，拥有武术、龙舟等众多传统体育的非物质文化遗产，同时也拥有雄厚的群众体育基础，以独特的运动项目或传统体育文化，为体育小镇创建奠定了先天的优势。

近年来，安徽省住房城乡建设厅、安徽省发展改革委员会、安徽省财政厅和安徽省体育局等相关机构，多部门联动，联合发布了一系列推动特色小镇创建的政策文件（表1-7）。其中，2017年5月4日，安徽省体育局发布《关于推进体育

第一章 体育小镇建设兴起的时代背景及政策解析

特色小镇建设的指导意见》《安徽省体育特色小镇申报表》《安徽省体育局县（市、区）人民政府共建体育特色小镇合作协议》，要求到2025年，培育20个左右产业特色鲜明、发展模式多元、体育服务便捷、建设空间集约、发展富有活力、生态健康宜居的省级体育特色小镇，在全省发挥重要的引领示范作用。

除了颁布连续性的扶持政策外，安徽省还通过合作共建、加强基础设施建设和资源倾斜等形式支持体育小镇建设，具体包括产业支持、资金支持、金融支持、组织支持等。安徽省将体育小镇建设列入重点扶持领域，通过以奖补方式支持特色小镇共建，所在县（市、区）政府要将体育健康产业作为重点扶持产业列入经济社会发展整体规划，并配套资金扶持特色小镇建设。重视体育小镇加强公共体育服务基础设施配套，丰富公共体育服务内容，提升公共服务能力和水平，推动体育与健康、休闲、文化、养老、宜居等功能的有机融合。对体育小镇在各级各类体育产业基地申报、体育场馆设施建设与运营、体育赛事活动举办、体育人才培养等方面给予政策倾斜。安徽省充分利用本省丰富的自然和文化资源，锐意进取，创新发展，以建设体育小镇为载体和突破口，不断推进安徽体育产业发展，助力安徽地区经济发展。

表1-7 安徽体育小镇相关政策

发布时间	政策名称	内容
2016年8月	《安徽省住房城乡建设厅 安徽省发展改革委员会 安徽省财政厅关于开展特色小镇培育工作的指导意见》	到2020年，在各地自愿申报的基础上，选择80个左右产业基础较好、生态环境优良、文化积淀深厚的小城镇进行重点培育，不断提高建设水平和发展质量
2017年4月	《健康安徽体育惠民工程121行动计划》	安徽省体育局正在积极推进各地规划建设一批体育特色小镇、体育生态公园、体育旅游综合体等重大体育产业项目
2017年5月	《安徽省体育局关于推进体育特色小镇建设的指导意见》	坚持突出特色；坚持惠民优先；坚持市场主导；坚持改革创新。到2025年，培育20个左右产业特色鲜明、发展模式多元、体育服务便捷、建设空间集约、发展富有活力、生态健康宜居的省级体育特色小镇，在全省发挥重要的引领示范作用

六、青海体育小镇相关政策分析

作为少数民族地区的代表，2017年5月，青海省颁布《2025年计划建成30个高原特色体育小镇》，明确提出，到2025年，计划建成30个左右特色鲜明、发展模式多元、生态健康宜居的高原特色体育小镇。

青海省的体育小镇建设和其他省的体育小镇建设不一样，不仅要考虑到青海省独特的地理位置，更要考虑到地方民族特色。在全民健身事业蓬勃发展的当下，打造高原特色体育小镇将进一步推动群众全民健身的热情，推动青海省体育产业的发展，实现多方共赢。青海省建设体育小镇是政策内大力扶持的产业，这不仅仅是发展体育事业的需要，最终实现的还是青海省经济发展的需要，将"体育+"的思想融入进青海的经济建设中去，实现体育事业发展、投资企业盈利、群众受益的多赢局面。

（董燕圆、王龙飞　整理）

第二章　体育小镇概述

第一节　体育小镇的内涵

一、体育小镇与相关概念的辨析

建设特色小镇工作是贯彻落实党中央、国务院关于推进特色小镇、小城镇建设，加快"十三五"期间发展特色小镇要求的重要举措；是创新体制机制、加快推动经济社会转型，提高小城镇经济活力的重要内容；是深入推进全国城镇化进程、开展新型城镇化建设、提高小城镇人口吸纳能力的重要内容；是深入改善农村人居环境，建设美丽乡村、提高农村公共服务水平的重要抓手[①]。

2016年2月，国家发改委举办了一场特色小镇的专题发布会，浙江、贵州两省特色小镇具体负责人介绍了相关经验，浙江、贵州被视为特色小镇发展的先行先试地区，随着国家对特色小镇的推广，特色小镇在全国各地迅速兴起，多地开花。2016年7月1日，住房城乡建设部、国家发展改革委、财政部联合下发《关于开展特色小镇培育工作的通知》中，要求到2020年，培育1000个左右各具特色、富有活力的休闲旅游、商贸物流、现代制造、教育科技、传统文化、美丽宜居等

[①] 吴国文.《关于开展特色小镇培育工作的通知》解读［EB/OL］.（2016-08-08）［2017-06-18］. http://www.scwmw.gov.cn/topic/tsxz/201608/t20160808_434000.htm.

特色小镇①。

目前，对于"特色小镇"主要有两种认识：一是国家层面虽没有明确提出"特色小镇"的概念，但在2016年7月1日住房城乡建设部、国家发展改革委、财政部三部委联合发布的《关于开展特色小镇培育工作的通知》中，提出"特色小镇原则上为建制镇（县城关镇除外），优先选择已有良好发展基础的全国重点镇"②。包括云南早期提出的"特色小镇"也属于这一概念；二是发展较早的浙江，浙江省人民政府《关于加快特色小镇规划建设的指导意见》中明确提出"特色小镇是相对独立于市区，在城郊结合部新规划1平方公里的，具有明确产业定位、文化内涵、旅游和一定社区功能的发展空间平台，区别于行政区划单元和产业园区"③。可见，国家层面推动的"特色小镇"与浙江省对于特色小镇的概念有一定的区别。浙江省在特色小镇的建设中突出产业集聚和创新升级，"经济转型升级和城乡统筹"是其主要想解决的问题，而国家层面对于特色小镇的发展是在借鉴浙江特色小镇经验和做法基础上的提升，更加注重发展特色产业、注重传承传统文化，注重保护生态环境、注重宜居环境建设，注重完善市政基础设施和公共服务设施。

2016年10月8日，国家发展和改革委员会发布《关于加快美丽特色小（城）镇建设的指导意见》，明确提出了特色小镇、小城镇两种形态。"特色小镇主要指聚焦特色产业和新兴产业，集聚发展要素，不同于行政建制镇和产业园区的创新创业平台。特色小城镇是指以传统行政区划为单元，特色产业鲜明、具有一定人口和经济规模的建制镇。"特色小镇非镇非区，是各种特色发展要素的聚集区。同时，特色小镇和小城镇之间又有着密切的联系，二者相得益彰、互为支撑。特色小镇是小城镇中的重要发展主体，小城镇是特色小镇发展的主要载体。

2016年9月，江苏省体育局在充分考虑和调研论证体育特色小镇功能作用、

---

①②住房城乡建设部，国家发展改革委，财政部.关于开展特色小镇培育工作的通知［EB/OL］.（2016-07-01）［2017-06-18］. http://www.mohurd.gov.cn/wjfb/201607/t20160720_228237.html.
③浙江省人民政府.关于加快特色小镇规划建设的指导意见［Z］.浙江省人民政府公报，2015（13）：6-8.

江苏产业基础、资源条件和发展趋势的基础上，采用省地共建模式在全国体育系统率先启动体育健康特色小镇建设。体育健康特色小镇是以体育健康为主题和特色，集产业功能、健身休闲功能、运动体验功能、体育赛事功能、旅游及文化展示等功能于一体的，产业定位明确、体育内容丰富、文化内涵鲜明、宜业宜居宜游的新型空间载体[①]。

2017年5月，国家体育总局《关于推动运动休闲特色小镇建设工作的通知》中指出，建设运动休闲特色小镇是满足群众日益高涨的运动休闲需求的重要举措，是推进体育供给侧结构性改革、加快贫困落后地区经济社会发展、落实新型城镇化战略的重要抓手，也是促进基层全民健身事业发展、推动全面小康和健康中国建设的重要探索[②]。运动休闲特色小镇是以运动休闲为主题打造的具有独特体育文化内涵、良好体育产业基础，集运动休闲、文化、健康、旅游、养老、教育培训等多种功能于一体的空间区域、全民健身发展平台和体育产业基地。

二、体育小镇的概念界定

体育小镇是一种以体育产业、旅游产业及其他相关产业的整合为支持，以大量就业人口及体育休闲消费的聚集为动力机制，以配套设施及服务的配置为基础依托，以就业人口的居住建设与旅游人口的度假居住建设为居住配套，以管理、金融、运营的创新为相关保障，以提高人们生活质量与幸福指数为目标的产城融合发展模式[③]。体育小镇是指以体育产业为核心，以项目为载体，围绕体育、健康、旅游、休闲、文化、养老等多种产业，融健身、娱乐等多种功能于一体，集

---

① 新华日报. 创新打造体育健康特色小镇助力"强富美高"新江苏[EB/OL].（2017-04-25）[2017-06-18］. http://news.cqnews.net/html/2017-04/25/content_41408639.htm.
② 体育总局办公厅. 关于推动运动休闲特色小镇建设工作的通知[EB/OL].（2017-05-11）[2017-06-18］. http://www.sport.gov.cn/n316/n336/c802334/content.html.
③ 绿维创景. 体育小镇综合开发架构[EB/OL].（2017-04-27）[2017-06-18］. http://www.lwcj.com/w/149328735022094.html.

聚创新资源、转化创新成果，实现生产、生活、生态深度融合，具有独特精神气质与文化风味的特定经济区域[①]。体育小镇，涵盖了体育特色小镇、运动休闲特色小镇、体育健康特色小镇等多种类型，完善的体育设施和配套服务是体育小镇发展的基础。

在产业开发上，体育小镇应以体育产业链的整合为主，发展"体育+"，打造赛事、体育休闲项目等吸引点，融合高科技元素强化服务，推动体育用品的供应，最终将体育与制造业、科技、文化、旅游等有机结合，形成以体育产业为核心，以体育旅游、体育影视等为特色，以体育产业服务为有效延伸的产业发展体系。

综上所述，本课题研究认为，体育小镇建设是以体育产业为特色，以发挥体育产业对其他产业的辐射作用、促进产业间融合发展为手段，以体育休闲消费人群及就业人口的聚集为目的，以配套设施及全面服务为依托，以提高小镇居民获得感和幸福指数为落脚点的产城融合式开发模式。

第二节　体育小镇的类型

体育小镇，是随着我国体育旅游产业、新型城镇化与社会生活形态的发展出现的新兴业态。作为前瞻性、试探性的研究，我们从体育小镇的概念出发，针对产业可能性，根据细分产业类型与目标受众（人群/企业/组织）的不同，将体育小镇分为四类：产业型体育小镇、休闲型体育小镇、康体型体育小镇、赛事型体育小镇。

[①] 体银智库.体育小镇实操经典案例研究报告［M］.北京：北京体银投资管理有限公司，2017，21.

一、产业型体育小镇

产业型体育小镇是以体育用品的生产或设备的制造为基础，纵向上延伸发展技术研发、产品设计、商品交易、物流货运等，横向上与文化、互联网、科技等产业融合发展，打通上下游产业链，最终形成多产业融合发展的产业聚集区。该类型小镇以体育产品生产制造以及其上下游产业为核心功能，以休闲体验为配套功能，一般依托于大型或中型城市周边而发展。在产业空间分布上，以核心类型企业为中心，配套企业或相关企业围绕其分布，形成"一中心，多散点"或"大分散，小集中"的布局结构。（代表案例：德清莫干山裸心体育小镇）

二、休闲型体育小镇

休闲型体育小镇是以良好的生态与自然环境为基础，以多样化的、参与性与体验性较强的体育休闲运动聚集而形成的，面向大众消费的体育小镇。运动项目可以包含多种类型，主要依托小镇的自然与生态环境基础，例如：球类运动、冰雪运动、山地运动、水上运动、传统体育运动、极限运动等。体育休闲小镇一般依托旅游与景区相结合而发展，一般以一个或几个核心资源项目为特色经营项目，并充分考虑不同年龄段人群的体育消费需求，打造体育休闲、娱乐等拥有完善配套体育服务的项目集聚区。在选址方面，休闲型体育小镇需要考虑到辐射范围内的受众总数和消费频率，同时对于其基础设施的观感度、承载量、配套完善程度等建设要求较高，故而在城市圈周边或大型旅游目的地路线上是较理想的选择。（代表案例：新西兰皇后镇）

三、康体型体育小镇

康体型体育小镇是以高质量的生态自然环境为基础,以体育运动与体育康复为载体,以健康养生、运动康复为主要目标,并结合旅游、度假、医疗等休闲养生形式而形成的康体度假型特色小镇。康体型体育小镇以温泉、负氧离子等独特的康养自然资源或太极拳、瑜伽、禅修等传统的康养人文资源为基础,打造以健身、康体、养生、修心等为核心的体育项目集聚区。相较于休闲型体育小镇,其运动项目选择具有低运动量、低运动强度、低运动负荷的特征,更加注重康体、养生、养心、养颜等方面的功能,多面向较为中老年或高端的人群,虽然受众基数较小,但消费频率及消费总额较高。康体型体育小镇最终营造的是一种全新的健康生活方式,其打造重点在于面向养生人群、亚健康人群、中老年人群不同的需求,形成具有针对性的、完善的健康硬件配套设施及健康服务。最终,形成一个以运动健康养生为主体,拥有养生环境、养生运动项目、养生服务及养生居住四大体系的度假综合体。(代表案例:奥修国际净心村)

四、赛事型体育小镇

赛事型体育小镇是指以高参与度与影响力的单项体育赛事为核心,并与赛事相关的服务、运动体验为延伸,从而形成的体育小镇。可以认为,赛事型体育小镇是某个运动项目的各类等级赛事的举办地,这也是每一个赛事型体育小镇都在追求的目标。赛事型体育小镇的打造有两个要素,一是要做好赛事本身的运营,二是要通过赛事项目延伸的多元业态进行补充,充分利用赛事场地与场馆,做好赛事后的有效利用,例如,体育培训、体育教育、体育健身等。通常赛事举办结束后场地与场馆的利用主要有三个方向:第一,可充分利用场馆场地开展体育培训及日常训练;第二,运用体育赛事的IP价值,开展主题活动、衍生周边娱乐活动；第三，利用大型的场地场馆组织开展其他类型的休闲活动，例如各类的美食节、音乐节等，从而实现体育与多领域的融合发展。不过，赛事型体育小镇无论是自身培育赛事还是引进赛事，都需要高标准的硬件建设，以及高水平的软件服务，从而为游客带来极强的赛事观赏体验，为组织者带来良好的经济效益。（代表案例：百丈时尚体育小镇）

第三节 体育小镇的系统及构成要素

一、体育小镇系统的理论脉络

自2016年三部委出台一系列关于建设特色小镇的政策以来，"特色小镇"概念逐步升温，全国各地涌现出一大批特色小镇。而在体育产业风起云涌的时代，如何打造带有体育标签的"特色小镇"，成为许多地区关注的热点。

建设特色小镇是经济转型升级和新型城镇发展的客观要求，是基于经济目标和资源禀赋构建的，且相对独立有明确导向的综合性发展平台。从这个意义上看，可以将体育小镇看作是相对独立又与周边环境有着紧密联系的大系统。而要让体育小镇这个大系统有效地运转，可以从以下几个方面着手：一是区域空间方面，体育小镇的行政区划上不作严格的限定和区分，可以是建制镇，也可以依托开发区、旅游区、科技城等建设。主要是通过在这些区域内融入和强化体育元素和功能，拉长体育产业和服务链条，形成相对集中的以体育为特色的项目链、产业群和消费圈，成为体育服务的新空间。二是发展形态方面，体现"小"而"特"，统筹生产、生活和生态空间布局，实现产业、资源、服务等有效集聚，形成宜业、宜居、宜游的体育特色区域。三是功能要素方面，体育小镇要在体育主体功能基础上，提升产业功能，融合旅游、休闲、文化等功能，形成内聚成核、外联成网的小镇生态系统①。

二、体育小镇系统的构成要素分析

（一）体育资源

体育资源作为体育小镇发展的基础，其开发和利用决定着体育小镇所能发挥的经济能量，而资源能否转化为效益，关键是对体育资源进行多方整合，使体育资源向重要领域、关键环节集中，形成区位影响力。2014年10月20日国务院印发《关于加快发展体育产业促进体育消费的若干意见》中指出，发展体育产业需要坚持改革创新，发挥市场作用，倡导健康生活，创造发展条件，注重统筹协调②。《意见》中提出丰富体育产业内容，推动体育与养老服务、文化创意和设计服务、教育培训等融合，促进体育旅游、体育传媒、体育会展、体育广告、体育影视等相关业态是发展体育产业促进体育消费的主要措施。在体育小镇建设过程中体育资源的利用是重中之重，它决定了体育小镇的可持续发展，体育资源的开发不仅需要注重社会资金的引进、体育特色项目的建设，还需要合理利用体育小镇现有的体育产业、自然旅游以及体育人文等基础资源。

体育产业资源：在体育产业资源开发与利用过程中，应基于体育小镇已有产业基础，创新体制机制、培育多元主体、改善产业布局和结构、促进融合发展、丰富市场供给。体育小镇应大力吸引社会投资，运用政府和社会资本合作等多种模式，拓宽体育产业投融资渠道，完善无形资源开发保护和创新驱动政策，加强体育品牌建设，推动科技成果产业化。这就要求体育小镇在建设过程中应该把控好市场投资的时序与规模控制、融资的对象与政府扶持利用、体育产业与旅游

---

① 冯栋，陈刚：创新打造体育健康特色小镇助力"强富美高"新江苏建设［EB/OL］.（2017-05-04）［2017-06-18］. http://news.xinhuanet.com/itown/2017-05/04/c_136255870.htm.
② 国务院. 关于加快发展体育产业促进体育消费的若干意见［EB/OL］.（2014-10-20）［2017-06-18］. http://www.gov.cn/xinwen/2014-10/20/content_2767791.htm.

的运营专业化导入、资金与资本的适时适度退出安排,做好体育与市场贯通的桥梁。

自然生态资源:体育小镇建设过程中,应合理开发小镇现有自然旅游资源,围绕自然景色、生态景观发展体育旅游,着重改善提供热门体育旅游产品,注重创新精神,让旅游和体育实现更高程度融合,以增加旅游本身的刺激性、趣味性、观赏性、参与性、体验性[①]。但需要注意的是由于体育旅游资源是不可再生的资源,所以在资源开发和利用的过程中,需要着重加强自然资源的保护与监管,保障自然旅游资源的可持续发展[②]。

体育人文资源:中国拥有强大的体育消费发展潜力以及体育消费人群,体育小镇对于体育文化资源的利用,一方面可以建立体育文化展览馆、民族传统体育文化博物馆等体育文化宣传场所,普及体育锻炼、体育健身的重要性,扩大体育小镇的消费人群,增加体育小镇经济效益;另一方面合理利用传统体育文化资源,发展传统体育运动特色项目,既可以作为体育小镇发展的特色主题,又能够突显体育小镇在民族传统体育文化传承与发展过程中的重要地位。

(二)体育设施

在我国城市建设的早期阶段,体育设施的公共服务能力主要体现在满足赛事的举办上,与群众日常生活的联系不紧密,体育设施可以说是"非必需"的。但是随着经济的发展,人们对精神文化生活和休闲健身的需求日益攀升,体育观念逐渐发生改变,"体育即生活""体育即民生"已经成为社会的共识,体育设施的公共服务功能逐渐由"非必需"转向"必需",对体育健身的需求也成为了居民的基本权益。随着体育价值观的转变,人们对于健身场地的要求也逐渐提高,已经不满足于标准低、设施配套不足和周边环境差的体育健身场所,更倾向于选

---

① 绿维创景.体育小镇激活体育产业新蓝海[EB/OL].(2017-01-20)[2017-06-18].http://www.lwcj.com/w/148489294021790.html.
② 于素梅.小康社会的体育旅游资源开发研究[J].体育科学,2007,27(5):23-35.

择设施条件好、类型丰富和服务配套完善的优质体育场地，享受体育运动带来的乐趣，而体育小镇的建设正是以此为基。

在"全民健身"上升为国家战略后，体育设施的建设重点必将转向群众体育设施的建设，这就要求体育小镇设施规划适应转变、创新机制，拓展公共体育设施的范畴，配置复合多元的设施类型。体育场地设施建设布局必须按照经济规律和区域地理属性来进行，运用"集聚—扩散效应"原理，利用地理资源条件优势，将体育场地设施建设布局成为具有健身、休闲、娱乐等功能的网络状空间结构[1]。故在体育小镇的建设中应当保证体育设施的全覆盖率，将其作为城市公共基础设施进行建设，从而推动全民健身运动、提升城市文化内涵和影响力。还需要在达到合理人均体育面积的基础上，重点关注能够举办国际国内大型赛事、从事体育活动的体育场馆、体育健身中心等室内体育运动场所的建设，以及体育公园、户外多功能球场、慢跑道、健身步道等可以从事体育活动的室外场地的建设，重点关注老年人、孕妇及残障人士的运动休闲需求，提供个性贴心服务，从而满足不同层次消费者的体育健身休闲消费需求。同时，政府管理机制也要顺应转变，实现由行政管理向公共服务管理的转变，鼓励社会多元化参与，构建企业负责投资管理、政府负责宏观调控的运营管理模式，保障体育设施的健康可持续发展。

（三）体育项目

体育小镇是在全面建成小康社会进程中，助力新型城镇化和健康中国建设，以体育为主题打造的具有独特体育文化内涵、良好体育产业基础，集运动休闲、文化、健康、旅游、养老、教育培训等多种功能于一体的空间区域、全民健身发展平台和体育产业基地。在体育小镇的规划建设中，不可忽视的重要部分就是该小镇的体育项目选择，如何因地制宜地确定好适合当地发展的体育项目成为了小

---

[1] 宋智梁，毕红星.体育设施建设布局的经济地理学研究［J］.成都体育学院学报，2013，39（11）：16-20.

镇规划的重头戏。体育项目的选择不仅事关小镇未来长期的建设运营，更关系到小镇能否吸引足够的人才资源和游客。

体育项目的遴选与培育应当充分考虑体育小镇的自然环境与人文环境，选择与小镇自然景观相适应、突显小镇文化内核的体育项目。体育小镇的体育项目还需要能够突出现代生活品质，不仅要符合地域特点，还要考虑到消费者的特点。同时，体育项目的选择在一定程度上也与国家政策推动相挂钩，例如在习近平主席的大力倡导和支持下，足球项目在我国得到了各界的重视。同样，在我国申办2022年冬奥会的成功背景下，根据国家规划，2025年之前国家将带动3亿人参加冰雪运动，使得未来冰雪运动项目发展前景良好。在广大民众视线之外的非主流运动项目中，还潜藏着一股回归自然、融入自然、挑战自我的运动项目——极限运动，在信息爆炸的知识经济时代下，现代人的生活节奏变得越来越快、工作压力越来越大、生活空间越来越小等现实的环境使得现代人应接不暇，持续的、不断增多的刺激，使人的感觉域限也不断提高。在欧美各国及各发展中国家，极限运动早已悄然成为都市青年最流行、最持久的时尚运动，参加极限运动会已成为广大都市青年梦寐以求的愿望。常见的极限运动包括滑板、花式自行车、花式滑浪、花式滑雪、滑翔、跳伞等，未来也将成为广大民众所热爱和追求的运动项目之一[①]。

（四）体育服务

服务大众，让体育成果惠及民生是体育小镇创建的重要动因之一，而完善优质的体育服务是实现体育成果惠及民生的重要渠道。体育小镇如何回应大众日益增长、多元化的体育消费需求，提供优质体育服务是当前体育小镇创建的重要议题。

体育小镇，并非是简单地将休闲、娱乐、体育项目集聚到小镇这个空间，更

---

① 王晓易_NE0011. 挑战自我的极限运动［EB/OL］.（2007-09-21）［2017-06-18］. http://news.163.com/07/0921/06/3OT3PG82000120GU.html.

重要的是围绕着体育元素来为老百姓提供更加丰富多元的服务。在体育小镇的建设中，体育服务包含两个部分，一是公共服务，利用小镇公共体育设施，满足公民基本体育健身需求，适应公民体育健身活动的发展趋势，实施有基础性、针对性和有效性的服务；二是市场化服务，以市场运营为主特色体育项目为辅形成的体育练习、培训、训练、竞赛、活动、对外交流等产生大量消费行为的服务。在满足体育公共服务的基础之上，体育小镇的发展应驻足体育与服务市场的有效结合，通过市场构建，吸引投融资，强化体育服务质量，提高大众体育消费意识，从而带动体育小镇的持续发展。

（五）空间系统

2015年5月5日中共中央、国务院印发《关于加快推进生态文明建设的意见》，意见中明确强调了未来生态文明建设需要强化主体功能定位，优化国土空间开发格局；推动技术创新和结构调整，提高发展质量和效益[1]。建设特色小镇是经济转型升级和新型城镇发展的客观要求，而体育小镇的建设则顺应了国家对于经济转型升级和城乡统筹等方面的政策导向。故而，在体育小镇的建设中，需要对所在区域的资源环境承载能力、现有开发密度和发展潜力等要素进行综合分析并以此为基础，同时以自然环境要素、社会经济发展水平、生态系统特征以及人类活动形式等空间分异为依据，划分出以体育为主体功能的地域空间单元。对体育产业发展布局、体育产业结构调整进行整体布置和规划，统筹兼顾，协调各产业间的矛盾，进行合理安排，做到因地制宜、扬长避短、突出重点、兼顾一般、远近结合、综合发展，形成体育产业功能区或集聚区。

同时，政府在体育小镇规划中，应充分优化体育小镇核心区域的生产、生活、生态空间布局，强化人口资源的集聚力和对体育特色产业发展的辐射力。对于体育小镇的布局需要注意体育特色产业的辐射范围，在一个区域内，不能重复

---

[1] 中共中央，国务院.关于加快推进生态文明建设的意见［DB/OL］.（2015-04-25）［2017-06-18］. http://www.scio.gov.cn/xwfbh/xwbfbh/yg/2/Document/1436286/1436286.htm.

建设相同特色的体育小镇，应充分了解本区域内的体育产业、旅游、人文、赛事、健身、休闲等资源基础，科学规划资源配置，选择合适的体育资源作为体育小镇的建设主体，其余体育资源为辅的建设理念，突出小镇特色体育资源的优势，使体育小镇做到"小而美""特而强"，实现小空间大集聚、小平台大产业、小载体大创新。

（六）支持系统

一是产业支撑：以体育特色为核心的产业升级。体育小镇的生产力来源于"体育特色"，"体育特色"源于体育产业。体育产业优势是体育小镇最重要的目标追求，以体育特色为核心的产业升级就成为了体育小镇最基础的支撑条件，没有这一经济动力的支持，体育小镇就无法创造经济价值，等同于空中阁楼，而基于地方体育特色产业和区位资源的创新创业主体，就是该系统的主要行动主体。

二是政策引导：以目标建构为核心的政府引导。政府作为体育小镇培育的引导者和培育者，通过出台创建办法、规划设计方案为体育小镇的发展定位、发展目标指明方向。因此，政府力量是体育小镇目标确定的主导力量，政府由此充当领路人角色。体育小镇的建设过程中，政府通过出台规划提供明确的指导意见，将顶层设计落到各项指标上，并在关键性的产业定位上起到了绝对的主导作用，这充分体现了体育小镇不仅是经济转型升级的平台，更是推进政府政策供给侧改革的重要载体。

三是社会参与：以共建共享为核心的多元治理。体育小镇并非单一的区域经济升级，而是从单一的经济功能走向具有多元功能的新平台，实现"产业、休闲、康体、赛事、旅游、宜居"等功能融合是体育小镇功能释放最大化的必然要求。而体育小镇作为一个发展整体，需要各方主体的相互适应和共同治理。它不仅需要各系统要素的共建，也需要各参与主体对资源的共享，政府作为主导力量在目标确定和政策导向上要做好顶层设计，并在基础建设、环境供给上为小镇创建提供保障；市场在资源配置中起决定性作用，能够优化资源配置；企业作为行为主体以创新、共赢为导向建立资源互惠互利、共创共享的竞争合作机制；创业者及高尖人才作为体育小镇产业发展的动力源，一方面建构着体育小镇文化，另一方面又受到体育小镇本身文化的影响；本地居民受惠于体育小镇发展，同时也将积极参与小镇建设。这样一个以共建共享为核心的治理体系，在体育小镇培育中应逐渐成型且发挥其化解各方冲突、执行整合的功能。

四是文化引领：以体育文化支撑为核心的精神引力。文化作为产业创新的内在推动力，是小镇建设的重要维度，同时文化并不仅作为一种产业、一种资源，更是聚集人才的精神引力。要实现体育小镇产业上的"特而强"、形态上的"小而美"，必须强化文化的支撑系统。因此，打造体育小镇的文化特色、汇聚小镇共同体的价值凝聚力是体育小镇得以持续焕发活力的源泉。在人文生态消费理念转向的当下，要使体育小镇能够吸引五湖四海的创业者与消费者，还应注重体育文化氛围的营造，注重文化的多维度建设。

当然，体育小镇的四大支持系统并非相互割裂的，它们是相互支持相互影响的。进一步说，体育小镇的产业支撑影响着政府引导，从而影响着政府在此基础上做出的产业定位及规划；而政府的政策供给的合理性又影响着各方利益的协调和资源的整合利用；多元的社会治理体系所构建的共建共享机制又催生和培育了体育小镇的文化支撑系统[1]。

---

[1] 毛睿佳.特色小镇培育的四大支撑系统［N］.柯桥日报，2017-04-06（11）.

第四节 体育小镇的功能

一、体育小镇是适应经济新常态、实现产业转型升级的重要抓手

2011年后,我国经济告别了三十多年的高速增长,进入了产业结构调整和创新驱动的经济发展新常态。体育小镇在创新驱动下,以"特而精""小而强"的布局思路,得以摆脱传统产业布局所造成的"产业雷同"现象,同时又在体育产业发展中与健康生活、旅游休闲进行有机融合,突显小镇的"体育产业特色"。借鉴已有的浙江特色小镇建设经验来看,特色小镇主要是经济转型的产物,承担着产业转型和产业升级的重任。故而,作为特色小镇中的一种建设类型,推动产业转型升级与结构调整的经济功能不可避免地成为了体育小镇的重要功能之一。

二、体育小镇是推行新型城镇化,发展新农村建设的着力点

传统城镇化在很大程度上走的是一条城市吞并农村的城市膨胀式发展道路,并由此加重了我国的"城市病"问题,这不仅无法解决固有的城乡二元结构问题,反而进一步加剧了农村的凋敝[1]。按照新型城镇化"以人为本"的建设要求,在城市周围打造体育小镇,依靠优美的自然生态环境或地区产业优势,既可

---

[1] 史云贵. 当前我国特色小镇的功能与路径创新[DB/OL].(2017-04-28)[2017-06-18]. http://theory.people.com.cn/n1/2017/0428/c40531-29242401-2.html.

以完善整个区域间的产业结构与产业链,又能够就近解决地区剩余劳动力问题,使得农村剩余劳动力不仅可以就近就业,享受优质的公共服务,还可以增加创业机会,从而实现产城融合与城乡协同发展。

三、体育小镇是加快美丽乡村建设的推进器

以往的新农村建设中,普遍存在着"撒胡椒面儿"与低层次重复建设问题。这样虽然通过新农村建设活动,使广大农村地区得到一定的进步,"三农"问题得到了一定程度的缓解,但与城市的快速发展相比,一些地方城乡间的差距不仅没有缩小,还进一步扩大了[①]。体育小镇一方面通过社区优化建设集中人口居住,改善了居民的生活条件,另一方面通过体育产业建设解决了周边居民的就业、创业问题,使居民在工作生活之余享受自然风光的同时,还享受着本来在大城市才能享受的城市文明与优质的公共服务。因此,从这个意义上看,集宜居宜业于一体的体育小镇建设,是破解城乡二元结构、实现城乡融合、加快美丽乡村建设的助推器。

四、体育小镇是弘扬历史传统文化的重要平台

长期以来,我国的粗放型城镇化模式,造成了不少的城市在大拆大建中割裂了历史、摧残了文化,同时在经济高速发展的时期,发展者注重了经济发展往往却忽略了传统历史与文化的传承,使得一些城市形成了"有城无史"的现象。故而体育小镇在产业发展中需要高度重视小镇发展的文化积淀与历史传承,充分考虑中国传统文化或体育文化与体育小镇核心内容是否相匹配,体育项目的选择是否与传统文化相适应,对于以体育休闲、运动、旅游为特色的体育小镇而言,历

---

① 史云贵. 当前我国特色小镇的功能与路径创新［EB/OL］.（2017-04-17）［2017-06-18］. http://www.rmlt.com.cn/2017/0417/469565.shtml.

史文化的积淀和传承与体育产业、文化产业、旅游产业的打造更要求有机统一与完美结合，从而利用体育小镇这样一个平台，更好地融历史文化于产业发展与建设之中。

五、体育小镇是破解"三产"联动、"四化"同步困境的突破口

长期以来，我们一度认为"农业是基础产业，只有在土地上建有工厂才算有第二产业的工业；工业必须发展到一定的程度才会有作为第三产业的服务业"，并由此形成了"农业化、工业化、城镇化、信息化"梯次发展的思维[1]。体育小镇集体育特色产业、历史传承、文化旅游、社区宜居于一体，彻底颠覆了"三产""四化"梯次发展的思维桎梏，通过体育产业聚集、健身休闲推广、重大赛事举办、体育旅游经营，从而在与时俱进发展体育小镇过程中，进一步推进与实现"三产联动"与"四化同步"。

六、体育小镇是推进创新创业的重要载体

"大众创业万众创新"是适应经济新常态的重要举措[2]。但是，大城市资源的稀缺性，往往会导致人们创新创业的成本过高，创业的空间过小。体育小镇多分布在大城市周边，相对远离大城市的中心区域，生产成本相对较低，生态环境优美，生活区域周边景色迷人，是吸引科技含量高、资金相对不足的年轻创业者与科研工作者的理想栖息之地。同时，体育产业的横向与纵向多样业态聚集，也

---

[1]史云贵.当前我国特色小镇的功能与路径创新［DB/OL］.（2017-04-28）［2017-06-18］.http://www.szps.gov.cn/shenzhen/cms/article.jsp?articleId=00000000597272de015bb279030c061e.
[2]徐晓兰.积极推动大众创新万众创业成为新常态［DB/OL］.（2015-03-09）［2017-06-18］.http://www.chinanews.com/gn/2015/03-09/7113869.shtml.

为相关产业链各个层次的从业者或创业者们提供了更好的发展与交流平台，可以说，体育小镇能够以较为低廉的成本、灵活的机制、优质的服务、怡人的生活为创新创业者们提供起航的港湾与梦想的翅膀。

（叶小瑜、谢亚骐　整理）

第三章　我国体育小镇建设发展现状

第一节　体育小镇建设概述

随着我国社会生产力的发展、科技的进步以及产业结构的调整，我国社会由以农业为主的传统社会向工业社会逐渐转变，中小城市在20世纪90年代迅速发展，城镇化成为不可逆转的大趋势。2014年，国务院颁布《关于加快发展体育产业促进体育消费的若干意见》，提出要把体育产业作为绿色产业、朝阳产业培育扶持，标志着体育产业已上升到国家战略层面。2016年10月，国务院办公厅颁布了《关于加快发展健身休闲产业的指导意见》（以下简称意见），部署推动极限运动、电子竞技、击剑、马术、高尔夫等时尚运动项目健康发展，促进产业互动融合。该意见还强调充分利用冰雪、森林、湖泊、江河、湿地、山地、草原、戈壁、沙漠、滨海等独特的自然资源和传统体育人文资源，打造各具特色的健身休闲集聚区和产业带，这意味着以运动项目为抓手，发展特色运动，打造地区特色将成为中国运动休闲产业发展的新趋势。

2014年10月，时任浙江省长李强首次提出特色小镇概念，始创于我国浙江省的特色小镇，在全国掀起了一场如火如荼的"小镇热"。同时，随着体育产业的发展，各种健身、体育、康养等元素融入特色小镇，并逐渐形成了一种新的特色小镇类型——体育小镇，进入2017年以来各类体育小镇如雨后春笋般在全国各地涌现，体育小镇逐渐成为社会关注的热门话题。不仅是在国家层面，各地政府也开始积极出台相应政策推动体育小镇建设。体育小镇的创建顺应了全民健身和健康中国的国家战略要求,把人民健康放在优先发展的地位,促进全民健身与全民健康的融合,有利于提高全体人民的身体素质和健康水平。随着我国国民日益增长的多元化体育需求,体育小镇的建设内容将不断丰富,体育小镇将逐渐成为融体育、文化、娱乐、休闲旅游、养生等多功能于一体的产业集聚区。

一、体育小镇建设的数量

从2014年体育小镇的兴起至今,体育小镇创建在我国由探索到酝酿,逐步成型后再达到全国推广的阶段,经过近四年的时间,已经成为我国特色小镇建设中可圈可点的重要组成部分[①]。根据赛迪顾问调查显示,2014年我国体育小镇的建设刚刚起步,全国仅有21个,随后在2015年数量有所上升,建设了47个。到2016年时我国体育小镇的数量增长到81个。2016年7月,住房城乡建设部、国家发展改革委、财政部联合下发《关于开展特色小镇培育工作的通知》之后,于同年12月颁布了《关于大力发展体育旅游的指导意见》,2016年,随着国家大力推进全民健身计划和国民余暇时间的增加,我国人民对运动健身越发重视,各种形式的休闲体育、旅游正逐渐成为国民流行的生活方式。"体育+旅游"的模式成为体育小镇建设的一大热门,体育小镇数量在2016年明显增多。而直至2017年,我国体育小镇的数量突破了百个大关,达到了150个。

根据赛迪顾问研究显示,在如今小镇的规划与建设中,随着体育小镇之间的竞争越来越大,考虑到土地的运用和项目的运营等种种问题,在未来2018年中体育小镇增长率有可能出现下降趋势[②](图3-1)。

---

①严小寒. 体育小镇如雨后春笋,最后别成了地产商们的圈钱工具[EB/OL].(2017-05-30)[2017-06-18]. http://sports.huanqiu.com/gdsports/2017-05/10768736.html.
②常春. 中国体育小镇现状及趋势[EB/OL].(2017-04-07)[2017-06-18]. http://www.sohu.com/a/133391997_681176.

第三章 我国体育小镇建设发展现状

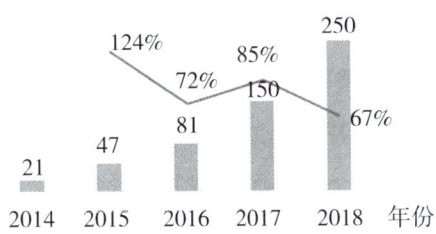

图3-1 我国体育小镇建设数量及增长率

（资料来源：根据赛迪顾问对中国体育小镇的现状及发展趋势的调研整理；数据截至2017年4月）

二、体育小镇建设的省市区域分布

浙江省是我国特色小镇建设的先行先试省份。浙江省的体育小镇发展与其地理环境和政府的支持是分不开的。浙江省位于我国东南沿海地区，拥有丰富的生态旅游资源，山清水秀的环境也能吸引到许多大型赛事来此举办，同时浙江省政府从体育小镇的规划建设、运营与申报等方面颁布了系列相关政策以支持体育小镇的发展。与浙江省毗邻的江苏省目前也是我国体育小镇分布较多的行政区域。江苏省作为我国的体育大省，体育产业发展在全国处于领先地位。同时，为了顺应江苏"两聚一高"的目标要求，也为了顺应国家城镇化建设的需求，江苏省将体育产业与城镇化相结合，做出了新的尝试。江苏省体育局在2016年9月采用省地共建模式，率先启动体育健康特色小镇建设。不仅如此，浙江省和江苏省都地处我国沿海经济文化发达区域，拥有优先发展体育小镇的经济基础，并且拥有足够的人口基础以保证小镇能吸引到一定的游客。因此浙江省和江苏省市是目前我国体育小镇分布较多的省份。

此外，目前我国体育小镇分布较多的省市还包括河北省和贵州省，其次是湖南省、四川省、吉林省、安徽省、重庆市和北京市（图3-2）。河北省和贵州省是目前我国体育小镇分布较多的省市。河北省作为我国承办2022年冬奥会的省份，现阶段高度重视崇礼太舞冰雪特色小镇建设，崇礼太舞冰雪特色小镇是当前我国规模最大的综合性度假滑雪区。河北省希望借由此次冬奥会的东风来带动雄安新区社会经济发展更上一个新台阶。贵州省作为我国欠发达的省份，山地资源、水系资源等自然生态类资源丰富，虽然体育产业的发展与东部发达省市存在差异，但贵州省根据自身的资源禀赋，确立差异化的发展方向，走出了独具特色的以山地户外为重点、以大力发展体育旅游为特色的道路。而北京市作为我国的首都、我国的双奥城市，浓郁的体育氛围为体育小镇的建设提供了良好的环境基础，同时北京市统筹规划建设体育小镇能更好地提高小镇的承载力，更好地对接非首都功能的疏解（图3-2）。

图3-2 我国体育小镇省市分布图

（资料来源：根据赛迪顾问对中国体育小镇的现状及发展趋势的调研整理；数据截至2017年4月）

总体而言，我国体育小镇主要分布在沿海经济文化发达的省市或者是能够依托现有相关体育项目资源优势进行体育产业发展的省市，即目前我国体育小镇主要分布于经济文化实力雄厚、人口众多、各项资源丰富以及具有体育项目发展基础的省市。

三、体育小镇建设的区域分布

近年来,在国家政策的推动下,体育小镇在我国各地发展迅速,浙江省、江苏省、河北省和贵州省都是我国体育小镇分布的热点省市。其中,华东地区是我国体育小镇分布的主要地区,我国42%的体育小镇都分布在华东地区;其次是我国的西南地区和华北地区,20%和15%的体育小镇都分别分布在这两个地区(图3-3)。

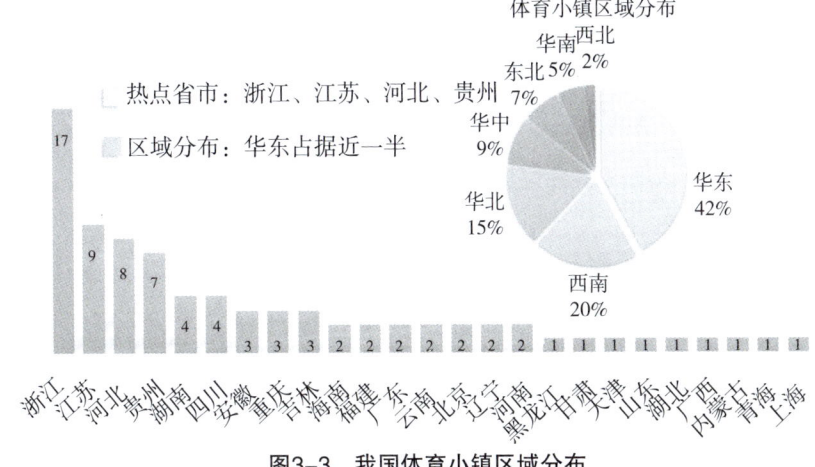

图3-3 我国体育小镇区域分布

(资料来源:根据赛迪顾问对中国体育小镇的现状及发展趋势的调研整理;数据截至2017年4月)

根据赛迪顾问的研究显示,目前我国的体育小镇主要分布在以江浙为主的华东地区,内陆区域相对分布较少。而以四川省、重庆市为代表的西南地区和以北京市、河北省为代表的华北地区也是体育小镇分布较多的区域。作为我国沿海发达地区,近年来浙江省面对传统块状经济和区域特色产业竞争力逐渐下降的问题，决定以体育小镇的建设发展作为抓手推动经济转型升级，在省内大力发展体育小镇建设。而江苏省在体育小镇的建设方面，围绕江苏"两聚一高"的目标要求，以体育小镇建设为抓手培育江苏经济增长极，助力江苏的经济社会发展。

在我国内陆欠发达地区，虽然各省市经济实力相对落后，但当地的自然资源、旅游资源十分丰富，为体育小镇提供了良好的资源优势，当地政府通过建设体育小镇来拉动当地经济发展，通过体育小镇的建设形成地区差异化的竞争优势。

四、体育小镇建设的行业分布

如何遴选和确定体育小镇运动项目是小镇规划期要考虑的重要问题。体育项目的选择不仅关系到小镇能否吸引足够的人才资源和游客，还事关小镇未来长期的建设运营。由图3-4可见，目前我国体育小镇的建设主要以户外运动为主，其中又以户外、冰雪、足球、自行车和舟艇为重点行业。

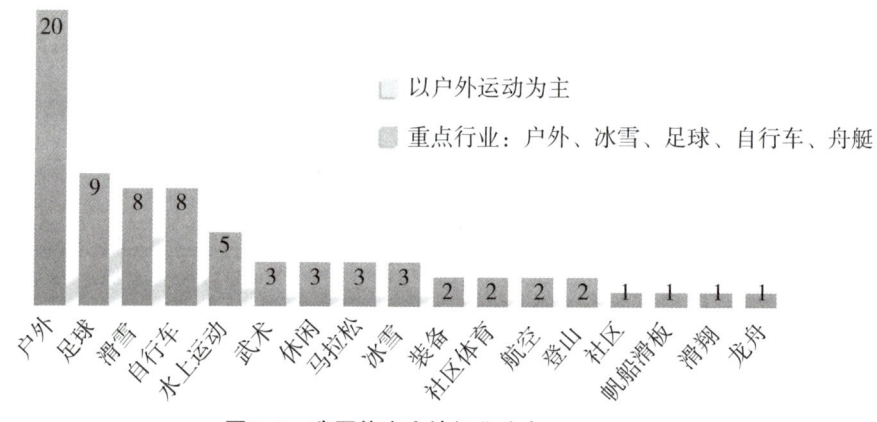

图3-4 我国体育小镇行业分布

（资料来源：根据赛迪顾问对中国体育小镇的现状及发展趋势的调研整理；数据截至2017年4月）

第三章 我国体育小镇建设发展现状

2016年05月05日,国家体育总局在颁布的《体育发展"十三五"规划》中,明确指出各地需要大力发展健身走(跑)、骑行、登山、徒步、游泳、球类、广场舞等群众喜闻乐见的运动项目,积极培育冰雪、帆船、击剑、赛车、马术、极限、航空等具有消费引领特征的时尚运动项目。而体育小镇正是实现这些运动项目真正落地的重要载体[①]。

运动项目的遴选还与体育小镇的资源禀赋息息相关。体育小镇在规划建设时主要依托于当地优美的环境和丰富的生态旅游资源,在山水资源丰富的地区建设体育小镇,受到地理环境的影响,当地优美的环境和合适的地形地势利于户外、自行车和水上运动的开展,这些也更加能够融入到小镇周边的环境中,实现运动与自然的融合,便于实际操作,同时也更便于参与者融入到自然的环境中,在天然的环境中享受运动,达到体育与休闲相结合的效果。当今社会,随着经济的不断发展,人民的精神文化生活需求日益增长。户外运动作为一种绿色经济、循环经济,近年来,在我国经济社会快速发展的背景之下以自发的形式不断快速成长。

足球作为世界上参与人数最多的一项运动,在我国具有广泛的群众基础,尤其是在习近平主席的大力倡导下,足球项目在我国得到了各界的重视。《国务院办公厅关于印发中国足球改革发展总体方案的通知》和《关于印发中国足球中长期发展规划(2016—2050年)的通知》等一系列文件都体现了国家对足球这一项目的重视。2015年7月31日,我国申办2022年冬奥会的成功,推动我国滑雪事业进入一个快速发展阶段。以举办冬奥会为契机,2025年之前国家将带动3亿人参加冰雪运动。不仅如此,在我国《体育发展"十三五"规划》中也强调了冰雪运动"南展西扩"的战略部署,明确指出要大力普及冰雪运动项目,我国冰雪运动呈现出良好的发展势头。在我国宏观政策的大背景下,我国各地的足球体育小镇和冰雪体育小镇发展迅速,正逐渐成为我国体育小镇的重要组成部分。因此,目

---

①新华网.《体育发展"十三五"规划》发布[EB/OL].(2016-05-05)[2017-06-18]. http://news.xinhuanet.com/sports/2016-05/05/c_128960270.htm.

前我国体育小镇主要是围绕户外、自行车和水上运动展开。

五、体育小镇建设模式

建设模式是指人们在社会实践活动过程中所总结出的具有指导意义的行为方式，是指导体育小镇建设的成熟体系。积极运用现有的成熟建设模式，创新发展新模式，可迅速推进我国体育小镇的建设进程，有效提高建设成效。鼓励各地区依托当地社会经济发展实际，选用适合体育小镇建设需要的建设模式。

（一）省地共建模式

体育小镇是适应我国经济发展新常态、顺应我国社会发展新趋势的产物，是化解当前我国社会经济发展领域多方矛盾的一个突破点，其首先可为社会提供丰富多彩的体育产品，满足人民日益增长的体育需求；其次可推动我国产业结构调整，优化产业布局；最后体育小镇也是当前我国新型城镇化建设与精准扶贫工作的重要体现。各地各级政府都积极推动体育小镇的建设，一时间体育小镇在全国各地纷纷上马，政府在体育小镇建设过程中发挥着重要的作用，并逐渐探索出体育小镇建设与政府间的新型发展模式，即省地共建模式。

中国体育小镇的省地共建模式，即通过一定程序遴选具有一定区位优势、资源禀赋和发展基础的小镇，由省级行政单位（一般为省体育局或省体育局联合有关部门）与小镇所在的县级行政单位（县、区、市）签订共建协议，共同参与小镇的建设与管理。省地共建模式不是新生事物，也不仅应用于体育小镇建设这一领域。相反，在我国这一极具特色的行政管理体系中，其业已在其他领域的经济建设活动中得到了广泛的应用，并取得了良好的效果。江苏省体育局已先后同域内14家小镇签订了共建协议，率先将省地共建模式应用到体育小镇建设过程中，为我国体育小镇的建设指明了方向。

省地共建目标的实现要求省地两级行政单位共同建设、共同管理。合作是省地共建的基础，共同参与小镇的建设与管理是省地共建体育小镇最鲜明的特征。共同建设要求省地两级政府在小镇建设所需的人、财、物等要素资源方面予以统筹协调，做到既能满足小镇建设的需要，又能实现资源的最大化利用。共同管理要求省地两级政府能够形成由上而下的两级管理与监督机制，确保体育小镇建设的有序推进和良性运营。

省地共建目标的实现要求省地两级行政单位各司其职、各尽其责。有合作就有分工，省地共建体育小镇对两级政府的岗位职责与要求不尽相同，省地两级政府在确保通力合作的基础上，还需进行合理分工、各司其职，避免政出多门、相互推诿。整体而言，省地共建体育小镇应以"地"为主，"省"则更多地为小镇建设做宏观上的谋划。

省地共建目标的实现要求省地两级行政单位有效对接、协同创新。有效对接是指省地两级政府在政策制定与实施、组织机构的建立与完善等方面实现上下对接；协同创新是在有效对接形成"协同"局面的基础上，整合资源创新小镇建设路径，实现"1+1＞2"的效益。省地共建体育小镇，两级政府间既有合作又有分工，不可人为地将二者割裂。省地两级政府共建体育小镇应在合作的前提下，科学分工，理顺二者在共建过程中的关系，实现省地两级政府的有效对接，通过二者的协同创新体育小镇建设与管理模式。

（二）"体育+"模式

体育产业是体育小镇的核心，以"体育+"的模式积极引导小镇发展体育产业，是建设体育小镇的核心任务。依托体育小镇既有的产业基础与资源禀赋，科学合理地选择"体育+"对象，发展不同属性的体育产业，培育不同类型的体育小镇。因此在体育小镇建设过程中，运用"体育+"模式，将小镇现有资源整合成适合未来体育产业发展的体育资源，是建成体育小镇的关键环节。从当前国内外体育小镇建设与发展的现状来看，"体育+"模式主要有以下四种类型。

1. "体育+用品制造"模式

产业型体育小镇是"体育+用品制造"模式发展的蓝图。作为制造业大国，我国有众多以用品加工制造业为主导产业的小镇，但随着国内外经济形势的转变，以及群众体育的大力发展所激发出人们对体育用品器材设施的巨大需求，使得小镇原有的加工制造企业纷纷向体育用品业转型，而原有的小镇主导产业逐渐向体育用品业转变，最终形成今天的产业型体育小镇。体育用品门类众多，既有穿戴服装鞋帽类，又有健身器材类，还有场地设施类。因此规划设计阶段的体育小镇在运用"体育+用品制造"模式时，一定要根据小镇现有的用品制造行业特点，有针对性地选择与之相近的体育用品业作为其未来发展的支撑产业。而且，企业的转型不是一蹴而就的，不可急功近利，要以市场为导向，遵循企业自愿的原则，并借助政策红利引导相关企业循序渐进向体育用品制造业转型。

2. "体育+休闲娱乐"模式

休闲型体育小镇是"体育+休闲娱乐"模式的发展蓝图。随着我国社会经济的发展以及社会生产力水平的大大提高，人们的闲暇时间有了明显增加，越来越多的人在工作之余投入到休闲娱乐活动中去。而在诸多休闲娱乐中，回归自然、回归乡野成为人们放松自我、体验生活的绝佳选择，这就逐渐在都市圈周边的小城镇形成了别具特色的"农家乐"。规划建设阶段的体育小镇在运用"体育+休闲娱乐"模式时，一是要重视对现有休闲娱乐项目的保护与发展，以保证在体育小镇建设期间维持游客数量，切记不可另起炉灶、推倒重来；二是在增加体育元素的过程中，应以休闲娱乐类的户外运动项目为主，如垂钓、骑行、滑雪、登山等，不宜选择竞技性强的运动项目，以免与小镇原有休闲娱乐的主题相悖，造成原有消费群体的流失。

3. "体育+健康养生"模式

康体型体育小镇是"体育+健康养生"模式的发展蓝图。社会经济的发展、生产力水平的提高，带给我们更多闲暇时间的同时，也给我们带来诸多不利影响，如都市生活节奏加快、工作压力加大所诱发的一系列疾病，环境恶化对人类产生的危害等。人类历史上从未像今天如此关注自己的健康、热衷于养生，这就使得田园小镇成为人们健康养生的首选之地。运动有益于健康这毋庸置疑，但健康养生仅仅有体育还不够，还需要具有良好的生态环境基础和一定的医疗救护保障体系。"体育+健康养生"模式对体育小镇自身的要求较高，但这也是当前我国体育小镇所稀缺的资源禀赋。小镇在规划建设阶段选择"体育+健康养生"建设模式时，首先要维护好良好的生态环境，其次配备相关专业医护人员做指导，最后还是要发挥体育运动的主导作用，重点培育一些健康养生类运动项目，如太极拳、武术、健步走、瑜伽、钓鱼等。康体型体育小镇有着较为固定的消费人群——中老年人，虽是"银发"市场，却是朝阳产业，随着人们健康意识的增强，健康关口前移，使得其市场前景十分广阔。

4. "体育+竞赛"模式

赛事型体育小镇是"体育+竞赛"模式的发展蓝图。体育竞赛是体育活动中最具活力的核心组成部分，具有社会关注度高、影响力大等特点。一项成熟的体育赛事不但可直接为举办方带来可观的经济收入，还可大大提高赛事举办地的知名度，基础设施与驻地人口素质也将得到改善。尽管与城市相比，小镇举办体育赛事无论是在赛事运营还是相关配套设施服务上都有所欠缺，但小镇特定的区位优势与独特的资源禀赋对于举办"大众参与型"的体育赛事仍具有很大的优势。小镇在规划设计阶段选用"体育+竞赛"模式时，首先要根据小镇的实际情况确定竞赛项目，即选定赛事型体育小镇的主题，在竞赛项目的选择上应以"户外型+大众参与型"赛事为主，这样既能充分发挥小镇的资源优势，又能带动更多人群参与到赛事中来；其次无论是引进的体育赛事还是自身培育的，都要根据赛事项目的特点，做好相关运动项目的基础设施规划与建设；最后，赛事的运营要向着专业化方向发展，与专业赛事运营企业合作对小镇特色赛事进行深度开发，做好赛事的包装与宣传，提高赛事服务质量，为参赛者提供更优质的体验。

（三）"PPP"模式

体育小镇的建设与培育是一个复杂而庞大的系统工程，尤其是对小镇基础设施的建设与配套服务设施的完善，所需投资数额巨大，这对于多数地方政府财政而言都是一笔巨大的开支。尽管省地共建会给予小镇建设一定的财政拨款，但完全依靠财政输血来建设体育小镇显然不现实。弥补小镇建设资金的不足，还需借助社会资本，引进民营企业建设体育小镇，即PPP模式。

PPP（政府和社会资本合作：Public-Private Partnership）模式，是我国基础设施建设中运用非常成熟的融资模式，以政府参与全过程经营的特点广受关注，其本质是政府与私人组织之间，以特许权协议为基础，形成的一种伙伴式的合作关系。PPP模式将部分政府责任以特许经营权方式转移给社会主体（企业），政府与社会主体建立起"利益共享、风险共担、全程合作"的共同体关系，达到政府的财政负担减轻、社会主体投资风险减小双赢的目标。截至2017年2月底，全国PPP模式入库项目11575个，项目总金额达137507亿，这些数据说明PPP模式在当前我国社会经济建设过程中有着巨大的优势，且已被政府与社会各界所认可。

在我国体育事业发展历史上，大型体育场馆的建设也面临着与今天体育小镇建设过程中资金不足同样的问题，而正是通过运用PPP模式化解了融资难的问题，并取得了良好的社会效应，甚至可以说体育场馆是PPP模式的最佳应用案例。我国的体育小镇建设与体育场馆建设有着诸多共性：一是建设成本投入大；二是投资回收期长；三是以基础设施建设为主体；四是既具有公共服务属性又可以开展市场经营。因此，在体育小镇建设领域，借鉴PPP模式在体育场馆建设融资过程中的有益经验，复制PPP模式在体育场馆建设融资过程中的应用，是我国体育小镇克服资金短缺、融资困难的突破点。

尽管PPP模式运作已十分成熟，且在多领域社会经济建设中尤其是在体育场馆建设中取得了巨大的成功，但体育小镇建设不同于传统的公共基础设施领域，体育小镇的建设对当地居民的利益联系更加紧密。首先，体育小镇建设与当地民众生活在地理空间上交织交融；其次，当地民众的生活形态、乡风民俗是体育小镇建设的内容之一；再次，当地民众是体育小镇建设环境改变的直接受影响者；最后，体育小镇建设目的就是为小镇再创新的产业、增加就业、改善民生。当地民众既是体育小镇建设的参与者、投资人，也是体育小镇建设的受益者、经营者。因此各地区在运用PPP模式来建设体育小镇的过程中，除强调政府与社会资本两大参与主体的合作外，还应注重体育小镇当地民众的投资、参与、受益的利益诉求，即PPP模式的升级——PPP+L（Local People）模式。PPP+L模式是一种结合融资、统筹、管理、运营为一体的综合型融资参与模式，其在保留PPP模式原有优势的基础上，协调当地民众参与体育小镇建设的诉求和受益点，以体育小镇建设为契机，稳步推进精准扶贫与全面建成小康社会工作，将当地民众居住条件的改善、生活环境的优化、收入就业的增加、精神素养的提高、社会保障体系的完善当作体育小镇建设的重要内容，构建政府、企业与当地民众间更加和谐的三方发展关系。

六、体育小镇运营公司行业特征

在我国体育小镇的发展过程中，前期的规划建设固然是十分重要的环节，但体育小镇建成之后的运营更加关系着体育小镇的可持续发展。

根据赛迪顾问的相关研究显示，目前我国体育小镇的运营公司行业主要分为如下四种：体育、旅游、地产和投资行业。鉴于体育小镇与体育相结合的特殊性，体育公司仍然是体育小镇运营过程中的最重要推动力。体育公司在小镇的运营中本身具有一定体育产业相关运营经验和资源，对体育项目本身也有足够的认识和理解，在运营体育小镇的过程中能够合理利用资源将体育元素更自然地融入到小镇的内涵中。同时体育公司可以运用其对运动项目的了解突出小镇的体育特色，使体育主题更加凸显，与小镇的结合更加紧密。在此之外，旅游公司和地产公司也都参与到体育小镇的运营中。由于目前体育小镇项目与旅游资源的紧密结合，旅游公司运营的小镇能享受到更多的旅游资源，吸引足够的游客到小镇进行体育项目的各种体验，在一定程度上保证了小镇的人流，并且旅游公司在旅游项目的建设和运营中占有绝对优势，能最明确地了解如何才能更加吸引游客的眼球。而地产公司对土地的价值有独特的衡量标准，拥有雄厚的资金基础，从土地利用价值的角度出发，充分考虑体育小镇在地理位置和周边环境等各方面的条件因素，也加入到体育小镇的运营中。在我国体育小镇的建设数量不断增加的大背景下，体育小镇的运营前景十分良好，因此投资公司正是看中这一机会，将对体育小镇的运营看作一种商业投资（图3-5）。

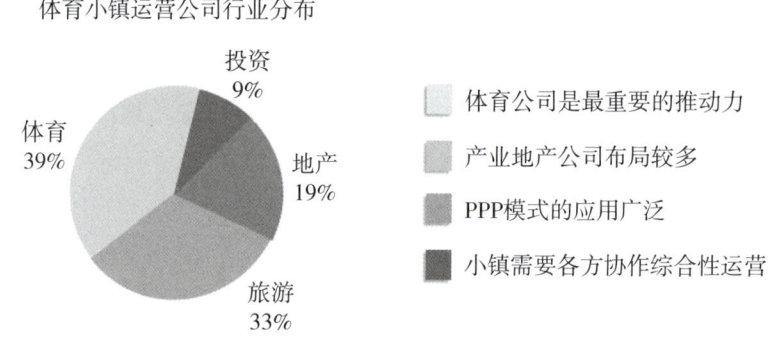

图3-5　我国体育小镇运营公司行业分布

（资料来源：根据赛迪顾问对中国体育小镇的现状及发展趋势的调研整理）

根据赛迪顾问研究显示，在我国体育小镇的运营公司中，目前最主要的是体育公司和产业地产公司，这些公司因其特有的各项优势纷纷加入到小镇的运营中。除此之外，PPP模式在小镇的运营中应用也将越来越广泛，未来我国体育小

第三章　我国体育小镇建设发展现状

镇还需要更多各方协作的综合性运营。

第二节　我国重点区域体育小镇建设情况概述

一、北京体育小镇建设情况分析

北京作为我国的首都,是我国的政治中心。同时,北京作为我国唯一的双奥城市,具有浓郁的体育氛围,为体育小镇的发展提供了肥沃的土壤。近年来,众多大型赛事在北京举办,当地群众对于体育运动的兴趣不断提高,体育参与的意识也在不断增强。在群众对于体育运动健康需求的驱动下,体育小镇的发展得到了有力的支撑。不仅如此,北京市雄厚的经济、产业基础也为体育小镇发展奠定了良好的基础。

目前,北京市设立了总体规模达到100亿的小城镇发展基金,大力推动体育小镇建设。北京市规划中以及在建的体育小镇主要聚焦于冰雪运动、休闲运动和健康颐养等主题。北京以筹办2022年北京冬奥会为契机,在北京市推动冰雪体育产业的发展,将冰雪运动与足球项目结合,打造集休闲、运动、旅游于一体的冰雪旅游文化小镇。同时,北京致力于发掘历史悠久的文化和山水胜地,建设以休闲旅游为主的休闲小镇。随着老龄化社会的到来以及中国慢性疾病病谱的变化,北京市将养老、健康等更多因素融入到小镇的建设中,打造颐养小镇,实现了独特的小镇建设理念。目前北京市规划和在建的体育小镇中典型代表包括北京槐房国际足球冰雪小镇、张坊运动休闲小镇和良乡健康颐养小镇。这些体育小镇特色鲜明,多点开花,从不同的角度助力北京社会经济发展。

二、浙江体育小镇建设情况分析

浙江省是我国体育小镇重要发源地之一，随着国家对发展体育产业的重视，到了2017年，浙江省开始把目光转向了体育小镇。浙江省作为我国沿海经济发达的区域，高度发达的经济条件是体育小镇得以在此繁荣发展的重要基础，优越的经济条件也是推动体育小镇不断改善发展的强大动力。同时，浙江省拥有丰富的生态旅游资源，优美的环境为体育小镇提供了良好的资源条件。同时，各类体育赛事的频繁举办也为浙江创建体育小镇带来了新机遇。目前，浙江省在政府的引领和社会资本的共同推动下，已有两批79个省级特色小镇的创建项目，其中体育为主的有5个。浙江省体育小镇的建设特色和经验，对我国其他各地体育小镇的建设起着重要的借鉴作用。

浙江省政府高度重视创建体育小镇，《浙江省人民政府关于加快特色小镇规划建设的指导意见》《浙江省特色小镇创建导则》《关于金融支持浙江省特色小镇建设的指导意见》等文件对小镇的定位、创建、申报程序等多方面提出了明确的要求，也从土地、资金和人才各个方面提供了优惠措施，助力浙江体育小镇建设。直至2017年，浙江省已经规划或在建设中的体育小镇包括：建德航空小镇、平湖九龙山航空运动小镇、绍兴柯桥酷玩小镇、德清"裸心"体育小镇、海宁马拉松小镇和龙泉宝剑小镇等共计12个。这些体育小镇都有各自独特的规划方案和雄厚的资金支持，所选运动项目也符合当地的环境，各有特色。

三、江苏体育小镇建设情况分析

2016年，江苏省体育局在全国体育系统中率先提出了创建体育健康特色小镇，截至2017年6月，江苏省首批和第二批省地共建的体育健康特色小镇共14家。2016年10月27日，在江苏省体育产业大会上，省体育局陈刚局长明确指出：

第三章 我国体育小镇建设发展现状

"未来5年，我们将重点培育20个体育健康特色小镇。将建设体育健康特色小镇作为推动体育创新发展的载体，在全国率先启动体育健康特色小镇建设。"①并确立了江阴市新桥镇、溧阳市上兴镇、昆山市锦溪镇等首批八个体育特色体育小镇，以省地共建模式率先启动体育小镇的建设。

2017年3月30日颁布的《江苏省发改委关于培育创建江苏特色小镇实施方案》中提到，江苏将力争在3到5年中，通过努力创建100个左右特色鲜明、功能齐全、环境优美的特色小镇②，并于同年4月22日公布了包括太仓电竞小镇和南京浦口老山有氧运动小镇在内的第二批6个体育小镇名单。江苏省作为我国的旅游大省，省内资源丰富，人文古迹众多，体育产业发展领先，具有发展体育小镇的各项优势，省内已签约的两批共14个体育小镇，目前已经覆盖苏南、苏中和苏北地区。课题组调查获悉，到"十三五"末，江苏全省将建成20个左右产业特色鲜明、发展模式多元、体育服务便捷、建设空间集约，发展富有活力、人文充满魅力、生态健康宜居的体育健康特色小镇，在全国形成体育类特色小镇建设的引领和示范。

在省地共建创新模式的基础上，江苏省秉持着突出健康主题、强化产业支撑、坚持文化沉淀以及加强政企合作的小镇建设原则，依托于本身的资源优势，积极致力于打造"体育+"的体育小镇建设新模式③。包括了以"体育+旅游"为模式的南京汤山体育+温泉旅游，"体育+养生"的南京浦口老山有氧运动小镇，"体育+时尚运动"的扬中极限运动小镇，"体育+文化"的江阴新桥镇马术运动，"体育+赛事"的南京国际沙排赛事，"体育+制造"的淮安施河镇和"体育+科技"的太仓电竞小镇这七类④。根据对其中八家小镇的建设项目调查发现，已

---

① 陈刚. 省体育局陈刚局长在2016江苏体育产业大会上的演讲［EB/OL］.（2016-10-27）［2017-06-18］. http://tyfw2.jschina.com.cn/system/2016/10/27/029913375.shtml.
② 华夏. 江苏体育"放大招"：下一个体育健康特色小镇也许是你家乡［EB/OL］.（2017-03-31）［2017-06-18］. http://www.sohu.com/a/131528817_498673.
③ 人民网. 江苏省体育局局长陈刚：未来江苏体育小镇更注重"体育+"［EB/OL］.（2017-04-22）［2017-06-18］. http://sports.people.com.cn/n1/2017/0422/c202403-29229358.html.
④ 刘敏.【首席关注】体育健康特色小镇助力"强富美高"新江苏建设［EB/OL］.（2017-04-25）［2017-06-18］. http://www.sohu.com/a/136325468_528958.

计划和开工的项目达到54个,其中既有社会资本投资的项目,也有采取PPP模式建设的项目,总投资达到100亿元。值得一提的是,在江苏省发改委公布的首批25家省级特色小镇创建名单中,江苏南通市的海门足球小镇成功入选,这也是此次公布的特色小镇中唯一一个体育小镇,不仅如此,球星孙继海将成为海门足球小镇的第一任镇长,为该小镇的建设提供更专业的意见和建议,帮助足球小镇能够在三年时间内完成建设。未来,江苏省将继续以"体育+"的特色概念打造独特的"强富美高"的新形象。

四、海南体育小镇建设情况分析

海南省位于我国最南端,是仅次于台湾岛的中国第二大岛。拥有广阔的地域面积,伴随近年来海南省经济的发展和旅游业的繁荣发展,海南省于2015年正式公布了海南省百个特色产业小镇名称及类型。据资料显示,这批特色产业小镇的建设着重于特色,关键点在于产业,将致力于形成一批带动力强、能助农增收的支柱产业,积极推动城乡一体化和城镇化,创造独具海南特色的城镇化道路。

2016年海南省的"十三五"规划纲要草案提出,海南"十三五"期间将大力发展体育产业。在海南省规划的特色小镇中,海口作为其省会城市,拥有的特色产业小镇数量最多,在当地具有优先发展体育小镇的优势。海口市永兴体育小镇便是目前海南省最具代表性的体育小镇。2016年,海口市宣传思想文化工作会议上宣布海口将争取在年底前完成20个足球场地建设任务,加快永兴足球训练基地建设,到时海口市永兴特色体育小镇将初具雏形。规划中的海南万宁市中汇城海南日月湾冲浪小镇更是选择了冲浪这一符合海南省特色的项目,把当地丰富的冲浪资源与旅游、风土人情相结合,不仅向专业人员提供冲浪场地,也能让更多的爱好者即使是在陆地上也能享受实战体验冲浪的刺激。

五、安徽体育小镇建设情况分析

安徽省是我国旅游资源最丰富的省份之一,拥有数量繁多的自然景观,同时深厚的文化底蕴和传统更能引领当地特色运动文化的创建和发展,形成安徽省的特色休闲项目。与此同时,安徽省内发达的经济条件为省内的体育产业发展和特色小镇的建设提供了助力,生活条件的不断改善也为小镇的运营带来足够的群众基础。目前,根据《安徽省体育局关于推进体育特色小镇建设的指导意见》,安徽省将加快制定以户外运动为重点的健身休闲运动项目的规划,鼓励发展滑雪等冰雪运动项目,到2025年,培育20个左右产业特色鲜明、发展模式多元、体育服务便捷、建设空间集约,发展富有活力、生态健康宜居的省级体育小镇,在安徽省内发挥重要的引领示范作用[1]。

依托于安徽省的环境资源优势,安徽省体育小镇的规划和建设主要以马拉松、登山、骑行和水上运动等绿色运动项目为重点,同时在各地规划建设体育公园,促进体育与健康、文化等其他产业的融合发展。现在安徽省主要体育小镇有太平湖体育运动小镇、大圩马拉松小镇、黄山·国际户外运动基地和九华山瑜伽小镇,这些体育小镇主要都建设于山清水秀的环境中,将体育与休闲旅游相结合,打造综合性服务区。此外,安徽省今后还将发挥皖南国家体育产业示范基地的作用,在特色小镇的规划上还将融入更多健身、休闲等产业,打造出更具有安徽特色的体育小镇。

六、青海体育小镇建设情况分析

雄踞世界屋脊青藏高原东北部的青海省是我国青海高原上的重要省份,青海

---

[1]安徽省体育局官网. 安徽省体育局关于推进体育特色小镇建设的指导意见[EB/OL]. (2017-05-05)[2017-06-18]. http://www.ahty.gov.cn/cyxx/info_70.aspx?itemid=14004.

省境内山脉众多，湖泊、河流纵横，地形多样且复杂。对于青海省体育小镇的发展更能凸显出当地的高原特色。2017年5月8日至9日，青海省高原特色体育小镇建设研讨会在海南藏族自治州共和县龙羊峡镇召开，会上提出了到2025年，青海省计划将建成30个左右特色鲜明、发展模式多元，生态健康宜居的高原特色体育小镇。不仅如此，会议上颁发的《青海省关于加快发展健身休闲产业的实施意见》征求意见稿和《关于共同打造高原特色体育小镇合作协议书》的征求意见稿，也代表着龙羊峡镇将作为青海省首批高原特色体育小镇[①]。龙羊峡生态景区面积860平方公里，包括了地形险峻的黄河大峡谷和土林景区，当地旅游资源丰富，配套的基础设施相对完善，同时海拔较高，是举办山地自行车速降、汽摩运动、滑翔伞等挑战类体育赛事的好地方。在今后的规划中，还将充分利用龙羊峡镇天然条件优势，将龙羊峡镇打造成为青海省内首个康体型的体育小镇。

七、福建体育小镇建设情况分析

位于我国沿海的福建省，省内群众体育的发展势头良好，拥有扎实的群众体育基础。体育小镇的规划建设既能够满足省内群众的运动需求，也可以保证在未来的运营中能够吸引到足够的人才和游客。同时，福建省颁发的加快发展体育产业的通知保证了省内体育产业发展的专项资金，有力推动了体育产业的加速发展。在体育产业快速发展的同时，福建省对体育小镇的建设还给予了土地、资金和人才方面的支持，以保证体育小镇的蓬勃发展。

福建省突出各地的特色，结合当地的地方特色和传统文化，目前已经基本形成"一镇一品"的特色小镇格局。考虑到地理位置的优势，福建省充分利用其海陆资源，针对不同区域进行设计，如今规划和在建的包括围绕养生休闲为主题的聚龙体育休闲旅游小镇，以健康幸福为主题的萨马兰奇体育小镇，以观光为主的

---

① 新华网.青海省高原特色体育小镇建设研讨会召开［EB/OL］.（2017-05-10）［2017-06-18］.http://www.qh.xinhuanet.com/20170510/3709067_p.html.

东山海洋运动特色小镇和以体育赛事为主题发展的深沪体育小镇。各小镇依托不同的资源，适配不同的运动项目，因地制宜地发展适合当地特色的相关体育产业，打造出综合性的体育小镇。

八、四川体育小镇建设情况分析

2013年，四川省开展"百镇建设行动"，对于省内特色小镇的建设积极给予资金上的大力支持。同时，四川省内体育产业的不断蓬勃发展，基层体育组织也在不断增加，体育小镇的规划和建设得到了省内各方的极大支持。

四川作为我国三大足球训练基地——四川全兴蒲江训练基地、成都五牛温江足球基地、毛家湾足球训练基地的所在地，对足球这项运动而言拥有绝对的优势。在此基础上，足球项目和体育小镇建设的融合成为了目前四川省体育小镇建设的重要模式。成都金堂互联网+、足球小镇作为最具代表性的体育小镇，融合了足球与互联网两个当下最热门的要素，致力于将金堂县建设成为中国首个大数据足球基地，借助该地区适宜的气候、便利的交通为足球运动提供足够空间，缓解成都及周边城市"场地少、氛围不浓厚"的局面。今后，将打造一个可供球迷互动交流的平台，并通过这一平台更好地形成足球爱好者的凝聚力。不仅如此，2017年6月7日，莱茵体育与四川彭州市人民政府签署了协议，双方将基于"中国·彭州"葛仙山运动休闲小镇项目展开合作，未来将在葛仙山建设一个集体育运动、休闲娱乐、创意地产、互联网创客聚落于一体，以消费型文化体育旅游休闲为特色的国际型体育旅游度假区[①]。

[①]莱茵体育.莱茵体育：落子四川彭州40亿重金打造体育特色小镇［EB/OL］.（2017-06-28）［2017-06-18］. http://www.sohu.com/a/147066402_501227.

九、山东体育小镇建设情况分析

山东省是我国的经济第三大省、人口第二大省，国内生产总值一直稳居我国第三名，同时拥有悠久的文化历史沉淀，对于特色小镇的建设集历史、经济、人口基础于一体。2016年山东省人民政府印发《山东省创建特色小镇实施方案》，提出到2020年，将创建100个左右的特色小镇，打造区域经济的新增长。至2017年1月23日，山东省政府公布的特色小镇创建名单中，平阴县玫瑰小镇、郓城县郓州水浒游小镇等60个小镇纷纷入选省级特色小镇创建名单。与此同时，山东省内全民健身服务体系日益完善，竞技体育始终保持全国领先水平促进了体育产业的加速发展。2017年5月22日，山东省体育局、山东省发改委联合印发了《山东省体育产业发展"十三五"规划》，提出到2020年全省体育产业总规模将达到3500亿元，产业增加值将占山东省全省生产总值比重的1%，体育产业与特色小镇的融合在山东境内发展起来。

山东省作为我国的体育强省，对足球运动的发展高度重视，2017年6月2日发布了《山东省人民政府办公厅关于印发山东省足球改革发展实施方案的通知》，从足球教育、足球设施的建设和足球赛事的申办等方面提出了许多相关方案。同时，在中央不断加强足球运动推广的情况下，山东省发展足球体育小镇更加是顺应时代潮流的做法。在山东省内，青岛足球小镇和临淄少儿齐文化足球小镇是最具代表的足球体育小镇。体育小镇在山东省内的规划建设将营造更为浓厚的足球运动的氛围，为广大球迷提供更加广阔的足球运动的空间和更多免费足球内容，也能够承办国际和国内高水平青少年足球赛等赛事，从青年足球爱好者到专业足球运动员的方方面面需求都能够满足。

第三节　体育小镇建设典型案例分析

目前我国体育小镇在行业的选择上主要包括以上六个类型（图3-6），分别为以户外、足球、冰雪、舟艇、自行车和小众项目为主的体育小镇[①]。出现这样的分类，主要原因在于根据我国颁布的《体育发展"十三五"规划》的意见和建议，在"十三五"期间将大力推行骑行、登山、徒步、游泳、球类和冰雪项目的发展[②]。

体育小镇清单

户外	足球	冰雪	舟艇	自行车	小众
莫干山体育小镇 龙羊峡体育小镇 南京汤山温泉旅游小镇 宁海户外运动小镇	北京国际足球冰雪小镇 恒大足球小镇 苏宁足球小镇 华夏幸福足球小镇 桐庐足球小镇	崇礼太舞冰雪小镇 万达长白山冰雪小镇 沐源冰雪小镇	台州游艇小镇 东山海洋运动小镇 泰顺体育小镇 和乐中国龙舟小镇	长白山骑行小镇 上溪骑行小镇 广宗自行车小镇	廊下回原马拉松小镇 武当山太极功夫小镇 富阳银湖智慧体育小镇

一、北京国际足球冰雪小镇

槐房村隶属于"天安门前第一乡"丰台区南苑乡。经过长时间的调研选择，

[①]常春. 中国体育小镇现状及趋势［EB/OL］.（2017-04-07）［2017-06-18］. http://www.sohu.com/a/133391997_681176.
[②]国家体育总局. 体育发展"十三五"规划［EB/OL］.（2016-05-05）［2017-06-18］. http://www.sport.gov.cn/n10503/c722960/content.html.

根据北京市委的城乡经济社会发展一体化新格局的要求，按照土地性质和规划的因地制宜，在槐房村约2200亩的面积内，以"大众体育、足球竞技、冰雪休闲、生态节能"为总体目标，建设独具特色的"国际足球冰雪小镇"。槐房国际足球小镇将是全生态的"足球小镇"，涉及体育场地、体育展示、休闲旅游、足球教育、体育用品销售、冰雪项目和高端旅游酒店等众多相关体育产业。足球小镇计划将要建设五十片五人制足球场、十片七人制足球场和五片十一人制足球场，届时该足球小镇将囊括足球大厦、足球会议中心、足球风情街、足球博物馆、足球嘉年华、足球狂欢广场、足球奥特莱斯以及北京第一座专业足球场等设施[1]。

北京槐房国际足球小镇冰雪谷项目的落脚之处，原本是槐房村利用拆迁产生的建筑垃圾制作再生砖的工厂。而冰雪谷则是在综合考虑槐房地区的各方面自然地理环境的基础上，将建设具有初级滑雪道、练习道、戏雪区、室外冰场的冰雪小村。北京槐房足球小镇冰雪谷的定位十分明确，针对滑雪入门人员体验滑雪技能，向他们提供掌握滑雪技能的平台，重在引领普通群众和青少年的参与体验。冰雪谷的建设，未来有可能成为冬奥会指定的专业培训基地，开展并普及冬季群众体育活动，培养冬季运动项目的后备人才[2]。北京国际足球冰雪小镇的特色在于重点发展足球产业，将引入竞技体育和群众体育相结合的智能场地技术，同时引入同步数据分析系统，开发专门的APP，实现网上定场地、约赛的功能，打造北京城最大的足球社区。未来还将融合足球竞技、足球文化、足球科技等概念和要素，形成城市发展和足球发展对接的创新发展平台，在此地形成足球产业集群和足球产业链[3]。在北京国际足球冰雪小镇内，足球运动和冰雪运动在足球小镇

---

[1]韩晶婷.全国特色体育小镇共24家［EB/OL］.（2017-04-14）［2017-06-18］.http://wemedia.ifeng.com/12713494/wemedia.shtml.
[2]肖良志.北京槐房全生态"国际足球小镇"一个足球改革的基层样板【风向标】［EB/OL］.（2017-03-26）［2017-06-18］.http://www.52114.org/wx/show-1435788.html.
[3]同[1]

内形成优势互补,让足球小镇成为一个老百姓日常生活的体验场所,在享受生活的同时,强身健体、愉悦身心。

二、绍兴柯桥酷玩小镇

2016年1月28日,浙江省特色小镇第二批创建名单正式公布,在此次的名单中唯一一个以体育休闲运动为特色的省级特色小镇就是柯桥区的柯岩酷玩小镇。酷玩小镇位于素有"东方威尼斯"之称的浙江省绍兴市柯桥区西南部,是我国著名的中国轻纺城,自古便富庶繁华,为小镇的发展奠定了雄厚的经济基础。不仅如此,该区域地理位置优越,区域环境优美,交通便利,区域内拥有国家级景区以及滑雪馆、高尔夫球场等休闲运动资源。

柯桥酷玩小镇建设面积3.7平方公里,总投资达到110个亿,旨在打造集"旅游小镇、运动小镇、产业小镇"于一体的空间[①]。其中,东方山水乐园和浙江国际赛车场是酷玩小镇的主要核心项目。小镇未来将建设成为"一轴四区"的结构,一轴即为鉴湖景观线,四区即为建设水文化区、时尚极限运动区、水游乐区、高端休闲区4个区块。小镇将建设焦点放在体育设施的建造上,除了现有的设施和场馆,目前在建或规划中的还包括天马赛车场、毅腾足球训练基地、若航直升机场、鉴湖水上运动基地、酷玩城市体育综合体等项目。一系列规划都能体现出小镇的酷玩之"酷",即酷玩从场地、方式、人群三方面不受限制,让大众在轻松享受酷玩之乐的同时,也能保证专业人群的高端运动需求。

三、桐庐·莱茵国际足球小镇

2017年3月6日,莱茵体育与杭州市下辖的桐庐县政府签署了战略合作协议,

---

①浙江经济网.浙江特色小镇之绍兴柯桥酷玩小镇[EB/OL].(2016-12-15)[2017-06-18]. http://www.zjs.org.cn/zxzzx/20161215/1215191865.html.

莱茵体育将出资20亿元，在现有浙江女足桐庐基地的基础上在桐庐县建设国际足球小镇，作为2022年杭州亚运会相关赛事的分赛场和中国女子足球超级联赛的主赛场。莱茵国际足球小镇项目选址位于桐庐富春山健康城金中路西侧地块，规划用地1000亩，其中首期征地约677亩，同时租用周边地块约300亩作为后期储备用地。桐庐县文广新局局长方劲松表示："我们将依托桐庐的环境、合理的产业布局等多种优势，以足球和冰上项目为核心，建设国际足球学校、足球俱乐部训练基地、冰上运动训练基地。"

该足球小镇将以足球、冰球、篮球等特色运动项目的培育作为主要功能，其中包含国际足球特色学校、国际篮球学院、冰雪培训中心、国际足球青训基地、运动康复疗养中心等项目。除了足球等运动，该区域的体育旅游度假区还将以体育旅游赛事作为主要功能，包含体育特色商业、亲子休闲娱乐、户外运动体验、体育主题酒店等项目。体育产业科创区则以促进体育产业发展为主要功能，包含体育产业孵化园、体育金融谷、运动电商集聚区等项目。体育健康居住区以人居为主要功能，以求实现产业、文化、旅游、居住为一体的特色小镇模式[1]，在该足球小镇内各个区块共存并行，将会吸引更多的体验者。

四、冠军小镇

冠军小镇项目源自中国第一个国家级开发区——大连经济技术开发区杏树街道。自1983年以来，小镇共走出了7位世界冠军、21位洲际冠军，是著名的冠军之乡，体育之城[2]。小镇正在与国家体育总局合作，集结全国退役冠军和退役运动员，发起冠军创投基金，为退役冠军们的再就业提供上岗培训等服务，未来类

---

[1] 韩晶婷. 全国特色体育小镇共24家［EB/OL］.（2017-04-14）［2017-06-18］. http://wemedia.ifeng.com/12713494/wemedia.shtml.
[2] 王新，许明，刘福国."冠军小镇"（大连·杏树）项目正式启动［EB/OL］.（2016-04-29）［2017-06-18］. http://news.hexun.com/2016-04-29/183610034.html.

似的冠军小镇还有望扩展到全国。目前，金普新区杏树街道规划了三平方公里的区域，计划用3到5年的时间，将"冠军小镇"打造成国内一流的冠军创业孵化基地、一流的体育产业发展示范园区和一流的新型城镇化建设先行区[①]。

"冠军小镇"将依托金普新区，形成一个以冠军资源为特色、体育产业为支撑、公司加农户为依托、公益服务为内涵的产业集聚区。通过政府主导、市场运作、企业引领、农民参与的模式，为全国冠军提供创业平台，为市民提供独具特色的休闲旅游去处，同时进行国内顶级赛事的运营。小镇还将设立相关公益基金，对需要帮助的冠军提供援助。不仅如此，冠军小镇未来的规划建设中还包括了冰雪项目的建设，其中包括投资额约15亿元的大型冰雪休闲运动综合体"雪中国"，该项目拥有全球先进技术，能够在南方20摄氏度的露天环境下建造真冰冰场的"冰世界乐园"项目和中国首个少儿冰球教育项目虎仔冰球俱乐部都已经与小镇意向签约。冠军小镇将为我国2022年北京冬奥会的举办积极做好准备，随时为国家提供后备人才。

五、白鹭湖体育健康特色小镇

白鹭湖体育健康特色小镇位于广东省惠州市汝湖镇，地理位置优越的汝湖镇处于惠州市打造绿色化山水城市的轴线上，拥有可以进行绿色发展的地理基础。同时，汝湖镇近年新兴崛起的汽车产业和照明电器产业也为小镇的发展增加了一些现代气息，奠定了小镇发展的经济基础。汝湖镇镇长陈志君介绍小镇未来具体发展规划为"一城四镇"："一城"即现代山水"三宜"新城，"四镇"即体育健康特色小镇、汽车文化特色小镇、现代农旅特色小镇、照明电器特色小镇。体育健康特色小镇属惠州首个，在广州省内仍属少见。

汝湖地区山水资源丰富，农产品众多，具有得天独厚的优势，能够达到体育

---

① 韩晶婷. 全国特色体育小镇共24家［EB/OL］.（2017-04-14）［2017-06-18］. http://wemedia.ifeng.com/12713494/wemedia.shtml.

小镇农旅相结合的特色发展效果。不仅如此，汝湖依托其独有的山水资源，将占地约800亩的高端创意体育旅游项目"欢笑户外运动大世界"引进，该项目落户于白鹭湖休闲度假区。项目坐落于此，便于利用该区域独特的环湖绿道、水域面积、山林田野等自然环境优势，通过可以使全民都参与的户外运动与休闲旅游项目打造出一个综合性的"体育+旅游"模式的体育休闲旅游胜地。"欢笑户外运动大世界"项目还可以吸引许多体育赛事来此举办，以此实现每年以百万计数的参赛、旅游、度假人数，力图将汝湖打造成中国南部最具影响力的体育休闲旅游好去处。

六、湖州德清县莫干山"裸心"体育小镇

在德清莫干山优美的自然环境中，"裸心"体育小镇便坐落于此。德清县文广新局副局长杨国新表示，小镇以"裸心"为主题，同时将体育、健康、文化、旅游有机结合，以极限探索、户外休闲、骑行文化作为特色，带动生产、生活和生态的融合发展。该小镇重点发展开发Discovery探索极限基地、久祺国际骑行营、莫干山山地车速降赛道等基地项目，呈现出"一心，一带，两翼，多区"的功能布局，其中"一心"为核心区的产业文化中心，"一带"为沿黄郛路形成的以体育文化为主题的产业展示带，"两翼"即位于镇区北侧燎原村的Discovery户外极限探险基地和镇区南侧何村村的久祺国际骑行营，"多区"则包括竹海登山区、骑行天堂区、森氧居宿区、莫干门户区和历史创意区[①]。

在"裸心"体育小镇有一个非常有特色的项目为Discovery探索极限项目，2015年7月8日全球首个Discovery探索极限基地在德清莫干山安缇缦度假区举行奠基仪式，至此，曾经只出现在电视镜头中的各项极限运动变得不再遥不可及。此项目中包括了中国最大的攀岩墙，还有滑索、山地自行车、徒步线路等多级别野

---

① 沈丹青. 德清体育产业4大集群布局初现莫干山欲打造体育特色小镇［EB/OL］.（2015-08-23）［2017-06-18］. http://www.hz66.com/2015/0823/237594.shtml.

外生存训练挑战课程，是集极限运动、休闲旅游于一身的户外探索基地。在此基础上形成的"裸心"体育小镇还举办了全国首届登山步道比赛和捷安特自行车赛等众多精彩纷呈的户外运动赛事，成为了户外运动爱好者的天堂。

七、嵩皇体育小镇

嵩皇体育小镇位于河南登封，坐落于风景秀丽的嵩山三皇寨风景区，由河南嵩皇体育产业有限公司和河南省锦绣智达置业有限公司联手打造。小镇享有得天独厚的地理优势，靠近登封许多景点，与武术文化发源地——少林寺、宋代理学发源地——嵩阳书院和大型实景演出——禅宗少林·音乐大典近在咫尺。旨在在占地31平方公里的区域内打造一个集赛车、航空体育运动、登山、乒乓球、拓展等多种运动训练项目于一体的户外运动体育公园，同时兼容旅游、观光、餐饮等功能。

嵩皇体育小镇目前拥有赛车体验、卡丁车赛场、飞行体验、射箭馆、拓展培训、真人CS竞技场、健身运动等多个运动基地，并且已全面投入使用[①]。这些项目可向年轻人以及需要增加沟通机会的单位提供一个拓展训练的基地，吸引足够人群投入到竞技运动中。除了吸引人群参与到运动中来，小镇还举办了许多活动。小镇号称"赛车乐园"，是众多赛车运动员及爱好者的关注焦点，目前已成功举办2015年和2016年国家级汽车拉力赛事——中国汽车拉力锦标赛（CRC）登封站的比赛。韩寒、樊凡、潘晓婷等名人都参与到赛事中来，国内外的许多知名赛车手也纷纷来此参赛。更特别之处在于小镇还拥有深厚的文化底蕴，地处佛、道、儒三教荟萃之地，在古今文化的碰撞中摩擦出新火花，不断为小镇发展注入新活力。

---

① 韩晶婷. 全国特色体育小镇共24家［EB/OL］.（2017-04-14）［2017-06-18］. http://wemedia.ifeng.com/12713494/wemedia.shtml.

八、银湖智慧体育产业基地

银湖智慧体育产业基地位于我国浙江省富阳银湖新区,由华运智体投资管理(北京)有限公司、赛伯乐投资集团建设,通过引入中国智慧体育产业联盟、中国智慧体育产业投资基金等项目,带动其他相关项目的落户,逐步形成特色鲜明的智慧体育小镇。富阳属于"国家运动休闲示范区"和"中国体育产业基地",银湖智慧体育产业基地将依托于此建设一个产城人文相融合的特色小镇。项目规划面积3平方公里,建设面积1平方公里,投资逾50亿元,涵盖智慧体育相关领域的总部经济业态、旅游休闲娱乐业态、产学研综合业态,未来建成投入运营后预计年产值将达到300亿元[①]。

该体育产业基地区别于其他体育小镇的最重要之处在于"智慧",富阳经济开发区相关负责人认为:"和传统用电脑、键盘玩不一样,智慧体育项目更有互动性和体验感。"参与者可以通过虚拟画面,跟世界顶级选手进行比赛,还可以将顶尖专业运动员运动时的各种数据上传到云端供参考比对,让参与者能够明确看到自己与专业运动员在各方面的差距等。该项目还将在产业基地内打造各类室内外新型智慧体育健身娱乐活动,来到基地的游客可以体验虚拟的3D高尔夫马球等各种VR/AR体育体验项目,增加实际的参与感,将体育与技术跨界融合,突出银湖智慧体育产业基地的"智慧"特色,以其独有的智能吸引客流。

九、北仑国际赛车小镇

北仑国际赛车小镇,位于北仑春晓街道爬山岗区域,其建设目标是成为国际

---

① 韩晶婷. 全国特色体育小镇共24家[EB/OL]. (2017-04-14)[2017-06-18]. http://wemedia.ifeng.com/12713494/wemedia.shtml.

化的顶级赛车文化体验基地，成为游客远离城市喧嚣观看赛事的新型特色小镇。国际赛车小镇规划总面积3.57平方千米，以赛车文化为特色，同时涵盖赛车文化、休闲旅游和销售展示等功能。毗邻梅山的春晓，属汽车之城，云集吉利、敏实、拓普等国内知名汽车整车及零造件制造商，是我国汽车生产的重要基地。该地区山坡地形曲折蜿蜒，打造出的全长4015米的赛道，是目前为止全球唯一一个看台设置在山坡高地的赛车场，也是国内第二家可以举办汽车赛事和摩托车赛事的场地，可以举办除了F1以外的所有方程式赛事和世界摩托车锦标赛，在赛车领域拥有不可比拟的地位[1]。

　　借助春晓的独特地理优势和所具有的特色国际赛道，北仑国际赛车小镇成为了有国际知名度和影响力的大型赛事赛车的举办地，能够吸引众多赛车选手和游客来此观赛游玩。同时利用现有赛道逐渐发展成为赛车爱好者的体验基地，将赛车的观赏性和参与性相结合，带动当地的休闲旅游发展，同时凭借大型赛事的开展带动体育特色旅游。2016年11月，国际汽联、国际摩联、中国汽车摩托车运动联合会等专业机构及社团组织检查人员已经进行过实地检查，赛道正式通过双二级中期检查。2017年8月底，宁波国际赛道将迎来首秀。北仑国际赛车小镇将成为集F2方程式赛车、卡丁车、直线竞速赛、汽车表演秀、豪华车4S店、赛车俱乐部、汽车博览等商业和娱乐设施于一体的综合性赛车文化体验基地。

---

[1] 韩晶婷. 全国特色体育小镇共24家［EB/OL］.（2017-04-14）［2017-06-18］. http://wemedia.ifeng.com/12713494/wemedia.shtml.

第四节　体育小镇建设发展趋势及挑战

一、发展趋势

（一）重视保护体育小镇生态环境

我国十八届五中全会上，习近平主席曾明确指出："绝不能以牺牲生态环境为代价换取经济的一时发展"，并多次强调"绿水青山"的重要性[①]。习主席认为生态环境与人民生活水平息息相关，应该始终将其放在突出的位置，事实上也是顺应了群众对良好生态环境的期待。因此，未来在体育小镇的建设中更要秉持着绿色发展理念，不能以建设为由破坏生态环境，造成对大自然的负担。尤其是在向自然环境中增添体育这一元素时需要注意其协调性，做到人与自然的和谐相处和发展。在体育小镇的建设中注意绿色发展，要注意发展符合当地特色的绿色产业，不能只以利益作为衡量标准，要在选择产业时注意避开高污染、高耗能、低附加值的企业，避免对当地的生态环境造成伤害。同时，当今社会追求的"绿色"发展在未来小镇的建设运营中也是重要的理念和准则。不仅是对小镇内部的运营企业，对于来到此地的游客更要强调绿色生活、绿色出行、绿色消费，在小镇内形成绿色文化，耳濡目染地使当地居民和游客都能加入到绿色文化的阵营中。

[①]王子晖.十八大以来，习近平反复强调"绿水青山"［EB/OL］.（2017-06-05）[2017-06-18]. http://news.xinhuanet.com/politics/2017-06/05/c_129624876.htm.

（二）关注体育小镇可持续发展

自2016年国家出台一系列有关特色小镇建设的政策以来，特色小镇在全国范围内成为了规划建设重点，尤其是当体育元素加入到特色小镇的建设中后，小镇的建设更是如火如荼地展开。但体育小镇的发展并不仅仅止于建设完成，更关键的还在于小镇后期的运营和长期的发展进步。未来体育小镇不能只单以吸引游客参与体育项目为主，同时还需要通过逐步的探索发展寻求小镇的长期可持续发展。除了固有体育项目的体验外，可增加休闲游览、体育赛事、体育教育等各种相关产业，逐步形成小镇的产业生态链，以借此不断吸引回头客，保证当地客源的一定数量，达到体育小镇长期可持续发展的效果。因此，在未来体育小镇的规划与建设发展中，还需要多加关注产业的发展[①]。

（三）追求体育小镇人文情怀

中国是拥有五千年历史的文明大国，中国人内心中都深深存在着固有的人文情怀。同时，在物质生活日益丰富的条件下，小镇的发展也将不再局限于满足游客的物质需求。若小镇的建设运营都仍然只围绕体育而展开，缺少人文精神，很快游客就会失去新鲜感，小镇便无法长期发展。因此，体育小镇未来的发展需要向更高的精神层面和人文层面发展，扎根生活，承担起对于本地文化保护、传承、创新和发扬的任务，将当地的人文大背景融入到小镇的建设中。各个体育小镇可以根据自身的规划建设情况作出调整，使小镇既能拥有城市中现代化的便捷，又不失农村乡间土地的深刻记忆。两者在同一个空间中相互交错融合，为体育小镇注入独特的特色文化内核，在小镇建设中做出特点、做出情怀。这种人文情怀的建设更加需要全民共同的努力，尤其需要当地久居群众的共同参与。

---

①搜狐．百家争鸣：特色小镇的灵魂是产业，不是旅游，更不是地产［EB/OL］．（2017-03-27）［2017-06-18］．http://www.sohu.com/a/130556419_681176.

（四）体育旅游与小镇建设互动融合

近年来，随着我国经济的飞速发展，人民生活质量不断提高，旅游业的发展大家有目共睹。体育资源与旅游资源的跨界融合形成了新型的消费方式——体育旅游。据联合国世界旅游组织的数据显示，目前体育旅游每年呈现14%的增长趋势，是旅游产业中发展最为迅速的一个分支，未来发展前景十分良好[①]。而我国国土资源丰富，地大物博，体育旅游市场的发展更是拥有无穷潜力。未来在旅游中体验、在体验中游玩的旅游模式将被更多的游客所选择。体育旅游产业的发展不仅能够推动全民健身的深入和体育产业整体的提升，更是加快我国经济发展的重要环节。"体育+旅游"的有机融合将达到1+1＞2的效果，这一模式成为我国体育小镇发展的重要突破口。

（五）智慧体育融入体育小镇建设

邓小平同志曾说过"科学技术是第一生产力"，科技对经济的发展起着重要的推动作用。科学技术不断渗透在社会经济的各个环节中，不断影响着经济的发展。随着经济的不断飞速发展，科技的运用在体育中已经屡见不鲜，运动员可以通过科学的方法来提高自身的运动能力，检验自己的运动成果，科技在体育中的运用越来越广泛，在无形中推动着体育项目的不断改善和进步。科技与体育的结合已经成为现代体育重要的时代特征。"智慧体育"这一名词越来越广泛地出现在体育行业中。目前，在体育小镇的申报中，是否有新技术的加入已经成为重要的衡量标准。在体育小镇的建设和发展中，各种高科技新技术的作用越来越不可小视。现代科学可以加强小镇的管理和运营，同时现代科技成果和信息技术的使用将不断推动小镇在体育产业各方面的创新。尤其是在当前体育小镇着重于游客对体育项目的各种体验的情况下，加入先进的科技因素，增加游客的参与感和真

---

①许雅萍."健康中国"的旅游特色小镇实践［EB/OL］．（2017-05-24）［2017-06-18］．http://www.kchance.com/Text_details.asp?id=6227.

实感，为消费者提供随时随地更加人性化的服务，才能将体育小镇与其他特色小镇区分开来，成为更多游客的选择对象。

二、面临的挑战

（一）体育小镇建设"房地产化"

在体育小镇的建设过程中，资金无疑是非常核心的问题，再加上体育小镇规划建设的特殊性，不可避免地会涉及与土地相关的问题。自2016年公布了特色小镇名单并且在丰厚的政策红利吸引下，众多房产开发商开始涉足体育小镇的建设，在不到半年的时间内已有多家房地产上市公司表现出了对体育小镇建设的兴趣，出现了一些借建设特色小镇之名实则进行房地产开发的现象。因此，体育小镇规划布局的位置以及房地产在体育小镇运营的商业模式中占有怎样的地位等问题引发了许多思考。有专家认为特色小镇一定会包括房地产，但它并不仅仅局限于地产，它应该更加超越房地产，在更大的范围内涵盖更加丰富的内容，它需要靠居住、物业来形成一个完整商业模式的闭环。如今，中国已经进入一个资本过剩的时代，只要体育小镇的建设项目有足够的吸引力，完全可以吸引到大量的资金投入，但从资金安全和收益角度看，除了房地产商外，缺乏金融机构投资体育小镇的项目。在这样的背景下，更应该时刻提醒小镇的规划建设者。目前，体育小镇建设的房地产化倾向已经逐渐引起了政府部门的关注和警惕。各地政府在规划建设体育小镇时需要注意体育小镇是一个理念，而非一个名称，更不是房地产商圈地开发的手段。

（二）体育小镇"千镇一面"

近年，加入体育元素的特色小镇日益备受关注，许多特色小镇一拥而上，却失去了其最重要的"特色"要素，出现了很多"千镇一面"的现象。例如，近年来中央政府对足球项目的改革和发展投入了较多关注，便有许多体育小镇在规划时跟风选择以足球作为当地的主要特色项目，却忽略了当地的特色，当地是否有能力切实地做好这一运动项目的建设运营以及这一项目在当地是否拥有群众基础。如何将各个体育小镇做出体育特色，根据各小镇不同的地理位置、风土人情设计出最符合当地环境的体育小镇建设运营方案还需要各界人士的思考和沟通。首先最主要的要考虑小镇的空间环境，当地是否具有地理环境的优势，适合引入什么样的体育运动项目，该项目是否能吸引消费者参与体验等问题都要囊括。在项目的选择上尤其不能"人云亦云"，不能看别的体育小镇发展的项目好就盲目套用到自己的项目中。其次要考虑体育小镇的产业问题，在确定好体育项目的情况下，寻找可以与其适配的相关体育产业，将项目与产业关联起来，创造各自体育小镇最独特的运营模式，在小空间内做好大文章，而不是一味地照搬和模仿。

（三）体育小镇缺乏专业顶层设计

虽然体育小镇目前是我国的热门话题，但其建设在我国仍处于起步阶段，浙江省的成功经验也并非适用于所有小镇，体育小镇的建设仍存在许多各种各样的问题，尤其是人才资源的缺乏和对小镇顶层设计的缺乏[①]。体育小镇在我国的发展十分迅速，正因如此，与其相关的很多资源未能及时配备，使得很多小镇在规划建设中处于"摸着石头过河"的状态，只能通过学习国外先进的经验和一些我国已建体育小镇的经验来探索前进。但事实上很多现有的小镇建设经验和模式并不是大范围适用，这就显示出我国体育小镇建设方面相关的研究与实践经验不足的问题，我国针对体育小镇的建设缺乏顶层设计上专业的指导性研究。目前相关方面已经认识到我们的不足，开始着手改善这一问题，绿维文旅正联合中奥集团编制《体育小镇标准》，并联合组建体育小镇规划院，一心致力于体育小镇的创建与培育、体育小镇的规划、体育小镇IP及资源导入、体育小镇运营等业务。

---

① 薛原. 期待体育小镇百花齐放（体坛观澜）［EB/OL］.（2017-05-05）［2017-06-18］. http://www.sohu.com/a/138413780_499982.

（四）盲目跟风，后续财政实力不足

随着体育小镇这一城镇化发展模式的火热展开，我国华东地区的许多省市都投入到体育小镇的规划和建设中。尤其是在浙江省体育小镇的建设获得一定成绩之后，更多的小城镇开启了体育小镇的规划和建设。但目前我国浙江省、江苏省和山东省等省市资金基础雄厚，政府财政收入稳定，后期有足够的财政实力不断投入到小镇的运营和后期的完善中，也能保证小镇的扩大拥有一定的资金作为支撑。但很多跟风的县以下的乡镇财政实力弱，缺乏固定的财政收入来源，后期在建设运营中资金无法满足要求，导致很多小镇在建设中途或者运营阶段资金无法周转，很多项目被迫中断，体育小镇也陷入僵局。未来，我们还需要多借鉴国外的先进经验，在体育小镇扎堆建设的情况下保证体育小镇的建设质量，避免"烂尾"。

（五）体育小镇"惠及民生"功能有待发挥

随着我国全民健身计划的深入发展，全民健身与全民健康的融合逐渐受到各界人士的关注，习近平主席在2016年召开的全国卫生与健康大会上提出："没有全民健康，就没有全面小康"，足以体现出群众在体育运动健康中的重要地位。体育小镇是人口的聚居区域，小镇内人口的生活质量同样应该受到小镇的规划者与建设者的关注。但目前许多体育小镇在规划建设时将重心放在了小镇的产城融合和小镇的产业开发上，忽略了体育小镇与民生、与当地老百姓的关系，缺少惠及民生的规划和建设方案。体育小镇不仅仅是产业发展的聚集地，更加是重要的民生工程和幸福工程，体育小镇的建设要让老百姓得到实惠，让老百姓生活质量更高，坚持"以人文本"的原则，注重体育小镇的产城人融合发展。最终通过建设体育小镇，让老百姓有获得感和成就感、安全感，以运动推进全民的幸福[1]。

（张樱　整理）

---

[1] 曹彧，轧学超. 运动推进全民幸福计划［EB/OL］.（2017-06-12）［2017-06-18］. http://www.sport.gov.cn/n316/n343/n1191/c806888/content.html.

第四章　国外体育小镇建设的经验研究

第一节　国外体育小镇建设模式分析

随着我国经济的快速发展，人们对体育休闲方式予以更多的关注与青睐，体验式旅游和文化、健康等元素开始融入体育产业，促进了一种新业态的出现——体育小镇。伴随着我国综合国力的不断增强，国内兴建的体育小镇日益增多。国外体育小镇建设起步较早，积累了丰富的经验，认真研究和梳理国外体育小镇的成功做法，以期能为我国体育小镇建设运营提供参考借鉴。

一、运动休闲型体育小镇

（一）建设模式特点

运动休闲型体育小镇是指以多样化的、极具参与性与体验性的体育休闲运动聚集为特征而形成的面向大众消费的体育小镇，一般具有良好的生态环境基础。体育休闲运动一般包括传统体育运动、冰雪运动、山地运动、球类运动、水上运动、特种运动等。运动休闲型体育小镇将体育、文化、旅游、健康、休闲有机结合，形成以休闲体育运动项目为特色的旅游胜地，带动旅游、教育、医疗等相关产业的发展①。

（二）典型案例剖析

1. 案例一：法国沙木尼体育旅游小镇——从山地运动到山地度假生活

沙木尼小镇（Chamonix，也译夏蒙尼）位于法国中部东侧（图4-1），毗邻意大利和瑞士。小镇坐落于阿尔卑斯主峰勃朗峰（4810米）脚下的山谷里，在勃朗峰的恩泽下，成为了高山户外运动圣地。

图4-1 法国沙木尼

1786年8月，沙木尼的猎人杰克·巴尔玛和医生米歇尔·帕卡尔两人首次登上了海拔4810米的欧洲最高峰——勃朗峰，引爆了阿尔卑斯登山运动，拉开了沙木尼的户外运动发展序幕。1821年起，沙木尼开始发展登山服务业，小镇内由34名的本地向导组成了一个向导公司，为各地游客提供各项登山服务。经过百余年发展，高山运动项目及专业服务方面已逐步成熟，成为欧洲乃至全世界最吸引人的高山运动圣地。1924年，第一届冬季奥运会在沙木尼举办，当地新建了供滑冰和冰球比赛用的冰场，世界性的滑雪教练训练中心也在这里落户，推动了高山冰

---

①绿维创景. 体育小镇分类及打造要点［EB/OL］.（2017-04-07）［2017-06-18］. http://www.lwcj.com/w/14915489 1422017.html.

雪项目的开展和接待服务设施的完善，带动了教育培训、商业住宿等服务业的发展，成为著名的山地度假目的地。

法国沙木尼体育旅游小镇逐步实现了从山地运动到山地度假生活方式的转变，并且形成以专业化的教育培训机构为保障，以多元化的休闲运动项目为核心，以完善的配套服务为重要补充的发展体系架构。

第一，专业的教育培训机构。沙木尼形成了专业的高山运动教育培训：世界上第一所登山向导学校——法国国家滑雪登山学校（ENSA）、高山警察培训中心、高山军校、高山医学培训等相关的高山机构。

第二，多元化的体育项目及国际赛事。沙木尼有着丰富的体育运动项目，攀登资源非常集中，勃朗峰、大乔拉斯峰拥有5000多条攀岩路线和众多的攀冰、登山路线，另外滑雪、高山滑翔伞、溪降运动也开展得非常广泛。在登山、滑雪国际特色赛事之下，还发展了高等级越野比赛（UTMB，全称环勃朗峰超级越野赛，作为世界上最著名的越野赛事之一）。

第三，完善的休闲配套服务。沙木尼常住居民仅有1.3万人，但每年要接待超过200万的登山滑雪者和普通的游客。服务配套设施齐全，有众多的酒店、旅馆、度假屋、餐馆，还有超级市场和娱乐场所，交通也比较方便。拥有四大配套服务体系：一是向导服务。有专门的向导公司，拥有众多的注册职业登山向导，能为游客提供沙木尼地区的全方位攀登、滑雪服务。二是住宿服务。有星级酒店、青年旅舍、家庭旅馆、公寓、露营营地等50余家，并有房屋租赁、度假中心等物业接待服务。三是商业服务。有登山、滑雪用品及纪念品等销售的40余家体育用品商店，有提供沙木尼传统美食和西式休闲美食的餐饮服务，有酒吧等娱乐业服务。四是医疗服务。沙木尼形成"急诊+医院+研究中心"的综合医疗服务体系，如：夏蒙尼医院、高原生态系统研究中心、山地医学培训与研究所。

法国沙木尼体育旅游小镇从最初的登山运动拓展到滑雪、攀冰、高山滑翔伞、溪降四季高山运动，运动项目更加多元，更加注重游客的体验。该地区登山运动经历百余年发展已经逐步成熟，为现代山地运动奠定了坚实的基础。第一届冬季奥运会的成功举办以及世界性滑雪教练训练中心的落户，不仅提升了小镇体育运动的"前—中—后"产业化服务，而且也提高了沙木尼的国际知名度。此外，医疗、教育、休闲商业及多元化休闲设施带动了高山休闲旅游人群，也促进了小镇的全面发展。

2. 案例二：皇后镇——山地户外运动者的天堂

新西兰皇后镇位于新西兰第三大湖泊瓦卡蒂普湖北岸（图4-2），被南阿尔卑斯山包围，被誉为新西兰最著名的"户外活动天堂"。皇后镇有激流、峡湾、高山等惊险刺激的环境，在不破坏大自然的情况下，小镇依托天然的湖泊与多样的地形地貌特征，形成了数量众多的户外休闲运动项目，发展了许多惊险刺激的活动。其中众多项目以极限、探险为核心，蹦极、高空弹跳、激流泛舟、喷射快艇等众多极限运动发源于此，这里被称作"极限运动的天堂"。从新西兰皇后镇的发展历程来看，我们总结其以下几点建设运营经验。

图4-2　新西兰皇后镇

第一，新西兰皇后镇的发展特色是聚焦户外专业运动，发展综合性运动旅游。作为有名的极限运动之都，皇后镇拥有五项最受欢迎的冒险运动。一是蹦极跳。蹦极跳起源于皇后镇，是皇后镇最有代表意义的活动。蹦极跳使得这样一个沉睡的小镇拥有现在熙熙攘攘的规模。蹦极跳在这里有多种选择，包括内维斯钢索弹跳，它是整个南半球高度最大的蹦极。二是高空跳伞。可以想象一下从

12000～15000米的高空中俯冲下来看到这一切时的感受。高空跳伞对探险者而言毫无疑问是必选项目。"让我生命焕然一新"是人们描述感受时最普遍的说法。三是高山滑雪。皇后镇有很多滑雪场地，都因他们的服务品质、雪景、住宿条件和气候而世界闻名。乘上直升飞机，让它把您带到您的私人轨道顶上。用您自己的速度滑下来，一路饱览惊人的美景。四是峡谷秋千。峡谷大摆是蹦极跳的一种变形。整个身体套上降落伞背带，然后从109米的跳台上荡下来。峡谷秋千如此流行，最主要的原因就是它非常灵活。五是悬崖跳伞。同蹦极跳一样，悬崖跳伞也是起源于新西兰。最初是帮助登山者从山顶快速到达山脚，悬崖跳伞奇妙地将刺激与休闲结合为一体，现已经成为很多年轻人都可以享受的运动。

第二，皇后镇充分利用现有资源选择特色主题。体育小镇贵在"特色"，而皇后镇的"特色"正是滋生于小镇特有的自然与人文资源。一方面，小镇内山地与湖泊众多，四季分明，这有利于小镇在非雪季开展登山、漂流、垂钓、高尔夫等户外运动。而在雪季，小镇又可以凭借丰富的降雪量等优势开展冰雪等运动。另一方面，小镇仅有18000人，人口相对稀少，多数地区自然原貌保存完好，这对皇后镇打造新西兰的"探险之都"至关重要，同时也有利于开展滑雪、高尔夫、跳伞等占地面积大或者需要避开人群密集区的活动。

第三，皇后镇是旅游休闲与体育共生发展的典范。小镇利用域内高山峡谷、激流险滩等自然地形地貌优势，将静态的自然风光开发为具有探险性、挑战性和极强参与性的户外运动，并提供高端住宿、特色餐饮等全方位的旅游度假服务，让体育与休闲旅游互相补益，共生发展。

此外，小镇依据四季特点，围绕体育探险打造观光旅游、文化体验、高端度假等多元化产品序列，并充分利用冬季庆典进行小镇推广营销，形成了以探险式休闲为核心的运营模式（表4-1）。

表4-1 皇后镇不同发展阶段的主要运动项目统计表

发展阶段	主要运动项目
第一阶段：单一运动引爆	滑雪运动
第二阶段：赛事节庆拉动	滑雪运动+冰雪节
第三阶段：海陆空多项运动聚集	滑雪运动：滑雪+冰雪节 山地运动：四驱车越野、山地自行车、登山 水上运动：喷射快艇、漂流、私人游艇 空中运动：蹦极/高空弹跳、热气球、跳伞/特技飞行、直升机 陆地运动：骑马、徒步、高尔夫

3. 案例三：达沃斯小镇——冰雪运动小镇

达沃斯小镇，隶属格劳宾登州，位于瑞士东南部格里松斯地区，靠近奥地利边境，是阿尔卑斯山系最高的小镇。海拔1560米，冰雪覆盖期长，是瑞士知名的滑雪胜地，此外，达沃斯还是瑞士知名的温泉度假、会议、运动度假胜地，是欧洲大型的顶级滑雪胜地之一，号称"欧洲最大的高山滑雪场"，同时是欧洲人心中的"人间天堂"[①]。从达沃斯冰雪运动小镇的发展历程来看，我们总结其以下几点建设运营经验。

第一，达沃斯最早是靠空气出名的。因为海拔高，四面环山，达沃斯地区的空气干爽清新。19世纪时肺结核还是不治之症，到此寻求政治庇护的德国医生亚力山大（Alexander Spengler）发现达沃斯对保健有极大的帮助，也是各种肺病患者最佳的疗养地。当时城里的医院鳞次栉比，现在很多医院已经改建成了酒店。但达沃斯在医学界的地位不减当年，每年仍有不少国际医学大会在这儿举行。据说把达沃斯从疗养区变成旅游胜地的是一个旅店老板。当时达沃斯的观光客很少，而且都只在夏天为了避暑才来。这个旅店老板向顾客承诺如果他们肯冬天来度假，第二年夏天的房费全免。客人无法抵挡"买一赠一"的诱惑，纷纷赶来，

---

①360百科. 达沃斯小镇［EB/OL］.（2017-10-24）［2017-06-18］. https://baike.so.com/doc/4109932-4309003.html.

结果发现这里的冬天更好玩，小城从此名声大噪。1877年，欧洲最大的天然冰场在达沃斯落成，世界级的选手都在这里训练。此外达沃斯还有一座冰雪体育馆，每年这里的国际赛事不断，让体育爱好者大饱眼福。达沃斯因而也被称为达沃斯旅游健康度假村[①]（图4-3）。

图4-3　达沃斯小镇

第二，自20世纪起达沃斯成为国际冬季运动中心之一。1987年，"欧洲管理论坛"更名为"世界经济论坛"。世界经济论坛总部设在瑞士日内瓦，是以研讨世界经济领域存在的问题，促进国际经济合作与交流为宗旨的非官方国际性机构。因世界经济论坛的年会每年1月底至2月初在瑞士的达沃斯小镇举行，故而又称"达沃斯论坛"或"冬季达沃斯"。达沃斯论坛至今已有35年的历史，现在这里已成为各界名流娱乐休闲的地方。

第三，这里的冬天尤其丰富多彩，每年大约有70万游客来此度假。达沃斯除了有著名的越野滑雪外，还提供了大约97公里（60英里）的滑雪道，是全欧洲最大的高山滑雪场。它拥有5个独立的滑雪场，其中任何一个都可堪称大雪场。冬季的瑞士还是一个雪橇王国，几乎所有的滑雪场都设有雪橇区和雪橇小径，因此

---

①天气网. 世界经济论坛年会举办地——冰雪小镇达沃斯美如童话［EB/OL］.（2017-01-18）［2017-06-18］. http://www.tianqi.com/news/173601.html.

这里也是滑雪观光者和初次体验者的天堂。

达沃斯小镇充分利用地理资源优势，打造滑雪胜地。得天独厚的自然环境是达沃斯小镇发展滑雪运动的地理基础。环境的独特性使其医疗、旅游业的发展也具有独特性。国际赛事、世界经济论坛的举办为达沃斯小镇的世界名片增色不少。随着滑雪运动的发展、旅游业的繁荣，达沃斯小镇已成为人们享受滑雪、旅游休闲的好去处。达沃斯在原有的旅游资源中通过滑雪、滑冰等不断发展旅游产业，增强旅游业的趣味性，逐渐形成一条旅游、商贸、体育、论坛产业链。

4. 案例四：圣安德鲁斯——高尔夫球小镇

圣安德鲁斯（St Andrews），是苏格兰历史上最著名的城镇之一，坐落在英国苏格兰东海岸法夫行政区，是中世纪时苏格兰王国的宗教首都。圣安德鲁斯有苏格兰最古老的大学，由于其在高尔夫运动发展中做出的诸多贡献被称为"高尔夫故乡"[1]（图4-4）。从圣安德鲁斯高尔夫球小镇的发展历程来看，我们总结其以下几点建设运营经验。

图4-4 圣安德鲁斯

---

[1]互动百科.圣安德鲁斯［EB/OL］.（2016-10-06）［2018-03-14］.http://www.baike.com/wiki/%E5%9C%A3%E5%AE%89%E5%BE%B7%E9%B2%81%E6%96%AF.

第一，苏格兰是高尔夫的家乡。美国高尔夫的发展也要归功于它派来的传播使者。1866，被称为"美国高尔夫之父"的约翰·里德（John Reid）从英格兰移民到美国，他委托他的朋友罗伯特·洛克哈特（Robert Lockhart）从苏格兰圣安德鲁斯的老汤姆·墨里斯店里买来了6支杆与两打古塔胶球，洛克哈特也由此被认为是"美国高尔夫的介绍人"。不久，里德与朋友在纽约州杨克斯家附近的一个30英亩的养牛牧场上建了一个只有三个洞的球场，他们经常在那里自娱自乐。1888年11月14日，五位球手打完球后到里德家里共聚一次具有重要意义的晚餐。这次晚餐的主旨就是要规划出一个方案，使得他们可以永久地打高尔夫。里德认为建立俱乐部是一个最行之有效的办法，既可以为球场的运作提供资金，又可以增进球迷间的友谊。他的建议得到众人的认可，便商讨选出领导班子，里德被一致推选为主席，John Upham则当选为秘书长。里德建议这个俱乐部取名为圣安德鲁斯。在干杯声中，一个具有历史意义的决定拍板了，历史学家们一致同意，1888年11月14日正是美国高尔夫正式诞生的日子[①]。

第二，圣安德鲁斯作为高尔夫球的发源地，不仅拥有世界上最好的高尔夫球场，还拥有历史最悠久的赛事。所以说起圣安德鲁斯，人们往往会习惯性地想到英国公开赛，仿佛这二者是一体的。实际上英国公开赛每5年回一次圣安德鲁斯，它们的关系如此亲密，与大名鼎鼎的皇家古老高尔夫俱乐部有很大的关系。皇家古老俱乐部不是英国公开赛的发起者，但它却是将英国公开赛运作成为世界上最重要的高尔夫赛事之一。皇家古老高尔夫俱乐部的前身是始创于1754年的圣安德鲁斯高球手协会。一个多世纪以来，这家俱乐部掌管着全球除美国和墨西哥以外的高尔夫规则，仲裁高尔夫领域的任何争执，负责运作英国公开赛和其他11项赛事，负责在全世界范围内推动高尔夫运动的发展，是世界高坛的顶级领导机构。这里发生过太多的传奇故事，曾举办过27次高尔夫公开赛，是每个打高尔夫的人一生的梦想。老虎伍兹、尼克劳斯、费度及老汤姆·莫理斯都曾在这里荣膺

---

①360百科.圣安德鲁斯［EB/OL］.（2017-06-01）［2017-06-18］. https://baike.so.com/doc/6373079-6586723.html.

公开赛桂冠。

历史发展证明，圣安德鲁斯没有让创办者失望，高尔夫这项绿色运动在短短几十年间迅速成为这个国度一项新兴的运动方式。

圣安德鲁斯因自然形成的地理环境闻名于世，其中包括112个天然沙坑，包括著名的第14洞"Hell"、第11洞"Strath"以及令人闻风丧胆的第17洞"Road Hole"，给高尔夫爱好者带来无限挑战和刺激。此外，特色赛事——高尔夫公开赛已成为圣安德鲁斯的品牌特色，每年吸引无数顶级球员以及高尔夫爱好者来观赛，带动了该地区旅游业的发展与兴盛，形成特色旅游品牌。

（三）理论小结

运动休闲型体育小镇一般依托景区而发展，与旅游结合打造。从城市的规模看，应该算小镇或小城，他们大多建城较早，都有发展体育运动的条件，如气候、地理、基础设施等。一般以一个或几个核心资源项目为引爆点，形成以休闲为核心的多个参与型体育项目，并充分考虑老、青、幼不同年龄段人群的体育需求，打造体育休闲、娱乐、教育等拥有完整谱系的项目集聚区。聚集区对基础设施的观感度、承载量、配套完善程度等要求较高。另外，在选址方面，考虑到辐射范围内的受众总数和消费频率，城市圈周边或大型旅游目的地路线上是较理想的选择[①]（图4-5）。

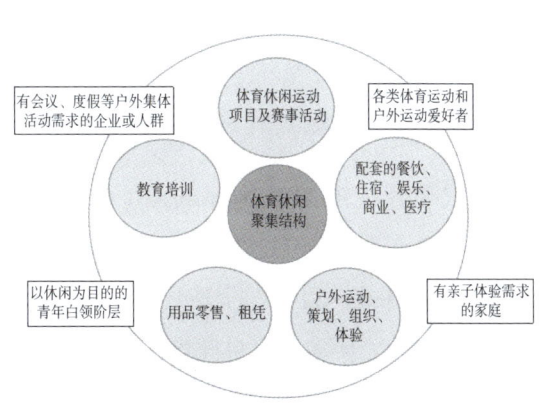

图4-5 体育休闲聚集结构

---

①绿维创景.体育小镇分类及打造要点［EB/OL］.（2017-04-07）［2017-06-18］. http://www.lwcj.com/w/149154891422017_2.html.

二、产业型体育小镇

（一）建设模式特点

产业型体育小镇是指以体育用品或设备的生产制造为基础，纵向延伸发展研发、设计、会展、交易、物流，横向上与文化、互联网、科技等产业融合发展，打通上下游产业链，最终形成二三产融合发展的产业聚集区。该类型小镇一般分布在大中城市周边，以生产制造及其上下游产业为核心功能，以休闲体验为配套功能，依托于城市而发展。在产业空间分布上，以核心类型企业为中心，配套企业或相关企业围绕其分布，形成"一中心，多散点"或"大分散，小集中"的布局结构[①]。随着体育产业的不断发展，一些小城、小镇利用其独特的体育产业优势，借助产业链之间的配合与联系，形成集聚效应，开拓小镇特色发展道路，进而促进当地经济发展。

（二）典型案例剖析

1. 案例一：意大利蒙特贝卢纳镇——运动鞋产业集聚区

蒙特贝卢纳镇（Montebelluna）位于意大利北部特雷维索省（Treviso），有着悠久的手工制鞋历史，20世纪70年代这里便成为世界著名的与冰雪运动有关的运动鞋生产基地。目前，全球约80%的赛车靴、75%的滑雪靴、65%的冰刀鞋和55%的登山鞋等运动鞋产自此镇。大量生产企业的聚集，促进了商业、居住及公共服务等城市功能的配套完善，形成了"运动鞋生产集群+城市服务功能"的小镇发展架构[②]（图4-6）。

[①]绿维创景. 体育小镇分类及打造要点［EB/OL］.（2017-04-07）［2017-06-18］. http://www.lwcj.com/w/149154891422017.html.
[②]绿维创景. 体育小镇国内外案例研究［EB/OL］.（2017-04-07）［2017-06-18］. http://www.lwcj.com/w/149154958122018_2.html.

第四章　国外体育小镇建设的经验研究

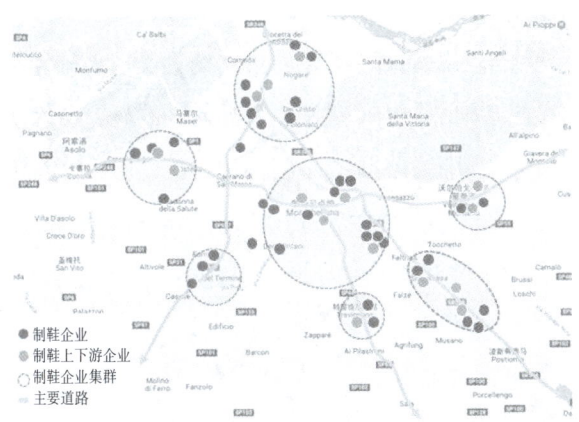

图4-6　意大利蒙特贝卢纳镇发展架构

从蒙特贝卢纳镇运动鞋生产基地的发展历程看来，我们总结其集群成功的原因主要有以下几点。

第一，产业集群发展。蒙特贝卢纳镇已经形成了一个庞大的运动鞋生产集群。围绕着运动鞋生产企业，聚集了大量研发、设计、款式分析、配件生产、模具制作、制鞋机器及塑胶等产前配套生产企业，以及商业协会、中介、媒体、营销和配送等产后相关服务产业。随着集群影响力的提升，很多国际知名运动品牌与当地公司进行合作，逐渐培育出Geox、Tecnica、Nordica等大型企业。

第二，集群内具有高度发达的劳动分工。最终企业群和中间企业群功能不同且分工明确。最终企业群是指向集群地以外的市场提供产品的经营者，而中间企业群是指向最终企业群提供中间制品和服务，并不直接向集群地以外的市场直接提供产品的经营者。

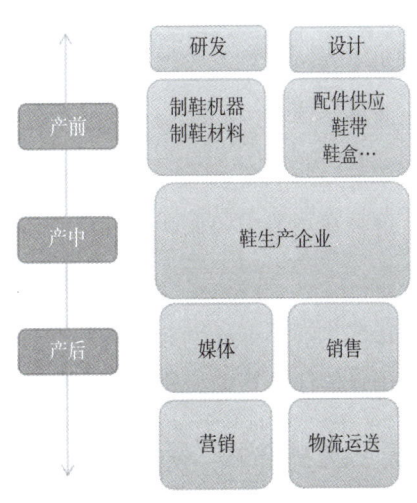

图4-7　蒙特贝卢纳镇运动鞋生产集群

第三，集群的创新能力是集群的生命力所在。蒙特贝卢纳运动鞋集群的创新能力主要体现在产品创新和知识创新上。蒙特贝卢纳集群本来就拥有世界一流的制鞋工匠和技术工艺，在此基础上，十分重视新产品的开发研究，以适应不断变化的国际市场，且集群从来不是封闭的，而是不断处在变化发展中。新企业的进入带来了新思想、新方法，以及新的竞争方式，促进了集群整个知识体系的创新。

第四，地方政府在调节和激励主导产业上起中心作用。在蒙特贝卢纳，地方政府通过地方银行对专业化的地方大学提供支持，来为企业源源不断地输送人才，同时政府还大力投资基础设施。一方面，政府的日常工作是投资建设好水、电、路、信息和通信等基础设施，以及对企业提供诸如政策咨询、税收、信息等服务；另一方面，政府推行免费技能培训。蒙特贝卢纳的市民谁也离不开培训，政府设立了各类不同层次的职业技能培训机构，由政府出资对各类就业对象进行免费培训和各种专业化训练。意大利政府规定，办企业要培训，失业者要培训，在职人员也要培训。

第五，产城结构合理。各类鞋生产企业在地理空间上并不是绝对集中，而是以镇区为中心，在半径约5km范围内沿路发展，形成多个产业集聚区。设计、研发和配件生产等相关企业围绕核心生产企业发展，商业、居住等城市配套功能则主要集中在镇区[1]。

此外，集群内同时存在竞争和协作关系。由于外部市场的压力，集群内企业竞争激烈，但是，最终企业之间的竞争是创造各自的市场营销特色，谋求差别化。这种在竞争中协调，又在协调中竞争的良性互动，推动了中小企业发展自己的独特技术，提高了产业集群的技术水平和多样性。不仅如此，集群内具有共同的文化背景和制度环境。意大利人对当地小镇的归属感和认同感使集群内的企业之间相互信任、互助协作、共同进步，集群得以稳固发展[1]。

---

[1]绿维创景. 体育小镇国内外案例研究［EB/OL］.（2017-04-07）［2017-06-18］. http://www.lwcj.com/w/149154958122018_2.html.
[2]方春妮. 国外运动鞋业集群的成功机制与启示——以意大利蒙特贝卢纳运动鞋生产基地为例［J］. 武汉体育学院学报，2009，43（02）：48-51.

第四章　国外体育小镇建设的经验研究

正是以上这些因素的相互作用,使蒙特贝卢纳运动鞋产业集群的产品具有了"质"上的绝对优势,整个集群无法被"复制",集群具有了持续的竞争力和生命力。蒙特贝卢纳镇的建设发展取得了一定成效。大型运动鞋生产企业、配套企业及城市配套服务功能交错分布,通过产业链间的联系和便捷的交通网络构成一个"大分散、小集中"的布局,核心体育用品的生产推动上下游企业的完善,促进服务业集聚,推动小镇特色化发展。

2. 案例二:赫尔佐根赫若拉赫——体育企业总部

全球体育用品公司总部所在地——德国赫尔佐根赫若拉赫,是巴伐利亚州埃尔朗根—赫西施塔特县的一座古老的城市,距离纽伦堡23km,2011年人口为两万余人。中心历史城区、手工业发展传统以及就业市场的吸引力让这座小镇有着高品质的生活,是三家全球企业阿迪达斯、彪马、舍弗勒的总部,且为当地经济带来1.67万个就业岗位(2011年)。阿迪达斯作为全球体育用品商,是城市区域里最大的公司,在全球共拥有4.7万名雇员,每年营业额为145亿欧元[①]。

从赫尔佐根赫若拉赫体育小镇的发展历程来看,我们总结其以下几点建设运营经验。

图4-8　赫尔佐根赫若拉赫

[①] 京津冀招商网. 国外产业特色小镇怎样造?[EB/OL].(2017-02-09)[2017-06-18]. http://tj.jjj.qq.com/a/20170209/019539.htm.

第一，拥有强大的地方自治权。首先，具有独立的财政权利。德国所有中小城镇的地方政府管理机构都雇有专业城市设计师，负责指导当地的土地发展，颁发建筑许可，调解相关的法律纠纷，为当地发展寻求公众支持，参与区域规划战略，与市民沟通并了解其需要。此外，重视对公共服务领域的投资。如德国设立公共设施的等级配给制度，完善各级中心相应的属性成为地方公共管理机构职责的重要组成部分，保证了地方政府在发展和运营公共服务中能够得到相应的支持等。

第二，专业的产业聚集。首先，具有悠久的手工艺传统，对私营企业和个体经营的重视和支持，使这些企业各自活跃于地方、区域或全球市场。其次，拥有合格的人才，注重对年轻技术人才的培养和素质的提升，使雇员具有可靠、勤奋、受教育程度高等优秀品质。此外，较高的服务水平，由中小企业形成的互补、灵活、创新能力强的工业机理以及自上而下与自下而上体制的互动，再加上良好的政治环境，使企业在全球化市场中凭借城市网络的聚集效应增强自身竞争力。

第三，重视与大城市的合作。在"大都市化"历史背景之下，小城镇成为大都市区域和地方空间的交界点，扮演着"枢纽角色"，起到了"衔接功能"，让所有的地方都能和那些向世界经济开放的大都市相联系，故而国家的医疗政策、高等教育政策和交通政策都给予这些"中介城市"以极大关注。国家通过"城市契约"推动地方性项目的进程并促进了中小型城市的基础设施发展。

体育小镇的建设是推进新型产业化建设的重要载体。产业型体育小镇的建设，将为就地实现城镇化开辟一条新路径。小城镇可以为本地产业的发展提供充足可用的劳动力并可长期支持本地产业发展，同时可提高当地居民的收入，为实现城镇化铺砖添瓦。

（三）理论小结

产业型体育小镇的打造主要集中在两个层面：第一，确定打造方向，打造体育产业本身,形成相对完善的产业链。即对能够聚集人力、技术、信息、资本等要素,并具有先天发展优势的产业资源进行发掘提炼,确定主产业发展方向,并实现其配套产业、服务产业、支撑产业的聚集,形成产业链发展架构。其中,具有先天发展优势的产业资源如体育某一细分领域装备用品的生产制造,某个细分体育领域在行业中的标志性地位,难以复制的先天市场环境等。第二,找准对接点,融合体育产业与旅游等其他产业,进行三产化、体验化、消费化延伸。即以体育优势产业为核心,有选择地充分链接文化、教育、健康、养老、农业、水利、林业、通用航空等产业,由二产向三产延伸,扩大消费群体,增加产业价值①。

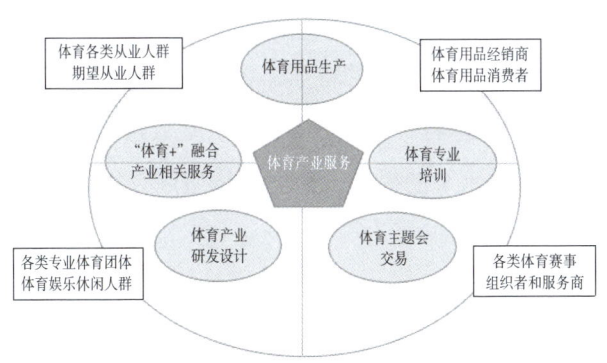

图4-9 体育产业服务

现如今体育产业已成为一个庞大的产业,有些发达国家的经济贡献甚至已超过汽车产业。产业型体育小镇利用当地特色体育产业优势,抓住产业发展机遇创造经济价值,通过旅游、休闲等产业链的配合,带动当地经济的发展。

---

①绿维创景. 体育小镇国内外案例研究［EB/OL］.（2017-04-07）［2017-06-18］. http://www.lwcj.com/w/149154891422017.html.

三、康体型体育小镇

（一）建设模式特点

康体型体育小镇是指以良好的生态环境为基础，以体育运动为载体，以健康养生为主要目标，并结合旅游、度假等发展而形成的康体度假型体育小镇。老龄化社会来临，食品安全、生活压力等问题的不断凸显，以及人们越来越高的健康需求，是此类型小镇发展的一大背景。康体型体育小镇以温泉等独特的康养自然资源或太极拳、瑜伽、禅修等传统的康养人文资源为基础，打造以康体、养生、修心、教育等为核心的体育项目集聚区。相较于休闲型体育小镇，其运动项目具有低运动量、低运动频率、低风险的特征，更加注重康体、养生、养心、养颜等方面的功能，多面向较为高端的人群，虽然受众基数较小，但消费频率及消费总额较高[①]。随着人们生活水平的提高，这类康体型体育小镇逐渐成为备受青睐的旅游疗养胜地。

（二）典型案例剖析

1. 案例一：法国依云小镇

依云小镇位于法国上萨瓦（Haute-Savoie）地区，距离巴黎580公里，距离里昂190公里。与瑞士一湖（莱芒湖）之隔，湖对面就是洛桑，而距离日内瓦也只有40公里。依云小镇的英文名称是Evian-les-Bains，据说不是所有的地方都可以用les-Bains，这是对一个地方的尊称。依云是一个传奇的小镇、是一个尊贵的小镇，目前的依云度假村已成为世界人民向往的度假胜地之一。

[①] 绿维创景. 体育小镇国内外案例研究［EB/OL］.（2017-04-07）［2017-06-18］. http://www.lwcj.com/w/149154891422017_2.html.

第四章 国外体育小镇建设的经验研究

宛若一块圆弧形绿宝石的莱芜湖,那一头,是伏尔泰、拜伦等名人驻足流连的瑞士小镇洛桑;这一头,是法国前总统希拉克的最爱,以水成名,温润致净的依云小镇,有着自己独特的魅力。

从法国依云小镇闻名世界的发展历程来看,我们总结其建设经验主要有以下几点。

图4-10 法国依云小镇

第一,"水"的主题与传奇。依云水疗效的发现是一个传奇。1789年夏,法国正处于大革命的惊涛骇浪中,一个叫Marquisde Lessert的法国贵族患上了肾结石。当时流行喝矿泉水,他决定试一试。有一天,当他散步到附近的依云小镇时,他取了一些源自Cachat绅士花园的泉水。饮用了一段时间,他惊奇地发现自己的病竟奇迹般痊愈了,这件奇闻迅速传开。专家们就此做了专门分析并且证明了依云水的疗效。此后越来越多的人们涌到依云小镇体验依云水的神奇,医生们甚至将依云水列入药方。

现在,依云镇70%的财政收入和依云矿泉水相关,矿泉水厂九百多名工人,其中有四分之三来自当地。依云水因其独特的地理环境的功劳,融化的冰川水在流到山下的时候必先经过一个封闭的空间,在这里就相当于天然的过滤层,水流在这里用了十五年的时间进行过滤,所以,流到山下的水都是经过十五年过滤的高品质水，且水中富含人体所需的矿物质。这也是依云水可以直接装瓶销售世界各地的原因。另外，为保证依云矿泉水的品质和口味不变，法国政府特别规定，依云水源地周围500公里内，不允许有任何人为污染的存在。依云矿泉水年产量为15亿升，其中40%在法国销售，60%出口到世界各国[①]。

此外，依云独特的营销策略将自己推广到全世界。依云水的贵族定位奠定了其成功的营销基础，而品牌定位是被积极传播形成的，企业通过广告传递贵族气质，口碑传播、独特包装等策略强化了贵族地位。

第二，世界上最专业的医疗温泉。SPA是镇上的又一传奇。世界上有三大著名的中低温地热田，匈牙利、俄罗斯、法国各占其一。法国拥有的温泉数占欧洲的五分之一，而法国人最引以为豪的则是他们的医疗温泉，依云就是其中之一。依云温泉是世界上唯一的天然等渗温泉。1824年，第一家温泉疗养院在依云建立。1902年，专门的依云水疗中心成立，并于1984年改建为SPA，即依云水平衡中心。游客可以在按摩浴缸里享受专业按摩师根据病痛部位进行的全方位的按摩，使身体得到全面放松。

第三，最多鲜花的城市。依云小镇气候宜人，特别适合花草生长，且当地居民也很擅长用花卉打扮家园，因此，小镇在法国被评为"最多鲜花的城市"。镇里有一个供整个城市用花的温室，专门培养鲜花。那沿湖而建的长3公里的湖畔漫步街便成了最适合晨跑和两个人饭后散步的地方。一边是依云镇的主要城市景观，另一边是泊满游艇的莱芒湖岸生活的景象，最西边的水上花园Pre Curieux则是一个湿地生态景区。身临其境，会使人全然忘却自己身在何方。

第四，世界高尔夫球赛事举办地。除了水和鲜花，小镇的另外一个地标是最负盛名的世界女子高尔夫球赛事依云大师赛的举办地——依云大师高尔夫俱乐部。这个建在一片森林地带，海拔500米的球场是法国历史最悠久的球场之一，18洞72杆，球道长6006米。从1904年开始到1990年将近一个世纪的时间，球场经

---

①慢生活. 带你来看你不知道的依云水［EB/OL］.（2014-08-05）［2017-06-18］. http://fashion.qq.com/a/20130716/002238_all.html.

历了前9洞、后9洞，再到锦标赛级球场的漫长时光。直到1994年，第一届依云大师赛才得以在这里举办[①]。

依云小镇的面积小，总面积583平方公里，人口也少，才七千多人，加上法国比较完善的社会保障制度，依云居民的幸福指数是相当高的。雄伟的青山、碧绿的湖水、鲜艳的花儿、精致的住宅，这一切把这个法国南方小镇点缀得美丽而又温情。依云虽然没有夏蒙尼的宏伟雪山，没有伊瓦尔的复古石头城，但却富有度假式法国小镇的精致和浪漫。鲜花处处开，湖风阵阵来。觅得依云水，豪饮乐开怀！现在的依云已经成为世界闻名的集保健、娱乐、度假、会议于一体的旅游胜地，是最受欧洲人欢迎的温泉度假地。

2. 案例二：奥修国际静心村

奥修国际静心村位于印度小城普纳，由心灵导师奥修于1974年所创立，是世界最大的心灵成长乐园。奥修国际静心村以"多元大学"为中心，有11个性质不同的学院，教授短期体验课程、长期居住研究学习班、治疗或团体课程、儿童青少年课程等。村中设有咖啡厅、健身房、游泳池、户外餐厅等，村周边建设有国际公寓，为学员提供居住生活服务。心灵导师奥修本人高喊着"上帝并不存在"的口号，却创造了一个属于尘世的人间天堂——奥修国际静心社区。在中国，人们习惯称它为"奥修中心"。

图4-11　奥修

[①] 蚂蜂窝. 看看你对法国依云小镇了解多少？［EB/OL］.（2015-12-23）［2017-06-18］. http://www.mafengwo.cn/travel-news/125730.html.

从印度小城普纳奥修国际静心村的发展历程来看，我们总结其建设运营经验主要有以下几点。

第一，全世界著名的冥想中心——奥修国际静心村。已不在人世的奥修是20世纪最具知名度的灵性大师之一，他从东西方哲学精华中提炼出对现代人灵性追求最具意义的理念，发展出独特的冥想静心方法。奥修国际静心村如今已成为全世界最大的心灵成长园地，全世界各地每年有近百万人蜂拥前去印度这个叫作"普那"的小城。

第二，奥修国际静心村村内幽静，环境宜人。静心是最佳的放松和平复的方式，不是压抑，而是释放。在这里，如果你想禁语，每个人都会尊重你的选择，他们悄悄地从你的身边走过，即便是最好的朋友，他们也知道，这个时候你需要单独。这里设有两处户外餐厅、一处咖啡厅、一座健身房和奥林匹克级的游泳池。餐厅里提供的是自种的有机素食，连在印度最令人头痛的饮水问题在村内也得到了解决。

第三，奥修普那国际静心村提供长短期不一的各种特色课程。每一种课程各具特色，或深或浅，提供各式各样的蜕变经验，探触人类的心灵，且他们以社区的方式进行心灵修行，提供上百种冥想方法，从不同的角度让我们不断深入自己的内心。

奥修国际静心村以印度瑜伽运动教育为核心，有效延长体育运动养生产业链，并与旅游等产业深度融合，开发周边产品，形成特色购物、有机素食、静心住宿等一系列配套服务，并通过结业静修学员为世界奥修中心开课或为需求者提供个案咨询服务，形成品牌鲜明的以瑜伽运动为特色的小村镇。

图4-12　特色课程

（三）理论小结

康体型体育小镇最终营造的是一种全新的健康生活方式，其打造重点在于面向养生人群、亚健康人群、中老年人群不同的需求，形成具有针对性的、完善的健康硬件配套设施及健康服务。通过与旅游产业的融合，迎合人们越来越高的健康需求，打造出包含养生环境、养生运动项目、养生服务及养生居住四大体系的度假综合体[1]。

养生环境是度假综合体的一大基础，养生环境的打造要以自然生态环境为基础，突出区域养生资源特色，如气候资源、水资源、森林资源、山体资源、温泉资源等。体育健康项目和体育健康服务是度假综合体的两大核心。体育健康项目以体育运动项目为主，如徒步、瑜伽、太极、自行车、游泳、高尔夫等，此外还有其他养生项目如温泉养生项目、心理静修项目、健康食疗项目、研学培训项目等支撑。体育健康服务包括健康体检（对心肺功能等健康指标进行检测）、私人定制个性化健康方案、辅助性医疗服务、讲师培训指导服务以及针对中老年人提供全覆盖的应急呼叫系统、陪护等特殊服务。布局多样化的居住产品，满足长期、中短期养生居住需求是度假综合体养生居住的一大体系。

四、赛事型体育小镇

（一）建设模式特点

赛事型体育小镇是指以有影响力的单项体育赛事为核心，以与赛事相关的服务为延伸，以休闲体验活动为补充而形成的体育小镇。体育赛事是关注度最高、影响力最大的体育活动，尤其是国际性的大型赛事。作为主办地，需要具备优越

---

[1] 绿维创景. 体育小镇分类及打造要点［EB/OL］.（2017-04-07）［2017-06-18］. http://www.lwcj.com/w/149154891422017_2.html.

的场地条件、高标准的赛事场馆以及高水平的赛事服务能力。举办大型赛事带来的除了赛期内直接的经济收入外，当地知名度的提升、上级政府资金和政策上的扶持、大型赛事对基础设施和当地人口素质的提升，都是间接的长期效益。可以认为，成为某个体育细分项目的最高等级赛事的举办地是每个体育小镇都在追求的目标。

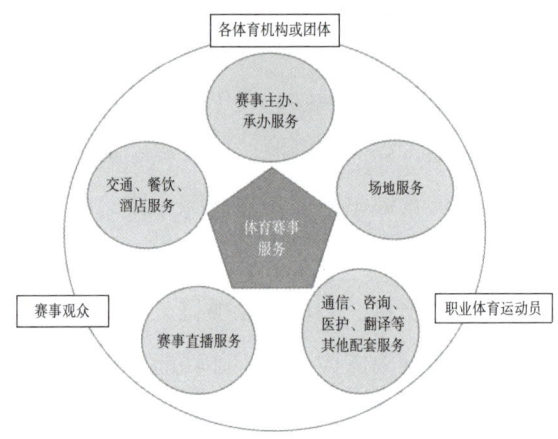

图4-13 体育赛事服务

（二）典型案例剖析

1. 案例一：温布尔登网球小镇

在网球四大满贯中，与法网、美网、澳网不同，温布尔登网球公开赛是唯一以小镇命名的比赛。因此，温布尔登被誉为"网球圣地"，成为众多网球巨星、网球迷向往的地方。从温布尔登网球小镇的发展历程来看，我们总结其成功的原因主要有以下几点。

第四章　国外体育小镇建设的经验研究

图4-14　温布尔登网球公开赛

第一，温布尔登网球锦标赛历史悠久，水平高超。温布尔登网球锦标赛是现代网球史上最早的比赛。1875年，英国伦敦西郊温布尔登沃尔普路旁边的全英板球俱乐部，在其长圆形的比赛场地上画出了一个网球场，一些人开始在这里打网球。不久，俱乐部改名为"全英板球和草地网球俱乐部"。

1877年，由全英俱乐部和英国草地网球协会创办了现代网球史上最早的比赛——温布尔登网球锦标赛。首次正式比赛在该俱乐部位于伦敦西南角的温布尔登总部进行，名为"全英草地网球锦标赛"。首届比赛定位在业余选手参加的比赛，而且只设男子单打项目，当时决赛的门票只售一个先令。一位来自哈罗公学的名叫斯班塞·高尔的学生在22名参赛者中独占鳌头，获得"挑战杯"（冠军奖杯的名称）。温布尔登网球锦标赛于每年6月最后一周至7月初定期举行。一个多世纪以来，成为网球精英们参与的全球级别最高的赛事。

第二，场地设施建设完备。经过百年变迁，如今的温布尔登俱乐部已经成为拥18个球场、占地10英亩的世界级网球中心。在这个著名的俱乐部里，最令运动员和观众向往的是"中心场地"——有1.4万观众席和皇家包厢的1号网球场。在中心场地打球的运动员、场内捡球的球童和看台的观众都感到十分光荣。

第三，制度严明、管理严格。温布尔登网球赛的组织方——全英板球和草地网球俱乐部的知名度与大赛本身一样高。英国的王公贵族、政界要人和富豪商贾竞相加入。但俱乐部有严格的制度，对吸收新会员及会员人数均有严格规定，只有在老会员去世之后，才接纳新会员。目前俱乐部有375名会员，而且几乎是清一色的男士。据俱乐部权威人士透露，每年均有6~10名老会员去世，而全国排队等待加入俱乐部的人有好几千人。

第四，诱人的奖励措施。温布尔登网球锦标赛的男单冠军获24万英镑，女单冠军获21.6万英镑，连第1轮遭淘汰选手也可获得一笔奖金。其中，男子3600英镑，女子2790英镑。高额奖金使温布尔登网球锦标赛具有极强的吸引力，使这项锦标赛活动百年不衰。

第五，草莓、"皇家包厢"和雨——小镇的另一特色。在比赛期间供应给人们的食品是深受英国公众喜爱的草莓加奶油、果子面包、香槟和皮姆酒，长此以往也形成了自己的特色和传统。"皇家包厢"是温布尔登网球赛的另一传统。每当大赛开幕，英国皇室成员必然会出现在位于中心场地的皇家包厢内。年轻时代的英国女王更是场场不落。英国首相及大臣也是决赛时的必到之客。这些景象伴随那"不作美"的绵绵细雨形成了温布尔登的独有"风味"[①]。

这里除了一年一度的网球锦标赛闻名遐迩，还是一个一年四季都值得前往的迷人之地。温布尔登村庄，位于温布尔登山顶，距离伦敦市中心不到14公里，但宛若置身于乡间。原汁原味的中世纪大街上，伫立着教堂、教区古宅以及几家酒吧。这条大街连接着温布尔登的露天公共空地与温布尔登山。时间在这里几乎没有留下痕迹，而这个迷人的村庄里却拥有一流的店铺、酒吧、餐馆、品酒坊、露天咖啡、专卖店和各种商行。新温布尔登剧院上演着多部动人剧目。对于体育爱好者来说，去温布尔登草地网球博物馆，了解锦标赛的历史，参观比赛的奖品，并游览每年在电视里看到的中心球场绝对不容错过。

2. 案例二：印第安纳波利斯赛车小镇

印第安纳波利斯（IN，USA）是美国印第安纳州的最大城市，也是印第安纳

[①] 黎明京.温布尔顿世界网球运动圣地[J].世界知识，1987（17）：28，29.

州的首府，是美国第四大的州首府。位于印第安纳州的中央，市区面积911.7平方公里，人口80余万。其中白人占69.09%，黑人占25.5%。印第安纳波利斯属马里恩县，行政上市县政府合一，城市占据马里恩县内绝大部分地区，县里另有8个独立市镇。该城市始建于1820年，1847年设市。1825年1月，印第安纳州府迁至此。从印第安纳波利斯赛车小镇的发展历程来看，我们总结其建设运营的成功经验主要有以下几点。

第一，特色赛事是重中之重。印第安纳波利斯赛车场是著名的印第安纳波利斯500英里大奖赛（Indianapolis 500）赛事的举办地。500英里汽车比赛每年都在此举行，这里每年的赛车比赛算是全美的盛事。赛事于1909年首次举办，在美国文化中具有相当重要的历史意义。附近费姆斯特博物馆的赛车厅展有1909年以来的各种赛车[①]。

图4-15　赛车博物馆陈列的各式赛车

第二，基础设施建设完备。印第安纳波利斯为中西部铁路货运枢纽，被称为"美国的十字路口"。市内有美国铁路公司的联合车站，为美国最老的联合车站之一，至今仍然提供前往芝加哥等城市的铁路客运服务。

---

①寅在海南.美国印第安纳波利斯［EB/OL］.（2017-06-01）［2017-06-18］.http://blog.sina.com.cn/s/blog_4b358ccf0100ctrg.html.

作为赛车小镇的印第安纳波利斯，有着专业的赛车道。印第安纳波利斯赛道最初是以300万余块砖头所砌成，因此"砖厂"之名不胫而走，启用于1909年，并在1961年改铺柏油路面，更在1950年到1960年之间举办过11次的F1大奖赛，是一个相当有历史的赛道。为了添加2000年一级方程式大赛的计划，赛道再次修改，在原本椭圆形的赛道范围内，增加了新的路线，并将以顺时钟方向替换传统的逆时针方向起跑。

图4-16　美国印第安纳波利斯赛车场

第三，发达的经济为城市的发展奠定基础。1847年，麦迪逊—印第安纳波利斯铁路——印第安纳波利斯第一条铁路开始营运。随着公路和铁路干线的通达，印第安纳波利斯成为美国向西部开发移民的交通要塞与农畜毛皮产品的集散地。作为该州最大城市、美国第十二大城市，印第安纳波利斯成为美国发展最快的地区之一。19世纪末工业兴起，城市迅速发展，成为州内主要工业中心、重要的谷物市场和芝加哥以东最大的牲畜市场。该市有规模很大的面粉和肉类加工工业，还有汽车零部件、金属制品、飞机发动机及药品、农业、电机和电子等工业部门。20世纪后半叶，随着郊区化大量利用土地，种族关系迅速恶化，印第安纳波利斯的部分地区经济萧条，但在20世纪90年代，经济萧条的地区便开始复兴，这使都市边缘得到发展。现在，印第安纳波利斯正再次繁荣。

中小城镇要打造体育特色，都需要一定气候、地理、文化等基础条件，小镇的软硬件配套设施也需要时间积累。此外，城乡均衡发展、大学体育的繁荣发展都为打造特色体育小镇提供了土壤。小镇的特色赛事以及精品赛事的打造让这些小镇、小城声名远播，达到了很好的经济效益和传播效果。

（三）理论小结

体育赛事型小镇的打造有两个要点，一是要做好赛事本身；二是通过多元业态的补充，充分利用赛事场地，做好赛事后的有效利用。一个赛事就是一个很好的体育IP（知识产权，Intellectual Property），无论是引进赛事还是自身培育赛事，都需要从硬件上进行高标准建设，从软件上给予高水平服务，从而为游客带来极强的赛事观赏体验，为组织者带来良好的经济价值。赛后的利用主要有三个方向：第一，可充分利用场馆场地开展培训及日常训练；第二，运用体育赛事的IP价值，开展主题活动、衍生周边娱乐活动；第三，组织开展其他类型的体育休闲运动，以及各类美食节、音乐节等大型活动，实现体育与旅游的融合发展[①]。

第二节　国外体育小镇建设模式的共性经验及其对我国的启示

一、国外体育小镇建设模式的共性经验

在建设初期，政府主导小镇运作的情况比较普遍；建设中期以公私合作的模式比较流行；由企业主导项目正逐渐成为国外体育小镇建设运营的发展趋势。在

---

① 绿维创景.体育小镇分类及打造要点［EB/OL］.（2017-04-07）［2017-06-18］.http://www.lwcj.com/w/149154891422017_2.html.

目前产业地产布局较多的情况下，各类体育公司仍然是体育小镇较为重要的推动力量。

（一）凝练体育小镇响亮的主题定位

国外体育小镇主要是按照市场规律发展起来，与低成本及要素的聚集有直接的关系。国外体育小镇是充分发掘小镇本身的优质生态人文资源，培育龙头企业或优势产业向体育小镇空间聚集，逐渐形成特色鲜明的体育产业集群。

欧美发达国家的运动休闲型小镇除了当地得天独厚的风光资源外，每个小镇主题鲜明，并与当地文化自然交融，让人印象深刻、流连忘返、终生难忘。运动休闲型体育小镇要致力于形成以下特色：①特色鲜明的运动休闲业态；②深厚浓郁的体育文化氛围；③与旅游等相关产业的融合发展；④禀赋资源的合理有效利用。

国外产业型体育小镇对环境要求和产业独特性的要求非常高，包括国家的经济实力、金融发达程度、在世界经济地位、地理位置、人才、税费、交通、环境、信息技术，具有唯一性和难以复制性的特点，是在特定土壤里生长出来的。也可以说国外传统的产业型体育小镇与工艺传承、产业积累、生态人文环境资源等因素关系密切，是天时、地利和人和的结果。并且，发达国家的实践表明，高端产业并不一定要集中在大城市，高端产业发展所需的人才，也并不是全都喜欢居住在大城市。这是经济水平和城镇化发展到一定程度之后的必然结果。

康体型体育小镇以良好的生态环境为基础，以体育运动为载体，以健康养生为主要目标，并结合旅游、度假等发展而形成。其运动项目具有低运动量、低运动频率、低风险的特征，更加注重康体、养生、养心、养颜等方面的功能，多面向较为高端的人群，虽然受众基数较小，但消费频率及消费总额较高。

赛事型体育小镇以有影响力的单项体育赛事为核心，以与赛事相关的服务为延伸，以休闲体验活动为补充而形成。体育赛事是关注度最高、影响力最大的体育活动，尤其是国际性的大型赛事。作为主办地，需要具备优越的场地条件，高标准的赛事场馆以及高水平的赛事服务能力。

（二）建设专业且多样化的体育设施

体育设施现已成为人们生活中不可缺少的组成部分，随着国内体育小镇的兴起，人们对体育设施的需求日益增长。建设专业且多样化的体育设施对体育小镇的发展尤为重要。从国外体育小镇建设发展历程来看，由于体育度假和户外运动需求人群的偏高端属性，体育小镇设施完善、格调较高，山地户外、水上运动、冰雪运动和高尔夫运动等占整个运动休闲市场的80%左右。且运动设施相比一般旅游配套设施来说投入更大，也更加专业，对相关教练和维护服务人才的要求很高。

体育小镇"体育"作为核心主体，应充分利用城市公共空间，建设集体育、休闲、旅游于一体的体育带，不断完善健身设施配套建设。加大对体育设施建设的投入力度，开发多功能、多样化的体育产品。此外，政府可以鼓励社会力量建设小型化、多样化的活动场所和健身设施，政府以购买服务等方式予以支持。引导各级政府根据当地实际，合理利用景区、公园、公共绿地、广场及城市空置等场所，建设自行车绿道、健身步道、登山步道等全民健身设施，保障体育小镇体育设施的质量与数量。

（三）举办四季不休的体育主题活动

从经济基础和市场需求来说群众性体育运动是人们满足了温饱、小康、走向富裕时产生的高端需求，为了让身体更健康、更健美，追寻运动体验中的刺激和快乐。从赛事特色方面看，体育小镇往往会有一项或几项重量级赛事，甚至是世界级赛事，借助赛事来打造特色体育旅游品牌，引爆优势项目。此外，体育小镇可融合其他运动，如围绕小镇资源做一些体育论坛、体育娱乐活动、体育亲子活动、嘉年华活动等，根据季节不同以及小镇的特色设计不同的主题活动，点亮小镇的特色运营，做到让小镇一年四季都有人气，一年四季皆有特色体育主题活动，从而做大延伸体育旅游产业链。

举办四季不休的体育主题活动可以延长旅游季节，吸引客源。对小镇的宣传起着不可替代的作用。四季不休的体育主题活动容易引起广泛的社会关注，可以迅速提高体育小镇的吸引力和知名度。因此，举办四季不休的体育主题活动越来越成为发展体育小镇的重要方式。

（四）打造游客差异化的运动体验

打造游客差异化的运动体验对体育小镇的建设尤为重要。例如，新西兰皇后镇（Queenstown），是新西兰的"探险之都"，世界知名的"户外运动天堂"，国际公认的世界顶级度假胜地。皇后镇聚集了大量高端户外运动，既有世界一流的冬季滑雪体验，还可尝试蹦极、跳伞、骑行、登山、峡谷秋千、漂流、喷射艇、骑马远足、垂钓、高尔夫等，四季游玩皆宜，每一项运动体验都做到了极致。例如自行车骑游，有平坦的观光车道、偏远的荒野小径，也有公路骑行、直升机登山，以及南半球唯一的缆车山地自行车下坡。这座18000人的小镇每年会接待200多万名来自世界各地的游客。这里拥有全国最豪华的酒店设施、久负盛名的葡萄酒产区以及世界级的高尔夫球场，是冒险运动与奢华享受的完美结合。

新西兰皇后镇在打造游客差异化的运动体验方面可谓做足了功课，游客的参与性与体验性较高，引起社会的广泛关注，这为皇后镇成为国际公认的世界顶级度假胜地奠定了一定基础。

（五）塑造体育小镇的文化灵魂

从体育小镇的区位条件来看，运动休闲型体育小镇一般都背靠著名风景区，而体育配套产业有的会集聚在客源地，有的会集中在相关人才传统聚集地。这些体育小镇的形成，往往会受到历史、地理、人才、相关产业等多种因素的综合影响。

要做到体育小镇不落俗套、彰显特色，必须充分发挥文化基因的重要作用。

文化是体育小镇的根脉和灵魂，各镇皆有其自身独特的文化基因。让文化基因成为体育小镇的灵魂，坚持创新、协调、绿色、开放、共享发展理念，在原有成功经验的基础上，重点在"特色"上做文章，着力突出小镇的特色，不重复、不雷同。只有将文化基因深植于"城、产、人"融合发展的全过程中，统筹生产、生活、生态的文化特色，找准各自的文化基因，才能使千镇不同面、镇镇有特色。

（六）建立体育商业公共服务平台

在国外体育小镇的发展进程中，地方政府的主要职能就是完善基础设施，牵头负责完善交通、通讯、排污等公共设施建设。除此之外，他们还充分考虑小到休闲椅、停车场和公厕的设置，甚至马路的自动收费设施、残疾人无障碍通道等，大到银行、商店、道路、交通、医疗和消防队等，以满足居民的各种需求。通过降低交易成本与城乡要素的相对价格，进而加快人才和特色产业在特定空间的集聚。

例如德国特别重视对公共服务领域的投资，设立公共设施的等级配给制度，完善各级中心相应的属性，使之成为地方公共管理机构职责的重要组成部分，保证了地方政府在发展和运营公共服务中能够得到相应的支持等。

（七）重视小镇自然和人文环境保护

欣赏国外体育小镇，犹如欣赏一幅巨大的油画，所到之处，森林环抱，芳草萋萋；天空澄蓝，大地碧绿；天高气爽，绿树如茵；方便静谧，适宜人居。这与国外体育小镇长年秉持绿色生态的发展理念，在建设过程中强调环境保护，很少发展传统工业，尤其是污染较大的重工业，严格杜绝污染企业或者产业进入密切相关。而且，国外体育小镇非常注重生态保护和体育文化传承，保护好先人留下的瑰宝，经过一代接一代的后来者，把富有历史人文内涵的体育传统与现代化的生产生活方式进行有机结合。

二、对我国体育小镇建设的启示

2017年5月11日，国家体育总局发布《关于推动运动休闲特色小镇建设工作的通知》，明确指出到2020年，在全国扶持建设一批体育特征鲜明、文化气息浓厚、产业集聚融合、生态环境良好、惠及人民健康的运动休闲特色小镇。目前，全国各地正在全面启动实施体育特色小镇的建造工程，预计未来全国将出现数量十分可观的体育特色小镇。

体育小镇不同于产业园区和风景区，也区别于行政建制镇，具有生态环境优美、产业定位独特、人文传统深厚、管理机制灵活创新的独特优势，它应成为推进新型城镇化建设、培育新动能、实现创新发展、绿色发展的新平台，充当着区域经济社会发展的新引擎。那么，国外体育小镇的建设模式给我们带来了哪些启示呢？

（一）以"体"为基植入多元产业链

体育小镇，"特色"是关键。体育小镇的功能模块可分为核心层、外围层和相关产业层，"运营机构+体育运营+体育产业+体育地产"构成了上游产业层，衍生产业构成了体育特色小镇下游产业层。

例如，赛事型体育小镇通常是以单项体育活动或赛事为核心，如以户外运动为主，吸引爱好体育项目的群体性客户，促进周边产业的开发，带动社会经济发展，这种类型主要是结合了地理区位特征或地方体育产业特色。打造单项体育活动项目的产业集群和产业生态链的体育项目是体育小镇的发展特色。体育小镇的建设必须要具备完整的产业链条，必须明确政府、社会资本、运营与开发企业等各领域之间的有效衔接与高效互动。体育小镇要想发展，至少要具备产业升级、科技创新与植入或者消费带动这三种基础条件之一。

（二）完善多元化"体育特色"消费链

体育小镇的形成，往往会受到历史、地理、人才、相关产业等多种因素的综合影响。意大利蒙特贝卢纳镇可以说是体育产业型特色小镇的典范，其围绕"运动鞋生产"这一核心主体形成了一个庞大、高效的运动鞋生产和服务集群，包括市场分析、产品研发、款式设计、配件生产、塑胶产品、机械及模具制作、打样、制鞋、营销、物流等各方面，就业人员8600余名，生产量达到每年3500万双，年销售收入超过15亿欧元。类似的案例还有很多，比如瑞士滑雪胜地达沃斯、法国赛车运动小城勒芒以及美国的户外小镇等均打造了以一个核心产业为主体的多元化的"体育特色"消费链。

2017年国家体育总局颁布的《关于推动运动休闲特色小镇建设工作的通知》中描绘出了我国体育小镇的发展蓝图，《通知》明确指出："到2020年，在全国扶持建设一批体育特征鲜明、文化气息浓厚、产业集聚融合、生态环境良好、惠及人民健康的运动休闲特色小镇。"[1]随着我国中产阶级收入的快速提升、消费欲望的增强，特别是东部沿海地区，不论是消费能力还是体育运动需求都有很好的基础，在这些地区较高端的体育旅游度假市场蕴藏着巨大潜力，也会是我国运动休闲特色小镇的主要市场客源地。因此，如何运用好自身优势，培育特色体育产业链，是中国体育特色小镇能否发展壮大的关键。

与国外相比，我国虽然自然资源丰厚，但不论是在经济上还是传统上都较之远逊且还没有特别强势拉动作用的体育运动和相关产业。因此，在打造体育产业项目时首先应注重不同业态之间的有机结合，以高娱乐性、低难度的设计打造适合国人的体育产品，强化体育运动服务标准，培养消费者的体育运动爱好。其次，以单项体育活动或赛事为核心，依托优质景区，引入相关产业企业联合建设运营，形成体育产业集聚区和产业带。此外，体育产业除了结合旅游资源以外，

---

[1] 亿欧网. 中国开发体育特色小镇8点建议［EB/OL］.（2017-06-04）［2017-06-18］. http://item.btime.com/0123a231lb2ijj51rrkortncgu4.

还可结合文化、养生、养老等其他产业和功能。

（三）举办多元主题庆典活动

多元主题庆典活动不仅其自身是一种重要的人文旅游吸引物，对延长旅游季节、扩大客源地地理分布有重要作用，而且，它也是旅游区形象塑造的委托点、招商引资的激发点、基础设施改造的催化点、静态吸引物激活的作用点，对整体宣传体育小镇形象和促进体育小镇产品营销有着不可替代的作用。因此，举办四季多元的主题庆典活动越来越成为体育小镇运营的主要方式。通过举办多元主题活动，可以邀请行业专家、知名学者、商界精英等前来小镇参观，与来自全国各地关心支持体育事业发展的人士分享他们的智慧结晶。多元主题庆典活动的大众参与性和趣味性，极易引起广泛的社会关注，因而能迅速提升体育小镇的吸引度、知名度、美誉度和认同度。

（四）建立多元化的建设筹资体系

体育小镇需要以基础设施的投入为前提，但是对于一些财政比较薄弱的地区而言，大量的资金投入显然不太现实。因此，持续稳定的资金来源是体育小镇发展的关键。目前，地方政府也在积极推出各色的体育特色小镇，据相关数据显示，仅在2016年，国内进入建设阶段的体育小镇已经超过100个，2017年，这个热度持续升温。但是体育小镇的投资规模通常是几十亿甚至是上百亿，政府往往处于两难的地步，一方面体育小镇必须以产业为主体；另一方面地方政府的财政债务压力过大。所以，过去城镇化推进过程中以政府出资的或垫资为主的"地方债"融资模式显然已经难以满足当今持续增长的体育小镇的资金需求，而且如果依靠单体的公司来运行体育小镇的建设比较困难。因此体育小镇需要建立多元化的建设筹资体系，建立以政府为引导、社会力量广泛参与的多元融资模式。引入社会资本、借助金融机构资金和保障政府政策资金支持，从而打通三方融资渠道，最终实现体育小镇的整体推进和运营。

第四章　国外体育小镇建设的经验研究

体育小镇的投融资项目，应该是以项目的主体为主，以未来的收益和项目资产作为偿还贷款的资金来源和安全保障，融资安排和融资成本应该是由项目未来的现金流和资产的价值来决定。根据各方达成的权利义务关系和风险的分配进行融资，包括技术的设计，比如前期的工作等。根据体育小镇的预期收益、资产以及相应的担保来融资。首先，可以引用多种融资方式，包括银行或财团贷款、债券计划、信托计划、融资租赁、证券资管、基金管理以及PPP融资等。其次，导入外部资源，如发改委PPP项目办公室、国开金融、中国农业发展银行、中国建设银行等投资。此外，可通过导入大量优质的IP资源，包括知识资本的导入以及成熟品牌的导入来融资。通过建立多种融资模式，解决特色小镇资金不足的问题。

（五）保护体育小镇原生态自然环境

生态环境是体育小镇GDP的催化剂。发展体育小镇要树立生态绿色理念，完善绿色政策顶层设计，建设运营全过程要强化生态绿色思维，产业选择须兼顾"特色"与"绿色"。发展体育小镇要牢固树立生态优先绿色发展理念。体育小镇所要求的生态，是红线、底线，也是优势所在。要把生态文明理念和原则全面融入体育小镇建设的全过程和各领域，走出一条绿色、集约、智能、低碳的体育小镇建设之路。创新发展绿色经济，努力实现百姓富和生态美的有机统一，真正实现低碳生活、和谐生产、宜居生态。做大做强生态优势产业，有效增加生态产品服务供给，使生态优势和产业优势逐渐形成浑然一体、和谐统一的关系，为绿色发展奠定坚实的产业基础[1]。

体育小镇的发展，不在于磅礴浩大的体量建设，而在于小巧精致、舒适宜人的空间环境。在小镇空间环境的塑造过程中要更加注重人的感受与体验：体育小镇在建设标准和功能定位上，着重突出生态、绿色、节能主题，用新材料、新技

---

[1] 东方财富网. 打造特色小镇要坚持生态优先［EB/OL］.（2017-06-05）［2017-06-18］. http://guba.eastmoney.com/news, cjpl, 651162624.html.

术打造低碳、舒适、宜居的环境。体育小镇应节约使用建设用地，推动规划区域范围内建设土地的混合功能利用。体育小镇应倡导绿色交通模式，提高绿色出行比例。体育小镇应有效地节约使用水资源，倡导分散与集中相结合的水再生利用工程与水生态修复技术。体育小镇应以非工程措施应对洪水威胁，保证小镇发展建设安全。体育小镇应大力推进生活垃圾分类、收集、资源化利用技术，减少小镇的噪音、污水、空气等污染。此外，我们还可以利用生态环境的修复能力，通过影像生物多样性调查（IBE）等景观生态学分析技术的引入，对小镇的生态本底环境进行精准保护与特色培育。

（六）提升小镇好客友善的人文环境

发展体育小镇是推动生态文明建设和实现绿色发展的试验田。发展体育小镇应践行"绿水青山就是金山银山"发展理念，走"生产、生活、生态"融合发展之路的有益探索。体育小镇，根在文化。既拥有现代化的生活，又保存乡土温情是体育小镇对时代问题的回答。体育小镇应深度挖掘历史传统、民俗文化，彰显小镇特色，结合现代生活方式，运用创意手段，融入生态绿色的元素，物质产品与精神产品并抓。发展生态循环农业，开发特色食品、健康食品，结合生态观光、农事体验、食品加工体验、餐饮制作体验等活动，推动体验式休闲度假，实现创新与体育小镇的融合发展。

体育小镇在发展自身特色的过程中，应放眼世界、立足本地、联结社区、扎根生活，自觉承担起本地文化挖掘、保护、传承、创新的责任，为体育小镇提供好客友善的人文环境。

（七）构建稳定的安全环境与高效的救援体系

环境安全保障工作更应摆上更加重要的位置。体育小镇的建设应构建稳定的安全环境与高效的救援体系，积极防范和妥善处置突发环境事件。各地政府和环保部门应切实提高环境风险防范意识，定期组织环境应急预案检查和演习。环保护部也应认真做好环境应急全过程管理，定期组织开展环境风险大排查活动。

综上所述，国外体育小镇很多发展思路和做法值得我们借鉴和思考。中国体育小镇的建设要因时、因地、因人制宜，循序渐进地进行。体育小镇不是一天就炼成的，它需要政府的正确引导、市场力量的有力推动以及对各方积极性的调动，只有这样，我们才能打造出具有长久生命力和竞争力的体育小镇！

（董敏、王俊之、叶小瑜　整理）

第五章　中国体育小镇建设指南

自《国务院关于加快发展体育产业促进体育消费的若干意见》(国发〔2014〕46号)发布以来,伴随着人们日益增长的体育消费需求,我国体育产业进入了快速发展期。而随着我国经济社会的发展,镇域经济在崛起,特色小镇逐渐成为当下我国经济社会发展新常态背景下的一道亮丽风景,尤其是在住房城乡建设部、国家发展改革委、财政部联合下发《关于开展特色小镇培育工作的通知》(建村〔2016〕147号)后,特色小镇在全国呈现井喷之势。而随着《"健康中国2030"规划纲要》的颁布,健康村镇建设成为推进健康中国建设的重要抓手之一。人们对体育休闲方式予以更多的关注与青睐,体验式旅游、文化和健康等项目元素开始融入体育产业,促成了一种新业态的兴起——体育小镇。体育小镇建设融合了体育、旅游、文化、健康等多种产业,是丰富我国特色小镇体系的需要,为我国体育产业的发展开辟了新的增长点,也是满足人们体育需求从实物型向观赏型和参与型转变的需要。为更好地指导我国体育小镇建设活动的开展,贯彻落实党中央、国务院的有关决策部署,制定本指南。

第一节　我国体育小镇的建设现状与发展形势

一、建设现状

在国家政策扶持和社会资本的推动下,体育小镇日渐成为我国体育产业发展的新势力，为我国体育产业的发展和群众体育的开展开辟了新渠道。在建设部、财政部、发改委联合发布《关于开展特色小镇培育工作的通知》之际，国家体育总局即印发《关于推动运动休闲特色小镇建设工作的通知》，我国体育小镇的建设在全国各地广泛开展。当前我国体育小镇的建设现状主要体现在以下几方面：一是数量上迅速激增。目前，全国所有省市均十分重视体育小镇建设，各地体育小镇呈现蓬勃建设和发展态势。2017年国家体育总局公布了96个试点规划项目，据调查统计，截至2017年10月30日，已开发或正在开发的项目有80多个。二是地域分布上逐渐向全国扩展。尽管体育小镇起源于江浙等东部沿海经济发达省份，但体育小镇的建设对内涵特色的需求，已使得具有特色体育资源的西南、西北、东北等地成为体育小镇建设的后起之秀。三是体育小镇类型日益多元化。起初以户外运动类型为主（足球、滑雪等），现已逐渐形成以赛事型、康体型、休闲型、产业型为代表的体育小镇。四是社会资本广泛参与。体育小镇的建设不仅为政府运用社会力量发展体育事业搭建了新平台，也为社会资本投入体育产业创造了新机遇。

体育小镇的建设在短期内已取得了一定的成绩，但仍存在以下不足，亟待解决：一是体育小镇的产业化运营水平不高；二是体育小镇建设所需人才匮乏；三是体育小镇基础设施不能很好地满足体育小镇发展的需要；四是体育小镇的宣传力度不够；五是相关配套政策体系尚不完善。

二、发展形势

供给侧结构性改革是当前我国社会经济建设的主题，是化解国内产能过剩、优化产业结构的必要手段。体育小镇建设作为我国经济社会建设中的新形态，对增加体育产品供给、满足人们日益增长的体育需求、化解国内基础设施产能过剩、优化经济产业结构有着积极的作用，同时，也是贯彻落实创新、协调、绿色、开放、共享发展理念的有益实践。体育小镇的建设紧跟当前我国经济社会发展的新形势，面临着重大发展机遇，其必将成为未来我国体育产业乃至社会经济发展新的增长点。

体育事业是促进五位一体协调发展的重要一环，十八大以来，党中央高度重视我国体育事业的发展。《关于加快发展体育产业促进体育消费的若干意见》的发布，为我国体育事业和体育产业的发展提出了更高的要求：将全民健身上升为国家战略，到2025年，体育产业总规模达到5万亿元，人均体育场地面积达到2平方米，并将在乡镇、行政村实现公共体育建设设施100%全覆盖作为当下我国体育事业发展的主要任务。体育小镇的建设可为优化我国体育产业结构、增加体育产业规模、提高人均体育场地面积、促进全民健身战略的落实提供新的突破点。

第二节　总体要求

一、指导思想

全面贯彻党的十八大和十八届三中、四中、五中全会精神，深入落实习近平总书记系列重要讲话精神和治国理政新理念、新思想、新战略，紧紧围绕统筹推进"五位一体"总体布局和协调推进"四个全面"战略布局，牢固树立和贯彻落实创新、协调、绿色、开放、共享的发展理念，以增进人民福祉、提高人民健康水平为出发点和落脚点，以提高发展质量和效益为中心，以优化体育产业结构为重点，创新建设理念，转变发展方式，因地制宜、突出特色、多措并举、综合施策、循序渐进、以点带面，充分发挥市场主体作用，积极扩大体育产品供给，培育特色鲜明、产业发展、绿色生态、美丽宜居的体育特色小镇，促进体育与健康、旅游、文化等产业实现融合发展，不断满足大众多层次多样化的体育需求，带动区域经济社会各项事业全面发展。

二、建设原则

（一）坚持规划为先

必须把规划摆在体育小镇建设中的优先战略地位，着眼体育小镇的长远发展，以规划为先原则统领体育小镇的建设框架，引领体育小镇的发展方向，保障体育小镇建设的稳步推进。科学分析体育小镇现有的资源，精准定位，合理规划，完善小镇规划，呈现清晰的发展蓝图，便于吸引社会资本，实现体育小镇的融资。

（二）坚持生态为基

保护和建设好生态环境，实现可持续发展，是我国现代化建设中必须始终坚持的一项基本方针。必须把生态建设作为体育小镇建设的基础，将生态为基的原则贯彻到体育小镇的建设与发展中，遵循先生态、再生活、后生产的发展顺序，依托体育小镇当地自然资源，精细建设，绿色发展，建成宜居、宜业、宜游的生态体育小镇。

（三）坚持产业为根

必须把产业作为体育小镇建设的动力之源，以体育产业带动体育小镇的发展，紧密结合自身的资源禀赋、区位条件和当地产业基础，形成体育小镇的特色产业。以体育产业为核心，推动产业多元融合，形成产业区域集聚，有效增加就业机会，驱动体育小镇的可持续发展。

（四）坚持民生为重

坚持以人为本的发展理念，顺应健康中国和全民健身国家战略要求，始终把保障和改善民生作为一切工作的出发点和落脚点。认真落实《全民健身计划纲要》，加快农村体育公共服务体系建设，因地制宜，重点推进一批体育民生幸福工程，着力化解人民日益增长的体育参与需求与体育场地设施不足的矛盾。各级政府在建设体育小镇过程中，要兼顾体育小镇的经济效益和社会效益的协调发展，注重集体利益与个人利益的统一，既保持社会资本投资的积极性，又为当地民众创造更多就业机会，积极构建民众与社会资本利益共同体的形成。

三、发展理念

——创新发展。创新是推动体育小镇自我发展的强大驱动力。深入贯彻创新发展理念，把创新摆在小镇建设的核心位置，积极推进体育小镇体制创新、管理服务创新、建设模式创新、城镇融合发展创新。改善创新环境，制定创新奖励政策，充分调动小镇体育企业的创新积极性，把握互联网时代带来的巨大时空变革，使体育小镇这个体育发展新模式蓬勃发展。

——协调发展。协调是体育小镇持续健康发展的内在要求。注重协调，不断增强体育小镇的系统性和协同性，促进体育产业与当地产业的均衡发展，重视现代体育与民俗体育有机融合，统筹小镇政府、企业、人民的三方关系，推动体育小镇经济社会文化全方位协调发展。

——绿色发展。优良的生态环境是发展体育小镇的基础条件。体育小镇是融合体育产业与旅游业共同发展的城镇，充分保持体育产业与旅游业的绿色低碳优势，坚持节约资源和保护环境。在小镇建设中始终守住绿水青山底线，倡导运动健康生活方式，把体育小镇建设成美丽宜居的家园，提高人们生活品质。倡导体育小镇建设和运营节能节俭，发挥体育在建设资源节约型、环境友好型小镇中的潜力。

——开放发展。牢牢把握加快改革开放与发展的主旋律。拓宽体育小镇市场，吸引社会力量共同参与小镇建设与发展。引进各生产要素，加强体育小镇对外交流，搭建小镇实体产品和服务产品的开放平台，吸引省内外以至国内外的消费者进入体育小镇，构建体育小镇广泛的利益共同体，给予小镇一个广阔的发展空间。

——共享发展。共享是中国特色社会主义的本质要求。遵循以人为本的发展思想，将改善居民生活环境、提高居民体育基本公共服务水平、增加居民体育参与机会融入到体育小镇建设过程中。鼓励当地民众积极开展形式多样的经营活动，多渠道提高体育小镇驻地民众的收入，提升人民生活幸福感，推动产、城、人、文互促互融新发展，增强发展动力，团结人民齐心协力地向小镇富裕的方向稳步行进。

四、建设目标

到2020年，在全国建成100个体育特征鲜明、文化气息浓厚、产业集聚融合、生态环境良好、惠及人民健康的体育小镇；带动小镇所在区域体育、健康及相关产业发展，打造各具特色的运动休闲与体育产业集聚区，形成与当地经济社会相适应、良性互动的体育产业和全民健身发展格局；推动中西部贫困落后地区在整体上提升公共体育服务供给和社会经济发展水平，增加就业岗位和居民收入，助力脱贫攻坚工作。体育小镇要形成以下特色：

——特色鲜明的体育产业形态。聚焦运动休闲、体育健康、体育用品制造、体育赛事等主题，形成体育竞赛表演、体育健身休闲、体育场馆服务、体育培训与教育、体育传媒与信息服务、体育用品制造等产业形态。

——深厚浓郁的体育文化氛围。具备成熟的体育赛事组织运营经验，经常开展具有特色的品牌全民健身赛事和活动，以独具特色的运动项目文化或民族民间民俗传统体育文化为引领，形成运动休闲特色名片。

——与旅游等相关产业融合发展。实现体育旅游、体育传媒、体育会展、体育广告、体育影视等相关行业共享发展，体育与旅游、文化、养老、教育、健康、农业、林业、水利、通用航空、交通运输等行业融合发展，打造旅游目的地。

——禀赋资源的合理有效利用。自然资源丰富的小镇依托自然地理优势发展冰雪、山地户外、水上、汽车摩托车、航空等运动项目；民族文化资源丰富的小镇依托人文资源发展民族民俗体育文化。大城市周边重点镇加强与城市发展的统筹规划与体育健身功能配套；远离中心城市的小镇完善基础设施和公共体育服务，助力农村体育事业的发展。

第三节　主要任务与建设内容

一、治理自然环境

全面贯彻落实科学发展观的生态可持续发展，牢固树立创新、协调、绿色、开放、共享的发展理念，深刻认识生态文明建设在实现五位一体发展过程中的重要性。加大环境治理力度，深入实施水污染、土壤污染防治行动计划，认真落实《"十三五"生态环境保护规划》的相关规定，各级政府在建设体育小镇过程中要始终把治理自然环境作为首要任务。

（一）水土环境治理

认真落实《水污染防治行动计划》《土壤污染防治行动计划》等政策，鼓励多部门联合执法，将水污染治理与土壤污染治理有机结合。加大对相关环境保护政策的宣传力度，增加群众的环境保护意识。加快污水处理设施建设与改造，并制定相关标准，严惩违反相关规定的企业。提升土壤环境信息化管理水平，加强土壤相关指标数据的收集，建立土壤污染数据库与信息共享平台，充分发挥土壤环境大数据在水土污染治理过程中的作用，使体育小镇能够在良好的环境下建设运营。

（二）大气污染防治

认真落实《大气污染防治行动计划》相关规定，加强企业大气污染综合治理，加大高效节能环保型生产资料研发的投入。在体育小镇建设过程中全面推行清洁生产，减少生产和使用过程中挥发性有机物排放。广泛动员社会参与，积极开展多种形式的宣传教育，普及大气污染防治的科学知识。

（三）生活垃圾处理

加大生活垃圾处理设施建设的投入，实现城镇垃圾处理设施全覆盖。加大对民众生活垃圾处理重要性的宣传，提升人们的环保意识。加大处罚力度，对违规人员进行相应处罚。充分利用现代科学技术，鼓励倡导对生活垃圾的分类回收，积极运用新技术实现生活垃圾的循环利用。

二、完善基础设施建设

（一）优化道路基础设施

持续加大财政投入，对现有道路进行扩建、改造、升级，不断提高道路建设标准。规划建设一批战略性的道路基础设施，构建完善的道路交通网络体系。创新管理模式，破除行政壁垒，提高道路基础设施的服务水平，加强道路安全防护，严格保障道路交通与运输的安全。加快道路信息化监控体系建设，强化小镇安全监控能力，打造体育小镇智慧交通，为进入体育小镇的消费者与企业等各个人群创造良好的交通环境。

（二）健全基础设施体系

推动城乡协调发展，健全城乡发展一体化体制机制，长期投入健全农村基础设施，推动城镇公共服务向农村延伸。加大财政投入，着力对小镇的供水、供电、排水等基础设施进行改造、升级，以保障体育小镇的正常运行；鼓励和引导民营企业开展服务行业的经营，如住宿、餐饮、洗浴、超市等，满足游客和当地民众的需要；加快信息通信相关基础设施的建设，有效扩大小镇光纤网、宽带网的覆盖范围，在此基础上借力"互联网+"实现小镇的信息化水平的提升。

（三）加快体育基础设施建设

统筹规划建设体育基础设施，着力增加人均体育场地面积。优化体育基础设施投资结构，积极引导社会资本入驻，落实地方财政优惠政策。构建体育小镇的县（市、区）、街道（乡镇）、社区（村）三级群众健身场地设施网络，加强健身步道、骑行道、全民健身中心、体育公园、社区多功能运动场等切合体育小镇特色项目的场地设施建设，推进建设体育小镇社区15分钟健身圈。鼓励学校和企事业单位体育场地设施分时段向社会免费或低收费开放。采用节能的材料，加强日常体育基础设施的管理与维护。

三、涵养人文资源

（一）注重民俗文化

深入挖掘体育小镇传统的民俗文化，加强对体育小镇传统文化的传承与保护，将小镇的传统民俗文化融入到小镇的一砖一瓦中，彰显小镇的文化特色，形成小镇鲜明的文化个性。引导小镇民俗文化与新文化融合，不断创新改革，增强其生命力，紧跟时代潮流与人们精神文化需要与时俱进地营造体育小镇的特色文化氛围。

（二）彰显地域特色

依托体育小镇的区域特征，在保留地域特色的基础上进行相应改造，着重凸显含有当地地域特色的标志性建筑等小镇元素，设计输出含有地域特色的文创产品，打造令人印象深刻的小镇形象。把握体育小镇的人文特征，注重小镇当地居民传统习俗的延续，将传统习俗活动融汇于各种生产经营活动，保留体育小镇的地域文化，彰显体育小镇的地域特色。

（三）培育体育文化

创新社区体育制度，扶持各类体育社团，丰富社区体育活动，充分调动居民参与社区体育的积极性。建立体育小镇各级学校的"阳光体育"制度，保障小镇儿童以及青少年定期进行体育运动，从小培养健康的运动习惯。引入职业体育赛事，依托体育IP良好的群众基础，更好地发展体育小镇的体育事业。积极引入合理的现代体育运动项目，结合小镇特色文化与小镇运动项目的特点培育体育小镇独特的体育文化。

四、培育体育产业

体育产业是当前我国经济社会建设中最具活力和发展潜力的朝阳产业、绿色产业，培育体育产业是体育小镇建设的主要任务。

（一）优化市场环境

发挥市场在资源配置中的决定性作用，坚持市场运作。落实和完善财税政策，加强财政支持力度，各级政府将体育小镇建设所需要的资金优先纳入预算当中。强化产业政策引导，充分发挥产业政策对体育小镇建设的重要指引作用。

（二）培育多元经营主体

强化政策扶持，创新体制机制，积极培育多元经营主体。鼓励体育小镇以资源、技术、产品等为链接，开展多种形式的合作，扩大自身生产规模以及产业规模。依托政府以及体育小镇的资金、技术、管理系统、市场等优势，带动体育产业的发展。

（三）扩大体育供给

充分发挥国家、政府以及体育小镇等多方面优势，将各供给主体的职责划分进行明确的界定。加强体育产业统计体系建设。全面提高体育供给内容质量，不断创新体育供给方式，逐步实现体育小镇体育供给的专业化、市场化。

（四）引导体育消费

努力培育消费主体，不断扩大体育消费群。充分发挥媒体传播的作用，积极提倡和鼓励当地居民从事体育消费，改变体育消费观念。大力发展体育产业，引入先进的市场营销模式，开发符合消费者消费水平的产品，从而引导消费者树立正确的消费观。

（五）完善体育产业链

体育小镇发展构架具有聚集特性，是产业链构建的基础。充分挖掘基础条件，举办精彩赛事、户外运动等体育活动，不断完善体育场馆开发。通过投资企业的多融资方式，体育公司的赞助以及政府的支持，不断完善体育小镇的运营模式。以论坛展览、文艺演出等形式打造优良的公共服务。提供休闲运动、购物娱乐等场所，设立健康体检中心、运动康复中心，带动体育小镇旅游行业的发展。

第四节　主要措施与保障体系

一、创新体制改革，服务小镇建设

稳步推进行政管理体制改革，实现政府职能由管理为主向服务为重的转变。创新行政管理体制，建立适宜体育小镇建设发展的政府管理机制，为体育小镇的建设发展松绑。建立新型产权制度，兼顾集体利益与个人利益，鼓励以公私合营的模式建设体育小镇。改革创新财税体制，破解现有政策壁垒，对体育小镇的建设给予适当财政补贴，对体育小镇的经营予以减税或免税的扶持。改革创新金融体制，降低体育小镇投融资门槛，设立专门投资基金与融资平台，积极引导社会资金投资体育小镇的建设。落实《关于完善农村土地所有权承包权经营权分置办法的意见》，在坚持农村土地集体所有权的根本地位的基础上，改革创新土地管理使用办法，加快放宽土地经营权，为体育小镇建设用地留出足够政策空间。

二、完善政策体系，加强政策落实

各地各级政府依据各地社会经济发展实际，遵循国家有关部委对体育小镇建设的指导精神，制订与当地社会经济发展水平相适应的扶持政策。积极寻求与相关部委间的合作，研究出台推动体育小镇建设的税费价格、土地使用、投融资等政策措施，不断完善体育小镇建设政策体系，为体育小镇建设扫清制度性障碍，争取有利的政策性扶持，切实将国家对体育小镇建设的指导意见落到实处。

三、构建评价体系，引导小镇建设

注重体育小镇的建设成效，构建符合我国体育小镇实际的评价体系，充分发挥评价体系在小镇建设过程中的引导作用。对当下我国体育小镇的建设内容进行归纳提炼，总结我国体育小镇建设所共有的要点，整合为我国体育小镇评价指标体系。针对每一体育小镇的不同特性，制定出科学合理的评价方法。树立科学的评价观，坚持以评促建、评建结合指导方针，让评价引导体育小镇建设。落实评价意见反馈制，杜绝评价结果纸面化，让评价体系真正成为体育小镇建设的指挥棒。

四、加强法治建设，优化法制环境

全面推进法治中国建设，重点加强法治新农村建设，破解"法不下乡"的难题，切实改善体育小镇的法制环境。加强农村立法工作，填补"三农"领域法律空白，完善乡村法律体系，确保体育小镇的建设实施有法可依。加强法制宣传，增强民众法律意识，建立政府信息公开制度，保障民众的知情权，杜绝体育小镇建设过程中的权利寻租与贪腐行为。加大对违法乱纪行为的惩处力度，净化市场环境，对违法、违规的市场行为予以坚决取缔，保障体育小镇有序运行。

五、重视人才培养，强化智力支撑

认真落实《全国体育人才发展规划（2010—2020）》，科学研判体育小镇建设、运营所需人才的能力结构，充分发挥高等院校的智库作用，加强同相关院校间的合作，为体育小镇的发展定向培育相关专业型、复合型体育人才。依托现有的"体育产业人才发展服务中心"，协助企业、高校与体育小镇之间的有效对接，推动"校、企、镇"之间的协同发展。重视对现有从业人员的再培训工作，不断提升体育小镇工作人员的业务素养与服务水平。完善体育小镇人力资源的培育、管理、激励机制，支持具有从事体育活动经历的社会人员投身体育小镇的建设，为体育小镇的建设提供智力保障与支撑。

六、加强行业管理，监督行业发展

完善体育小镇的多方管理机制，全方位监督行业的有序发展。结合体育产业、特色小镇发展的有关政策，制定体育小镇行业完善的法律法规，加强对体育小镇的宏观管理。倡导部门间的合作与信息共享，构建体育小镇的多方管理机制，共同监督体育小镇的建设与发展。推行体育小镇的自我管理，鼓励体育小镇成立行业协会，制定行业规范，充分发挥行业协会在体育小镇发展中的作用。加强体育小镇的产业统计，结合评价体系，对体育小镇的相关指标进行有效监测，定期发布体育小镇的相关统计数据。

七、强化思想认识，增强组织领导

各级体育行政部门，要充分认识到体育小镇的建设对我国体育产业、体育事业的发展，乃至健康中国建设的重要意义，要把体育小镇建设列为当下重要工作内容，及时了解体育小镇建设过程中的新动态，主动协助解决体育小镇建设过程中的难题。各级体育行政部门，要结合本地区实际，设立体育小镇建设专门领导小组，成立体育小镇建设引导资金，对具备体育小镇潜质的体育小镇进行规划建设。健全规划设施的督查落实机制，对本地区体育小镇的建设实施情况进行检查督查，确保建设一批体育产业特色鲜明、和谐宜居、设施完善、充满活力的体育小镇。

（姚利松、岳莹莹、夏文倩　整理）

第六章　中国体育小镇建设评价指标体系

标准化建设是体育小镇发展的重要趋势，体育小镇建设评估是对培育小镇建设成效的评价，也是引导体育小镇建设的重要方向，更是优化小镇发展空间的重要举措。本部分在前叙部分对体育小镇内涵与特征剖析的基础上，探讨建立发展导向下的体育小镇评价框架和指标体系，旨在为客观、科学、全面地评价新时期体育小镇的综合发展水平提供依据。

第一节　体育小镇评价指标体系构建的意义

一、促进体育小镇建设的科学性

特色小镇建设是近些年来提出的中国特色城镇化进程中的重要组成部分。2016年7月，住建部、国家发改委、财政部联合下发的《关于开展特色小镇培育工作的通知》中提出，到2020年将培育1000个左右的特色小镇，引爆了特色小镇建设的热潮。在这一热潮中体育作为一个具有独特属性和良好发展空间，兼顾经济效益和民生幸福的领域得到了相应的重视，体育小镇建设被提上日程，而对于特色小镇来说还是一个相对新鲜的概念，什么是体育小镇，有着怎样的内涵和外延，体育小镇应该具备怎样的要素，要达到什么样的水平和层次，这些都是体育小镇建设过程中所需要解决的问题。而体育小镇评价指标体系的建立则是对体育小镇内涵和外延的显现，是对体育小镇面貌的全面描绘，能够为各主体提供建设的思路和方向，促进体育小镇建设的科学性。

二、促进体育小镇建设的预测性

通过体育小镇指标体系的建立，根据已有的体育小镇的基础材料，通过对体育小镇历史与现状的全面梳理分析，窥探体育小镇的共通性的条件和发展要素，探索体育小镇发展变化的规律。在较好地把握体育小镇基本面貌的基础上，对体育小镇的未来发展做出趋势性的判断，为体育小镇的发展提供指引，促进体育小镇建设的快速、健康。同时基于这一体系的建立为政府、企业、社会组织等体育小镇建设的各相关主体提供制定未来发展计划、目标、策略等的标尺。

三、促进体育小镇建设的反馈与调节

对体育小镇进行评价指标体系的建立是一个全新的尝试，但凡评价就涉及对小镇信息的全面获取、分析、评价，这些信息能够较全面地反映体育小镇建设的基本情况，将体育小镇基础数据与指标体系的目标性指标相对比能够得出当前体育小镇建设的层次、存在的问题与不足，为调整和改进体育小镇建设的思路、方法等具有较为突出的反馈功能。同时在对各类体育小镇评价信息搜集的过程中能够较全面地获取各种体育小镇发展的案例、做法、成效，成功的经验和失败的教训兼而有之，这就为建设欠佳的小镇提供了很好的经验内容，能够更好地促进体育小镇的建设；对于建设成效较好的小镇也能够拓展其发展视野。

四、促进体育小镇建设的比较与激励

评价是根据一定标准进行的价值判断活动，评价者根据需要，设计一套评价指标和评价标准。在进行评价的过程中相应的评价主体对体育小镇的建设成效进行评价，在评价的过程中就会形成体育小镇之间的对比、排名等，而建设效果较好的会由体育小镇培育转为正式，而建设不好的则会被踢出体育小镇行列，这种评价和对比无形中会对体育小镇的相关政府主体或管理主体形成强力的刺激和激励作用，以最大可能完成评价体系的主要方面，促进体育小镇建设的快速健康发展。

第二节 体育小镇评价指标体系构建的原则

体育小镇评估指标体系是综合运用生态理论、城乡规划理论、公共治理理论、产业经济理论、公共服务理论等基础性学科理论，力求全面客观地反映体育小镇建设成效的基本框架，在指标体系建构的过程中遵循以下基本原则。

一、全面性与代表性相结合的原则

体育小镇评价指标的选取要能够全面地反映小镇经济发展、社会公平、体育特色、生态环境等情况，评价指标要能够有效服务评价目标，立足体育小镇的本质内涵。指标体系的构建既要考虑全面又要力求有代表性，不能够把所有的相关指标倾囊而出，要在相关指标中选取最具代表性和可获得性的指标，避免指标的重复和相互解释。

二、共性指标与特色指标相结合的原则

在评价指标体系的构建中要兼顾共性指标和特性指标，共性指标反映基础情况，且便于横向对比；特性指标反映各自的特色，具有较好的引导效应。避免体

育小镇建设的同质化，要引导建立风格独特、业态多元的体育特色小镇。

三、主观评价与客观评价相结合的原则

在评价体系的构建和评估的过程中我们力求客观，但客观性并不是说所有的指标就只强调对客观"物"的描述和评价，评价既要见"物"更要见"人"。既考虑诸多客观性数据指标的列入，同时将体育小镇建设中镇区居民、经营者、管理者、旅游者等相关主体的主观感受和体验列入其中，做到以人为本。

四、动态性与操作性相结合的原则

体育小镇的建设正处于摸索阶段，没有现成的模式，指标的建立也具有探索性，因此要考虑动态性，要根据体育小镇培育的进展和背景的变化做适时的调整；同时评价体系的指标要尽可能地考虑可操作性，能够具有明确统计口径的尽量采用相应口径数据，便于获取。

第三节 体育小镇评价指标体系构建的维度

从体育小镇的内涵出发，将其发展水平评估体系分为4个维度，分别为基础维度、特色维度、产业维度和制度维度，基于此构建评估体系的基本框架（图6-1）。

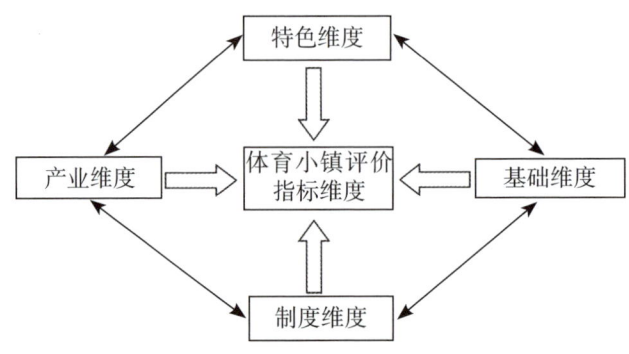

图6-1 体育小镇评价维度

一、基础维度

体育小镇既要求具有很好的宜居空间，又要求具有突出的特色基础，需要具备良好的基础条件。基础条件的考虑既包括产业角度，更包括公共服务角度，要关照民生，且体育元素在宜居中扮演着重要的角色和贡献。要将百姓居住空间的环境、卫生、交通等基础条件予以评价。

二、特色维度

特色维度主要是针对体育小镇在发展的过程中不能够千篇一律、千镇一面，要强调体育特色，包括体育的基础设施情况、体育的普及情况、体育的相关保障、文化融入、百姓参与、体育的文化宣传等。

三、产业维度

在产业方面体育产业要成为小镇的特色产业，且要具有一定的创新性和特色性，并且能和小镇区域内的其他产业形成很好的产业关联和产业带动，形成区域内的产业集聚，不仅如此，小镇的产业还要具有绿色、低碳、开放等特征。

四、制度维度

体育小镇在一定意义上也是一个特殊政策区，应围绕体育小镇的发展目标，建立起与其发展相适应，设计能激励相应产业、资金和人才进驻的制度，以及保障体育小镇可持续发展的环境治理和收益共享的机制。

第四节　体育小镇评价指标体系的选择

体育小镇评价指标体系先经过文献的搜集和头脑风暴的方法进行初级指标的构建（表6-1），然后通过专家咨询进行遴选，研究指标确立的过程中邀请了体育领域的专家，专家们对体育小镇的内涵和外延进行了各自的解读，并根据指标体系提出了具体的意见和建议。根据专家的意见和建议最终确立了4个一级维度，17个二级指标，总分800分的小镇综合评价指标体系，并对评分方法进行了初步的设计。

一、中国体育小镇评价指标初探稿

通过对关于特色小镇、体育小镇的一些公开的文件、相关研究文献的搜集，包括研究文献，一些企业、论坛等的资料，组织课题组成员在现有文献资料的基础上，结合自身对于体育小镇内涵和外延的理解，同时根据搜集到的江苏14个体育小镇培育现状的梳理，进行头脑风暴，初步确立表6-1的体育小镇评价指标初稿。指标初稿包括基本信息、形态维度、产业维度、制度维度、实现维度五个方面。

表6-1 中国体育小镇评价指标（初稿）

一级指标	二级指标	获取渠道
基本信息	体育产业定位	申报材料
	体育小镇主管单位	申报材料
	体育小镇运营主体	申报材料
	规划建设面积	申报材料
	规划建设用地	申报材料
	固定资产投资计划	申报材料
	实现税收计划	申报材料
	实现融资计划	申报材料
	其他	
形态维度	小镇视觉风貌	专家打分
	绿地率	统计数据
	环境空气达标率	统计数据
	地表水质达标率	统计数据
	体育场地设施建筑面积	统计数据
	体育人口	统计数据
	文化设施建设面积	统计数据
	开放空间评价	专家打分
	其他基础配套设施	统计评分
产业维度	体育产业总规模	统计数据
	体育产业规模占镇区GDP比例	统计数据
	体育产业服务业占比	统计数据
	体育产业服务业占镇区服务业比例	统计数据
	小镇总体就业人口	统计数据
	体育产业税收占比	统计数据
	体育产业从业人员占比	统计数据
	体育产业从业人员数量	统计数据
	体育产业从业人员占比	统计数据
	体育企业数量	统计数据
	体育企业数量占比	统计数据

（续表）

一级指标	二级指标	获取渠道
产业维度	体育产业的投融资规模	统计数据
	体育产业社会资本投资占比	统计数据
	体育产业集聚度	专家打分
	体育产业链完善度	专家打分
	体育品牌知名度	专家打分
	创新性发展	专家打分
	其他	
制度维度	相关管理部门的行政效率	专家打分
	体育企业的准入门槛	专家打分
	体育产业人才引入情况	专家打分
	体育产业发展相关文件情况	专家打分
	公共资源的共享度	专家打分
	其他	
实现维度	规划建设面积完成度	统计数据
	规划建设用地完成度	统计数据
	固定资产投资计划完成度	统计数据
	税收计划完成度	统计数据
	融资计划完成度	统计数据
	其他	

二、体育小镇评价指标体系专家咨询与修整

体育小镇评价指标体系初稿确定后，选取了国内14位较知名的专家进行专家咨询。专家从各自的视角对体育小镇进行了解读，同时对指标体系提出了较为全面的意见。

鲍明晓研究员指出：体育小镇的评价指标应该能够与小镇的风貌特性相匹配，包括乡村饭店、整体景观风貌、其他服务业支撑、民宿等都应该具有鲜明的体育特色，要达到这样一个效果，别人一走进你的小镇从视觉印象、运动场所、

建筑风貌、标牌、交通道路标识、引导系统等都应该能充分感觉到体育氛围，比如你是体育用品企业集聚的小镇，不是别人一进入这个小镇就只看到林立的工厂，根本找不出与其他厂矿工业小镇的区别。做体育小镇的评价指标要有超前性和引领性，要引领小镇按照你提出的指标来建设。同时，还应该提出的指标是体育产业总产值占这个小镇GDP的比重有多大？是否有比较强的辐射作用？这点也要考虑。

刘青教授指出：第一，虽然是对体育小镇的评价，但不可避免地会涉及旅游问题，所以在评价指标方面建议适当加入旅游相关评价。同时，评价指标的建立还应该考虑到以人为本，比如小镇居民、经营管理者、旅游者等微观主体的主观感受和体验等，可以考虑纳入评价指标体系之中。第二，建议考虑加入"特色方面的评价"，旨在考察体育小镇的设计与建设是否具有地方文化特色，是否对地方传统体育文化有保护作用，是否进行了较好的文、体、旅结合，是否有具有吸引力的主题，能否做到"一镇一貌"，实现"人无我有，人有我优，人优我新"，具有独特的城市肌理，是否能够实现对当地传统文化的挖掘、保护、继承和发展。因为只有这样才能使其体育小镇具有独特的吸引点，不走"古镇复刻"的错误道路，才能形成品牌形象。第三，建议考虑加入"环保方面的评价"。环评是旅游规划中的重要内容，涉及资源保护与可持续开发、环境整治情况和环保投入额等方面。第四，建议考虑加入"公益性方面的评价"。由于评价指标往往对体育小镇的建设具有引导作用，所以在评价指标体系中加入公益方面的评价较为必要。比如，体育小镇的建设或是小镇中的某些元素，是否对培育和践行社会主义核心价值观，弘扬爱国、爱社、爱民优良传统有积极作用，是否有利于培养和提升公众道德，是否有利于提高社区文化与治安，是否能够凝聚民众价值。第五，建议将"互联网+体育"、智慧体育的实现程度，Wifi覆盖区域占比等纳入评价体系之中，推动体育小镇建设迈向国际化。

张林教授指出：体育小镇建设评价指标一定要把握目前全国体育小镇还处于"培育"阶段，这个阶段性的特征要把握好，同时体育小镇的体育文化建设、小镇文化形态、体育元素也要考虑。

钟秉枢教授指出：《中国体育小镇建设评价指标（初稿）》一级指标的5个

维度基本可以反映体育特色小镇的特点，较为全面地评价了中国体育小镇的基本情况，但如果从历史视角看，体育小镇还应该有其形成的历史和文化积淀；从产业视角看，还应该有与其特定体育产业小镇密切关联的其他产业的情况，如旅游、物产、传媒、养生、健康、休闲等。故，建议在基本信息一级指标中增加小镇历史、传统、文化等方面二级指标，在产业维度一级指标中增加小镇特有其他相关产业情况，如旅游、养生、物产、休闲、健康等方面二级指标。

刘兵教授指出：体育特色指标欠缺，在我看来至少应该包括人均体育场地面积、体育组织、体育传统项目、体育团队的数量、承担的赛事情况、体育与其他产业的嫁接、体育产业对其他产业的辐射力和带动性、体育名人、体育治理情况等指标。体育小镇的主导业态是体育，现有指标缺乏体育小镇对其他产业的辐射力、影响力有多大，带来哪些变化，如何去反映？如何去评价？

虞重干教授指出：体育小镇是民生工程、幸福工程，人口的聚集地，理应是最接近地气的地方，但是综观体育小镇所有的评价指标，都没有看到与民生的关系、与老百姓的关系，建议一定要增加这方面的指标。

白晋湘教授指出：第一，特色维度中需要考虑小镇的"体育主题"特色，如以下几种特色：一是以单项体育活动或赛事为核心；二是体育和其他产业融合发展，如与旅游景区融合的特色；三是体育企业运营聚集的特色等，如各地的"足球"小镇、户外运动小镇等，都有鲜明的体育主题特色；第二，"体育文化视觉"建议改为"体育企业形象识别系统（CIS）"，包括小镇的体育文化理念识别、体育行为识别、体育文化视觉识别等；第三，制度维度的内容主要还是管理层面，是否考虑用"管理维度"。

周爱光教授指出：第一，体育小镇的建设是集旅游观光、运动休闲、餐饮酒店和体育产业为一体的，因此环境保护极为重要。评价指标体系初稿中仅将环境空气达标率等三个与环境有关的指标放在形态维度，略显不足。例如，对某些餐饮业的废水偷排如何管理？对水上乐园和室内冲浪的水质如何管理等诸多环境问题会产生。因此，可否将环境保护单列为一个一级指标，并把其二级指标尽量考虑周全，这符合绿色发展的理念。第二，体育小镇建设的目的归根到底是为了人。因此，可否把到体育小镇进行消费的人群的满意度列为体育小镇建设的评价指标。这样既可以体现体育小镇"以人为本"的指导思想,同时也可以提高体育小镇经营主体企业的管理与服务水平。

谭建湘教授指出:体育小镇评价指标一是要突出项目特色,没有项目特色,同质性太高就谈不上特色体育小镇;二是要依托地域优势和基础,形成项目产业链,以产业链为平台才能实现可持续发展;三是要考虑配套设施的建设和质量,才能留住消费者和创业人才,实现长远发展。

根据专家的具体意见对指标体系进行了大幅度的调整,在指标体系确立的基础上对相应指标的分值进行了初步确定(表6-2),分值权重情况如图6-2所示。

表6-2　中国体育小镇评价指标体系1.0

一级指标	二级指标	观测指标说明	评分方法	分值
基础维度 (300分)	区位地理条件	距离游客集散地(机场、客运站等)和主要相关消费人群区域通达时间(自驾)	≤0.5小时30分; 0.5~1(含)小时20分; 1~2(含)小时10分	30
	小镇生活环境	1)绿地率、空气、地表水达标率 2)合理的生活垃圾处理安排(时间、垃圾桶等设施) 3)无三废排放 4)合理的公共厕所布局与档次	根据具体情况打分 (每项10分)	40
	公共服务	1)良好的医疗卫生条件 2)良好的居民养老条件 3)良好的区域教育条件 4)具有良好的镇区服务中心 5)具有良好的游客咨询服务 6)良好的公共交通条件	根据具体情况打分 (每项20分)	120
	基础设施	1)良好的交通与泊位条件(道路便捷、车位充裕合理) 2)良好的水电气条件,满足镇区相应需求 3)具有良好的通信,实现通邮、通有线(数字)电视 4)建有良好的公共文化场所	根据具体情况打分 (每项20分)	80
	公众评价	公众对开放空间的总体评价	根据具体情况打分 (每项30分)	30

（续表）

一级指标	二级指标	观测指标说明	评分方法	分值
特色维度（200分）	体育文化视觉	在镇区建筑、民俗、民宿、景观、交通引导等方面具有鲜明的体育元素	每项5分，缺一扣5分	30
	体育赛事活动	1）每年举办、承办体育赛事活动数量与级别 2）体育赛事的传播影响力情况 3）体育赛事的群众参与度 4）重视青少年体育，每年举办10场以上青少年体育健康相关活动 5）拥有1项以上国家级以上赛事（体育赛事型体育小镇3项以上）	每项10分，缺一项扣10分	50
特色维度（200分）	体育普及情况	1）体育人口达到50%；且呈现增长态势 2）体育组织数量较为充分 3）体育传统项目开展良好并成为当地学校校本内容 4）体育团队的数量合理 5）体育成为当地居民的生活方式	每项10分，缺一项扣10分	50
	体育场地设施	1）人均体育场地面积达到4m² 2）具有举办较大规模体育赛事活动的体育空间条件 3）关注老年人、孕妇等特殊人群体育，设有相关体育活动空间 4）建有镇区绿道、体育公园、健身路径等公共体育设施 5）体育设施覆盖率达到100%	每项10分，缺一项扣10分	50
	体育保障	1）人均体育经费达到体育强市标准 2）充分利用多元渠道进行体育文化宣传	每项10分，缺一项扣10分	20

(续表)

一级指标	二级指标	观测指标说明	评分方法	分值
产业维度（200分）	体育产业规模	1）体育产业产值占镇区GDP比重在10%以上 2）拥有10家以上与体育产业直接相关的工商户、大中小企业 3）拥有2家以上国内较知名企业 4）体育产业保持较大规模投资，且具有持续增长态势，增速年均不低于10%	每项20分，缺一项扣20分	80
产业维度（200分）	体育产业集聚与辐射	1）与体育产业相关的人才、技术、信息、资本等要素集聚 2）体育产业的上下游产业链条基本形成 3）体育融合发展良好，与体育旅游、体育金融、体育农业、康复养生、体育培训、体育餐饮、体育地产等融合发展 4）对周边体育氛围打造和体育市场形成具有较好辐射性	每项20分，缺一项扣20分	80
产业维度（200分）	体育产业带动效应	1）体育产业就业效应良好，能够吸聚较多劳动力 2）为大学生和社会提供较好的创新创业空间	每项20分，缺一项扣20分	40
管理维度（100分）	综合管理	1）镇区管理高效、行动有力，具有良好的市场（体育市场）管理规范 2）具有完善的体育产业统计和调查机制	每项10分，缺一项扣10分	20
管理维度（100分）	安全条件	1）良好的镇区安全制度和保障 2）合理的安全人员数量与职责	每项10分，缺一项扣10分	20
管理维度（100分）	规划设计	1）统筹的镇区社会发展规划 2）体育小镇总体规划 3）体育小镇专项规划 4）体育小镇推进规划	每项10分，缺一项扣10分	40
管理维度（100分）	要素保障	1）完善的人才培养与引进制度 2）镇区居民的诉求表达机制与应对措施	每项10分，缺一项扣10分	20

第六章 中国体育小镇建设评价指标体系

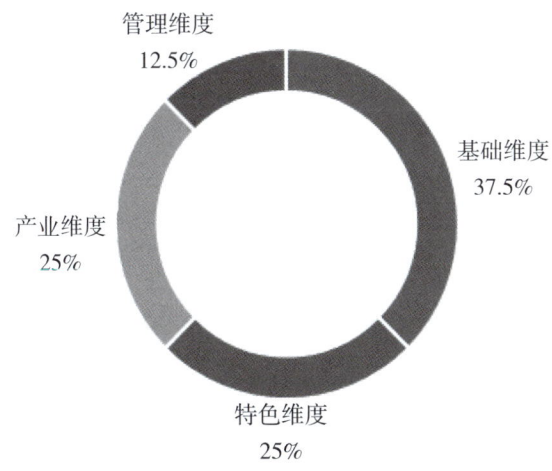

图6-2 体育特色小镇评价一级指标权重占比

三、评分标准

本指标体系的评价方法初步采用达标判定和评分定级的方式。即通过总体评定，达到相应层次的分数即可认定获得相应等级的资格。

（1）"体育小镇培育对象"，总体评分达到480～600分；

（2）"A级体育小镇层次"，总体评分达到601～640分；

（3）"AA级体育小镇层次"，总体评分达到641～680分；

（4）"AAA级体育小镇层次"，总体评分达到681～720分；

（5）"AAAA级体育小镇层次"，总体评分达到721～760分；

（6）"AAAAA级体育小镇层次"，总体评分达到761～800分。

考虑到体育小镇建设的初涉性、发展性，本指标体系还是一个探索性的框架，暂定为指标体系1.0，后续将根据实践的发展和理论的推进不断地完善。

（王凯、叶小瑜 整理）

实 践 篇

第七章　江苏省体育健康特色小镇创建实践的思考与启示

2016年9月，江苏省体育局在充分考虑和调研论证体育特色小镇功能、产业基础、资源条件和发展趋势的基础上，在全国体育系统中率先启动体育健康特色小镇建设工作。2017年4月，江苏省体育局又确定了第二批6家省地共建的体育健康特色小镇，目前总数量达到14家。这是江苏创新体育发展理念和发展方式，探索促进全民健身与全民健康深度融合，培育体育产业发展新动能，让体育惠及民生，给人民的生活带来舒适度、幸福感和满意度的重大举措，标志着作为体育大省的江苏，在探索体育转型、创新发展的道路上，又一次走在了全国前列。

江苏体育健康特色小镇是以体育健康为主题和特色，集产业功能、健身休闲功能、运动体验功能、体育赛事功能、旅游及文化展示等功能于一体的，产业定位明确、体育内容丰富、文化内涵鲜明、宜业宜居宜游的新型空间载体，具有以下几个特点：一是从区域空间来看，在行政区划上不作严格的限定和区分，可以是建制镇，也可以依托开发区、旅游区、科技城等建设。主要是通过在这些区域内融入和强化体育元素和功能，拉长体育产业和服务链条，形成相对集中的以体育为特色的项目链、产业群和消费圈，成为体育服务的新空间。二是从发展形态来看，体现"小"而"特"，统筹生产、生活和生态空间布局，实现产业、资源、服务等有效集聚，形成宜业、宜居、宜游的体育健康特色区域。三是从功能要素来看，体育小镇要在体育主体功能基础上，提升产业功能，融合旅游、休闲、文化等功能，形成内聚成核、外联成网的小镇生态系统。

第七章 江苏省体育健康特色小镇创建实践的思考与启示

一、对江苏省体育健康特色小镇创建的战略思考

（一）建设体育健康特色小镇顺应了江苏"两聚一高"目标要求

江苏省第十三次党代会报告明确提出"聚力创新，聚焦富民，高水平全面建成小康社会"的发展方略，"两聚一高"成为江苏未来五年的战略选择、工作导向和奋斗指南。培育创建体育健康特色小镇是加速培养江苏经济新增长点，实现"两聚一高"奋斗目标的创新抓手。体育健康特色小镇作为产业定位明确、体育内容丰富、文化内涵鲜明、宜业宜居宜游的新型空间载体，既可以云集体育市场主体，布局相关的体育产业链、体育产业集群，形成产业支撑，让老百姓在家门口就可以致富；也可以通过创新布局公共体育服务资源，给群众增加健身休闲服务的设施和载体，是产城融合、新型城镇化和城市现代化发展的新常态，将成为江苏新的经济增长点和富民强省的重要载体。

（二）建设体育健康特色小镇顺应了健康中国和全民健身国家战略要求

习近平总书记曾深刻地指出，发展体育事业的根本目的是致力于提高全体人民的身体素质和健康水平，使全体人民有更多的获得感和幸福感。实施健康中国和全民健身国家战略，要把人民健康放在优先发展的战略地位，促进全民健康与全民健身的深度融合，有效提高全民族健康水平。建设体育健康特色小镇，就是要坚持以人为本，在有限的空间里充分融合小镇的产业功能、体育功能、旅游功能、文化功能、社区功能，创新打造健身与健康融合发展的新载体和时尚生活的新空间，让体育全方位融入人民群众日常生活中，使全民健身生活化，成为人们的生活方式、自觉行动。

（三）建设体育健康特色小镇是推动体育产业转型升级要求

体育产业转型升级的关键是通过体育供给侧结构性改革，提高体育产品和服务供给能力，扩大体育消费规模，在更高水平上实现供给和需求的相对均衡。体育产业作为高度融合的产业形态，其融合点和创新点有很大一部分沉淀在基层，迫切需要通过发展载体的创新来提升基层体育产业发展活力，激发沉淀在基层的体育消费需求。建设体育健康特色小镇有利于集聚创业者、风投资本、孵化器、创新人才等高端要素，为体育产业快速发展提供平台；有利于体育产业向基层延伸覆盖，完善产业体系，实现城乡均衡发展；有利于实现体育产业工作抓手在乡镇的延伸，有助于形成省市县乡镇联动的高效工作推进体系。现阶段，顺势而为、因势利导，创新打造体育健康特色小镇，是江苏体育改革创新，更好助力经济社会发展的战略选择。

二、江苏省体育健康特色小镇创建的经验解析

随着江苏省体育健康特色小镇创建实践的深入推进，一批运动休闲旅游精品工程和精品项目竞相涌现，示范引领效应和综合效益全面提升。综观14家体育健康特色小镇，其发展的特色和经验可归纳如下。

（一）采用"省地共建"的形式率先在全国体育系统中启动

2014年10月，国务院颁布了《关于加快发展体育产业 促进体育消费的若干意见》的文件，吹响了我国体育产业向2025年实现5万亿元总规模进军的号角，引起了社会各界空前的关注，激发了各类主体的投资热情，通过推动体育改革激发发展活力也成为了江苏体育战线的共识。2015年6月，江苏省政府印发《关于加快发展体育产业 促进体育消费的实施意见》，明确到2025年体育产业总规模超过7200亿元以及体育服务业增加值占体育产业增加值50%的复合目标。在这个

目标的指引下,江苏体育创新发展思路、多措并举、加速推进。

体育健康特色小镇建设是江苏围绕体育产业创新发展的一大手笔,江苏省体育局也作出了自己的探索和创新:一是自下而上的筛选,根据小镇的形态,强调特色,寻找一些适合朝体育健康特色小镇方向发展的小镇和载体。二是采用省地共建形式。2016年9月,江苏省体育局在全国体育系统率先提出采用"省地共建"的形式建设体育健康特色小镇。"省地共建"模式即江苏省体育局和小镇所在的县、区一级的政府签订协议来开展共建,地方政府投入土地,江苏省体育局提供概念落地、资源整合、规划设计等方面的支持。通过这种方式,江苏省体育局制定验收标准,经过两年左右建设期后,验收和认定,对通过验收的小镇确立为体育健康特色小镇,并给予资金的奖励和补贴。这种"省地共建"机制,由省体育局牵头,各地方政府来申报,有别于以往的政府行政行为,充分调动了地方的积极性与参与热情。

(二)关注人的需求,因势利导、因地制宜,开拓体育产业发展新空间

习近平总书记在十九大报告中指出:"广泛开展全民健身活动,加快推进体育强国建设,筹办好北京冬奥会、冬残奥会。"这是总书记对体育战线发出了动员令,吹响了冲锋号,提供了建设体育强国的行动指南,充分地体现了我们党以人民为中心的发展思想,体现了习近平总书记的宽阔视野和为民情怀。江苏省体育局以人民为中心,密切关注老百姓的体育健康需求,积极推动体育健康特色小镇建设,将体育产业的实惠落到老百姓身上,是落实总书记体育战略思想的一个生动实践。

我国前几年推行农村的城镇化改造,始创于浙江的特色小镇异军突起,成为全国推进新型城镇化建设的新样本。江苏省体育局经过前期的充分调研和反复研究后,认为新型城镇化发展到一定阶段后重点就是需要关注人。城镇化建设的过程中,人是主体,而人的集聚,又需要产业的支撑;为人的服务,特别是围绕着

人的体育需求而展开的常态化服务，又会极大地激发小镇的生机与活力。将二者巧妙融合在体育健康特色小镇这一体育产业新型载体之中，建设对外重视产业环境、对内关照人的需求，宜业宜居宜游的体育小镇成为江苏省体育局创建体育健康小镇的初衷。体育产业发展需要寻求新载体、新空间，而小镇本身也在寻找新的机遇和发展的契合点。江苏体育健康特色小镇因地制宜、因势利导，为小镇发展注入体育元素，建设健身步道，引入赛事培训体系等，不断延伸人的常态化体育生活空间，给小镇中的老百姓健身带来更多舒适度、便利性和满意度，不断提升小镇居民的幸福感和获得感。例如，2017年世界女排大奖赛总决赛、U21世界沙滩排球青年锦标赛、"一带一路"世界沙滩排球巡回赛落户南京市的汤山温泉旅游度假区，为原本旅游休闲的温泉风情小镇增加了体育元素，让当地老百姓在自家门口就可以亲历比赛的全过程，带来了不一样的体验感受，给小镇当地经济注入了新的生机与活力，真正实现了体育惠民利民的建设理念。

（三）聚焦"特色"，拒绝千镇一面，让"体育+"模式焕发新生机

自2016年以来，特色小镇开始在全国发酵，但是很多地区是一拥而上，实际符合"特色"标准的小镇并不多见。体育小镇"特色"在于体育特色产业链架构、业态创新、运动特色设施建设和体育服务提升的融合发展过程，最终的导向是镇域特色体育文化内涵的提升。江苏省生态资源丰富，体育产业的发展在全国也处于领先地位，依托丰富的自然资源，能为体育小镇的发展提供有力支撑和保障。江苏省体育局聚焦"特色"，严格把控体育健康特色小镇的筛选标准，立足体育根本，在体育与小镇特色的结合点上释放活力，做足文章，打造"体育+"的新业态，让体育健康特色小镇千镇千面、各具特色、百花齐放。

目前，江苏省体育健康特色小镇形态多样。从体育与小镇的结合点来看，其特色、产业和文化沉淀主要通过多种模式展现和实现。一是体育+旅游，比如南京汤山的体育+温泉旅游、仪征枣林湾的生态体育旅游、武进太湖湾的休闲体育旅游等。二是体育+养生，比如南京浦口的老山有氧运动小镇、高淳桠溪的体育

+慢城旅游等。三是体育+时尚运动，比如徐州贾汪时尚运动小镇、扬中极限运动小镇、宿迁晓店镇的时尚运动特色等。四是体育+文化，比如江阴新桥镇的马术运动、马文化主题和特色。五是体育+赛事，比如苏宁计划建设的足球小镇，南京汤山将有三项重量级国际沙排赛事落户并计划建立全国首个世界级沙滩体育公园。六是体育+制造，比如淮安施河镇、昆山锦溪镇体育制造有一定特色，并通过生产制造服务周边的群众。七是体育+科技，比如苏州太仓电竞小镇打造电子竞技特色产业链，未来还可能出现体育+互联网小镇等形态。

总体上看，江苏体育健康特色小镇创建坚持以人为本，积极打造体育+旅游、体育+养生、体育+时尚运动、体育+文化、体育+赛事、体育+制造、体育+科技等不同模式和形态的小镇，为"两聚一高"和"强富美高"新江苏建设提供助力。

三、"江苏经验"对我国运动休闲特色小镇建设的启示

2017年5月，国家体育总局办公厅出台了《关于推动运动休闲特色小镇建设工作的通知》，明确指出到2020年，在全国扶持建设一批体育特征鲜明、文化气息浓厚、产业集聚融合、生态环境良好、惠及人民健康的运动休闲特色小镇。目前，全国各地正在全面启动实施运动休闲特色小镇的建造工程，预计未来全国将出现数量十分可观的运动休闲特色小镇。综观全书，江苏省体育健康特色小镇蓬勃发展的动力主要来源于五条基本经验。

一是创新省地共建模式。坚持"宽进严出、动态管理、优胜劣汰、验收认定"，通过一定程序遴选一部分发展基础较好的地区，列为共建对象，由省体育局与小镇所在县（市、区）政府签订共建协议，2年创建期满后由省体育局按照相应的标准进行认定。

二是突出体育健康主题。坚持精准规划、科学布局和多元建设，彰显体育健康主题特色，融入文化特色、建筑特色、生态特色，实行差异化发展。

三是强化产业支撑带动。力求产业"特而强",每个小镇要选准最有基础、最有优势的特色体育产业,锁定产业主攻方向,延伸产业链,提升价值链,形成集聚。要因地制宜规划和植入山地户外、水上、航空、冰雪等消费引领性强、覆盖面广的时尚运动项目,形成消费链条和服务网络。

四是坚持文化沉淀聚合。把强化文化特色、发扬体育传统、彰显独特文化魅力贯穿于特色小镇建设始终,打造独特的小镇文化"基因"。功能上力求"聚而合",突出强调体育服务、产业发展、休闲旅游、文化宜居等功能的有机融合和聚合叠加。建设形态上力求"小而美",集约集成、精致简约,打造"高颜值"体育小镇。

五是加强政企协同推进。坚持政府引导,确定区域,制定规划,把控好建设时序和进度,建立政企对接机制,为小镇建设创造良好环境。坚持企业主体,注重引入龙头企业,以企业为主推进项目建设。坚持市场化运作,构建可持续的运营模式,提高小镇自我发展能力。积极整合优化相关体育政策资源,强化落实体育健康特色小镇产业项目的扶持政策。

"潮平两岸阔,风正一帆悬。"随着江苏省体育局与首批、第二批共14家省地共建体育健康特色小镇创建工程的深入推进,目前已全面覆盖了苏南、苏中、苏北地区,其建设的生动画卷已在大江南北展开。相信在不久的将来,一个个集独特的自然风光之美、活力时尚的体育之美、多姿多彩的历史人文之美于一体的江苏体育健康特色小镇,将成为"强富美高"新江苏的崭新名片,为正在蓬勃兴起的中国运动休闲特色小镇建设热潮传递江苏样本,提供江苏经验,贡献江苏智慧,助力新型城镇化和健康中国建设,开创中国体育产业发展新局面,为实现中华民族伟大复兴的中国梦编织美丽的衣裳!

(叶小瑜　整理)

第八章 江苏省体育健康特色小镇创建实录

一、绿色马场，魅力新桥
——江阴新桥镇体育健康特色小镇创建实录

"紫骝行且嘶，双翻碧玉蹄。临流不肯渡，似惜锦障泥。"古有李白赞紫骝，今有新桥以马扬。中国有着悠久的马背文化，这文明的辉煌，有成吉思汗的铁骑纵横、驰骋欧亚大陆的豪举为证，甚至因为一匹马，引起了西汉与西域大宛国的两次战争，可见马在中国有着述之不尽的悠久历史和传奇故事。当战争和硝烟离我们远去，冷兵器时代已然结束，马与骑士的故事，却在江阴市新桥镇悄悄续写。海澜，一边打造着男装帝国的"盛装"，一边在马术场上指点着"舞步"。盛装华美，舞步高贵，激情不息，掌声不绝。新桥，一个马术帝国，一个传奇之镇。

（一）案例简介

新桥镇隶属于江阴市，虽然面积不大，但这个占地19.3平方公里，户籍人口2.5万，常住人口超6万的小镇却先后获评国家园林镇、国际花园城市、全国文明镇等荣誉，被列为江苏省创新型试点乡镇，是江苏省首批体育健康特色小镇。在不久前，新桥镇还入围江苏省首批"时裳小镇"，拥有新桥镇体育运动中心，该中心占地60余亩，拥有1000座席的室内体育馆、50米八泳道室内游泳馆、400米标准塑胶田径场、2片塑胶网球场、8片灯光篮球场、4片排球场等健身活动设施，被国家体育总局评为"乡镇体育健身示范工程"。新桥镇还着力打造"10分钟健身圈"，高标准地为各小区配套体育健身设施。镇中的绿园广场、民乐广场等相继被评为省优秀群众健身活动点。目前已建成的15个小区，建有各种健身运动场所55个，体育活动场地总面积1.54万平方米，人均超6平方米。2016年规划建设新桥生态体育公园，在生态林中，建成16.5公里健身绿道，沿途设计建设多个健身休闲驿站，为群众休闲旅游提供了绝佳场地。

如今，新桥镇开始从"马"字上作文章，积极鼓励和支持海澜集团打造集马术训练、表演、比赛以及体育文化旅游于一体的马术表演运动基地和特色休闲旅游区，从德国、荷兰、西班牙等30多个国家，引进了47个品种的世界优质名马共400余匹，被江阴市政府列入市重点扶持产业。经过几年发展，海澜国际马术俱乐部已初步成为集马文化传播、马术运动表演、群众体育健身于一体的综合性基地。马术基地建设精致时尚、风格独特，不仅拥有雄厚的软件实力，还在迅速发展其特色文化。自2009年起，江苏省马术队就在此落户。2011—2016年，海澜国际马术俱乐部连续六年被国家体育总局、国家旅游局列为中国体育旅游十佳精品景区，被上海电视台风尚旅游频道授予"自驾游基地"称号。2012年，海澜马术"最大规模的团体盛装舞步表演"获得吉尼斯世界纪录。2014年，又创下了"收藏马匹品种最多的俱乐部""30秒上下马次数最多""4匹马跳跃障碍次数最多"的三项纪录，目前是四项吉尼斯世界纪录保持者。2016年，承办了包括"奥克鲁斯国际马术峰会"和"海澜之家杯全国马术盛装舞步锦标赛""海澜之家杯全国马术三项赛冠军赛"在内的三项国内外知名赛事，海澜马术俱乐部对周边群众免费开放，是居民茶余饭后散步健身的首选。而每周一次的盛装舞步表演更是为周边群众和小镇居民所期待，为大家带来一次次视觉盛宴与惊喜震撼。

江阴新桥自2014年起，开始建造马术帝国。马儿岛酒店、威尼斯水城、海澜文化中心，主体工程已建成。作为社会资本投资建造的体育健身中心，其他配套设施及相关建筑也将于2018年完工。在建的新桥生态体育公园作为当地体育健身旅游项目由政府投资，包括自行车运动绿道（建成）、健身休闲驿站（预计将于2018年完工）。同样由政府投资的融健身休闲、场馆服务于一体的新桥文化活动中心，正在拟建中，预计将于2019年建成投入使用。新桥镇还拟建西交利物浦大学新桥分校体育中心，政府和社会资本将合作为城镇居民打造一片公共体育健身场地，预计于2020年完工。

（二）做法提炼

1. 侠客精神铸就海澜国际马术俱乐部

江阴新桥马术小镇是由政府主导、企业运营的成功典范。那么，马术为何与新桥镇结缘，又为何成为海澜集团的选择呢？其实，在最初，这只是一次邂逅。海澜集团有限公司董事长、党委书记，海澜之家股份有限公司董事长周建平，于2007年在一次组织集团高管去丽江的旅游中，与他儿时的梦想不期而遇，那些时而飞驰，时而慢下跨沟越栏的马儿勾起了周建平心中的英雄情节——骑马杀敌、除暴安良。于是，周建平就把目光投到了老宅边上那块地——江阴新桥的老城南。于是，一个最简单的马场就出现了——一个简易马棚，养上三两匹马。但是，这个"简单"的想法，很快就被一次欧洲之行改变了。就在去荷兰拜访朋友的路上，他看到了一望无际的草场和悠哉散步的各式马匹。于是这次商务之旅，变成了一次欧洲马文化之旅。就在这期间，周建平可以说是大开眼界，他见识到了骑手的优雅；欣赏了漂亮高大的马做着乖巧精准的动作，流畅地跨过道道障碍；知道了场地障碍赛、盛装舞步；认识了安达卢西亚马、荷兰皇家弗里斯兰温血马。他开始想把国外的好马引进海澜，给感兴趣的员工做娱乐健身之用。而不久，他的想法又一次地被改变了。在一次买马的过程中，他看到了欧洲传统的古典马术表演，并立即被这种高雅的氛围和精湛的技艺深深吸引住了。从那天开始，海澜开始转变自己的目标，建造属于自己的马术帝国，让马术在新桥镇落户，让普通人在家门口就可以欣赏到国际高水准的马术表演。借鉴大型综艺节目的表演形式，把舞蹈的编排、灯光的运用、音效的配合等手段都结合起来。将中国的舞台艺术、民族文化和欧洲的马术文化融合到一起。

　　企业飞速发展，马术方兴未艾，周建平在表演场和办公室之间迅速切换着身份。作为一名优秀的企业家，没有激情是不行的，缺少理智更是大忌。对于这个投入了数十亿元的马术项目，周建平也是理智与激情并存。事实上，马术项目已经开始为海澜带来了收益与声誉。"马术表演其实是对海澜企业文化的延伸。"在冷兵器时代，马作为战争的工具，现在则多是高贵和礼仪的象征。底蕴深厚的马术文化，在一定程度上也折射出周建平在商业上对"品牌文化"的探索。海澜的目标是打造一个高端的民族品牌，而这个目标一直停留在梦想的阶段。周建平认为，一个高端的品牌是与中国现在的国力与文化基础密切相关的。品牌定位、文化定位、消费者定位，都要有深层次的内容和土壤去支持它。打造品牌价值绝对不是提高商品价格那么简单，周建平深知一个顶级品牌的成功，需要多年的打磨。海澜代理了一些国外高端品牌，其目的就是想向它们学习。国内对高端的观念和意识还需要培养，文化需要渗透、需要积淀，不是短期可以培养出来的。对于中国马术，对于中国企业品牌，都还有很漫长的路要走。

自2008年到现在，海澜集团已投资30亿元，建成了海澜国际马术俱乐部、马文化博物馆、马术表演馆、马术比赛馆和训练场，这些场馆均体现出欧色风情。马儿岛酒店、威尼斯水城、海澜文化中心等项目正在有序推进之中，并即将投入使用。海澜马术俱乐部拥有外籍资深马术教练12名、荷兰兽医师3名、马术训练师130余名，并先后从德国、荷兰、西班牙等30多个国家和地区引进汉诺威、弗里斯兰、安达卢西亚等47个优质品种马匹400余匹。基地马医院是中国第一家符合欧盟标准的马属动物专科医院，是目前国内唯一一家。该医院是可以为马属动物进行全科手术的综合性马医院。马术盛装舞步表演已为社会演出共计344场，超过20万人次进行了观赏。马文化博物馆名马展示免费向群众开放，接待量超10万人次。如今这项表演已经持续了两年多，周建平还是每场必到。每每看到演出结束时观众目不转睛地盯着骑手出场的大门，等待下一匹表演马的出现，周建平的心放下了。唯一让他有点遗憾的是，起初认为吸引观众来欣赏这种小众项目非常困难，担心观众不够多，表演场空座太多而影响气氛，所以表演馆在设计时只设置了400个座位。可是按照现在的票务需求，座位明显不够，观众从全国各地慕名而来，800个座位也将爆满。

2. 设施齐全成就飞马小镇落户

人们提起江阴，或是因为它是徐霞客故居，或是因为它是中华第一村华西村所在地。这座看似不大的小城其实深藏着一个惊喜，江阴新桥镇对于周边群众来说，确实是一个短途自驾游的好去处。这里不仅有华东最大的马术俱乐部，还有着处处精致富丽的桃园山庄，是绝佳的周末度假地，也是爱马之人的最佳选择。以马代步穿梭其间，仿佛穿越到欧洲中世纪。除了众多与马相关的设施，俱乐部的酒店还配有骑乘中心、游泳池、健身房、网球场、桌球室、乒乓球室等国际标准型运动设施，适合各年龄段的人群，完全可以满足你的健身休闲需求。海澜马术俱乐部是国内首家集马术训练、表演比赛以及健身休闲度假于一体的标准型、国际化、综合性马术训练表演基地。未来，飞马小镇将形成以海澜商学院为主的人才储备中心，集海澜马术俱乐部、海澜马文化博物馆和表演馆、海澜文化中心于一体的马文化展览中心，形成以马儿岛精品酒店、桃源山庄、威尼斯大楼为体系的旅游中心。

新桥镇，一座孕育梦想的小镇，也成就了无数人的梦想。纯净的天空、随处可见的绿色植物、辽阔的江岸和璀璨的马术群星，白天活力四射，夜晚妩媚动人。当夜幕初降，这里便会成为五光十色的童话王国，每晚都会为你呈现梦幻灯光秀。现已计划将马术、徒步、乒乓球、拓展等多种运动训练项目集于一体，并融合观光、餐饮、住宿、会务、婚礼、养生等多种元素，将小镇打造成户外体育运动主题公园。

新桥：一座不断缔造传奇的魅力之镇。

3. 勤奋训练，古典主义与现代技艺的融合

在人类社会，骑士精神、绅士风度某种意义上成了男人素质的象征。谦卑、荣誉、牺牲、英勇、怜悯、诚实、公正，骑士精神构成了男性对于风度、礼节和外表举止的讲究，对于崇尚精神理想和浪漫气质的向往，对于恪守公平竞争的精神品质。相比男儿的浪漫主义英雄情结，女孩子的骑士情结则更具童话的柔美与和谐。但无论你的王子是风度翩翩的白马王子，还是披荆棘斩恶龙的黑马骑士，公主的梦想最后都是穿一袭华美的婚纱，由一辆精致庄严的马车将她带向幸福的永远。新桥镇所呈现的表演刚好能满足你所有的期待。选择探究具有深刻历史人文底蕴的欧洲古典马术，引进了一场演绎规模空前的盛装表演，让我们坐下，一

起欣赏这里的马术。混乱的战争、思想的碰撞,马术、骑士在那个年代奠定了其颇有代表性的英雄符号。这种浪漫主义化了的英雄情节一直延续到了今天,延续到了海澜的马术表演中:这就是佐罗。黑面罩、黑斗篷、骑士帽,骑一匹黑骏马入场,飞驰中,马前肢起扬,奋力长啸,佐罗的剑下便划出锐利的Z字形,经典的装扮,真实的速度,完美的起扬,儿时心中崇敬的英雄,此时就在海澜表演大厅的场地正中央,那一刻心中澎湃激昂,又怎能用言语来描述,唯有掌声雷动!

而海澜马术表演中的马车表演,则将女孩子们的梦想演绎成了现实,还颇有点可爱浪漫。四匹黑马驾驶的双轮华丽马车缓缓驶入表演场地,随后,随着清脆的铃铛声响起,一群可爱的pony马驾驶着微型马车快乐地奔跑入场,引来观众的阵阵笑声。马术表演是人与马的完美融合,讲究的是一种和谐。为了达到这种高度的和谐，人与马的交流需要一个科学的体系，这包括训练、医疗保障、运动护理和饲养等多方面要素。在训练上，海澜先后派送40余名骑手赴欧洲学习，并引进西班牙、葡萄牙、荷兰等国的外籍教练12人，以确保训练体系的正统嫡传。而在医疗上，海澜更是高瞻远瞩，直接与欧洲专业机构合作建设中国第一家符合欧盟标准的转诊马医院，这在中国马术圈里是具有划时代意义的。海澜的日常训练偏重于平地步伐练习，即使是障碍选手也有7成时间在进行舞步练习。海澜的外籍西班牙教练Jose Luis认为："平地步伐练习是一切马术的基础，是练习马的平衡与协调性的必然环节。由于受训马多为欧洲马，所以教练的训练方式及习惯并没有做太多改变。只是在训练的过程中，因环境变化而产生的改变是需要改变的环节。以弗里斯兰马为例，它们出生在全年平均气温10℃的荷兰，对于中国南方炎热的夏天会明显地不适应，马的工作能力会大幅下降。这时，教练就理所应当地在适当减少训练量，否则会适得其反。"

以马为本，人马合一。为达到人马之间真正富有统一感的境界，新桥镇的骑手们不断追求着。虽然中国马术文化尚未形成一个整体性的、全民性的文化概念，但在这里，会有越来越多的视马术为生命的骑手出现，会有越来越多为中国马术业腾飞默默奉献的爱马人士出现。

新桥：一个新兴之地、希望之地。

4. 环镇绿道，串起"苏锡常"璀璨的明珠

新桥镇作为全国"新农村"建设的典型，有其特有的品牌特色以及体育发展的良好基础，下一步该镇计划将围绕"健康中国"总体目标，以"体育健康特色小镇"建设为引领，发挥特色小镇省地共建的机制优势，高水平高标准建设好以马术运动为鲜明特色的体育健康小镇。打造特色小镇，定位尤其重要。对此，新桥镇计划充分依托现有基础，强化城镇功能叠加，延伸马术运动产业链，加快体育旅游功能开发，完善体育健身场地设施，努力将新桥建设成为生产、生活、生态融合，产、城、人、文四位一体的体育健康特色小镇示范区，并同步提升宣传

效应，在镇各个重要节点设计增加体育健康特色小镇文化品味，形成良好的创建氛围。另外，该镇2017年将建成投运新桥生态体育公园，在万亩生态林中，建成16.5公里健身绿道，沿途设计建设多个健身休闲驿站，利用生态绿道，引进半程马拉松等品牌体育赛事，积聚人气，拓展体育健身功能。

新桥绿道是以游客服务中心为起点，发挥自有的田园资源和人文历史资源，为新桥居民和周边游客打造的融文化休闲、乡村田园、小镇展示为一体的乡村田园生态绿道。绿道以三大健身环与若干支路连接组成，总长16.5公里。贯穿于度假区七大板块之中，绿道在黑色的沥青路面上绘制富有个性和创意的图案线型、加油鼓励的话语，让游客在骑行中更具激情，更富趣味。绿道两侧花卉苗圃一步一景，时而穿梭在田园密林之中，时而又可欣赏滨水风光，感受湿地景观，陶醉于田园花海。绿道沿途设置了休息驿站、观景平台、咖吧茶室。

绿道项目总投资3000万元，于2016年8月开工，目前已基本完成基础道路建设，游客中心及道路两侧景观节点、绿化已经开工。建成后，与市联网的镇公共自行车系统将投入使用。绿道原先设计是为喜爱骑行的居民提供的，随着工程的逐步推进，越来越多的人愿意走上绿道，进行徒步健身，或者阖家旅行。由此，新桥镇决定将在不久之后引进马拉松赛事，吸引周边城镇的居民前来旅游，为全民体育做出贡献。

绿道始创建于1986年，是由江苏阳光集团主要出资建造的，政府予以规划和政策扶持。江阴新桥的企业拥有良好的企业文化，大多在此落户的企业都愿意反哺社会，为广大群众提供更加便捷、高效、优质的公共服务，造福新桥人民，可以说是雪中送炭，温暖人心，充分体现了企业业务发展的同时不忘反馈社会的高尚情怀。

如今，像阳光集团与海澜集团那样，愿意主动承担城镇建设责任的企业越来越多。这些企业或企业家懂得，企业是社会经济体中的细胞，企业的成功离不开自身的打拼和努力，但首先得益于国家的改革开放政策和良好的社会环境。倘若缺少这些天时、地利因素，企业是难以成就伟业的。再者，企业是靠社会资源生存发展的，一个企业规模越大、发展越快，对社会资源的占有就越多，相应地，担负的社会责任也应该越大。企业成功后反哺社会，是对自身社会价值的认同，是对自身道义责任的履行。企业要想长盛不衰，必须和社会建立良性互动关系，并从中获得广泛尊重和较高的美誉度。企业投入公共体育设施、城镇建设的资金，实际上也是一种自身经营，是加强与消费者的情感联系，向社会展现企业信誉和形象的一种方式。像阳光集团那样，实际上是社会对企业投入的另一种回报。许多企业和企业家如今已将参与公益事业视为分内之事，将它作为企业发展战略的重要组成部分。企业在不断追求经济效益的同时，真情反哺社会，积极担负社会责任，创造更大的社会效益，才能更好地体现发展价值，更有力地规避发展风险。从某种意义上说，反哺社会是企业可持续发展的保障。企业反哺社会的经营理念，不仅体现了乐善好施的中国传统道德风尚，更重要的是，这种理念在促进经济发展的同时，有利于实现社会公平。

新桥镇还依托已建成的生态公园、生态绿道，增设体育健身、健康宣传、户外休闲等时尚体育内涵，该镇还将努力打造集养老、体育健身、休闲观光、健康服务为一体的原生态特色旅游度假区。例如，2017年新桥镇将启动镇文化活动中心建设，该项目的建成，将进一步提升新桥镇体育健康特色小镇建设水平，为新桥的全民健身活动提供更良好的服务功能。新桥镇依靠体育产业传统优势，活化"体育+旅游"产品，将打造辐射长三角地区的户外休闲运动品牌，引领高端体育企业，大力开展探险、骑行、马术、马拉松等户外活动，将体育产业、文化、旅游三元素有机结合，使其成为具有山水特色的"户外运动赛事集散地、马术训练理想地、体育文化展示地、体育用品研发地、旅游休闲必经地和富裕民众宜居地"。

新桥：一个绿色小镇、一个反哺典范。

（三）访谈对话

采访者：南京体育学院　邵思源、汪元涌、华昊

受访者：江阴新桥镇副镇长　王馥；江阴市新桥镇社会事业科科长　徐磊

问：一"马"当先是新桥体育小镇的鲜明特色，我们想知道，海澜集团为什么选择马术运动作为集团发展的重点，在新桥落户？

答：首先，这与我们海澜集团的企业文化有关，海澜集团以"海澜"为企业命名，寓意为"以海阔天空之博大，创波澜壮美之事业"。"不断否定自己，永远追求卓越"是海澜的企业精神，创新是海澜的企业灵魂。海澜集团成立于1988年，目前已发展成为国内服装龙头企业，在海澜集团发展的这30年里，海澜集团经历了粗纺起家、精纺发家、服装当家，再到品牌连锁经营的历程，在我们发展的过程中，经历了很多也改变了很多，而马术作为海澜集团的发展重点，马文化与我们海澜集团不断创新、不断涅槃重生的企业文化是相符的。在16世纪末到18世纪，是欧洲艺术的巴洛克时期，这个时期的马术，给人带来的是极具表现力的表演，是一种对艺术的激情和对大自然的热爱。进入19世纪，浪漫主义运动出现，源于西欧民族尚武的骑士精神再度被挖掘，骑士和骑术在这一时期再次被弘

扬，更富浪漫色彩和理想主义精神。进入20世纪，混乱战争的结束，现代竞技马术的风靡，为竞技而生的主题，似乎更符合当代。马术文化的发展与我们海澜集团的集团文化是契合的，这是我们发展马术的初衷。其次，随着国家全民健身计划和江苏省特色体育小镇计划的开展，海澜集团积极响应政府号召，着重发展马术运动，推动新桥镇人民健身理念的转变，促进新桥镇人民消费观念的形成。与此同时，海澜集团向大众免费开放了马术训练馆、博物馆等，这对于打造新桥特色小镇也是不小的助力。

问：现在国内马术俱乐部马术发展，由于受到受众面比较小的限制，可能盈利状况不是很好。海澜马术俱乐部是如何解决这个难题的？

答：从现在的发展态势来看，马术运动的推广与之前相比已经有了明显的改善，但我们海澜集团由于前期投资额比较大，投资规模在国内也是比较领先的，我们在做马术运动时，并没有完全从市场角度出发，我们看重的是马术的一个发展前景，马术表演在一定程度上是企业文化的延伸。海澜集团除了经营自有品牌外，还代理着欧洲几大高端品牌，而从欧洲引进的马术文化和海澜想要打造的世界高端品牌一样，还有很长一段路要走，因此，马术运动与海澜集团的发展是相得益彰的。

问：体育产业是一项关联性很强的产业，海澜马术俱乐部是如何发掘马术产业结构、拓宽马术产业关联度的？

答：从当前马术运动的专业性来看，海澜集团已经走到了国内领先的地位，海澜集团致力于打造国内顶尖俱乐部。在明年五月份，飞马之城将完成全部基础建设，形成以海澜商学院为主的人才储备中心，融海澜马术俱乐部、海澜马文化博物馆和表演馆、海澜文化中心为一体的马文化展览中心，形成以马儿岛精品酒店、桃源山庄、威尼斯大楼为体系的旅游中心。而在此基础上，我们开始将马术与旅游进行有效的联动发展，在未来我们呈现的将是一个以马文化为基调、旅游为特色的度假小镇。

问：据了解，海澜马术俱乐部已经举办了"奥克鲁斯国际马术峰会""海澜之家杯全国马术盛装舞步锦标赛""海澜之家杯全国马术三项赛冠军赛"等多项赛事,举办这些赛事有哪些宝贵的经验以及经济效益?

答:到当前来看,马术赛事的举办并没有带来直接的经济效益,但从长远来看,举办马术比赛可以确保俱乐部设施的正常运转,有益于海澜设施的联调。与此同时,马术赛事的举办也是自身实力的一个体现,说明俱乐部已经具备承办国内顶级赛事的能力。随着体育产业的高速发展,人们也越来越关注对赛事IP的运营维护,而举办这些顶尖马术赛事,对海澜俱乐部自主赛事IP的建立也打下了建设的基础,有利于完成基础建设后,海澜自主赛事IP的发展。

问:我们知道马术在国内的开展还没有达到欧洲的水平,那么马术专业人才的缺失也是限制国内马术运动发展的一个重要原因,那么海澜是如何解决这个难题的?

答:正如你所看到的那样,海澜和国内大多马术俱乐部不同。海澜沿袭的是欧式体系,海澜受训的很多马为欧洲马,教练也是从欧洲请来的优秀教练,我们在选拔教练时会经过一套严格的筛选过程,首先考虑到我们的进口马身材高大的特点,我们对教练的身高有着严格的要求;其次,在马术训练的过程中吃苦耐劳是必须要有的品质,因此我们对这块也有严格的要求;最后我们还有总裁的神秘面试。在通过这些筛选后,我们的学员首先会到我们的大连集训场参加培训,优秀毕业的学员还将去往荷兰进行系统的学习。其实除了人才,我们海澜在细微处做到了最佳。在中国,马术无法摆脱马医院架构简单的现状,海澜考虑到了这点,与荷兰一家经验与历史兼备的马医院Emmeloord开展了长期合作,专业设备也完全遵循欧式的体系,所有常规检查和特殊检查的器械都堪比人类医院的技术等级。除了这些硬件,海澜马医院会有常年驻扎相关领域的专家,来进行指导教学并对疑难杂症进行综合治疗。在此基础上,海澜还与荷兰马医院开展了长期的人才培养计划,这些都保障了海澜马术俱乐部的发展。关于兽医的培养,海澜有着独到的见解,医疗的关注点不仅仅是马匹生命的延续,更加重要的是马匹健康体魄的保持以及运动能力的提升。

（四）调研手记

　　这次采访，我们来到了江阴市新桥镇，新桥坐落于江阴市，江阴市往往给人留下的只是经济发达的城市，而这次新桥之旅给了我们不一样的感受。首先是特色鲜明的马文化建设，海澜马术俱乐部斥资30亿元打造的飞马小镇，配套设施齐全，形成了一个以马为核心的整体产业链。一是基地建设精致时尚。2008年到现在海澜集团已投资30亿元，建成了海澜国际马术俱乐部、马文化博物馆、马术表演馆、马术比赛馆和训练场等体现欧陆风情的重要设施。马儿岛酒店、威尼斯水城、海澜文化中心等项目正在有序推进之中。二是基地软件实力雄厚。拥有外籍资深马术教练12名、荷兰兽医师3名、马术训练师130余名，并先后从德国、荷兰、西班牙等30多个国家和地区引进汉诺威、弗里斯兰、安达卢西亚等47个优质品种马匹400余匹。基地马医院是中国第一家符合欧盟标准的马属动物专科医院，是目前国内唯一一家为马属动物进行各项全科手术的综合性马医院。马术盛装舞步表演已为社会演出共计344场，观赏人数超过20万人次。马文化博物馆名马展示免费向群众开放，接待人数超10万人次。三是基地文化发展迅速。2009年，江苏省马术队在此落户。2012年，海澜马术"最大规模的团体盛装舞步表演"获得吉尼斯世界纪录。2014年，创下了"收藏马匹品种最多的俱乐部""30秒上下马次数最多""4匹马跳跃障碍次数最多"的三项纪录，目前是四项吉尼斯世界纪录保持者。2016年，承办了"奥克鲁斯国际马术峰会"和"海澜之家杯全国马术盛装舞步锦标赛""海澜之家杯全国马术三项赛冠军赛"。

　　除了马术特色之外，给我们留下深刻印象的，就是新桥镇健身设施的完备普及。新桥政府加大公共财政向体育事业投入力度，加大体育设施方面的投入，将体育基础设施建设与城镇建设统筹规划，充分考虑兼容共享，分布全市各乡镇街道、村、社区，达到全面覆盖。江阴市新桥镇体育事业经费人均达60元以上，投资5000万元，建成新桥镇体育运动中心，该中心拥有1000座席的室内体育馆、50米8泳道室内游泳馆、400米标准塑胶田径场、2片塑胶网球场、8片灯光篮球场、4片排球场等健身活动设施，被国家体育总局评为"乡镇体育健身示范工程"。

第八章　江苏省体育健康特色小镇创建实录

着力打造"10分钟健身圈",高标准配套小区体育健身设施。绿园广场、民乐广场等相继被评为省优秀群众健身活动点。目前该镇建成的15个小区,建有各种健身运动场所55个,体育活动场地总面积1.54万平方米,人均超6平方米。2016年该镇规划建设新桥生态体育公园,在园内建成16.5公里健身绿道,沿途设计建设多个健身休闲驿站,为居民健身提供了好去处。

美中不足的是,新桥镇马术特色项目在与国际接轨的同时,要更加紧密地结合本土历史文化特色,形成更丰厚的马术文化底蕴,融马术运动、马术文化、马术产业发展于一体。新桥有着特色的马术俱乐部,有着完善的体育健身设施,有着优美的风景,这对于发展新桥体育旅游事业是大大的助力。新桥应依托已建成的马术俱乐部、生态公园、生态绿道,增设体育健身、户外休闲、时尚体育内涵,努力建设好以马术为核心特色的多元化原生态特色旅游度假区。我们有理由相信,依托马术为核心项目,通过完善基础设施,合理开发运营,新桥一定会成为"苏锡常"的一颗璀璨的明珠。

新桥镇先后获得国家园林镇、国际花园城市、全国文明镇等荣誉称号,被列为江苏省创新型试点乡镇。作为江苏省首批体育健康特色小镇,它具有较为显著的特点:第一,拥有完善的体育健身活动设施。给人印象深刻的是占地60余亩的新桥镇体育运动中心,该中心拥有1000座席的室内体育馆、8泳道的室内标准游泳馆、400米跑道的标准塑胶田径场、2片塑胶网球场、8片灯光篮球场、4片排球场等健身活动设施,以及正在规划建设的新桥生态体育公园,不愧为国家级的"乡镇体育健身示范工程",给新桥镇抹上了浓厚的"体育"色彩,为体育特色小镇奠定了社会基础。第二,马术运动的特色明显。海澜集团斥资30亿元相继建设了海澜国际马术俱乐部、马文化博物馆、马术表演馆、马术比赛馆和训练场等马术运动的重要设施,成为江苏省马术运动的专业训练基地,形成了以马为核心的,集马术训练、表演、比赛于一体的马术运动基地和颇具特色的体育休闲旅游区，在长三角独占鳌头，在全国也享有较高知名度，并连续多年被授予"中国体育旅游十佳精品景区"。所谓体育特色小镇应具有区位优势、体育功能、体育产业特色，发展运动项目产业是一条可供选择的路径。新桥镇从"马"字上打造优势、形成特色的发展思路是有借鉴价值的。第三，龙头企业在孕育体育特色小镇中发挥了重要作用。海澜集团近10年来对马术运动的持续投入，与企业家的理念或嗜好有关，但更重要的是将发展马术运动、打造马术文化作为企业信誉延伸，视为企业产品质量和品牌的象征，视为企业反哺社会与履行社会责任的举措，因而企业有了内在积极性和持续投入建设的动力。建设体育特色小镇需要大量的资源，政府要发挥引导与扶持作用，更重要的是充分发挥市场的基础性作用，调动企业和社会力量的积极性。从总体上看，新桥镇的体育特色比较鲜明，但现在仍处于发展阶段，马术产业存在规模不大、业态不丰满、与旅游融合不紧密等问题，产业体系有待进一步拓展。特色小镇建设贵在特色明显，重在产业集聚。新桥镇要以发展马术运动产业，形成产业集聚为目标导向，在政策上鼓励与吸引更多的相关企业、社会资本入驻或投资新桥，进一步打造或引进马术品牌赛事，完善马术赛事体系，扩大马术培训等相关服务业，拓宽马术关联产业，拉长马术产业链。通过打造核心产品或服务，形成规模优势、品牌优势，拉动当地就业以及社会经济发展。

（张林，上海体育学院教授，博士生导师。中国体育发展战略研究会委员、中国体育科学学会理事、中国体育科学学会体育产业分会秘书长，上海体育学院体育赛事研究中心主任。）

二、置身汤山温泉，拥抱运动健康
——南京市汤山温泉体育健康特色小镇创建实录

神赐予人类两种技术：音乐与体育。爱智与激情由此达到和谐。

——柏拉图

第八章　江苏省体育健康特色小镇创建实录

从承接体育产业到创新体育人文，从研究运动科学到研发运动游乐，从简单的运动模式到完整的体育体系。在体育产业大力发展的今天，汤山正以一个以温泉为名片的小镇走向以"温泉+体育"为核心的体育特色小镇。

（一）案例简介

这里充满体育竞技热情，又不乏养生休闲的乐趣。这里因温泉而得名，在民间也流传着英雄后羿射日后，太阳落在了汤山而形成了四季喷涌的温泉的传说。骑马、散步、沙排、高尔夫……无一不让你直观感受到体育的魅力。区内山、水、泉、林、洞、碑、寺、塔相依相融，远古文化、六朝文化、明文化以及民国文化传承有序，自然人文景观交相辉映，是一处集观光、休闲、度假、娱乐、运动为一体的旅游度假胜地。这里承办大大小小各项体育赛事，同时兼顾着全民运动，参与者总是受益匪浅。环山绕水，汤山体育健康特色小镇有着优美的自然环境，同时能接受人文环境的熏陶。无论是在马术场骑马还是在高尔夫球场上体验，无论是在房车里露营还是在观光道上漫步，你都将流连忘返。在这里，你可以环绿道骑行，看落霞与孤鹜齐飞；你可以坐于茶室，体味人间百态；你可以泡温泉，享受与放松……总而言之，在这样集旅游与体育于一身的综合性小镇，无一处不体现它的内涵与魅力。

汤山温泉体育健康
特色小镇规划图

南京汤山温泉体育健康特色小镇位于千年古镇汤山，地处南京东郊，"宁镇扬马"1小时都市圈内，是南京对接长三角城市带、接受上海辐射的最前沿。小镇目前规划区块北至老宁杭高速，南至汤山大道，西至汤山，东至圣汤大道。度假区累计完成投资约230亿元，规划面积29.74平方公里，核心启动面积18.14平方公里，规划为核心温泉度假、文化地质休闲、老镇商业宜居、生态环境保育四大功能板块。

依托优异的温泉资源、厚重的文化底蕴、丰富的地质遗迹、优美的生态环境，着力发展温泉休旅、健康养生、会议会展、商务商贸四大产业，已建成"国际一流、中国第一的温泉旅游度假目的地和国家级旅游度假区"。2012年8月被江苏省政府批准为"省级旅游度假区"；同年10月，世界温泉及气候养生联合会授予汤山"世界著名温泉小镇"称号，并确定汤山为"世界温泉论坛"永久会址；2014年被评为"中国最佳休闲度假旅游目的地"；2015年10月，汤山温泉旅游度假区成为首批国家级旅游度假区。

汤山体育健康特色小镇以"体育+旅游"特色为主题，推动体育、健康、休闲、文化、养老、宜居等有机融合，发展以群众性体育赛事和全民健身活动为特色，建设集健康运动、休闲养生、医疗保健和生态宜居于一体的现代体育产业基地。目前，已建成15公里自行车骑行道、3.5公里登山道、10余公里亲水步道三大类慢行绿道，并配备了公共自行车、观光自行车、观光游船等体育运动休闲设施设备。

在已有产业的基础上，汤山体育健康特色小镇为推动小镇的持续发展，仍做出了不少规划。在国内房车经济初步发展的现状下，汤山温泉体育小镇在房车产业一期的基础上着手建设房车产业二期，以便更多喜爱房车、喜爱露营、喜爱尝试新鲜事物的游客加入其中，感受汤山温泉体育小镇的特色。在体育赛事方面，汤山计划投资20亿元重点建设体育场馆（沙滩排球公园、网球馆、羽毛球馆等），届时将用于健身训练以及举办体育赛事。汤山体育小镇为其产业的全面发展，规划建设汤山极限运动乐园，为满足更多人的需求，国际攀岩赛场、山地卡丁车赛场、野外真人CS项目逐步开展。汤山正向以温泉为特色的综合性体育小镇发展，不少规划已经投入到建设之中，也有部分仍在做详细精确的计划，汤山温泉体育小镇的特色仍需要经年展现，但以其规划投入看，汤山正以它的水平一步步走向体育小镇的中心。

（二）做法提炼

1. 以温泉特色为基础，构筑产业体系

汤山体育健康特色小镇以现有的雄厚的温泉产业为基础，进一步扩大现有的产业优势，构筑以"温泉+"为核心的完整体育健康养生度假产业链。目前，汤山已有体育企业12家，其中规模以上企业7家，汤山温泉房车露营地、欢乐水魔方水上乐园、紫清湖度假村、金陵马汇马术俱乐部、中山假日马术俱乐部等一批特色体育健康游乐项目相继建成运营。

汤山体育健康特色小镇建设过程中还考虑到健康环保，汤山温泉房车营地的部分房屋都是集装箱改造，集装箱的使用寿命较长，利用集装箱，可以减少很多

建筑垃圾，并且集装箱的本身材质也污染较小。汤山体育健康特色小镇在创建发展的过程中，积极顺应时代潮流，将环境的可持续发展与经济发展相结合，同时也推动整个小镇的可持续发展。

在体育产业之外，汤山体育健康特色小镇为满足娱乐，同时让人员增强参与感，延伸消费。在温泉度假方面，建成了香樟华萍、御庭酒店、御豪酒店等国际品牌酒店10余家；在传统观光方面，建立南京直立人化石遗址博物馆、猿人洞景点等；在休闲游乐方面，建立汤家民宿群等。小镇围绕"温泉+体育"的核心主题，全面启动体育基础设施建设，重点建设体育场馆（网球馆、羽毛球馆等）、极限运动乐园（国际攀岩赛场、山地卡丁车赛场、野外真人CS项目）、运动主题商业街（户外运动商业街区）等，加快建设苏豪健康养老产业园、温泉房车露营地二期、易禾护养院等特色项目，发展大健康产业，建设集健康运动、休闲养生、医疗保健和生态宜居于一体的现代体育产业基地。

汤山山清水秀，风景优美，泉眼群集。汤山因泉而得名，因泉而著名，是全国四大温泉疗养区之一。自南朝以来，历代达官显宦、文人雅士常来此游览沐浴。唐朝德宗时候，有一个叫韩滉的浙江观察使，他的女儿得了"恶疾"，四处求医都不见好，后来听说汤山泉能治，专程送女儿到汤山沐浴，果然很快治好了她的病。为此，他用为女儿陪嫁的费用，在这里修建了"圣汤延祥寺"（俗称汤王庙）。汤泉镇的温泉水，除用作洗浴外，大量的水用来养殖水产，因此温泉附近的农民得益匪浅。得天独厚的地理自然环境给汤山带来了别样的特征，汤山也正是借温泉向外延伸产业链，推动整个汤山体育小镇的发展。

苏豪健康养老产业园计划用5年时间全部建成运营。苏豪控股集团将引入江苏省中医院、国内名校教育资源、品牌酒店资源、国际知名养老护理运营机构等参与健康养老养生项目，创建养老养生服务品牌，打造国内第一、国际一流的（准公益性质）国家级健康养老产业园区。为将体育产业延伸发展，苏豪健康养老产业园更加完善了汤山体育小镇的内涵，为汤山今后的全面发展奠定了很好的基础。

而目前已建成的南京欢乐水魔方水上乐园，由迪士尼乐园、美国环球影城等世界顶级主题乐园的设计公司——加拿大FORREC公司规划设计，是亚洲规模最大、设施最先进的水上乐园。南京欢乐水魔方乐园由激情冲浪区、沙滩休闲区、魔法滑道区、儿童戏水区、梦境漂流区、SPA水疗区六大区域组成，可同时容纳3万人狂欢，无论是孩子们的喜笑颜开，还是青年们的纯真享受，都是在体育运动的熏陶下产生的，也许你不爱跑步健身，但以这样的方式运动，也在展现了不同风格之后得到了运动该有的快乐。很多人认为体育的真正内核在于娱乐，汤山发展水魔方这样的体育产业，不仅能够吸引各年龄层次的人群参与，更能让大众通过娱乐的方式得到锻炼。运用乐园元素同时能够增加参与人员从而获得收益，岂不是一举两得。

小镇以河流、绿道、景观街道作为边界，同时结合小镇的中心布置集中的商业区、休闲区。将体育、休闲、人文有机结合，突出小镇的"温泉+"特色。当你漫步或是奔跑在这样的道路上时，心情愉悦；当你运动间歇时，也能随时找到休闲娱乐的场所。你能充分利用小镇的资源，也同时得到了很好的体验，何乐而不为？

在已有资源的基础上，汤山还计划推出以专业赛事、大众健身、文化休闲互动为主的体育特色公园项目。据悉，该项目将在汤山已有城市景观基础上，发挥汤山地形地貌、生态环境的优势，开发建设沙滩排球赛事项目、沙滩主题公园项目、温泉&冰雪主题公园项目、网球中心馆项目、山地主题公园、体育运动风光带等特色体育项目。

2. 以赛事活动为支撑点，进一步提升品牌形象

小镇积极承办各类体育赛事，先后举办了"2015南京汤山24H单车300KM挑战赛""2016南京汤山'百联奥特莱斯杯'12H单车200KM认证赛""2015中国南京马术公开赛""2016'汤山温泉杯'南京马术公开赛暨第一届南京青少年马术公开赛""2016泥浆足球中国赛南京汤山站""2016世界速度轮滑锦标赛·我

是轮滑之星""四季汤山·扶阳登山"等一系列体育赛事及活动。

其中，马术公开赛已成为南京重要的马术品牌赛事，在省市具有较强的影响力。另外在2016泥浆足球赛中，现场除了正式比赛，还将举办多种特色活动：体验赛，可以满足每个观赛观众想亲自在泥浆中体验、释放、运动的愿望；主题表演，来自国外的名模们在泥浆中进行另类演出，时尚狂野感爆表；亲子泥浆体验活动，让家长和孩子一起回归自然；泥浆美容，可以让爱美女士做一次全身泥浆SPA。"2016世界速度轮滑锦标赛·我是轮滑之星"在汤山直立人化石遗址博物馆举行启动仪式，在全市、全省、全国展开"我是轮滑之星"活动，通过轮滑小选手们让更多人关注轮滑运动、聚焦青春南京。

泥浆足球中国赛

第八章　江苏省体育健康特色小镇创建实录

2016世界速度轮滑锦标赛"我是轮滑之星"活动启动仪式现场

同时，汤山为促进其国际化发展，加快引进具有国际性、全国性的体育活动载体平台，丰富各类交流和展示活动，加大宣传和品牌营造力度。于2017年在沙排公园举办2017国际排联沙滩排球U21世界锦标赛、2017全国沙滩排球大满贯赛以及"一带一路"沙滩排球世界巡回赛三项国际品牌赛事。

南京中山假日马术俱乐部是一家拥有得天独厚自然风光的野外骑乘培训基地。俱乐部位于南京市的东大门——汤山镇龙尚社区孟家场（紧邻S122省道），交通便捷，距离市区仅20分钟的车程。这里依山傍水，鸟语花香，与龙尚湖风景区毗邻，一湖一仙境，一马一世界。俱乐部拥有一批优质的半血马供广大骑马爱好者骑乘，并引进部分品种优良的进口马供专业马术爱好者骑乘。俱乐部为骑乘者提供精良的专业防护装备，配备标准的专业沙场地及完善的配套设施，并且拥有舞马者专业马术培训团队提供的系统专业的马术培训课程。俱乐部建有宽敞、舒适的会所，供会员娱乐休息，提供品茶、棋牌、农家餐、垂钓等服务。另外可以举办篝火晚会、公司party、青少年培训等活动，并承接户外婚礼。在这里骑马出游、休闲娱乐，远离城市的喧嚣，抛开一切烦恼和压力，仿佛置身仙境，让你在运动中养生，修身时养性。

汤山计划投资20亿元以重点建设沙排公园、网球馆、羽毛球馆等。通过温泉的"水文化",汤山小镇联想到了"沙文化",目前正在重点建设沙滩排球公园,在这里将会举办各项国际性沙排赛事,包括全国沙滩排球大满贯赛、国际排联沙滩排球U21世界锦标赛,以及"一带一路"世界沙滩排球巡回赛。"一带一路"世界沙滩排球巡回赛是企业自创培育项目,以沙滩排球为纽带,建立"一带一路"沙排体系,赋予古丝绸之路以崭新的时代内涵。汤山将建成全国首个世界级沙滩体育公园,通过超过10000吨的精致沙子,在这里打造上万平方米的最美沙滩。

沙滩排球公园建设现场

第八章　江苏省体育健康特色小镇创建实录

沙滩排球是一项新兴的充满生机和活力的运动，是江苏的传统优势项目，江苏省曾培养出张希、吴鹏根等多名世界冠军。2017年6月13日—7月16日，三项重磅沙排赛事在南京汤山举行，分别是国际排联世界沙滩排球U21锦标赛、国际排联世界沙滩排球巡回赛和2017中国沙滩排球大满贯赛事。

在汤山沙滩体育公园启动的新闻发布会上，汤山表示将建立全国首个世界级沙滩体育公园。

沙滩体育公园规划图

作为汤山温泉体育健康特色小镇的重要组成部分，沙滩体育公园将建设国际标准的沙排比赛场地，通过国际赛事及营销带动当地赛事经济发展，带动相关产业的长足发展，将其打造成沙排运动员人才储备基地，建立沙排运动的常规化培训体系。未来还将开展沙排亲子教育、沙排训练营等活动，结合沙排运动及语言教学进行亲子教育与早期教育，使沙排运动深入家庭，并结合沙排赛事文化，打造差异化的赛事娱乐活动，扩大赛事影响群体，延长赛事经济产业链，带动体育、旅游及相关产业的发展。

2017中国沙滩排球大满贯赛事是我国沙滩排球赛事中积分最高、奖金最多的赛事，也是我国沙滩排球赛事中水平最高的赛事。赛事于6月13日—6月16日在江宁汤山举行。国际排联世界沙滩排球巡回赛（"一带一路"系列赛），作为国际排联的2星赛事，已纳入国际排联的沙滩排球赛历中。2017年以中国为起点，开始拓展至亚太周边地区（已在韩国落地两站），2018年除亚太地区外还将扩展至更多地区，最终将赛事延伸到欧美国家。

3. 以体育功能为着力点，提高全民健身水平

目前，在汤山度假区已经建成益乐家园全民健身中心、社区健身站（点）80余个，室内外健身器材、健身广场、篮球场等全民健身设施齐全，"三室一场一路径"建设完善，10分钟体育健身圈建设率达100%，目前已成立健身球、篮球、乒乓球等8类体育社团，人均体育经费投入11.17元，人均体育场地面积已达3.5平方米，2016年体育产业增加值达4000万元。汤山度假区已建成拥有集聚17类、近30处门类齐全的体育设施，包括房车露营、紫清湖高尔夫、汤山一号游泳馆等。

紫清湖高尔夫

同时，区域内还建有15公里自行车骑行道（美泉路）、3.5公里登山道（山顶公园）、10余公里亲水步道（中央公园、汤水河公园、汤泉湖公园）三大类慢行绿道，并配备了公共自行车、观光自行车、观光游船等体育运动休闲设施设备。

公共自行车投放点

近年来，汤山度假区大力开展全民健身运动，常年举办全民健身周活动，并成功举办2届群众运动会和4届广场舞大赛。

汤山镇"益乐家园"服务中心

汤山将进一步完善公共体育基础设施建设，构建全域旅游公共体育服务保障体系，加强公共体育服务基础设施日常管理及维护，新建一批旅游公共厕所和生态停车场。除此之外，小镇还结合小镇内环外网、河道水系布置提升慢行交通系统，规划公共自行车站点，不断构建完善全域体育空间结构，结合小镇重要景观节点，提升标识导向系统、点景小品、艺术雕塑、艺术游憩设施体育健康特色氛围。小镇积极承办赛事的同时，大力弘扬全民健身，骑行绿道、体育馆观光带等基础设施的完善，一方面是为赛事服务，另一方面也是在更好地向大众提供运动健身以及休闲的场所，让更多人参与进来，达到全民参与的发展效果。

基础设施用于竞赛以及全民健身，承办赛事是其重要的部分，但在保证其专业性的基础上，汤山体育小镇致力于回归全民健身，发展公益性体育。歌德说过："生命在于矛盾，在于运动，一旦矛盾消除，运动停止，生命也就结束了。"建设体育运动风光带，让更多民众参与体育，置身于优美的自然环境中，参加运动。

汤山镇健身步道

另外，对于一些体育赛事，汤山体育小镇设立免门票机制，加强体育赛事的参与度，让更多人从中感受体育赛事的魅力，提升小镇体育品质的同时增强全民体育参与意识。

（三）访谈对话

采访者：南京体育学院　梁琛琛、芮浩、刘注丰

受访者：延明集团有限公司总工程师　宋波

问：汤山温泉体育健康小镇的建设思路是什么？有哪些已经完成的和正在建

设中的项目，能否为我们作一个大致的介绍？

答：汤山温泉体育健康小镇的建设思路是通过举办一些体育赛事来营造出体育小镇的氛围，并且利用小镇现有的体育设施作为小镇景观的依托，逐渐将一些城市景观改造成体育休闲公园。目前已有的一些设施包括长15公里的自行车骑行道、3.5公里的环山步道、10余公里的亲水步道三大类慢行绿道，并配备了公共自行车、观光自行车、观光游船等体育运动休闲设施设备。还有汤山温泉房车露营基地、欢乐水魔方水上乐园、紫清湖度假村、金陵马汇马术俱乐部、中山假日马术俱乐部等一批特色体育健康游乐项目。正在建设中或者计划建设的还有已经落户于汤山的苏豪健康养老产业园、沙滩主题公园以及占地达到200亩的温泉和冰雪项目相结合的主题公园等。

问：贵公司对于汤山温泉体育健康小镇的总体规划方面有什么想法？

答：目前我们对于汤山温泉体育健康小镇的总体规划首先是对汤山温泉体育健康小镇已经拥有的项目进行一个总体的包装，将汤山温泉体育健康小镇已有的体育项目融入到体育小镇里去，因为体育小镇只有首先拥有了这些体育资源才可以往体育特色小镇方面进行延伸。其次是关于未来的规划方面，我们会利用起汤山汤水河周围的体育用地以及汤山现在已有的绿廊建设出类似于运动风光带等配套运动设施，从而吸引更多的人参与到体育小镇的建设与运营中来。最后，未来我们还将与政府等其他的一些企业共同建设一个刚刚提到的占地达到200亩的温泉和冰雪项目相结合的主题公园，从而丰富体育小镇的体育项目和设施，以便吸引更多的人参与到汤山温泉体育健康小镇的建设发展中来。

问：目前汤山已经举办了很多的体育赛事，未来还将举办更多的体育赛事，能否就这些体育赛事的举办谈谈汤山温泉体育健康小镇如何将这些赛事更好地融入小镇的发展与建设中去，并且提升群众的参与度？

答：汤山目前还没有一个完整的大型体育场馆，我们的未来规划中还将会在汤山建设出标准的大型体育场馆以及更多的体育设施，不仅仅用来承办更多的大型赛事，还可以作为小镇居民的日常健身活动中心，以便于为小镇居民日益增长的体育消费需求提供场所，并且可以将场馆投入到日常的运营中去，提高场馆的使用效率，从而达到既能承办比赛又能进行体育场馆的长期运营的目的。以排球为例，不同于篮球、足球等体育运动，排球对于参与的群众有一定的技术要求，这样可能会降低群众的参与积极性，我们也与相关的专家等专业人士进行过讨论，将在场馆日常的运营中引入"气排球"这一新式排球来增加群众的参与积极性。气排球的球速更慢，质地更柔软，能够让更加多的群众参与进来。排球也是我国的传统项目。将"女排精神"与排球运动结合起来更进一步地宣传排球运动，既可以推动排球运动在我们国家的发展，也可以提升群众的参与热情，还可以将建设的场地充分利用起来，从而真正能够做到将体育运动融入市民的生活中去，进而带动汤山温泉体育健康小镇的发展。

我们都知道体育具有大众健身的功能性，所以我们健身的很多场馆设施都会对市民免费开放，并且将一些原有的景观公园的项目改造成具有功能性的体育项目，从而形成一个完整的产业链。

问：作为一家体育产业公司，之前的这些规划都需要巨大的资金以及大量的时间才能收回成本甚至盈利，怎么样才能更好地利用体育产业的发展从而带动企业的发展来缩短资金的成本回收时间，尽早地盈利从而吸引更多的资本进入体育市场呢？

答：首先，汤山温泉体育健康小镇的建设过程中一定会有更多的人看到汤山温泉体育健康小镇的发展前景，所以一定会有更多的体育公司甚至其他行业的公司进入这个市场进行投资，这些资本的参与一定会带来更多的资金。其次，作为朝阳产业，体育产业也一定会得到越来越多的人的关注，关注度的提升必然会增加消费的提升，从而为体育产业的运作带来更加多的人气。在项目的建设过程中我们也考虑到了这些问题，以未来即将建设的温泉和冰雪项目相结合的主题公园为例，首先一点，2022年北京冬奥会的举办必然会在全国掀起一阵民众参与冰雪项目的高潮，因此在这个项目建设完成之后一定能够吸引进大批的消费人群，在公园的日常运营中我们也会提供相应的配套服务及设施从而增加民众进入冰雪项目的消费以达到收回成本的目的。在冰雪公园的日常管理中，我们也会在天气炎热的夏天将公园快速地改建成一个类似于迪士尼乐园的收费性质乐园，从而在能耗较高的炎热天气通过另外的方式开放公园，保证冰雪公园的日常运营，从而能够将我们初期投入的一些资本收回。并且汤山温泉体育健康小镇的发展不仅仅着眼于体育小镇的发展，更是要将体育与汤山原本的特色资源相结合，通过更加多元化的服务能够给前来消费的民众提供更加多样化的服务和体验，从而将小镇的建设融入体育产业的发展，将体育产业的发展结合到小镇的特色中去，从而真正意义上地将汤山建设成一个体育特色小镇。

问：目前体育小镇发展多数会采用PPP模式，汤山小镇的发展又是怎么的呢？

答：我们在发展进程中也基本是采用了PPP模式，为什么呢？首先小镇的建设在国内刚刚起步，PPP模式是一种较为稳健的模式，它可以缓解地方政府债务压力，产生补短板、调结构效应。当前，我国以需求拉动经济增长的空间有限，推荐建设以政府引导，社会资本广泛参与的特色小镇建设。其次，发挥要素集聚和扩散作用，降低和分散投资风险。推动我国未来经济发展的一是创新，二是公共产品和服务，PPP模式是两者的混合动力。基于当前PPP模式的推广与成熟，社会资本可以自身先进的技术和灵活的管理经验，通过集约、节约、绿色的发展模式，提高特色小镇建设的效率和效益，扭转各类资源过度向行政等级高的城市中心区集中的局面，从而提高小镇的凝集力，吸引更多的人才参与区域经济发展。

问：汤山体育小镇是怎样将体育与当地的文化、环境结合起来发展产业及建设基础设施的呢？

答：我们先来谈谈汤山的自然环境特点吧。山：汤山位于基地西侧，属宁镇山脉中部东段低山丘陵区，东西走向。主峰海拔292.1米。拥有丰富的地质地貌类型，是江南地区的地质博物馆。依靠这样的山地环境，汤山规划在建山地自行车道、房车露营二期也将利用山地。水系：区域内小型湖泊密布，自然地形形成东北方向的地表径流网络，成为基地重要的景观特征。主要水系有汤山河、汤水河和汤泉湖，河道均已进行了整治。此外，有大量零星的河塘水体散布在区块南部。依靠这样丰富的水文化温泉，汤山沿河建立体育风景观光带，在运动健身的同时，能够感受到好的环境特色。温泉作为汤山体育小镇最具特色的点，是汤山体育小镇的眼睛。汤山温泉日出水量5千吨，常年水温60~65摄氏度，含30多种矿物质和微量元素，对皮肤病、关节炎、风湿病、高血压等多种疾病疗效显著，最适合发展温泉疗养、健身娱乐、旅游度假等项目。

（四）调研手记

受江苏省体育产业指导中心和南京体育学院的委托，我们有幸参与了关于江苏省体育健康小镇案例资料收集及采访的工作。利用课余时间，我们走进汤山温泉体育特色小镇，感受到了汤山温泉文化和体育发展的密切结合。在体育产业大力发展的今天，汤山正以一个以温泉为名片的小镇走向以"温泉+体育"为核心的体育特色小镇。

在这一次去汤山调研之前，汤山让我第一时间联想到的关键词是温泉，所以我带着许多疑问去了汤山。第一个疑问：汤山镇距离南京市区有多远？带着这个疑问，我算了一下去汤山所需的时间。从南京体育学院开车出发，到抵达汤山镇游客接待中心，我们花了三十分钟左右的时间，期间没有遇到什么堵车的情况，基本上是一路畅通无阻。在城市紧张快速的氛围中生活，不妨利用节假日的时间去汤山走一走，不用担心路程遥远带来的驾驶疲惫，放下一切走进这座以"温泉+体育"为核心的体育特色小镇。如果你热爱自行车运动，骑着自行车去汤山，你会发现在汤山区域内建有15公里自行车骑行道（美泉路）、3.5公里登山道（山顶公园）、10余公里亲水步道（中央公园、汤水河公园、汤泉湖公园）三大类慢行绿道，并配备了公共自行车、观光自行车、观光游船等体育运动休闲设施设备。如果你还有在汤山留宿的打算，不妨体验一下房车露营。欧标、美标、国产等各种风格的房车在这里你都能体会到，同时配备了公共浴室、公共洗衣房、公共厨房、儿童卫生间等许多人性化的配套设施。在房车露营基地，在建的越野自行车项目也会让你体会到越野自行车体育运动项目给你带来的快乐，玩累了还能去泡一泡温泉，缓解一下疲劳，感受温泉和体育的完美结合。

汤山镇正以有影响力的单项体育赛事为核心，以与赛事相关的服务为延伸，以休闲体验活动为补充，打造赛事型体育小镇。4月18日，国际排联世界沙滩排球U21锦标赛、国际排联世界沙滩排球巡回赛（"一带一路"系列赛）、2017中国沙滩排球大满贯宣布落户汤山镇，同时汤山镇将打造全国首个世界级沙滩体育公园。我的第二个疑问就是在赛事选择上，汤山镇为什么会选择沙滩排球这个比赛项目。通过我的走访，我得出了答案：汤山镇浓厚的水文化和我省在沙排上的优势。一方面，汤山温泉是世界著名温泉疗养区，居中国四大温泉疗养区之首，是中国唯一获得欧洲、日本温泉水质国际双认证的温泉，有"千年圣汤，养生天堂"之美誉。另一方面，沙滩排球是一项新兴的充满生机和活力的运动，是我省传统优势项目。我省曾培养出张希、吴鹏根等多名世界冠军。同时沙排也具有全民化、娱乐化、大众化特点，结合赛事启动全国首创的沙滩体育公园建设，必将大大提升我省沙滩排球运动人口，促进体育消费。依托汤泉湖公园、汤水河公园等沿湖景观的沙滩排球公园建设工作在有条不紊地进行着，相信在计划的工程结束后，我们就能在汤山看到全国首个世界级沙滩体育公园。

完成调研和采访工作之后，我们发现在成为江苏省首批省地共建体育健康特色小镇之后，体育元素的注入放大更使得南京汤山镇迎来了全新的发展机遇，汤山也正在构筑以"温泉+体育"为核心的完整体育健康产业链，推动温泉与体育游乐、健康养生、旅游度假、文化创意、会议会展等产业融合发展，致力于打造富有浓郁温泉体育健康文化氛围的体育健康特色小镇。

汤山温泉体育健康特色小镇建设，特色是温泉，而发展活力在体育。"世界著名温泉小镇""中国最佳休闲度假旅游目的地"，以及"国家级旅游度假区"等称号已经为汤山拓宽旅游产业链奠定了良好的资源基础，作为旅游资源核心

产品的"汤山温泉",在促进养生、休闲、健康和健身等方面与体育实现完美交集,体育元素在小镇建设中为汤山温泉产业链的拓宽插上了理想的翅膀,也注入了丰富的文化内涵。汤山温泉体育健康特色小镇建设的发展定位立足于汤山良好的温泉设施、优越的地理位置和美丽的自然环境,以健康为纽带,突显"温泉+体育"小镇建设格局,走出一条"你无我有,你有我优,你优我特"的差异化发展路径。从汤山温泉体育健康特色小镇建设的经验和规划看,有以下几个方面内容值得推广和借鉴。

1. 汤山温泉体育健康特色小镇的综合体建设。产业融合为区域经济发展提供了创新的动力,打开了区域发展的潘多拉魔盒。汤山温泉作为旅游的代名词,已为世人所熟悉,但旅游的单一产业已经成为汤山进一步发展的瓶颈,如何去捅破这层"天花板"?国际特色小镇建设的经验表明,给予消费者更多的体验式参与,有助于延伸消费者的体验感受,增强体验价值,同时有助于小镇的知名度改善和品牌建设。实践证明,体育活动的嫁接往往是最富有成效的,这在汤山温泉体育小镇的建设中已有了很好的表达和较为充分的注解。

2. 以户外体育赛事为核心,建设体育生态小镇。汤山温泉体育健康特色小镇建设始终秉持"温泉唱戏、体育搭台、天人合一"的自然体育生态观。自行车道、登山步道、亲水步道、沙滩排球设施均是围绕汤山镇的自然生态环境而建造,生态体育人文建设特点鲜明。户外体育赛事数量的增加和级别的持续提升,正在给汤山温泉提供源源不断的热量。体育赛事温泉小镇已成雏形,沙滩排球系列赛事、马术赛事、自行车和轮滑赛事正在为温泉小镇的DNA注入新的活力,打造出了别样的品牌形象。

3. 政府规划、企业参与,PPP模式焕发汤山活力。让专业的人来做专业的事,有助于汤山温泉体育健康特色小镇的创新发展。引入社会资本来建造体育设施和办体育赛事,实现了汤山温泉小镇体育建设零基础高起点的跨越式发展。社会资本在体育用品生产、"一带一路"沙排分站赛推进、体育服务设施建设等温泉小镇的外延效应中不断扩大,社会效益和经济效益稳步提升。

未来汤山温泉体育健康特色小镇建设应注意以下问题：一是注重小镇的体育增长极建设，合理定位带有"温泉特色"的体育旅游产品，认真解读产品链之间的关联内涵，提升消费者对"汤山温泉体育小镇"的温泉体育认同，同时促进汤山镇居民体育发展的身份认同；二是注重发挥民营资本在汤山温泉体育小镇建设中的活力，政府要为企业在汤山区域内体育项目的选址、投融资和落地提供高效便捷的服务，要充分利用产业集群和产业集聚区的思路来推动和加强体育小镇的创新工作。

（刘兵，上海体育学院教授，博士生导师。复旦大学管理学院工商管理博士后，芬兰Jyvaskyla大学体育管理与规划博士后，高级访问学者。）

三、从"小作坊"到"体育教学具之乡"的华丽转身
——淮安施河镇体育健康特色小镇创建实录

有这样一个地方，它是一代伟人周恩来总理的故乡，它有"苏北小温州"之美誉，素以"教具之乡"而闻名，虽然它没有山清水秀、钟灵毓秀的自然景色，但当地却处处显示着它的干净整洁、简约大方，它规划合理，既不张扬也不媚俗，只是以它自己独有的方式，创造着属于自己的传奇。在那里你可以看见全球规模最大的人造草坪生产基地，有正在建设的全智能化的中餐中央厨房，有鳞次栉比的现代化教学具生产工厂，有随处可见的体育设施基础设备场所……他们发展体育产品制造业，注重体育基础设施的建设，不断加强体育文化氛围的营造，它就是富有传奇色彩的施河镇。施河镇始终站在体育产品发展的前沿，引领时代的体育产品风向，施河镇人民用他们自己的勤劳和智慧，去创造属于施河人民的实业，大力发展经济，富裕全镇，抹去了人们印象中过去对苏北农村落后贫穷的印记，用自己的实力与才智，书写了"教具之乡"的辉煌篇章。

（一）案例简介

施河镇位于江苏省淮安市淮安区东南，地处淮安、扬州、盐城三市交界，交通十分便捷，南接京沪高速，北依徐宿淮盐高速。镇域面积62平方公里，镇区建成面积5平方公里，辖14个行政村、2个居委会，人口4.5万，耕地面积4.9万亩。是全国知名的"教学具"之乡，也是淮安地区唯一一个入选为江苏省体育健康特色小镇的区域。先后取得了"全国小城镇综合改革试点镇""全国乡镇企业示范区""全国科普示范基地""国家级生态镇""国家级卫生镇""全国文明镇""省级特色产业园""省级特色产业基地""省中小企业集聚示范区""省教学具优秀产品示范区""省正版正货示范街区"等荣誉称号。

施河镇地处里下河平原，是苏北地区典型的鱼米之乡，自然环境优美，民风淳朴，但是施河镇交通不便，一代代的施河镇人民只能在"贫穷"与"闭塞"的现实中不断挣扎。20世纪80年代，施河人民秉承着周恩来总理默默无闻，为家乡人民吃好穿好做实事、干大事的精神，勇敢地走出家门，通过卖雪花膏、虾米、韭菜来获得资金，希望以此来让人民富起来，摆脱贫穷的尾巴。但是，没过多长时间，由于政策不允许"投机倒把"，所以施河人民的第一桶金就只能戛然而止了。到了20世纪90年代初，国家开始大力促进教育事业的发展，于是聪明勤劳的施河人民便开始了从事教学具制造的小作坊生产，他们认为这也是国家提倡的教育的一种，一开始他们经营的模式也就是最普遍的"前店后厂"的形式，经营面积最大的也只有200平方米左右。而1995年之后，由于生产技术得到更新，小作坊主们便开始走出去学习技术、交流经验，并引进科技人才，使得小作坊形成了一定规模的工厂。到了2000年左右，教学具的生产开始慢慢步入正轨，规模化生产初具规模，各式各样的教学具工厂也摇身一变成为了企业，后来企业开始逐步聚集在一起，形成集群，并且越来越多、越来越大，直到如今的现代化产业园，由此施河镇"教具之乡"的美名开始在全国盛传。到了2016年为了响应国家体育总局积极打造体育健康特色小镇的号召，施河镇政府申请的"体育+制造"模式的施河体育健康特色小镇也成功获得了体育相关部门的认可与批准。

小镇全景图

自从施河镇被列入江苏省体育健康特色小镇创建名录之后,施河镇政府和企业就立即紧密地联合在一起,按照国家体育总局的要求,迅速启动施河体育健康特色小镇的创建工作。他们把"打造百亿元教学具产业、争创省级经济开发区、争做淮安第一镇"作为体育健康特色小镇创建的总体目标定位。大力实施教育体育装备产业"产业化、基地化、现代化、国际化"的发展战略,以产业为抓手,以新型城镇化建设为龙头,不断推进产镇融合发展,使得教育体育装备产业影响力不断提升,已经拥有教育、体育企业246家,其中生产型企业131家,从事体育装备生产的企业20家,从事体育装备销售贸易的企业60余家。到2016年末已实现体育产业增加值3.6亿元,占全镇GDP的16%,体育生产型企业实现销售收入超30亿元,成为中国最大的教育体育装备生产、销售基地之一。另外,对于施河镇本身而言,政府和企业也团结在一起积极完善小镇的体育基础设施建设,扩建体育健身广场,改善小镇文化环境,营造浓厚的体育健康特色小镇文化氛围。

(二)做法提炼

1. 全球最大的体育人造草坪制造商,敢做行业领跑者

在施河镇上,有家企业赫赫有名,它是江苏共创人造草坪有限公司(简称"共创公司")。刚走进该企业的时候,一块墨绿的草坪就首先映入了眼帘,走

进去一看，吃惊地发现，这个逼真的草坪完全是出于人工制造的，让我们不得不感叹共创公司草坪制造技术的精湛。据介绍，江苏共创人造草坪有限公司创办于2003年，自创办以来实现了跳跃式的发展，成为全球草坪行业领跑者。根据全球人造草坪行业最权威的美国AMI调查公司的市场调查报告，共创公司产品市场占有率2005年起居中国第一，2007年起居亚太地区第一，2010年起居全球第一，产品技术参数成为全球人造草坪行业通用标准。2011年实现销售额9.3亿元，税金3200余万元。于2015年开工建设的"共创产业园"已成为全球最大的人造草坪研发、制造中心。短短十几年的时间，作为民营企业的共创公司就在激烈的市场环境中快速崛起成为全球行业老大，也当之无愧地成为了我们赞叹的目标。

了解人造草坪制造的人都知道，人造草坪是一种具有高技术含量的新型地面材料，由高强纤维组成，优质的人造草坪与天然草坪基本无异，且使用寿命较长，被广泛使用于足球场、高尔夫球场、宾馆、田径场地等多种场所。当年，共创公司对人造草坪制造这一方面非常感兴趣，准备进入该行业发展，但是当时国内外人造草坪企业数百余家，市场的竞争十分激烈，如何制造出更好更优良的、能够满足市场需要的草坪便成为了企业立足市场的关键。共创公司在不断的调查研究中发现，虽然国内制造人造草坪的企业众多，但是它们制造的草坪的质量都不高，技术达不到相应的要求，产品属于中低档，不能满足高端客户的要求，他们也发现，在国内市场的高档人造草坪基本上都来自于进口，随着人造草坪越来越被更多的人接受，市场上对高档草坪的需求也急剧增加。因此，共创公司就瞄准了这个巨大的市场空间，决定占领国内草坪市场制造的高端。共创公司开始斥巨资去购进全套的进口设备及原材料，高薪聘请行业一流人才，主攻高档人造草坪生产，经过不懈的努力，这一战略最终在企业创办的过程中收到了显著成效，共创公司生产的高档草坪一投放到市场就获得了国内高端客户的认可，在行业内声名鹊起，受到了很多高端客户的好评。投产的第二年销量就进入全国第三名，基本将进口人造草坪拒之国门之外，企业也迅速在国内市场站稳了脚跟，迈出了做大做强的坚实一步。

第八章　江苏省体育健康特色小镇创建实录

共创车间草坪生产图

对于一块草坪的生产，草坪上的草丝是非常关键的。共创公司不断地进行草丝的创新与自主的研发，经过不懈的努力，基本上实现了草丝的自给自足，而且还成为全球第三大草丝供应商。更为重要的是大大提升了企业产品推陈出新的能力，利用自主研发草丝的组合，生产出了2000多种产品，大大满足了自己的生产需要，加强了自己草坪制造的实力，为自己在强有力的市场环境中始终保持着领先的地位提供了保障。草坪的制造过程是非常繁琐的，简单地可以概括为拉丝、分丝、织造底部、刷漆等主要程序。在制造过程中，草丝所用的材料有严格要求，共创公司所用的草丝材料一直为聚乙烯，和塑料瓶是一样的材料，但是草丝生产的难度又远远地高于塑料瓶，它在塑料瓶材料的基础上又进行了无数次的加工与打磨。共创公司对草丝材料的要求可以说是非常严格的，这种材料即使在高温的环境下暴晒也不会产生对人体造成伤害的有毒气体，并且它不会随着时间的推移就出现固化、褪色等情况，而且它的使用寿命可达10~12年之久。此外，共创公司在对于草丝制造过程中残余下来的废渣还进行再回收利用，实现了对资源的重复利用，很大程度上避免了对资源的浪费以及对环境的污染，对当地的生态环境也起到了较好的保护。

共创人造草坪

值得着重一提的是,共创公司在技术领跑的方面也做得非常好,我们了解到,共创公司有一种新研发的"超市草"——家庭草坪,它的大小在1~3平方米,可用于超市销售,然后再由顾客买回家之后进行拼接,成为一块完整的草坪。这种草坪可以销售到一些严重缺水的国家或地区,在严重缺水无法进行真正草坪绿化的国家或地区,这种人造草坪可以很好地达到绿化的效果。共创公司还研制了一种路边"发光草坪",这种草坪也已经投入使用,这种草坪的用途非常广泛,如在道路两边铺设"发光草坪",不仅可以起到提醒民众这个地方有道路的存在,还可以为行人提供照明的效果,这样就可以省去在路边安装大量的路灯了,而且"发光草坪"的成本要比路灯的成本小好多倍,铺设"发光草坪"可以节约很多成本。此外,"发光草坪"也可以用于家庭小花园的铺设、城市公园道路的铺设等。

台湾现代作家龙应台作有这样一段文字,"人本是散落的珍珠,随地乱滚,文化就是那根柔弱又强韧的细线,将珠子穿起来成为社会。当公民社会不再依赖皇权或神权来巩固它的底座,文化、历史是公民社会重要的黏合剂。"反观企业,人就是企业的根、企业的本,那些伟大的企业、伟大的组织之所以能够变得伟大,不仅仅是因为它们所具备的能力,更重要的是一个企业它本身所创造的文化，也就是企业文化。一个没有属于自己文化的企业，只能侥幸发展，绝不会长久。江苏共创人造草坪有限公司的企业领导者们就深谙这个道理，他们在追求产品的经济效益与研制开发的过程中，始终没有忘记对企业文化质量的建设，共创公司始终把"踏实、拼搏、责任"作为自己尊崇的企业理念，以诚信、共赢开创自己的管理模式。此外，共创公司还积极努力地为企业员工创造一个温馨和谐的企业环境，在共创公司，企业会为每一位员工在生日的那一天送去生日的祝福，表达企业对每一位员工的尊敬与爱护。共创公司还会不定期地在企业内部举办各种活动，拉近企业员工与领导之间的距离，也增进企业员工之间的交流与友谊，为企业营造团结向上的氛围。

施河镇共创公司用自己的产业为施河镇当地人民提供了将近2300多个岗位，每年的年产值达30多亿元，纳税值高达1.6亿元之多，不仅促进了施河镇当地经济的发展，还使得当地人民不用背井离乡就能够赚到钱，能够满足自己及家庭生活的需要。共创公司用它领先的实力，使施河镇人民能够共享体育制造发展带给他们的便利与实惠，共同去创造更加辉煌的明天。

2. 技术要求高端，制造流程严格，产品质量上乘

施河镇作为"教学具"之乡，除了龙头大哥共创公司之外，新起点、奇乐娃、盛达等都是施河体育健康特色小镇具有代表性的企业。眼见为实，耳听为虚，于是我们首先对盛达企业进行实地调查采访。一进厂房入眼的便是规格整齐的篮球架、足球框等半成品，这些半成品虽然还没有完全做好，但也让我们不得不感叹制造的神奇。在与盛达车间主任交流的期间，我们了解到盛达企业主要是生产教学设备、教学用品、体育器材、体育健身器材、教学黑板、LED大屏幕等设备的。其中让我们感触最深的就是盛达在技术上的革新，盛达对技术的追求颇高，一直在努力做到与国际接轨。盛达于2015年从日本订购了一台激光切割机，该套设备价值300多万元人民币。在外行的我们看来，这简直是在烧钱，但盛达企业却对此设备引以为傲，觉得非常值得，在这过程中带领我们参观的盛达车间

主任也看出了我们的不解与疑惑，但还是先卖了个关子，带我们看了下产品，只见该设备在一块块光秃秃的铁片上均匀地空出了几个精致的小圆洞。看着我们迷惑的眼神，车间主任笑眯眯地指着那些圆洞说道："这上面的洞，全是激光切割打磨的，比以往的机器刀片切割要光滑很多，规格也更加正规，省了大量的人力与机器设备的资金投入，现在只要两个技术员工在电脑上输入所需要打印的图形，这台激光切割机就会自动产出高质量产品。"听完车间主任简明的话语介绍，我们了解到盛达不仅对产品的质量有着高要求，对技术的革新换代有着更高的追求，它代表了一个企业寻求不断向上，积极开拓新道路的精神。

盛达车间

与盛达不同的是，经过国体认证（NSCC）的新起点企业，它的产品更加齐全，企业规模也更加庞大。根据相关人员的介绍，新起点产业园内的主要体育产品有人造草坪塑胶跑道系列、健身器材系列、悬浮式运动地板系列、球场围网系列、中空吹塑座椅系列、笼式足球场、拆装式游泳池等。其中体育器材系列又包括双人大转轮、平梯、两位单杠、双人秋千等。球场围网系列又包括适用于网球场、篮球场、足球场等体育训练基地。而当我们参观新起点工厂时，它给我们的第一感觉就是各部门的厂房排列紧凑，部门之间的协调井然有序，整体环境舒适干净。偌大的厂房你可以时不时地听到机器传来的切割声和员工们之间的交流声，一切都显得生动和谐。你看，左边这块区域是电焊切割体育器材的，右边这片区域是体育器材装修整改的，中间这片区域则摆放着冗杂的半成品。你在左边切割，我在右边整装改造，哪里做得不好，大家及时沟通交流，讨论出有效的解决方案，对产品做出整改，这一切在盛达都显得相得益彰。另一边区域则是一个大锅炉，它的主要用途是熔化塑料颗粒使之塑型，在它的旁边放着一袋袋塑料颗粒，出于好奇，我抓了一把，在手里来回揉搓，手感甚是不好，像沙子一样，很硌手。但这些五颜六色的塑料颗粒却在经过注塑机、滚塑机、吹塑机等工序的打造摩擦下，待一整套流程下来，各式各样的幼儿体育玩具便可以生动地展现在我们面前了。所有工序中产生的残渣残料都会被集中收集放进单独的机器中，便于二次利用，甚至多次利用。这一点恰恰体现了施河镇新起点企业作为一家大企业在产品配料上能够合理回收利用残渣残料，减少能源损耗，坚持可持续发展的担当，一定程度上也响应了"回收利用（Recycle）"这个环保理念。施河镇企业用它们精湛的生产技术，制造最高质量的产品，让人们更深刻地记住以"体育+制造"为特色的施河体育健康特色小镇，同时也让施河人民能够共享体育制造带给他们的丰厚的经济效益。

3. "悬浮式运动地板"拼出新时代优质体育运动场地

新起点生产的悬浮式运动地板系列主要用于网球场、篮球场、羽毛球场、五人制足球场、多功能球场、轮滑场地、儿童乐园、幼儿园活动场所等。"悬浮地板"是使用许多带网眼的经过高温塑型而成的塑料小块拼接而成的。该产品主要特性就是快干、防滑、可拆卸，可以用于露天篮球场馆等地的地板铺设，避免了露天场地篮球馆雨天之后地滑无法进行篮球运动的尴尬局面。把悬浮地板拼接铺在露天篮球场地上，红绿相间，纹路清晰，煞是好看。单独拿起一块，不难发现整个小地板都是呈正方形的，中间布满了类似蜂窝结构的网眼，摸起来很粗糙，但是用脚踩上去就感受到它质地坚硬，摩擦力很大，却又不耽误打球时身体的快速移动，在上面旋转跳跃很是容易。特殊的蜂窝网眼结构卸去了很大压力，而雨后雨水也正是从这些网眼快速流淌下去的，以自然环境为"烘干机"，即可挥发掉表面残留的雨滴。从远处看，就仿佛给原先平常的场地披上了一层实用且华丽的外衣。陪同我们参观的刘师傅也颇为骄傲地对我们说："这个悬浮运动地板正在当地投入使用，我相信它将会成为热门产品，我也坚信这项产品将会成为我们施河体育健康特色小镇的特色产品之一。"此外，刘师傅还向我们介绍道，悬浮式运动地板的安装十分便捷，通常四个人不到三小时即可完成场地铺设或揭起。悬浮式运动地板主要采用环保材料聚丙烯（PP），因此无毒、无味、防水耐湿、不寄生细菌、绿色环保，而且使用的PP材料达到了食品级，安全又卫生。悬浮式运动地板在运动员运动的过程中能很好地实现垂直吸震及能量回送，提供侧向缓冲功能，防扭伤、崴伤等运动损伤，有效保护脊椎的健康。它的最新耐磨层设计，有很好的防滑效果。地板表层经特殊处理，与灯光亮度吻合，不反光刺眼，能更好地保护运动员的眼睛，不易产生疲劳。低热反射、不吸汗、无湿气、不产生滞留气味。总之，施河镇新起点企业及其他的部分企业制造的悬浮式运动地板是一项性能卓越的新型地板，它们用属于自己的体育制造来诠释施河体育健康特色小镇的内涵。值得一提的是，新起点作为全国为数不多经过国体认证（NSCC）的企业，它有专门的技术监控和质量检测实验室。实验室里的设备有很多，比如有为了模拟日常天气气候的氙灯耐试验机，测试地域性气候下产品表面附着力的恒温恒湿测试机，测试采购标准件螺母防锈程度的盐雾试验机等，深刻表明它对产品质量严格把控。它拥有高规格检测设备，把像悬浮式运动地板一样的优秀产品呈献给我们，并拥有让最优秀的产品服务于我们的企业理念和精神。

企业争先，产品争优，争取技术的不断革新，争取产品的高规格升级，是施河镇全体企业对自己的要求，也是一直为之努力的方向，它承载的是企业的责任和施河政府对企业的厚望，它们共同期待着能用体育制造的实力去拼接一个独具特色的健康小镇。

4. 载歌载舞，共享体育文化盛宴

施河体育健康特色小镇是以"体育+制造"成为亮点的，体育产品的开发与生产制造是施河小镇经济运营的主体，但是施河镇并不是一个只知道生产制造体育产品而不注重其他效益地开发的小镇。去过施河镇的人，都能清晰地感觉到施河小镇不仅仅是一个制造型的小镇，更是一个充满文化魅力的小镇，在这里你可以体验到全民参与健身的体育文化氛围，到处都能感受到为体育而生的气氛。在施河镇，全镇人均体育场面积达2.7平方米，人均体育事业经费投入达177元，均已超过全区平均水平。2016年，施河镇举办的体育赛事和大型群众体育活动达10余次，这些赛事和活动极大地促进了施河镇人民之间的交流与友谊，让人们能够在繁忙的生活中停下脚步，去挑战极限、释放自我，更加勇敢地去面对与追求未知的生活。当然，通过这些赛事和活动，施河镇人民的体格也更加强壮了，他们会更加享受体育带给他们的身心愉悦感与幸福感。此外，施河镇也在积极推进镇内各类体育组织和体育社团的发展，在该镇有人民自发组成的篮球社团、足球社团、广场健身操社团等，细算起来大约有20几个，这些社团都有固定的活动时间、活动地点，也有属于自己的一套活动方案。他们把体育健身看成是自己生活必不可少的一项活动，施河人民用他们自己的方式形成了一套属于自己的体育文化，并乐淘淘地沉浸于其中。施河镇一共有16个行政村，在这16个行政村里都建有各类体育场地并安装了体育健身器材。

篮球场

在集镇范围还另外建有20余套室外健身路径和小游园广场，已建成3个高标准多功能运动场，还建有灯光篮球场、灯光羽毛球场、笼式足球场等体育场地设施。在施河镇随处可见供人们锻炼休闲的体育设备基础设施，并且这些设备还都很先进，就拿笼式足球场来说，笼式足球场它本身就是一种带有亮点的新型足球场。笼式足球在踢的过程中有音乐伴奏，这让许多深受美国文化影响的中国年轻人很容易接受。近几年来，笼式足球在中国日渐火热，越来越多的白领开始接受这种"快乐足球"。笼式足球的起源就是一种街头文化，玩笼式足球的人不需要是专业的运动员，只要是喜欢踢足球的人都可以去尝试这项运动，它本身的存在形式就是一种群众体育。施河镇在自己的小镇上建设笼式足球场，就是为了让周边爱好足球运动的居民能够有一个很好的健身场所。笼式足球所倡导的足球理念就是以"快乐足球"为核心思想的，它主张娱乐、休闲健身，反对冲突，正好非常适合当地居民的选择。笼式足球还是一项观赏性比较强的运动，比如一些喜欢足球但是却不喜欢"野蛮运动"的女孩，就可以坐在笼子外面欣赏一场攻防转换极快的足球比赛，最重要的是，不用担心观赏时球会一不小心砸到自己。施河体育健康特色小镇建设笼式足球场，发展笼式足球，走在体育时尚的前沿，在施河人民物质生活水平提高的同时，也为施河人民提供了更加健康与快乐的体育娱乐方式。

笼式足球

此外，施河镇的中央体育文化健身广场也是一道亮丽的风景。该项目是由政府投入500万元建设完成的，能容纳上千人同时进行健身，为施河人民的健身带来了极大的方便，也增强了施河镇人民之间的交流，拉近了施河镇人民之间的友谊。近几年，各式各样的广场舞受到中国大妈的欢迎，但是广场舞的场地问题一直是个令人头疼的问题。在施河镇，喜欢跳广场舞的大妈们从来都不需要考虑这个问题，因为每到晚上，中央文化健身广场上有一块区域是专门留给大妈们的。大妈们可以在广场上尽情地享受广场舞的乐趣，大妈的广场舞文化也因为中央文化健身广场而变得更加绚丽浓厚。从这些我们都可以看出，施河体育健康特色小镇始终把发展群众体育放在首位，坚持为群众服务的宗旨，让全镇人民都能随时享受到体育带给他们的幸福与快乐。

5. 产业共建，资源开发，全民共享发展成果

近年来，施河镇政府积极抓住国家鼓励和支持发展体育消费带来的契机，高度重视施河镇体育健康特色小镇的创建工作，成立了特色小镇工作领导小组，并明确发改委、住建局、体育局等多部门参与，形成特色小镇创建联动工作机制。此外，施河镇还与苏州、北京等地的多家规划机构对接，对体育健康特色小镇的创建进行整体策划研究。施河镇体育器材制造企业联合在一起和政府合作，共同成立融资平台，争取PPP模式的产镇融合方案，为自己引入了政府资本、社会资本共同参与特色小镇的建设。

施河镇凭借时代机遇与自身的优势，明确了建设的思路：将"面向全世界、辐射全中国、服务江苏、引领苏北"作为宗旨，以实施创新驱动为主战略，促进体育装备产业向中高端迈进；以优化产业结构、转变发展思路为总体取向，按照科学规划、产业聚集、创新驱动、土地集约和可持续发展的原则，转变体育产业发展理念和发展方式；以产业发展实力的提升促进全镇公共体育服务水平和全民健康水平不断提高，打造"产业共建、全民共享"的体育健康特色小镇，助力新型城镇化建设。将自己的发展目标定为：到2018年末，实现全镇体育装备销售

收入突破50亿元，税收超3亿元；体育产业GDP占全镇比重18%，新建体育场馆20个以上；实施体育装备项目10个以上，总投入12亿元，其中工业项目10亿元以上，体育事业及基础设施投入2亿元。

  施河镇在国家大力支持与鼓励"全民体育"的体育浪潮下，将不断加强体育产业的建设，一步步推进产业建设的措施。将不断加强产业规划引导，将体育装备产业和土地利用总体规划、教学具产业发展规划相融合，对施河镇的体育产业开发进行合理的布局，推动体育与施河镇当地的文化、旅游、生态相融合。加强体育项目招引。施河镇将整合资源集中对外进行体育产业项目招引，特别是引进优秀的健身娱乐用品业、体育旅游用品业等项目，随着"全民健身"浪潮的兴起，市场上对健身娱乐用品、体育旅游用品的需求量将会不断地增加，发展好这些产业，将会使得施河镇的经济水平更上一个层次。施河镇将积极鼓励多种形式参与兴办体育经营企业，更多地建设体育场馆及健身设施，不断开发施河镇体育产业的规模化经营项目。加强企业服务指引。施河镇政府将引导企业加快科技成果的产业化进程，增加体育用品的技术附加值，提高所生产的体育产品的实用性和价值；继续引导企业加强品牌的创建，为施河产品争取到更多的"商标"，继续开发体育新品，扩大体育用品的市场占有率；积极打造以体育器材博览会、教

健康主题公园

育体育装备检测中心为主体的行业权威信息发布平台、展示展览平台和检测平台。加大体育公共事业的投入力度。进一步加大公共体育服务基础投入,让老百信能够享受到便捷的体育健康服务。实施农民健身工程,在镇区及村居新增设高标准多功能运动场20个以上,增加健康运动器材2000件以上。积极承办市区各类体育赛事,组织农民健身活动,丰富集镇和农村群众体育健身活动。

为了将施河镇打造成一个更好的体育健康特色小镇,施河镇也正转型升级,积极开发小镇的旅游资源,在对自然风光保护的基础上,沿岔溪河风光带对绿草荡自然景观进行开发,建设体育健康公园,打造环保自行车车道、健步道,新建以拓展训练为主的室外体育主题公园,不断加大对"体育健康"文化的植入,使得"体育健康"成为施河镇未来发展的新名片,也成为未来体育爱好者观光旅游的好去处。

(三)访谈对话

采访者:南京体育学院　沈影、许鹏、周天成

受访者:施河镇现代教育装备产业园管理服务中心副主任　侯永顺

问:施河镇是如何实现从"作坊"到"体育+制造"特色小镇的华丽转变的?

答:90年代初,施河人民从温州学习归来,开了"前店后厂"式的小作坊。1995年,小作坊得到初步的资金积累,开始从温州购买注塑机、吹塑机等机器,变成了200平方米的小工厂。到2000年的时候,工厂已经从单量生产转变成具有一定规模化的生产企业。应该说,目前我们镇最大的企业就是共创公司,作为全球最大的人造草坪生产商,共创公司去年一年的销售额高达30亿元,比施河镇其他13家草坪公司销售额总和还多,给政府缴纳了1.6亿元的税额。共创公司是2002年开始建设,到现在短短十四五年的时间,从一个小厂转变为"全球老大"是我们施河镇的骄傲。也正是由于以共创为代表的施河镇企业在响应国家建设体育特色小镇中做好做强,所以我们政府申请"体育+制造"特色小镇,让施河镇在国家的领导下能得到进一步发展。

问：在施河镇力图打造教学具特色小镇过程中遇到哪些困难的问题？

答：在特色小镇建设中，我们施河镇主要遇到以下困难：一是交通比较偏僻。我们施河镇地处"淮扬盐"三地交界，很不利于产品的运输。二是人才比较匮乏。我们施河镇作为苏北一个偏僻的小镇，没办法与苏南的经济发展、娱乐生活相比较，好多人才宁愿舍弃上百万的年薪也不愿意来我们施河镇，主要就是因为我们施河镇基础生活服务业太落后，哪怕一个像样的咖啡馆、洗浴中心等休闲娱乐场所都没有，这就导致留不住人才。三是融资比较困难。作为所有企业的通病，施河镇在融资上也是困难重重，银行"帮富不帮穷"，不愿意给中小型企业贷款，它们也是担忧这些企业到期无法偿还。

问：施河镇能否可以抓住机会，为施河人民打造更好的民生服务？

答：在这个问题上，我们政府绝不含糊，也义不容辞。我们镇政府已经多次开研讨会，确定重新规划调整施河镇企业。如今我们虽然已经建设成体育特色小镇，但与完善的特色小镇仍存在较大差异，我们当务之急就是缩小差距，大力发展民生服务产业，包括"有吃、有住、有娱乐"，让我们施河人民能够享受更高的生活服务水平。

（四）调研手记

在这次的施河镇调研过程中，我们看到，施河镇有着一个庞大的体育制造产业集聚群，有着众多的生产企业，而这些企业大都有着先进的生产技术、高端的生产设备、井然有序的生产工序以及规模宏大的产业链。可以说施河体育健康特色小镇的发展前景非常广阔，具有相当大的产业优势。我们甚至相信，在未来的某一天，施河镇甚至有能力将施河体育教具城打造得像义乌一样出名。另外，在这次调研过程中，我们还发现施河镇在对自然资源的开发利用上，也有卓越的眼光。施河镇在对原始自然村落进行保护的基础上，也积极开发它们的旅游资源，建设旅游路径，期望在未来旅游业能成为施河镇又一出彩的亮点。在看到施河镇对于旅游业的规划建设后，我们对此都感到很惊叹，为施河人民的聪明才智、远

第八章 江苏省体育健康特色小镇创建实录

见卓识而投以赞许的目光,也对施河体育健康特色小镇的未来充满期待。

虽然施河体育健康特色小镇的发展前途是光明的,但是也不能否认与排斥施河镇在建设体育健康特色小镇的前进道路上需要克服与解决的种种困难与问题。解决这些困难与问题对施河体育健康特色小镇的打造有着至关重要的作用。比如,在调研的过程中我们发现,施河镇对于体育健康特色小镇的创建工作还是缺乏经验的,还是需要不断地组织交流与学习,学习先进地区特色小镇创建经验。此外,施河镇在体育健康特色小镇创建过程中,项目实施载体也不足,还需要不断地与相关部门沟通,在规划空间、土地指标、立项审批等方面争取更多的政策支持,而获得这些支持的过程也将是施河体育健康特色小镇不断优化的过程。但是不管怎样,我们都相信施河体育健康特色小镇将拥有一个光辉美好的明天!

根据体育小镇四大核心评价指标,施河镇打造"体育+制造"模式的体育特色小镇,在产业维度上无论是规模、集聚与辐射效应还是带动效应都可圈可点,经济功能日趋凸显;在基础维度上,虽然在区位地理条件和自然环境上略有优势,但是体育公共服务、基础设施却是不尽完善,公众评价也未提及;在特色维度上,即便是体育场地设施的覆盖率在不断增加,也难掩体育赛事活动举办不频繁、没有形成地方体育特色品牌、体育文化宣传力度薄弱的不足;在制度维度上,小镇产业规划设计明确、管理完善,但是诸如人才引进制度、居民诉求表达机制等保障要素还需要进一步完善。总而言之,施河镇打造"体育+制造"为特色的体育小镇,"制造"特色浓厚,"体育"性质不够凸显;商业气息重于人文和文化气息,有见"物"不见"人"之感。在后期建设中需要重视体育福利性功能,加强体育公共设施的建设以及体育文化特色的建设。

(王凯珍,首都体育学院教授,博士生导师。首都体育学院副校长,享受国务院特殊津贴专家,教育部体育学首篇优秀博士学位论文获得者,国家体育总局高层次学术技术人才。)

四、四位一体，享受乐活体育
——扬州市仪征枣林湾体育健康特色小镇创建实录

它是华东地区最大的丘陵生态园，位于仪征市区西北侧，与六合接壤，属宁、镇、扬丘陵山区，现有2.8万人口，集聚了江扬·天乐湖、青马车寨、红山体育公园等一批优质项目，连续举办了自行车、长跑、龙舟、汽车越野、西部马术、户外拓展等体育赛事和活动。2018年还将承办江苏省第十九届运动会公路和山地自行车比赛，有着发展体育健康事业、建设"体育+"特色小镇的良好基础。在这里，每个人都可以放下自己内心的包袱，卸下身上的重担，尽情享受自然所馈赠的一切，体验速度带来的快感，感受挑战户外的成就感。这里没有尾气，没有废水，没有工业污染，更没有都市里的条条框框，有的只是自己和大自然对话的声音。

（一）案例简介

仪征市枣林湾生态园成立于2007年4月，现为全国首批中日技术合作环境教育基地试点单位、江苏省旅游度假区、江苏省首批现代农业科技园、江苏省现代农业产业园、江苏省环境教育基地和江苏省重点打造的10万亩丘陵山区农业综合开发示范基地之一。枣林湾区位条件优越、交通便利，地处宁、镇、扬"银三角"地区的几何中心，到南京、镇江、扬州分别仅需40分钟、30分钟和20分钟的车程。园区将按照"生态立园、文化铸魂、项目推动、效益优先、和谐发展"的原则，大力发展体育运动、休闲体验、养生养老、商务服务、现代农业五大产业，努力建设"宁镇扬特色旅游核心区、高品质农产品生产区、城乡统筹先导区和新农村建设示范区"。在枣林湾生态园的四个项目，基本已经发展成型，现在属于正常运营盈利的状态，其中，江扬·天乐湖、红山体育公园和青马车寨具有丰富的体育元素。

第八章 江苏省体育健康特色小镇创建实录

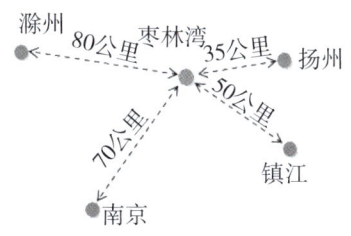

另外,正在积极筹建的铜山体育小镇是此次枣林湾生态园体育小镇建设的主要目标。铜山体育小镇选址于枣林湾生态园核心区,围绕铜山省级森林公园建设,规划面积300万平方米,区域环境优美,为小镇发展生态体育旅游等提供了战略资源。在项目的选择上,确定了国家级专项运动竞训中心、体育产业学院、体育用品论证和研发中心、青少年户外运动基地、体育健康监测和体验中心、体育创客空间等,有望为体育产业、体育科研的发展作出贡献。

江扬·天乐湖生态旅游度假区,位于扬州西郊的山水生态名镇——月塘镇,与扬州新城西区一脉相承,S353扬州西延段穿园而过。项目总占地面积200万平方米,湖面面积约60万平方米,项目由有机农业、生态旅游、温泉度假、养生养老四大版块组成。此外,养生养心区也是一大亮点。周围没有污染源,农业均采用科学化管理,坚持不使用任何农药、化肥、生长激素等,是真正的山好、水好,宜养人。生活在这种环境里,每天吃着有机蔬菜和水果,漫步在弥漫青草香的田间小路,晚上乘凉,耳闻蛙声一片,眼见满天繁星,迎面吹来清爽的风,想想是不是觉得很惬意呢?

红山体育公园,依托枣林湾生态园独有的丘陵地形及山水资源,因地生势、借物造景,发展集"天上飞、地上跑、水中游、林中宿"于一体的康体健身休闲项目,是国内规模最大的山地体育主题公园。

青马车寨,主要以赛事经营为主,自2014年5月以来,已举办大小体育赛事活动30场。2014年青马车寨被纳入"青奥会"组委会指定旅游区。它位于山清水秀、林木葱茏、飞鸟翔集、花香怡人的仪征枣林湾生态园区,利用废弃矿坑的天然地形地貌建造而成,占地一千多亩。是集体验式旅游、体育赛事运营、户外竞技表演为一体的文化旅游体育综合体。越野基地主打项目有骑马体验或西部马术训练、场地越野（UTV、SUV、自行车、摩托车等）、水上皮划艇、射箭比赛、真人CS娱乐游戏、徒步越野、定向越野、房车露营、森林拓展运动、篝火娱乐晚会、集装箱活动营地体验（艺术客栈）等，年度参与游客量达6万人次。其中最有特点的要数集装箱式的房间，巨大的落地窗让房间后的马场一览无遗，墙上满满的赛马或赛车元素让整个房间充满动感。

目前，枣林湾生态园决定在已经建成的江扬·天乐湖、青马车寨、红山体育公园的基础上，继续前行，着力打造铜山体育小镇，争取在养生养老、运动休闲、赛事引入的基础上再增添科研开发这一元素，形成四位一体的体育特色小镇。

（二）做法提炼

1. 钟灵毓秀之地孕育体育基因

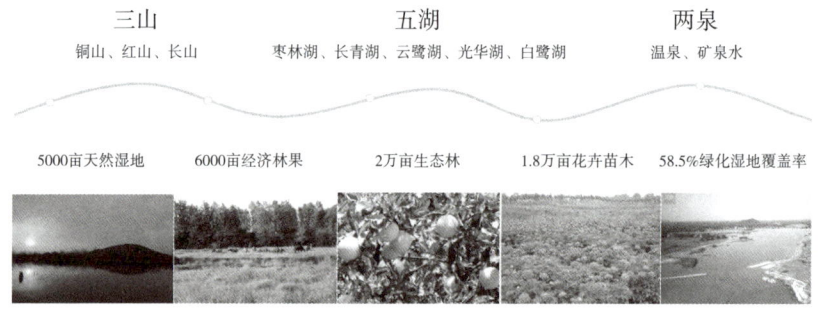

仪征市枣林湾生态园拥有丰富的山水自然资源，似乎天生就孕育着体育基因。铜山、红山、长山"三山"横卧如画，为山地运动、户外极限运动以及越野赛事的开展奠定了基础；枣林湖、白鹭湖、云鹭湖、光华湖、长青湖"五湖"晶莹似玉，为水上运动的发展提供了天然条件；矿泉、温泉，"二泉"润泽方圆20平方公里，是度假休闲的绝佳去处；天然湿地4平方公里，水生物、植物资源丰

第八章 江苏省体育健康特色小镇创建实录

富,是苏中地区生态保护最好的湿地,如此优越的天然氧吧对于赛事活动的开展以及体育活动的组织无疑再合适不过。得天独厚的自然环境本就是旅游得以发展的重要因素,再加上其特有的体育元素,"体育+旅游"得到完美体现。

扬州十年"扬马"精神为小镇积淀了丰富的体育文化,现在都市生活压力越来越大,越来越多的人选择通过运动、旅游、养生、休闲的方式来减压,枣林湾因此有了群众基础。吴王铸钱遗址和伍子胥过江遗址的历史文化,铜山山顶明清时期的准提寺遗址、天池遗址、古刹天宁寺的禅养文化,以及中国仪征芍药旅游节、中国仪征"绿杨春早"茶文化节的生态文化等,小镇丰富的人文资源,丰富了小镇的文化内涵,也为小镇特色的体育活动打下坚实的基础,"体育"与"文化"相得益彰。

既然枣林湾生态园占据着"天时、地利、人和"的良好机遇,何不顺势而为,把握机遇呢?就这样,枣林湾一步步地完美实现了从自然资源、文化资源向战略资源的转化,"体育+文化+旅游+健身"的模式日渐完善。枣林湾体育健康小镇根据自身的条件优势,寻找到了一条最适合自己的发展道路,可以说不是体育小镇选择了枣林湾,而是枣林湾选择了体育。枣林湾生态园被省体育局确定为全省首批8家省市共建的体育健康特色小镇自然也就是水到渠成的事情。

2. 江南里的西部越野——打造枣林湾特色品牌赛事

想要突出体育特色，必定离不开赛事，枣林湾在赛事组织方面也是颇有心得。之前的文中也提到枣林湾优越的环境为赛事的举办提供了得天独厚的环境，同时枣林湾也想借助赛事的效应将自己独特的体育元素凸显出来。在赛事选择方面，枣林湾可能没有像太湖、高邮湖等环湖自行车的条件，但依托其丘陵地貌，枣林湾开展了山地自行车赛。在赛事组织方面，枣林湾巧妙地借助博览会、花会的契机，再将赛事植入其中，从而扩大其影响力。枣林湾山地自行车公开赛已经连续举办了几届，通过与"中国芍药节"的结合，参与人数与规模也是逐年增多。枣林湾利用了其地理的优势，吸引了众多宁镇扬地区的骑行爱好者来到这里一"骑"为快。同时政府也在努力将其打造成为品牌赛事，通过赛事的辐射作用，不仅提升枣林湾的知名度，带动相关产业的发展，同时也是对枣林湾服务承载力的一种检验、对赛事组织能力的全面考核，为接下来承办省运会山地自行车比赛做预演。

第八章　江苏省体育健康特色小镇创建实录

　　除此之外，枣林湾园区的企业也根据自身资源设计出极具自身特点的赛事。其中青马车寨最为典型。它下设两个体育赛事公司，一个是以经营越野比赛场地为主的扬州青马车寨越野基地有限公司，一个是以经营体育赛事为主的扬州青马车寨赛事策划有限公司，自2014年5月以来，已举办大小体育赛事活动30场。

　　体育旅游和竞赛表演业是体育产业中的核心产业，具有关联度高、辐射面广、产业带动作用强的特点，与房地产开发、旅游景区开发和现代农业开发具有极强的互补效应和联动效应。

　　体育即生活，体育原本就是一种人生态度和生活方式。青马车寨将通过车马主题赛事活动吸引更多的群众参与进来，让生活"更好玩"，让人们真正"动起来、乐起来、活起来"。比较著名的要属扬州国际车马文体旅游节，整个赛事活动宗旨是为了进一步推动西部马术、牛仔竞技比赛、夸特马在中国的持续发展，把牧场工作马术、穿桩赛、西部骑术以及西部马术等西部马术赛事及相关技术引进给广大的中国马术爱好者，将西部马术文化自然地融入到车马主题文化旅游当中，增强扬州青马车寨户外运动基地的产品价值和对外影响力。在让观众亲身感受现代户外时尚运动的无穷魅力的同时，将户外运动"挑战自我、崇尚自由、勇往直前"的理念植入人心。一场场精彩刺激的赛事将身处烟雨江南的我们和西部狂野奔放的激情的距离拉近了，又怎能不让人向往。

3. 打造未来体育服务综合体——铜山体育健康小镇

在江苏省体育健康特色小镇创建的未来规划中，枣林湾主要以建设铜山体育健康特色小镇为主。小镇围绕"户外体育和大健康"（户外运动）的主题，经过对体育产业细分市场的分析，在众多的行业分类中选择了体育健身休闲活动、体育培训与教育、体育用品研发等方面重点展开。借助国家政策机遇和"两园"建设契机，规划通过加强与高等院校联合办学，策划赛事及日常休闲运动项目，实现产业与相关的培训、高端休闲、深度旅游体验、体育后备人才培养等同步发展，打造具有铜山特色的体旅文融合的体育健康产业。从而向上延伸产业链，加强体育研发与服务项目，为以下具体的项目实施与开展奠定了基础，使得产业链更加完整。

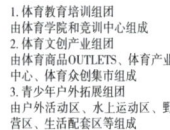
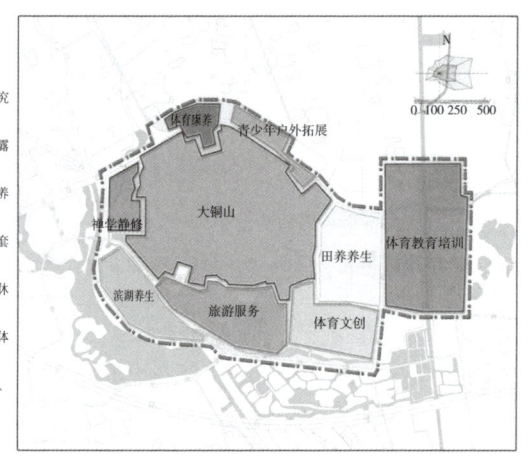

功能分区图
1. 体育教育培训组团
由体育学院和竞训中心组成
2. 体育文创产业组团
由体育商品OUTLETS、体育产业研究中心、体育众创集市组成
3. 青少年户外拓展组团
由户外活动区、水上运动区、野外露营区、生活配套区等组成
4. 体育康养组团
由健康指导中心、健身区、康复疗养区、康复养生酒店组成
5. 禅学静修组团
由天宁寺、禅文化体验区、寺庙配套商业区、修禅茶园等组成
6. 滨湖养生组团
由景养生别墅区、体检中心、主题休闲商业、健身服务中心等组成
7. 田养养生组团
由生态居住区、农田景观区、农作体验区等组成
8. 旅游服务组团
由小镇客厅及小镇特色集市、酒店、特色美食区等旅游配套设施组成
9. 大铜山生态组团
由生态保育林、观景台等组成

体育教育。体育产业发展迎来了大好机遇，同时也面临着激烈竞争。加快推进中体体育学院建设，推动招商并进，积极开展国际合作，努力创办高水平的国际体育学校。加强与高等院校联合办学，实现体育专业院校或各院校体育专业院系入驻，增强办学实力，重点突出教师特色、学生特色、专业特色、体育教育办学模式的特色以及硬环境特色和软环境特色、内环境特色与外环境特色等，创造

自身优势，为经济发展和体育后备人才培养做出贡献。

体育培训。适应大众需求，大力发展各类运动项目的培训市场，积极引进专业体育培训机构。依托中体集团，加强合作，以实现体育明星驻场训练为目标，加快推进具有综合训练馆、游泳馆、体能训练中心、运动康复中心等多功能的国家级竞训中心建设，快速提升小镇知名度。在加快推进户外运动小镇教育基础设施建设的基础上，积极引入专业体育人才，重点加强专项运动俱乐部的体育技能培训，如武术、棋类、赛车、气功等，加强体育专业教练、体育经营管理、创意设计、中介等体育专门人才培训。根据市场需求，适当发展本地及周边地区青少年体育培训。

互联网+体育健康服务。加强"互联网+"、信息技术、人工智能等与体育产业融合，鼓励开发以移动互联网、大数据、云计算技术为支撑的健身休闲和竞赛表演服务，提升体育场馆预定、健身指导、运动分析、体质监测、交流互动、赛事参与等综合服务水平。深挖大众体育消费潜力，引导体育消费理念，增强体育消费黏性。重点发展"个性化定制健康"服务，利用"运动处方"，即"不同年龄、性别、身体条件的人群适合他的健身方案是不同"的这一概念，引入体医结合的新理念，积极推广覆盖全生命周期的运动健康服务，发挥中医药在运动康复等方面的特色作用；利用体感技术为在线教学提供互动支持，实现训练动作的实时反馈，获得真实的训练数据，提高平台的竞争壁垒，让用户有机会接触到最科学且服务良好的整体健康服务，把客户留在平台上；建立以数据为依托的训练体系，利用互联网、手机APP等新兴媒介，与消费者进行实时在线互动交流，提升体育消费体验。

体育装备研发与服务。依托产业学院（体育用品论证与研发中心）、体育文化创意产业园、体育文创公园和体育健康服务中心等平台与载体，通过招才引智、创业孵化、专业服务保障，重点发展科研孵化型、培训辅导型、投资促进型等体育装备研发空间，为体育高端用品装备和创新科技服务提供平台。

体育+商业。依托原有乡镇特色和体育旅游，挖掘铜山村文化资源，积极引入体育及户外用品零售企业，如体育商品奥特莱斯购物中心（OUTLETS），积极创新含有体育元素和文化的旅游产品，结合体育运动品牌商业，打造以运动为主题的体育商业区。

体育文化创意。放大体育健身休闲、竞赛表演等各类赛事活动效应，大力发展体育会展、体育广告、体育动漫等体育文化创意产业，开发体育运动产品和配套服务，引导和扩大体育消费需求。

体育+旅游+文化。铜山体育健康小镇选址于枣林湾生态园核心区，围绕铜山省级森林公园建设，规划面积3平方公里，区位环境优美，为小镇竞争发展生态体育旅游等提供了战略资源。小镇规划区内有吴王铸钱遗址和伍子胥遗址的历史文化，准提寺遗址、天池遗址、古刹天宁寺的禅养文化，为"体育+旅游+文化"发展奠定了基础。

4. 政府企业相辅相成、大胆创新

枣林湾主要的经营方式可以概括为政府引导、企业参与，总体规划可总结为"四位一体"，即运动休闲、养身养老、赛事引入、科研开发。

枣林湾生态园其实在2007年就已经成立，在十年的发展过程中，政府和企业都各自扮演着不可或缺的角色。总体来说，政府负责总体规划，企业负责市场开发。枣林湾在前两年其实是主打农业生态园，然后向度假区方向发展。之后政府通过细分市场，在产业发展的过程中逐步探索出一条休闲体育的路径，引进了诸如青马车寨、红山体育公园等一系列有着体育特色的企业，从之前单一的生态农业观光的模式向着"体育+旅游+生态+休闲"的方向转变。

而企业相对于政府来说对市场更加敏感，政府提供了一种发展方向之后，具体的经营管理工作还是由企业自己开展，政府并没有过多地参与，从而使得企业之间既保持着一定的竞争压力，同时也存在着利益相关性。例如在游玩体验过红山体育公园的精彩刺激的项目之后，自然而然就会想到去天乐湖泡个温泉，这是相互联系的；但两家又同时提供住宿，这又是相互竞争的。在合作与竞争的过

程中,枣林湾的服务体系也随之愈加完善,最终政府、企业、消费者都会从中获益。

在赛事产品方面,政府和企业是相互合作的关系。比如枣林湾山地自行车公开赛是以青马车寨这个企业为主体来做,那么政府主要提供赛事在宣传、安保方面的帮助以及其他相关的配套措施。而有些赛事是政府主导的,那么企业会提供一些资源如园区、设计方面的帮助。两者是一个相互帮助、共同参与的关系。

当然,随着政策形势的变化,经营模式也会随之改变和创新。在将来的发展规划中,政府将会尝试建立引导基金的模式,在企业前期予以资金上的帮助,之后再慢慢退出,从而更符合企业的发展模式。另外政府目前采取时下流行的PPP模式,在建设铜山体育健康小镇的过程中,政府与中体产业合作,市政府授权枣林湾管委会作为PPP项目实施主体,枣林湾管委会与中体产业集团成立项目平台公司,共同推进PPP项目前期工作。

由此,政府和企业通力合作,从休闲体育的细分角度出发,相辅相成、大胆创新,共同打造出一个集运动休闲、养身养老、赛事、科研开发四位一体的体育生态园,从顶端的产品研发到下游的产品销售,枣林湾生态园已逐步形成一条较为完善的产业链。

(三)访谈对话

采访者:南京体育学院　沙莉曼、陈志豪、曾鑫峰

受访者:仪征市枣林湾生态园管委会招商局局长　王继丰

问:因为是在体育小镇里进行建设,那么在企业建设的时候,有怎样的一个考虑?

答:虽说我们是建设体育小镇,做体育是我们的主要目标,但这不是唯一目标。我们要向体育方向发展,但同时,我们还要着眼于旅游、休闲方面的开拓。单做体育,形式太单一,消费群体有限。单做旅游,它又背离了建设初衷。我们要做的建设与体育有关,但不仅仅是体育,还有旅游、休闲的小镇,最好还

能有养生,这样一来,消费人群就面向了全年龄段。"体育+"的目标才能真正被实现。

问: 目前枣林湾生态园有什么不足之处?将如何改进?

答: 当前产业基础还相对薄弱,整个产业链还不够完善,一些赛事项目的衍生服务还较少。相对汤山等地来说,我们客房资源有限,体育接待能力还远远不够。至于体育科研、教育、医疗这一块就更别说了,这也是我们为什么注重于铜山小镇的建设。同时,政府虽然重视体育,但重视体育的力度还需提高。

至于如何改进,我认为明确制定体育产业发展目标、实现路径与可行的措施是必不可少的。如果没有一个明确的目标、一个明确的方向,那只能是无头苍蝇,最后的结果肯定是不如意的。有了明确的大目标后,要细分成一个个小目标,再分别想出对应的,具有可实施性的路径、对策去达到这一个个小目标,最后实现大目标。此外,政府在考核时还必须与实际相结合,不能单纯地停留在表面。任何问题脱离了实际都是空谈。

问: 现在的枣林湾生态园已经建设成型,经营状况也逐步走向稳定,体育健身人群也渐渐增多,所以在多年建设的过程中,有什么成功经验可以分享?

答: 目标要明确,不论是政府还是企业,首先我们建设体育小镇的目标就是坚定不移的,也有信心把它做好!因地制宜,不论是芍药园,还是青马车寨或是红山体育公园,它们的存在都是有迹可循的,都是对已有资源的一种利用、改造。因势利导,当前国家正处在体育发展的风口上,大力推行"体育+"模式,我们恰好在原有的基础上顺势而为,大力推进铜山体育小镇的建设。

问: 我们注意到枣林湾生态园目前主打的一个建设目标是铜山体育小镇,而且是一种新的模式,请问您对其未来有何展望?

答: 就建设铜山小镇而言,下一步,我们将按照特色小镇建设的总体要求,充分发挥生态优势,注重特色和差异化发展。一是注重规划引领,做好小镇规划与园区总体规划、土地利用规划的衔接,真正做到"多规合一",加快推进修建性规划、智慧城市规划和单体项目设计;二是加强与社会资本PPP项目合作,推进PPP+产业招商，运用市场化运作机制，组建多元化、公司化的管理运作平台；三是充分利用国家产业政策优势，加强体育、旅游活动策划，创新模式推动产业融合和跨界合作，制定相关政策引导体育消费，做足"体育+"文章；四是围绕明确建设进度、落实开工项目、筹措建设资金三大重点，加快推进项目建设。强化要素支撑，大力推进创新创业平台、创客工坊等载体建设。我们期望建成以户外体育和大健康为核心全产业链运营的，集体育训练、体育教育、体育研发、青少年户外训练、体育健康服务、体育比赛及配套服务功能于一体的，长三角地区最具影响力的国家体育公园项目。

问：我们注意到已经有企业开始进行常规运营，而且运营状况良好，那在企业建设方面有什么心得体会呢？

答：就拿青马车寨为例：①项目平民化。几年的经营下，我们发现马术、赛车虽然有客源，但客源很局限，项目平民化势在必行。于是我在对已有的地形地貌进行考虑下，决定开拓山地自行车这个项目，最后结果也是尽如人意的，成为青马车寨的又一品牌赛事。截至目前，青马车寨已经成为越野爱好者的不二之选了。②回归自然、享受乐活生活。现在生活在都市的人压力巨大，内心一直寻找着一个可以健康宣泄的地方。青马车寨，空气清新、环境优美，骑马体验或西部马术训练、场地越野（UTV、SUV、自行车、摩托车等）、水上皮划艇、射箭比赛、真人CS娱乐游戏、徒步越野、定向越野、房车露营、森林拓展运动、篝火娱乐晚会、集装箱活动营地体验（艺术客栈）等，给游客都市以外不一样的生活、旅行体验。③产品衍生、增加服务对象。在经营的过程中，我发现单单只做旅游方面的项目是远远不够的，我们必须完善产业链，衍生出更多的相关产品，以此来吸引广大消费群众。青马车寨不仅为爱车爱马者提供驰骋的地方，还积极承办各类越野赛事，作为赛事运营商，首先是赛事运营的商业价值。通过对赛事进行有效的市场开发获得收入。包括赛事的广告收入、赞助收入、赛事转播收入和品牌授权收入。当前我们主要是和视频网站及电视台（如央视五）合作，扩大赛事的知名度和关注度，从而提升赛场本身广告位的价值。当赛事获得足够影响力后，我们也可以直接从电视和视频网站广告中获得分成。我们潜在的赞助商和广告发布商主要是品牌汽车、休闲消费品牌和网站。青马车寨已经建立和正在建立的户外运动俱乐部有青马车寨汽车越野俱乐部、青马车寨西部马术俱乐部、青马车寨皮划艇俱乐部、青马车寨单车越野俱乐部。青马车寨基地还是江苏省户外与登山协会、江苏省全民健身走协会、美国夸特马协会中国分会等众多机构的专业培训、训练场地，是中国人大户外翼之队的定点活动基地。

这些也是我们在建设其他项目时需要考虑借鉴的地方。

（四）调研手记

枣林湾原来只是一片生态园区，倘若没有体育的加入，可能也只是一个"农家乐"式的观光旅游。好在当地政府因地制宜，分析自身资源，合理且有目的性的招商引资使得枣林湾走上了一条正确的道路，即"体育+休闲+旅游+文化"之路。枣林湾体育特色小镇的建设并没有浮于表面，而是真正引入了一些想做体育的企业如青马车寨等，我们在调研的过程中还有幸坐车体验了一小段青马车寨里的道路，上下起伏、急停急转，那种紧张刺激的感觉也只有体育才能带给我们。枣林湾依托资源、融入体育，同时更重要的是，它通过体育小镇确实给当地的居民提供了就业岗位，拉动了当地的经济，起到了应有的作用。

当然，我们在调研过程中也发现一些还没有完善的地方。例如比较有体育元素的红山体育公园，目前的经营状况相较于青马车寨和天乐湖要逊色一些。其实红山体育公园那带的地形地貌非常有特色，红山红土在我们这带并不多见，我们当时都被深深震撼到了。但里面的体育内容让我们略显失望，很多体育设施被闲置，里面体育项目的设置没有形成一个鲜明的主题，比如青马车寨主题就是越野，天乐湖主题就是休闲娱乐，而红山体育公园里骑马、射箭、攀岩都有，但这反而失去了自己的特色，不如就围绕红山红土这一独特资源打造有鲜明特点的项目。另外，根据公园内高低起伏的地形，可以组织一些如3公里越野跑、小轮车技巧赛等赛事，扩大知名度的同时也将红山体育公园自身的优势推广宣传出去，何乐而不为呢？

除此之外，枣林湾体育健康小镇的核心区域——铜山体育健康小镇目前还在建设规划之中，真正投入运营可能还需要不少时间。不过我们了解到枣林湾相关负责人已经与南京体育学院的一些专家取得了联系，相信在专家团队的指导下，铜山体育健康小镇定会达到预期的效果。总之，体育特色小镇的建设不能只是一个噱头，一定要真正抓住人们的体育消费需求，真正融入符合当地特色的体育元素，让体育与小镇建设真正有机结合起来，这才是建设体育小镇的核心要义。

这里还有个玩笑话，"枣林湾"在扬州方言中发音很像"找你玩"，本身就带着一种享受和游赏的含义，也正是枣林湾生态园一直以来所推崇的"体育+休闲+旅游"的模式想要带来的效果，真正贴近大众，做大众喜欢的体育，增加体育活动人群、旅游人群以及当地居住人群的地域认同感、归属感和识别度。这也是建设体育小镇最重要的目的吧。

专家点评

从生态学的视角切入，设计通过体育促进人类生态微观系统的构建，"枣林湾生态园"体育特色小镇案例很好地展示了当代中国社会发展进入生态文明历史阶段。枣林湾生态园的设计者根据生态学原理，认真研究了不同形态的体育与具体环境（自然生态和社会生态）的相互关系，依照华东地区这一丘陵地带特有的自然和人文特点，有针对性地引入了康体健身休闲、户外运动等一系列新的体育成分，将单一的生态农业观光转化为"体育+旅游+生态+休闲"的复合性生态发展模式。这些体育要素的加入，将人们"动起来、乐起来、活起来"的生活需要融入环境、融入发展，通过体育让人们更为真切地接触到当地的"三山""五湖""二泉""湿地"等自然景观及古刹的禅养文化、小镇的乡土文化、赏花品茶的岁时文化等人文景观，从而全方位地体验自然、感悟人文，获得"体育+文化+旅游+健身"多维度的综合效益。

在这个"集运动休闲、养身养老、赛事、科研四位一体的体育生态园"里，体育要素贯通经济、环境和社会，将人与自然及人文联系起来，发挥着生态纽带的作用，为人与自然、人与社会的良性互动提供了凭借，使园内的各种活动处于共生状态。枣林湾生态园已逐步形成一条较为完整的产业链。因为这条产业链以生态链为基本依据，所以其发展与环境保护和合理利用并行不悖。一个经济、环境和社会三重效益相互依存的生态系统在这个生态园中已现雏形，人自身的健康与环境的健康、文化的健康相互依存、相互促进，一个具有可持续性的健康特色小镇引人瞩目。

需要注意的是，生态文明不同于工业文明，这一新生事物要求我们着眼长远，着眼整体，更新发展理念，改变发展方式，不因一时或局部利益，损害生态平衡。随着知名度的提升，"枣林湾生态园"也可能会迎来客流量剧增的局面，如何在巨大的经济收益诱惑中保持定力，将体育特色小镇的建设保持在环境承载能力范围内，保持经济、环境和社会的协调发展，期待"枣林湾生态园"不负众望，续写新篇。

（任海，北京体育大学教授，博士生导师。国家体育总局体育科学研究所首席专家并兼任该所奥林匹克研究中心执行主任，中国体育科学学会理事会理事、体育社会科学学会副主任委员，国际奥委会奥林匹克研究中心研究理事会理事，国际比较体育学会执委。）

五、让体育休闲成为新型城镇化的新名片
——溧阳上兴镇体育健康特色小镇创建实录

小桥、流水、人家，流溢在水墨江南里，看不明虚实，分不清究竟。水性的流淌中，滋润了多少文人豪杰的心灵。品读江南，凌波水韵，翰墨流芳。明代著名戏曲家汤显祖就曾在七绝《溧阳洞山》中写下这样的名句赞美溧阳山水的奇妙景色："瓦屋如云春作花，华阳绛气属青蛇。中开百尺仙人掌，摇漾金光落紫

霞。"短短几句诗中饱含了诗人对溧阳山水深深的眷恋之情，汤显祖笔下的溧阳正是美丽多情的江南大地上一颗璀璨的宝石。溧阳坐落于长江三角洲的几何中心，地处苏浙皖三省通衢之地，上海、南京、杭州三大都市圈交汇之处，自古以来素有"江南明珠""绿色仙境"等美称。

（一）案例简介

上兴镇位于江苏省溧阳市西北部，北接句容市，西邻南京溧水、高淳两区，是一个有着千余年历史的文明古镇，也是近年来迅速崛起的现代新型小城镇。上兴镇旅游资源丰富，拥有独特的山水资源。风景秀丽的曹山旅游度假区，好似一颗夜明珠镶嵌在江南大地上，"以农为基，以绿为根，以文为魂"成为"七彩曹山"的三大特色，"养眼、养身、养心"成为上兴体育旅游的三大亮点。

上兴镇丰富的土地资源，孕育了其山幽林静、果园飘香、民风浓郁的乡村风光。水库塘坝众多，交织的路网、星罗棋布的茶园果园，纯天然的生态环境是上兴镇独有的运动休闲特色主题景观，更便于将现代农业开发与体育旅游进行深度融合。

曹山旅游度假区俯瞰图

"一月二月大棚草莓圣女果，三月四月白茶绿茶赏春花，五月六月杨梅黑莓金银花，七月八月蓝莓葡萄黄蜜桃，九月十月桂花脆梨红龙果，岁末年关羊肉火锅品香米"，这是游客们赋予曹山四时水果和乡村美味的称誉。湖光山色的秀美，飞禽走兽的野趣，吸引了省内外无数游客。国内名流盛赞曹山："诗乐曹山，经途慢旅。"其中，"乐"字代指快乐，而"慢"字呼应曹山景区全力打造的"曹山慢城"主题，又代表了慢速、漫游、惬意的出行方式。

上兴镇以体育健康为主题和特色，规划建设体育、健康、旅游、休闲、养老、文化、宜居等多种功能叠加的空间区域和发展平台。凝聚曹山省级旅游度假区"旅游"开发之力和江苏省溧阳经济开发区"产业"集聚之力，打造"体育+旅游""体育+产业"的新型体育健康特色小镇。

在溧阳市体育旅游发展格局中，西部一直是最薄弱的，上兴镇正位于溧阳立体旅游格局的西环线上，体育健康特色小镇的打造将成为溧阳市西部旅游和体育产业发展的突破口，完善溧阳体育旅游发展的空间格局。目前对于上兴镇曹山体育旅游资源的利用尚处于初始阶段，现在体育旅游点多为农业休闲观光园类型，体育旅游产品体系不够完善，发展潜力巨大。

上兴镇对体育设施的规划、建设、用地，始终将"人口密集、紧邻集镇、方便群众参与"作为标准，全面考虑全县覆盖和均衡发展的问题。近几年以来，镇区建成了场地面积为1500平方米的上兴镇体育馆，占地面积为19000平方米的市民广场和占地面积为40000平方米的上沛文化健身公园，总投资金额约1000万元；曹山景区建成了全长为9.39公里的曹山自行车公园建设项目，总投资约1720万元；曹山慢城"棋盘山"登山步道，总投资约1000万元左右。此外，还有在建的房车营地和马术运动场等公共体育项目都列入了上兴镇重点扶持项目。

（二）做法提炼

1. "养眼"之旅赛事游，重获青春情寄江南

体育品牌赛事是能够给消费者提供满意的竞赛服务及其衍生产品，能够吸引社会广泛关注，促使赛事无形资产价值提升，具有很强的市场竞争力的特殊性事件。在品牌时代，培育体育赛事活动品牌将是打造体育休闲运动目的地、提升体育小镇竞争力的关键。溧阳市上兴镇作为江苏省最大的建制镇，自然和人文资源

丰富，既有延绵不绝的丘陵，又有清澈见底的湖泊小溪和众多的水库，为举办各种类型的体育赛事提供了良好的条件。近年来，上兴镇已经积极承办了中国·溧阳曹山自行车全国邀请赛暨2017年PDM自行车系列赛、曹山水果（杨梅）采摘节、第十二届溧阳天目湖旅游节户外嘉年华暨中国曹山露营大会等众多大型知名赛事，大力支持以舞龙、舞狮、八卦掌、太极拳、木兰拳、街舞、登山等为代表的群众体育活动开展，大力培育体育市场，提高上兴镇体育旅游美誉度，吸引更多的旅游人群来上兴镇游玩健身。

踏青散步、采摘蔬果的习俗在我国历史悠久。李淖在《秦中岁时记》中曾有记载："上巳穴农历三月初三雪，赐宴曲江，都人于江头禊饮，践踏青草，谓之踏青履。"杜甫在诗中也曾记载了皇家浩浩荡荡春游踏青的情景："三月三日气象新，长安水边多丽人。"

曹山景区健步走活动

踏青散步、采摘蔬果不仅能开阔心胸、陶冶情操，而且能增长见识、强身健体。置身于青山绿野之中，春风拂面，芳草如茵，阳光和煦，鸟鸣雀跃，处处充满生机，会顿感心旷神怡、精神焕发，倍添青春活力。如果平时缺乏运动，或长期伏案工作，或成天在闹市中奔波忙碌，无论何时，走进曹山的怀抱中，呼吸新鲜空气，沐浴温暖的阳光，一定会觉得不虚此行。

曹山日日春农庄里有苏南地区最大的杨梅基地，每到杨梅采摘季，大批游客的到来开启了曹山乡野踏青、采摘之旅。正如唐代宋之问诗中所述："冬花采卢桔，夏果摘杨梅。"夏令时节，一家老小结伴出游，共摘杨梅，享受天伦之乐，别有一番乐趣。曹山水果（杨梅）采摘节已成为溧阳继茶叶节、天目湖旅游节后第三个吸引游客的品牌节会，至今已举办四届。在水果节的带动下，进入杨梅园、黑莓园、油桃园、火龙果园等各类果园的游客每年达30多万人次。关于杨梅，杨循吉有"满盘新摘恣狂啖，十指染丹如茜著"的诗句。吃杨梅手指都染得红红的，可见杨梅多么的红艳，多么的诱人了。

露营是一种短时的户外生活方式，为了工程、军事、测绘、旅游等而特设临时的户外驻扎区，包括营帐、草棚、车房等简易形式的短时户外居住营所，在体育旅游中多采用更方便小巧的户外装备，达到户外休整娱乐的目的。第十二届溧阳天目湖旅游节户外嘉年华暨中国曹山露营大会于2016年4月在曹山日日春举办，溧阳及南京、常州、无锡、苏州、金坛、马鞍山等周边城市的20多家户外组织组员踊跃参加。开营那天，热诚的露营爱好者们开着车，带着帐蓬一早就奔赴曹山，白天赏乡野美景、品乡村美食，夜晚在篝火边跳起经典的"兔子舞"。声色浓烈的集体狂欢之下，是个体生命的独思、冥想、静坐和遥望星空。会使人情不自禁地感叹：好久没有享受过这么安静的夜晚了，这才是真正的夜。黑暗、寂静、数不清的星星，仿佛回到了儿时，那段和祖母在一起的时光，眼角泛起了潮意。

溧阳天目湖旅游节户外嘉年华暨中国曹山露营大会

由溧阳市政府主办，溧阳市文广体局、溧阳市上兴镇政府、溧阳市曹山度假区管委会、溧阳市体育总会承办，溧阳市自行车运动协会协办，上海凌烟体育文化发展有限公司执行运营的中国·溧阳曹山自行车全国邀请赛暨2017年PDM自行车系列赛于2017年4月23日在曹山旅游度假区拉开序幕，获得了国内外的关注。选手们盛赞曹山公路赛道如比利时的一样美，乐视体育全程转播，多家媒体高度评价，"这是一场将娱乐性与竞技体育融为一体的自行车体育盛会。"近年来，曹山旅游度假区确立了以体育旅游为龙头，体育运动休闲、竞赛表演、健身养生等多种业态齐头并进，体育旅游与生态旅游融合发展，体育产业与旅游经济相互促进的发展方向。这次全力打造的溧阳·曹山自行车品牌赛事，让人们深切感受到了曹山"体育+旅游"的特色。

"中国·溧阳曹山自行车全国邀请赛"
暨2017年PDM自行车系列赛

中国·溧阳曹山自行车全国邀请赛赛道单圈13.4km，比赛全程共计6圈，总赛程为80.4km。赛道总爬升高度为2400米（误差10米），最低海拔21米，最高海拔130米。赛道全程为山地赛道，赛道平均宽度为5~6米，以起伏路面为主，最大坡度达16度。本次赛事共吸引了来自全国21支优秀的业余车队的参与，其中不乏众多高人气的车队与车手。21支车队分别是森地客鑫元鸿车队、凯路仕烈风车队、志庆·复仇者车队、Specialized Roval Racing、黑骑士-竞赛风精英自行车队、南通自协·睿亚国际车队、熊猫自行车竞速车队、浙江新南北太阳车队、上海极速车队、CYCLING MANIA、天鹅车队、Suzhou Riders、卓比奥斯-R1、2y3、上海挑战者俱乐部、上海凤凰-SUBBA车队、上海链轮单车、泰州市自行车运动协会、艾维昆明自行车队、上海起点BMC-IRC车队、安徽湖滨车队，集聚了全国业余自行车赛事最高的关注度。

曹山旅游度假区风景优美，选手们不仅能骑出风一般的速度，还能体验美丽的山水田园风光。骑行线路途经幸福兰栽培园、曹山京林禅寺、昌米蓝莓采摘园、曹山紫竹林生态农业园、曹山天之福生态园、曹山星河湾生态农业园、绿球苗木园艺场，一路鸟语花香，蔬果飘香。

令人欣慰的是，每一场活动的成功举办，都将曹山往现代赛事旅游市场推进了一大步，既检验了曹山游游度假区内的场地建设水平、活动组织能力，同时也加强了景区的发展动力。更重要的是，绿色环保的理念深入人心，活动主办方事先规定：拒绝使用一次性用品，注意保护曹山生态环境。活动结束时，垃圾由参与者自行带走，场地清洁卫生，空气里只留下了欢声笑语。这表明，曹山管理方的水平与游客的文明出行程度，都达到了一个令人称赞的高度。爱自然，与自然相互尊重和亲近，这才是真正回归田园精神的一种体现。

上兴镇成为运动健康体育小镇后，在举办体育赛事的过程中，一直着力于提升赛事规格。在着力打造运动健康体育小镇后，上兴镇积极承办国际级、国家级的专业计划赛事，以赛事规格和优美环境，吸引国内外体育休闲运动的专业运动员和爱好者，打造江苏省一流的休闲运动目的地。不忘创新赛事项目，上兴镇的发展以大众健身休闲为导向，所以上兴镇一直在丰富赛事内容、扩大赛事规模上下工夫，增加体育旅游休闲项目，带动旅游消费，扩大受众面。在体育运动赛事举办过程中，做好赛事包装，突出赛事亮点，加大宣传投入，加强媒体合作，既通过赛事宣传提高吸引力，也为赛事的运作创造了良好的市场条件。

2. "养身"之旅体验游，回归自然慢游曹山

随着"休闲时代"的来临，人们的生活由"温饱"型进入"小康"型，为大

第八章　江苏省体育健康特色小镇创建实录

众化的体育休闲度假产品发展创造了条件。首届中国体育旅游博览会筹备工作委员会副主任、秘书长陈晓曾经说过，"体育旅游作为旅游产业和体育产业交叉渗透产生的一个新的领域，是以体育资源为基础，吸引人们参加与感受体育活动和大自然情趣的一种新的旅游形式，是体育与旅游相结合的一种特殊的休闲生活方式，也是体育产业的一个重要组成部分。"旅游服务张扬个性的趋向越来越明显，人们已不满足于过去的观光游、购物游、从众游、感性游和赶场式的旅游。旅游服务既要满足游客的多样化需要，又要满足游客的个性化要求。

上兴镇的资源禀赋有限，当前旅游业发展已受到诸多瓶颈制约，要实现旅游业的科学发展和跨越发展，必须创新旅游业态、拓展新的领域、开发新的产品。体育运动休闲旅游将是未来上兴镇旅游业发展的重要方向，把握旅游发展趋势，为游客创造和提供"体验经历"，加强游客难以忘怀的"记忆"，是上兴镇必须把握的旅游发展趋势。

溧阳市委、市政府高度重视体育旅游的发展，将溧阳按照"全域旅游、全国一流"的标准去谋划旅游发展，并通过各种方式积极为旅游发展创造条件。南有天目湖，北有曹山、瓦屋山，上兴镇曹山旅游度假区已成为溧阳政府部门重点打造的区域，先后编制了《曹山现代农业发展规划》《曹山国际慢城旅游度假区总体规划》《曹山自行车公园规划》等多项规划来促进曹山的体育旅游发展，政府对曹山旅游度假区的企业从政策、资金、土地、营销推广等多方面给予大力扶持。

曹山慢行系统效果图

曹山旅游度假区以曹山为依托而建，曹山主峰棋盘峰，周边群山连绵，山清水秀，景色苍翠，物产丰富，传说是天上仙人下棋之所。山区群山环抱，冈峦叠翠。小溪逶迤曲折，伸向茫茫大山中。一捧溪水，清冽纯洁。漫步山中，水面波光粼粼，野鸭起落。远眺流泉飞瀑，悬崖披绿，松涛竹海，猴鹿出没。置身其中，情趣横生，给人以回归大自然的美妙感觉。

始建于2010年的曹山慢城，已经融于曹山现代农业示范区核心位置，规划面积45平方公里，以高品质"国际慢城"为发展定位，结合发展乡村旅游、现代农业开发、美丽乡村建设，现已形成深山古刹、古道竹海、曹山花海、十里梅岭、桂花天地等众多美景，采摘、垂钓、登山、骑行、露营、农家乐等系列休闲体验项目，幸福兰、紫竹林、日日春、白露山、芳芝林等一批集观光娱乐、科普科研、休闲度假于一体的特色现代农业企业（农庄）。同时，建有15公里自行车专用绿色通道和慢行步道的曹山自行车运动休闲公园、忘忧谷、紫薇坡、九岗十八洼等特色景点在建设完善之中。在开发体育旅游资源与保护生态环境并重的前提下，曹山风景区利用已建成的曹山现代农业示范区、丘陵山区综合开发带和高效设施农业带，发展与农耕生活、宁静生活、低碳生活相关的体育休闲运动项目，主要打造自行车运动休闲公园和登山健身步道。感受温馨的江南气息，在"七彩曹山"邂逅宁静清幽的一天，走进漫山的果林，沉醉于满园果香，把新鲜和甜蜜塞入口中，酸酸甜甜，幸福惬意。白云蓝天，山峦青翠，珍藏这份来自山野的纯真感动，来到曹山，可以度过一天愉快的时光。

曹山自行车公园效果图

第八章　江苏省体育健康特色小镇创建实录

每个中国人应该都有一段对自行车的深情过往，可能是风雪里母亲骑行在送儿上学的路上，亦或是母亲车龙头上挂着青菜萝卜赶在回家烧晚饭的路上，是刚刚长得才有了自行车高后右脚套进自行车大杠里的稚童式骑行，是父亲骑着自行车为了工作四处奔波，自行车上驮着他作为一个父亲和丈夫对生活应有的责任和负重。或许我们都应该在一个晴和的天气，独自骑着一辆普通的自行车，慢悠悠地沿着曹山的静寂小径骑行，与迎面而来的风撞个满怀，风里含着芬芳的往昔时光，无论现实有多沧桑和无奈，但终究敌不过记忆里曾经横冲直闯的热情和憧憬，那是一个曾挎着书包，骑着自行车出入菁菁校园的风风火火的少年。

而现在，不论你是通勤、竞赛还是单纯玩耍，我们都可以尝试这样一种运动——自行车运动。自行车同样也会给诗人灵感，给作家素材，给音乐家旋律。美国第35任总统约翰·肯尼迪就曾这样称赞过自行车运动："没有什么比骑自行车更加简单的乐趣。"正因为自行车运动的普及和简单，"曹山慢城"不忘"养眼、养身、养心"的建设初衷，全力打造自行车运动休闲公园。

曹山自行车公园建成图

曹山旅游度假区的自行车休闲公园全程经过两个行政村落、四个自然村庄，途经姚河坝、上兴塘水库，生态环境优美。在曹山自行车休闲公园一路骑行，湛蓝的天空飘浮着朵朵白云，金黄色的阳光照耀着大地，空气中夹杂着青草和花的香味，骑行者们一边骑着自行车嗅着曹山旅游度假区的各种花香，一边欣赏沿途的风景，休闲观光。

一趟曹山之行，令游客们重拾起儿时的梦想，还透着润泽的光芒，时光似乎还在原地，一切都不曾老去，只要还有一颗骑着自行车的年轻的心，万事都来得及。自行车的记忆里，承载着一个人关于年轻和梦想的豪情。在"曹山慢城"，每天都可以来一场"怀想旧时光阴"的自行车慢行之旅。

曹山登山健身步道位于曹山棋盘峰，该峰海拔288米，因山顶有一平整四方的"棋盘石"而得名，传说为仙人下棋之所。江南的天空湛蓝清透，曹山的泉水淙淙流淌，澄澈清浅，走进曹山天然氧吧，可以让游客们放松心身，尽情感受大自然的灵秀与奇俊，特别是独具地方文化特色的景点故事更是为整条曹山登山健身步道增添了趣味性。

曹山登山健身步道

登山步道的修筑以保持原始地貌为主，道路种类有木栈道、石砌台阶、土台阶等。四条主线已基本完工，四条支线正在进行现场勘探工作。曹山中，可谓是"江上雪初消，暖日晴烟弄柳条"，进山的道路整洁幽静，各种叫不出名字的小花簇拥着开在道路两侧，蓝天白云，远山含黛，草木清香。此时的曹山，空旷、辽远、静寂、暖阳高照，那些缤纷的色彩无时无刻不在诠释着当地管委会的宣传语"七彩曹山"的内涵。游客们可站在通往山顶附近的某处高地上，放眼望去，茶园起伏，四野辽阔，不禁伸展双臂，微闭双目，唯念天地之悠悠间，聆听各种生命拔节涌动和生长的声音。此时已过清明，土地渐次松软，柳芽萌黄，春水渐丰，冬眠的生物抖落沉寂了一冬的倦意，野鸭们贴着水面浮游，一阵阵吹过大地的风，抚醒了山岭和河流。走在主线的台阶上，松翠曹山，溪水潺潺，鸟语花香，上兴美景，尽收眼底，游客们心旷神怡，相互交流，欢声笑语在山间飘荡。

"七彩曹山",充满了生命初绽时的律动,妙意无限。

3. "养心"之旅养生游,放松身心幽享上兴

养生首见于《吕氏春秋》,其曰:"知生也者,不以害生,养生之谓也。"养生包括心理养生、生理养生两大方面,前者强调精神层面的内在休养和平衡祥和的心理状态;后者注重身体上的放松和康复,以及身体机能的维护。要达到养生的目的,比较好的方法就是结合体育,从休息、运动、疗疾和益智四大方面将旅游项目、体育休闲与养生结合起来。

随着物质生活水平的提高,人们对追求"健康、愉快、长寿"的欲望越来越强烈,但单纯的养生已难以满足人们对高品质生活的追求。融合时下发展迅猛的体育旅游,康复养生休闲体育旅游应运而生,并开始在国际范围内成为一种趋势。

对于这种潜力巨大、发展迅速,且亟待成熟的朝阳旅游形式,上兴镇着力发展大健康特色小镇。将大健康资源与休闲度假旅游相结合,发展的关键在于依托曹山优势的生态环境,以旅游产业为龙头,通过旅游的搬运功能,根据旅游者、居民的消费需求,将健康疗养、医疗美容、生态旅游、文化体验、休闲度假、体育运动、健康产品、有机农业等大健康产业业态聚集与整合,打造康养服务吸引力,形成与健康相关的常住居民和旅游人口的养生度假居住等大量消费的聚集,通过完善城镇配套,构建产业园区、养生度假区、消费产业聚集区、城镇化发展区,带动本地就业,进一步推动旅游与大健康产业的融合发展,促进城镇化发展。

上兴镇区域内现代农业休闲观光产业开发基础较好,借助曹山的地理环境资源和已有的运动项目,较适合将上兴镇打造成康体型大健康体育特色小镇。目前曹山已有500亩以上规模体育休闲观光企业17家,累计投资4.18亿元,开发面积3.08万亩,日日春、白露山、紫竹林、天之福等一批特色鲜明的规模企业,以农业采摘为主的休闲农业企业正在逐步发展研究各种运动养生、美食养生。体育健

康产业与旅游产业有机结合，已经成为上兴镇经济发展新的经济增长点，为大健康特色小镇的发展奠定了市场基础。

曹山旅游度假区生态环境

在曹山旅游度假风景区，不少公司发展生态康复养生旅游，生态与养生有着天然的联系——养生首先在于环境。城市的废气、污染是人类生命的大敌，而生态的绿色环境是养生休闲的理想场所。上兴镇曹山优美的生态环境极其适合发展这种生态康复养生旅游。体育养生旅游不同于一般旅游，需要在观光游乐中开展养生活动，而且是以生态为手段的养生开发，如森林浴养生法、雾浴养生法、生态温汤浴法、生态阳光浴法等。

其中，常州日日春农业科技开发有限公司是上兴镇典型的一家由休闲农企向体育旅游休闲企业转型的公司。日日春公司成立于2006年，位于体育特色健康小镇上兴镇龙峰村，毗邻江苏省体育旅游项目产品——曹山慢城，自然环境得天独厚，外有104国道及341省道，交通便利。园区内现有特色餐厅及住宿、会议室、多功能厅、棋牌室、茶室、户外烧烤、休闲垂钓、水果采摘、射击、皮划艇、野外露营、休闲自行车、夏令营等项目，以及杨梅节等节庆活动、制作腊肠等娱乐体验项目。公司建设内容集种植、养殖、销售为一体，融合"生态与生产、观赏与休闲、娱乐参与"等旅游活动，体现"市场供应、示范推广、旅游观光、素质教育"现代生态农业四大"循环经济"功能。

公司建设积极响应江苏省特色体育小镇建设方针，充分利用上兴镇和曹山慢城特有的自然资源，以加快实现农业增效、农民增收为宗旨，以科技为支撑，以大力推进体育旅游休闲为主线，走"公司+科技+现代服务业"的发展模式，拓展出一条"农业+体育"的现代农业发展道路；营造出一方"绿水环保、芦荡深深、白鹭低飞、田园渔歌"的农牧生活；创造"健康、生态、绿色、环保"的现代体育运动健康生活模式；将农业生产、体育旅游、度假娱乐等活动有机结合，构建现代化的生态康复养生旅游项目。

（三）访谈对话

采访者： 南京体育学院　翟童、张启凡、许道超

受访者： 溧阳市文化广电体育局副局长　史伟光；溧阳市上兴镇人民政府社会事业服务中心主任　施静

问： 目前，溧阳市体育局是如何指导帮助上兴镇加快建设体育运动小镇的？

答： 在上兴镇，目前已然形成镇政府规划导向，溧阳市体育部门管理协调，社会资本和社会团体、中介组织积极参与，多方面融合发展的运动休闲产业运行机制。

为完善运行机制，加快建设运动休闲体育小镇，我们在三个方面帮助上兴镇。一是全力打造体育产业链。我们鼓励指导上兴镇把休闲运动产业作为一个产业体系，重点在体育健身娱乐、体育旅游消费、体育赛事欣赏、体育运动培训、体育用品销售、体育用品制造等方面做文章，并与旅游业、服务业、房地产业等产业融合发展，打造以"高端赛事—专业培训—户外活动—产品销售—旅游服务—旅游地产"为主线的产业链，提升体育旅游产业化程度，努力实现效益最大化，带动整个上兴镇的经济增长。二是全力推进体育信息化。上兴镇一直在坚持建设智慧体育，加大运动休闲产业信息化程度，对食、宿、行、娱、购、健进行组合打包，建成立体化的服务网络，并通过多种渠道和方式，运用各种市场策略进行宣传，使上兴镇以曹山慢城为特色的体育旅游、户外休闲广为人知。三是全力优化体育软环境。在加大政策保障制度，加大财政投入力度，加大人才支持力

度的同时，帮助上兴镇不断加强体育方面的宣传、管理、营销、服务、安全保障等软件体系建设，提升体育产业服务水平，构筑体育产业发展优势。

问： 目前，上兴镇建设体育运动小镇的过程中存在哪些问题呢？

答： 首先，上兴镇体育小镇建设规模偏小。上兴镇体育产业通过近几年来的发展已显成效，但是占全镇经济比重依然偏小，对经济增长的贡献份额还比较低。其次，上兴镇缺乏高素质体育产业人才。在运动休闲体育小镇的建设中，上兴镇缺乏高素质的体育企业家和体育经纪人，缺乏专业的体育营销人才和体育产品研发人才。最后，上兴镇政府推动体育产业工作机制还不够完善。上兴镇尚未形成成熟的多部门联动体系，体育产业配套政策亟待完善，融资难的问题依然突出。

问： 贵企业的经营是如何与上兴镇的"体育+旅游""体育+产业"的理念相结合的呢？举办了哪些活动？获益如何？

答： 近年来，我公司以科学发展观为统领，紧随上兴镇政府的领导，积极响应溧阳市委、市政府确定的"接轨南京"的目标定位，不断改革创新，扩增产品种类，开发新型旅游生态农业，严于律己，做常州市龙头企业的表率。公司处于曹山旅游度假区内，地处南京与溧阳交汇处，到常州、南京、扬州、镇江、杭州等地区仅需几小时车程，同时为多种交通方式如国道、省道、高速、高铁等，发展集中地区。因此无论是地理优势，还是交通优势都大大助力着本地区的发展。公司是农林果自然生态景区，是集土地整理示范、农业生态示范、环境教育、农业观光、休闲度假于一体的理想之园。

结合目前公司的优势，现已发展了多种体育休闲项目：丛林花海漫步，欢乐水果采摘；自行车慢赛，水上自行车竞速赛；户外露营探险，野外房车体验；悠闲沙滩泳池，激情沙滩排球；户外各类拓展培训；刺激水上运动项目——皮划艇。在经营过程中，充分利用现有地区优势与体育资源，使体育休闲与旅游采摘相结合。已举办多项体育活动：自行车赛、钓鱼比赛、帐篷露营大会、欢乐彩跑，以及全国舞龙、舞狮等赛事，使企业从中获得一定经济收益的同时，也取得了举办多类别活动的宝贵经验。近几年，公司大力研究试种各种水果品种，不断拓展种植技术，积累种植经验，并成功举办了五届曹山慢城采摘节暨日日春杨梅采摘节，推动采摘式旅游业的开发，吸引了大量游客，高峰时日游客量达一万多人次，拓展了农产品的销售渠道，已经成为溧阳市又一旅游新品牌。

（四）调研手记

体育产业是当今的阳光产业，各地都在响应中央的要求，积极推进"全民健身"，体育小镇的建立更是民心所向、大势所趋。由中央领导地方，地方响应中央，在大家的共同努力下，体育小镇高效建立，从而实现体育运动在全国范围内的蓬勃开展。

溧阳是长江三角洲地区一座著名的旅游城市，体育旅游无疑为溧阳的旅游产业注入了新的活力。在调研溧阳的体育特色小镇——上兴镇时，让我们印象深刻的不仅仅是溧阳的美景，那些结合了体育的新型旅游项目更是引人入胜。根据调研所见以及史伟光局长的深入介绍分析，使我们对溧阳的体育产业有了更深一步的了解。

体育小镇的建设，不可避免的两个问题应该是特色性以及可复制性。这两个问题看似是一对矛盾体，但是在溧阳，当地政府完美地将二者有机地融合起来。溧阳的发展分为南部和北部，南部为溧阳体育产业的发达区域，已经拥有完整体育产业链，主要以高端和精致为特色。而北部，如上兴镇，借用南部发展所积累的经验和优势，依托地形、资源优势，正在大刀阔斧的发展改革中。

总体来看目前江苏省的体育特色小镇的建设，体育与旅游，更多时候侧重点在后者，这样体育小镇的确能带来更多的经济效益，但是却将体育的社会效益功能弱化了。

目前，全国的旅游产业正在处于观赏性消费向体验型消费转型的过程中，体育如果是旅游的幌子，那么体育小镇的建设并不能带动全民健身的发展。所以，我们觉得体育小镇的建设中还存在孰轻孰重的一个掂量点。我们更倾向于将体育所能带来的社会效益最大化,因为只有将体育产业的发展基于全民健身的消费热情基础上,体育产业的未来才能有质的改变。

一、背景意义

建设运动休闲特色小镇是满足群众日益高涨的运动休闲需求的重要举措,是推动全民健身和健康中国的重要探索。在体验经济的背景下,运动休闲特色小镇重点突出体育元素,并深度融合健康、旅游、文化等产业,以点带面、全域布局,通过差异化和个性化的服务产品引导消费,为促进人们生活方式转变增添多样性,也为区域经济的发展注入新动能。

二、历史沿革

上兴镇位于江苏省溧阳市西北部,地处苏浙皖三省通衢之地,是一个有着千余年历史的文明古镇。近年来当地政府提出建设现代新型小镇的发展目标,建立起以曹山旅游度假区为核心的全域旅游发展模式,将现代农业开发与体育旅游进行深度融合,着力打造以运动休闲特色为主题的绿色生态经济,形成了"养眼""养身""养心"的上兴体育旅游3大亮点。

三、竞争优势

1. 资源禀赋

上兴镇位于江苏省溧阳市西北部,北接句容市,西邻南京溧水、高淳两区,地理交通极为便利。该镇具有丰富的土地资源,孕育了山幽林静、果园飘香、民风浓郁的乡村风光,水库塘坝众多,交织的路网、星罗棋布的茶园果园,纯天然的生态资源和宜居环境吸引了省内外众多游客。

2. 体育特色

在品牌时代，培育体育赛事活动品牌将是打造体育休闲运动目的地、提升体育小镇竞争力的关键。依托特有的自然和人文资源，上兴镇已经积极承办了中国·溧阳曹山自行车全国邀请赛暨2017年PDM自行车系列赛、曹山水果（杨梅）采摘节、第十二届溧阳天目湖旅游节户外嘉年华暨中国曹山露营大会等众多大型知名赛事活动，同时也积极开展群众体育活动，大力培育体育市场，提高上兴镇体育旅游美誉度，吸引更多的旅游人群来上兴镇游玩健身。

3. 产业集聚

上兴镇不断创新旅游业态、拓展新的领域、开发新的产品。根据旅游者、居民的消费需求，将健康疗养、医疗美容、生态旅游、文化体验、休闲度假、体育运动、健康产品、有机农业等大健康产业业态聚集与整合，通过完善城镇配套，构建产业园区、养生度假区、消费产业聚集区、城镇化发展区，带动本地就业，进一步推动旅游与大健康产业的融合发展，促进城镇化发展。

4. 制度保障

溧阳市委市、政府高度重视体育旅游的发展，将溧阳按照"全域旅游、全国一流"的标准去谋划旅游发展，并通过各种方式积极为旅游发展创造条件。上兴镇曹山旅游度假区已成为溧阳政府部门重点打造的区域，先后编制了《曹山现代农业发展规划》《曹山国际慢城旅游度假区总体规划》《曹山自行车公园规划》等多项规划来促进曹山的体育旅游发展，政府对曹山旅游度假区的企业从政策、资金、土地、营销推广等多方面给予大力扶持。

四、不足及对策

尽管上兴镇的体育旅游发展近年来已显成效，但当前阶段仍旧受到诸多瓶颈制约。首先，其产业规模占全镇经济增长的贡献份额依然偏小，尚不能产生规模经济；辐射和带动效应偏弱，产业附加值不高；在增加就业岗位和居民收入方面依旧薄弱，尚未能充分发挥体育在脱贫攻坚工作中的潜在优势作用。归根结底，则是在解决"目的地重游"和"旅游再消费"等问题方面缺乏深刻认识，为此当地体育行业的利益相关者们应当引起高度重视，通过打造品质化、个性化和差异化的体育旅游产品引导人们深度消费和积极消费，加深其对产品项目的形象感知和消费黏性。另外，当地政府和运营机构还要发挥工匠精神，不断将品牌做精做深，培育精众体育旅游市场，塑造文化内涵，凝聚消费群体的归属感和认同感。

其次，体育旅游公共服务体系建设稍显滞后。应当围绕旅游配套基础设施、交通网络等重点，加大资金投入，完善旅游集散中心、咨询服务中心、停车场、自驾车营地、旅游指示标识等旅游基础设施建设，增开旅游专列或班车等，进一步完善旅游通达性和便利性。同时，积极建立和完善旅游公共信息平台，为游客提供多样化的信息服务。

再次，缺乏高素质的体育营销人才和产品研发人才也是制约瓶颈之一。当地政府和企业应当加强人才引进和技能培训，并与相关专业院校密切合作，采取联合培养等形式为当地输送更多的专业性人才。

最后，不容忽视的是可持续性发展和绿色经济的问题，如何做到保证产业规模和效益增长的同时，不以对生态环境的破坏作为代价，这也应当纳入当地有关部门的长远规划之中。

（李海，上海体育学院教授，博士生导师。上海体育学院体育休闲与艺术学院院长，上海体育彩票研究中心秘书长，上海体育学院赛事研究中心博彩研究室主任，国家体育彩票管理中心特聘专家。）

第八章 江苏省体育健康特色小镇创建实录

六、畅游慢城，享受健康
——高淳桠溪国际慢城体育健康特色小镇创建实录

什么是慢城？慢城是一种更加宜居的生活模式：具有独特的地方感，拥有健康的美食、良好的环境、可持续的经济和节奏悠闲舒适的社区生活，环境清新优美，拥有服务于本地特色与个性的现代化产业，居民生活悠闲，政府重视环境保护，鼓励环保科技。"慢城"是放慢生活节奏的城市形态，指人口在5万以下的城镇、村庄或社区，反污染，反噪音，支持都市绿化，支持绿色能源，支持传统手工方法作业，没有快餐区和大型超市。根据"慢城"运动联盟的规定，成为其成员必须在城市人口、环境政策、城市发展规划、基础设施、食品生产甚至青少年教育等方面满足54项具体规定。

（一）案例简介

2010年11月于苏格兰召开的国际慢城会议上，桠溪"生态之旅"被正式授予"国际慢城"称号，桠溪"生态之旅"成为中国第一个"慢城"。实际上被世界慢城组织正式授予"国际慢城"称号的不是一座城，而是位于高淳区桠溪镇西北部一块面积约49平方公里的地区，当地人称其为"生态之旅"。截至2014年6月，全球已在29个国家和地区的189个城市成立了"慢城"，其中，发源地意大利已建立了74个慢城，德国也有12个慢城，全欧洲境内包括波兰、奥地利、西班牙、葡萄牙、挪威、法国、英国、瑞士等十几个国家都已加入。随着影响力扩大，慢城理念渐渐传入亚洲，最先诞生于日本和韩国。

桠溪国际慢城景区位于南京市高淳区桠溪镇西北部游子山国家森林公园东麓，由一条全长48公里的"生态之旅"观光道路贯通，盘旋于顾陇、瑶宕、穆家庄等6个行政村之间，涵盖了瑶池、桥李两大观光园区和大官塘、早园竹基地等众多景点，整体覆盖面积达80平方公里，其中核心区面积50平方公里，是一处整合了丘陵生态资源而形成的集观光休闲、娱乐度假、生态农业为一体的农业综合旅游观光景区。区内景色自然天成，质朴秀美，并将民间传说、文化古迹、自然风光有机结合，充分彰显了桠溪得天独厚的生态特色。

  桠溪国际慢城秉承了慢生活、慢休闲、慢运动的主体，真正让来游访的旅客切身地感受、融入到慢城"慢文化"的氛围中。慢城小镇项目占地232亩，总投资3.8亿元，将功能区划分为一带、一心、四区、多点的结构，将一条"生态之旅"划分为农业慢城、文化慢城、健康慢城、生态慢城四个区域。目前，"桠溪生态之旅"已经完成了初期的建设，畅通的慢行系统贯穿了漫山遍野的绿草和花卉，房车体验项目已完成一期建设，二期工程建设也正在紧锣密鼓地展开。此外，瑶池山庄等集体育、旅游、健康、休闲为一体的体育周边产业也已入驻。未来，慢城小镇计划引入露营之家全球服务中心、生态户外定向赛、热气球项目等特色赛事和旅游活动。桠溪镇将以正在逐步建设完成的慢城小镇为核心继续完善发展，从而让游客从多个方面感受慢文化的洗礼，全身心地沉入到桠溪小镇独有的生活节奏中去。

（二）做法提炼

  桠溪镇按照"宜居、乐游、智慧、文明"的总体定位，以"慢文化"为发展核心，立足于一、三产业相结合，为江苏体育健康特色小镇建设画上了浓墨重彩的一笔。

1. 桠溪生态之旅

  健康慢城让养生不再是传说。

  桠溪镇是江苏人享受慢生活的宁静一角，开展的体育项目多以慢休闲为主，旨在强调健康的生活，如自行车骑行、徒步、户外拓展运动等。此外，桠溪镇引进一些拥有极大潜力的体育品牌赛事，如露营之家、山地马拉松、定向赛等。

第八章　江苏省体育健康特色小镇创建实录

近年来，为不断满足人民群众日益增长的体育健身需求，桠溪镇加大了体育基础设施的投入步伐，22个村均建成300平方米的社区综合文体中心，共建成篮球场28片、健身路径81套、室内健身室3个。实现每个村篮球场全覆盖，健身路径自然村覆盖率接近40%。通过整合各村体育资源，桠溪镇组建了舞蹈队、篮球队、武术队、象棋队等体育健身队伍，并在每个村配备专业的社会体育指导员对健身队伍进行指导，定期组织广场舞比赛、篮球比赛、乒乓球比赛等群众体育活动。桠溪中心小学的机器人马球项目成为体育特色项目。

桠溪慢城在慢城文化上添加了体育的元素，将体育资源与旅游资源整合。行走在桠溪国际"生态之旅"的步道上，可以看见遍布四周的健身器材、球场和野外素质拓展区域。依托慢行系统的健身步道、自行车道、电瓶车道开展了山地马拉松、山地骑行、定向越野、真人CS、慢城彩虹跑等休闲体育活动。慢节奏的休闲体育活动更是为慢城的慢文化增添了一个全新的定义：慢并非静止的慢，而是动态的慢、活力的慢。慢生活也拥有洋溢的激情、挥洒的汗水。桠溪慢城完美地将体育与休闲生活结合到一起，体育运动非但没有冲淡桠溪慢生活的氛围，反而是相辅相成地促进了闲适氛围下的人们以一种健康的方式来享受生活的乐趣。休闲体育活动极大地提高了桠溪人的生活品质，同时也极大地提升了慢城文化内涵。良好环境的办赛场地能够极大地吸引参赛者参加，为慢城旅游淡季带来了新的经济增长点，是双赢的不二选择。

　　桠溪镇政府引进了房车体验项目,该项目由南京商旅集团旗下的南京文化旅游公司投资建设,该项目占地约140亩,预算投资8000万元,打造集房车露营、自驾游、休闲旅游为一体的旅游综合项目。目前一期项目已完成,于2017年4月开始对外营业,刚开业就吸引了不少游客。据统计,"五一"三天人均价格400元左右一晚的房车基地入住率达到了百分百。二期工程正在建设中,预计房车基地未来将提供停车位,自驾游旅客可自行驾驶房车来到桠溪镇。

　　此外,桠溪镇的体育周边产业也开始了蓬勃发展。枕松酒店、姑妈家庄园、归来兮度假庄园等一批集体育、旅游、健康、休闲于一体的体育旅游项目入驻,形成慢运动体育旅游产业体系。体育制造业方面,航塔旅游用品、爱沁缘服饰、华景旅游用品三家体育用品制造企业建成投用,形成独具桠溪特色的体育制造业,三家企业固定资产共12605万元,产业从业人数1180人。

　　农业慢城为你我悠闲生活。

　　整个桠溪镇仍然保留了最基本的农业发展,围绕打造长江之滨最美丽乡村,村民们引入最新的种植技术,发展高效有机农业,打造了万亩有机茶、万亩早园竹、万亩苗木、万亩有机食品、鲜莓园、瑶宕葡萄园等农业观光园和生态示范基地。一方面科学高效的农业种植提高了村民们农作物贩卖的收入,同时也可以在景区中开展游客采摘活动,既让游客们品尝新鲜自然成熟的瓜果也让游客们切身融入农家生活,享受慢城的悠闲生活。另一方面千亩向日葵园、千亩薰衣草园、千亩梨园、千亩有机茶园、千亩红枫、万亩油菜花等四季大地艺术景观,使48公里生态路一年三季鲜花不断,大大提升了"生态之旅"观赏度,并在此基础上形成了一年一度的"国际慢城金花旅游节"和"国际慢城大地艺术节"两个特色节庆。

生态慢城点亮南京最美后花园。

高淳桠溪镇,作为中国第一个国际慢城有其独特的环境优势,这一地区地处苏皖两省溧阳市、高淳区、溧水区、郎溪县四区县市交界处。这里是茅山、天目山山脉的会合地,是太湖、长江水系的分水岭,植被覆盖度高,物种丰富多样,生态环境优越。整个生态之旅沿线时而依山傍水,时而穿林越山,沿途郁郁葱葱、鸟语花香、尽显田园风光、山林情趣,让游客领略到登山揽胜、赏竹观松的乐趣。而且桠溪镇坚持绿色生态的发展观,不以牺牲环境为代价发展经济,桠溪慢城区域都不允许建设大型的娱乐设施和快餐店,营造了一种祥和安宁的缓慢氛围,让游客们得以从喧嚣的城市生活中解放出来,提高生活质量,享受慢生活带来的乐趣。

春季是桠溪镇最热闹的日子,一般每年3月最后一个周六是油菜花节开幕的日子,盛开在满山遍野的油菜花吸引了来自全国各地游客驻足。春天的高淳是美丽的,风很柔和,空气很清新,太阳格外温暖,大田里的油菜花像一片海,星罗棋布的民宅是大海里不沉的舟,走在花丛中,仿佛置身金色的海洋,奔跑起来,心情也会格外舒畅。交错纵横在花海田野间的,是高淳区政府投资修建的骑行系统,3米宽的小径两旁植上了浅紫色、深粉色的小花,吐露着盎然的生机和悠闲的气息。慢行系统两侧是源源不断的花海,在天空下拓展,没有山丘,像惊涛骇浪日子里的海一样平静,你可以任意背靠着花海间的一棵树说一早晨的话,发一下午的呆,数一晚的星星。

打造文化慢城,提高非遗项目知名度。

高淳有着历史文化名城珍贵的历史遗存。境内薛城遗址已有6000多年历史,伍子胥在高淳开挖世界第一条人工运河——胥河,孙权在高淳建有保圣寺塔,周瑜曾在高淳操练水兵……吴风楚韵的历史文化积淀,造就了高淳诚信朴实的淳朴民风。"跳五猖""大马灯""送春"等众多古老的文化活动在高淳得到传承，高淳对民俗文化资源的保护和发掘，符合慢城提倡的原生态文化保护的理念。

"生态之旅"沿线的文化资源也十分丰富，有省非物质文化遗产"卞和望玉"的望玉山、省文保单位牛皋抗金的南城遗址、市文保单位永庆寺、刘伯温开挖的大官塘、岳家军的操兵场遮军山、张巡纪念馆等景观，"生态之旅"将生态优美的自然风光和人文景观串联起来，赋予了"生态之旅"文化内涵，沿途不仅可以享受大自然的馈赠，也能感受历史文明的绚烂。

每到重大节日，高淳民间团队便会表演"跳五猖"，百余位居民各自扮演挑篮、扛旗、敲锣、打鼓的角色，鞭炮齐鸣，一派欢腾景象，这也是高淳桠溪镇的特色项目之一。"跳五猖"是一种历史悠久的汉族传统民俗文化活动，这一仪式是因江苏南京高淳胥河两岸古代村民对西汉张渤开凿长兴荆溪河，引流至广德的功绩崇敬与缅怀而设，是江苏省非物质文化遗产。

高淳民间"跳五猖"具有悠久的历史，它是在楚汉文化的基础上附有傩戏驱纳祥的性质。出场由5个手持华盖的壮汉入场站定，接着4名衣着袍服、头戴面具、步态不一的表演者排成一字上场。而随后入场的身穿铠甲、肩插金翎、手持双刀的5位才是真正的主角——"五猖者"，众多表演者在场上或行或舞或趴或跃，跳着各种寓意的舞蹈，其中有祈求吉祥和平的排字"天下太平"等阵式，最多时上场表演者达100余人。"跳五猖"这一古代遗留的祭仪，将中国古代阴阳五行学说形象地运用在天人合一的思想理念上，带有浓厚的宗教多神的神秘色彩，是巫、傩、道、释多元思想的表达，充分体现了这一祭仪创立者的宇宙观和宗教心理，是汉民族古代民间信仰仪式中弥足珍贵的重要文化资源。

2. 固城湖水慢城

水慢城自然景观优美，山湖相拥，人文历史底蕴丰厚，旅游业态丰富，水产养殖业发达，以固城湖大闸蟹为知名品牌。有圩田文化、渔文化、慢文化和船文化；有闻名遐迩的高淳古八景：丹湖秋月、固城烟雨、石臼渔歌、官河夜泊、龙潭春涨、东坝晴岚、保圣晨钟、花山樵唱；有高淳四宝：四方宝塔一字街，倒栽柏树白牡丹；还有"跳五猖"、大马灯等民俗传统文化。以水慢生活休闲度假为旅游核心，有机农业休闲业发展为引擎，以渔家文化休闲为支撑，酷享运动产业为全季衔接，湿地休闲为基础，力求发展一条具有独特区域文化烙印的产业发展之路。

美丽湿地成为现实版世外桃源。

沿着全长7.7公里风景美丽独特的环湖路，一路行驶，道路两旁绿树成荫、繁花似锦，融会贯通的水系将园内的每一个景点串联起来。试想一下，奔跑在这样的绿道中，定会有种别样的轻松滋味，新鲜的空气、湖面自由自在的野鸭白鹭、秋季唯美的芦荡、路边悄然生长的花朵，你心里所向往的一切都在这里。在一片占地百余亩的花海里种植着菊花、马鞭草、郁金香等多种花卉，并设置多处景观氛围类小品和多种风格的生态建筑小品，极具浪漫气息。即便有些花不在花期，园中的秋色都不会让人大失所望。不少拍婚纱照的新人和来此约会的情侣，也成了整个园最独有的"浪漫气息"。又是一年秋冬季，观看枫叶流水，感受幸福味道，是个不错的去处。

除此之外，固城湖水慢城还打造了一眼望不到边的荷花园，让人由喧嚣的城市迅速进入了一个充满乡野情趣的地方。"漂亮女孩""友谊牡丹莲""剑舞莲花"等近百种名贵荷花品种，各有魅力。架设在水面之上的观光小桥是时高时

低，一会儿紧贴水面，荷叶与荷花没过人膝，人走在路上宛如走在叶海花丛之中；一会儿又高出荷叶，好似踏荷而行一般。无论是乘坐乌篷船还是竹筏都是十分不错的游玩体验，伴着荷花的芬香，不经意间便可消烦去躁，平添了几分惬意。紧邻百亩花海的黄金沙滩是亲子、好友娱乐嬉戏之地。6颗标志性的棕榈树，日落那一刻，奇景绝色，像不像童话故事中才有的场景？躺在沙滩上看着碧波绿水、湛蓝天空、摇曳的芦苇，听着白鹭歌唱，真正地放空自己，畅玩到底。在沙滩附近的浅水区域，你可以踩踩水上自行车、玩玩脚踏船，各有各的玩法，每一个人都可以在这里找到属于自己的欢乐时光。

继续往前走，扑棱棱惊起岸边的一群白鹭飞入另一边的芦苇荡里，和漫无天际的芦苇荡组成了最富有诗意的一幅初秋美图。此时的芦苇荡和夕阳水面一色，整个初秋都暖洋洋的，顿时重拾小时候的记忆。在绵绵河水的润泽下，200亩青葱芦苇荡，春天芳草遍地，夏日绿波万顷，秋季芦花满天，隆冬百鸟酣栖。一年四季，无论何时芦苇风情让你尽收眼底。游客不论是通过游步道在芦苇荡里漫步，还是乘坐小船在芦苇荡间漂荡，这里的美景都是惹人羡慕的！

3. 度假慢体验：闲云野鹤互动体验并存

这里的动物园环境堪称完美，各种野生动物更是让你应接不暇。动物园中的鹤园占地近2万平方米，华东地区最大。全钢结构打造的华东地区最大的恒温恒湿鹦鹉馆是最豪华的，逼真的假山、蜿蜒的空中栈道和郁郁葱葱的热带植物，为鹦鹉们提供了最舒适的居住环境。这里占地面积共24.3万平方米，由鳄鱼馆、猛兽区、灵长馆、食草园、火烈园、鹦鹉馆、鹤园、天鹅湖和孔雀园九大展馆组成，共饲养了丹顶鹤、火烈鸟、黑天鹅、斑头雁、金丝猴、蓝孔雀、扬子鳄、红绿金刚鹦鹉、黄颊长臂猿等数十种共700多只动物。

最诱人的一定是互动体验的乐趣，那非戏渔谷莫属！戏渔谷位于湿地度假区的北部，临近动物园。园内景观别致，小桥流水，花草芬芳。游客在这里不仅可以观赏到各式各样的鱼，还可以体验喂鱼、捕鱼的乐趣。还有钓虾蟹、徒手捕捉、烧烤餐饮……无论大人小孩，都可以玩得尽兴！还有水上极限运动、水上自行车等，每个来这里的人都可以纵情撒欢，一定不枉此行。

水上慢休闲造就渔舟唱晚的清新惬意。

固城湖是高淳人民的"母亲湖"，水质清纯、物产丰饶，素有"日出斗金"的美誉，尤其是固城湖螃蟹，名扬四海。固城湖沿岸青山流翠、风光秀美，有全省面积最大的湿地公园——固城湖国家城市湿地公园，有水乡风情浓郁的迎湖桃源度假中心，有全国首家河蟹生态养殖标准化示范区，更有"亲水显绿、自然雅致、功能完备、彰显生态景观"的湖滨大道风光带。固城湖旅游度假区拥有以大湿地、大湖泊为代表的自然资源，山水文化、农耕文化丰富。未来，固城湖水慢城将通过湖、圩田、渔文化、水慢生活、特色农业等元素，着力打造具有固城湖特色的乡村威尼斯休闲旅游小镇。创建水上乐园，在公园范围内，将进行环湖道路、市政、景观绿化、游客接待中心等基础设施建设，并引入企业合作开发水上主题乐园、休闲购物广场、游艇俱乐部、度假酒店等商业项目。充分挖掘水文化与渔文化，将文化有机植入产业发展，促进区域有机农业升级到休闲体验农业，联动水慢生活核心区，营造完备的旅游集散中心，以"水上慢生活"为导向，拓展亲水休闲度假产业的发展，并强化针对商务、会务、分时度假以及水上运动休闲等中高端市场需求，高起点、高品质配套休闲度假设施，完善旅游产品结构、拓展旅游产业链，积极争取打造省级旅游度假区。

国际赛事大大增添小镇活力。

节日赛事方面，水慢城将以"树立形象、打造品牌、积聚人气及创造活力"为原则，按照一年四季特征以及自身条件设计出具有固城湖特色和参与性的节庆活动计划。如一月举办烟花节、高淳文化旅游节，二月举办国际养生文化博览会和高淳美食节，三月举办国际武术交流会和定向越野扩展训练赛，四月举办国际马术运动训练赛、国际攀岩运动大赛，五月举办国际垂钓大赛、环湖自行车赛，六月举办高淳荷花节和湿地生物博览会，七月举办龙舟赛和国际赛艇邀请赛，八月举办国际铁人三项、学生交流夏令营，九月举办国际帆船邀请赛、七彩田园花海节，十月举办固城湖螃蟹节、国际高尔夫邀请赛，十一月举办环湖马拉松、F1卡丁车大赛，十二月举办长三角文化交流论坛、农产品贸易交流会。围绕螃蟹产业、乡村休闲、文化艺术、商务项目四大板块，设置了丰富多彩的活动。固城湖蟹王蟹后争霸赛、品质慢生活读书分享会、固城湖杯国际帆船赛、最强网红深度游高淳、慢城房车露营大会、全球生态旅游大使慢城行、金秋邂逅万人自驾游、长三角乡村旅游创客大会……各种精彩活动等你来体验。

（三）访谈对话

采访者：南京体育学院　江月、潘青、王子龙

受访者：南京市高淳区桠溪镇政府宣传委员　王翠香等

问：桠溪镇被称为国际慢城，您能向我们解释一下"慢城"这个名字的由来吗，如何打造出慢城的氛围？

答：国际慢城桠溪"生态之旅"处于高淳游子山国家森林公园东麓，是一处整合了丘陵生态资源而形成的集生态观光、农事体验、高效农业、休闲度假为一体的农业综合旅游观光区。

慢城指的是放慢生活节奏，是对生活的回归，是发展方式的转变，通过建立慢城农场将原始的生活方式展示给游客，吸引游客的参与。支持传统手工业保护生态环境，没有大型娱乐化设施，让前来的游客放慢身心，倡导一种绿色的发展方式，生态环境宜居。

在建设体育小镇的过程中一定要立足本区域特色，避免同质化，同时要注重保护本土文化。在体育产业迅速发展的今天，要将体育元素加入产业发展中，加大公共体育设施的投入力度，方便居民运动，提高居民的参与度，让他们能够真正地享受到自然的生活。

桠溪镇是享受慢生活的地方，开展的体育项目多以慢休闲为主，不是竞技体育，强调的是健康的生活，如自行车骑行、徒步、户外拓展运动，引进一些赛事做成大的体育品牌赛事，如露营之家、山地马拉松、定向赛等。

问：目前江苏有14个特色体育小镇，有体育+旅游、体育+养生、体育+时尚运动、体育+文化、体育+赛事、体育+科技等形式，您认为桠溪镇属于哪一种呢？相比于其他的体育小镇，有哪些资源上的优势呢？

答：体育+旅游+养生，桠溪是中国首家国际慢城，主打慢文化，站在国际的视角平台更广阔，由于自身生态环境的优势，桠溪发展乡村旅游宜居宜游，交通便利出行方便，网络全覆盖，现代化设施齐全，在政府的引导下学会享受慢生活，保护慢文化。

问：桠溪镇"三分山、两分水、五分田"的生态黄金比例以生态环境优美闻名，你们是如何保护小镇的生态环境的？经济建设和环境保护之间是否会出现矛盾？桠溪的旅游资源是否会被过度开发，失去"慢城"的本色？

答：控制景区的人流量，建立大型停车场，禁止车辆进入，提倡人们徒步慢游小镇风景。桠溪在招商引资的时候会引进适合小镇发展的项目，拒绝工业进入桠溪慢城区域，注重养老养生、休闲度假的产业发展，如归来兮酒店等。经济发展要建立在保护环境的基础上，坚定地走绿色发展的之路。

问：每个新事物在发展之初都会遇到各种各样的困难和阻碍，在建设体育小镇的过程中，你们遇到过什么样的难题？是如何解决的？

答：桠溪作为"南京的后花园"，服务着全南京乃至全江苏百姓，但生态建设发展基础设施投入资金不足，目前通过慢城公司贷款缓解问题，此外还存在国家土地审核指标紧、审批速度慢的问题，项目推进阻力大。希望能获得在资金、用地指标方面的倾斜支持。

问：体育小镇的建设对当地居民的生活是否有影响？居民们有没有参与到体育小镇的建设中来，你们是如何鼓励他们加入的？

答：有影响，以前小镇上的青年人都在外打工，只有老年人在家通过种植农作物自给自足，自从发展了体育小镇后，许多青年人也回到家乡开起了农家乐，既满足了生活的需求也能够享受阖家团圆的幸福。

前期小镇建设时，政府引导6家农户开农家乐，帮他们翻新房子、帮扶建设，让他们在家门口就能赚钱，现在整个桠溪已经有100多家农户开起了农家乐。

（四）调研手记

桠溪生态之旅沿途平静而素雅的美景定格了我对这个体育健康特色小镇的第一印象：简直是世外桃源。这里并没有大型的娱乐设施，但引入了足够多的健身器械，坐在景区电瓶车上放眼望去，绿草和野花覆盖了我面前的所有土地。我不禁在脑海中想象自己该如何在这里度过阳光明媚的某个假日，和家人们来次愉快的野炊，和朋友们嬉戏玩笑打上半个下午的篮球，抑或是在晚上与爱人举杯小酌。

我们选在了5月的最后几天到达桠溪镇，也许是时间不对，油菜花已经结束了绽放，荷花们还在水中酝酿着盛开的情绪，陪我们度过初夏的只有路边些许不知名的小花儿。今年，固城湖水慢城的百亩花海竞相斗艳的场景没能如期而至，据园区管理人员介绍，兴许是在泥土翻新时遇上了极端天气，今年撒下的种子有些怠慢了游人，但好在去年的花种们相当争气，即使略有些稀疏，但泥土中红的紫的伫立在草间的小花，还是让人一眼望不到边，多少维持了"海"的样子。

初夏的午后，阳光炙烤着大地，低气压叫人喘不过气，我甚至没有足够的耐心逛完固城湖水慢城的整个动物园区，嫌热的显然不止我一个，这不，老虎也跑到湖中游泳乘凉去了。不得不承认，固城湖水慢城的设计独有一番精心特别之处，既考虑到了男人热衷的水上运动，也加入了女人们离不开的花花草草，更没忘记引入孩子们最爱的小动物们。据了解，桠溪镇的客流量主要集中在春秋两季，而在夏冬季节，整个园区都鲜少看到游客的足迹，在我看来，客流量分布明显不均大概算得上是桠溪国际慢城面临的严峻考验之一。

小镇名气越来越旺，客流量也逐步攀升，桠溪人当然不会放弃从中看到的商机，农家乐数量从最初的全镇6家扩展到了如今的100多家，仅大山村就开了48家农家乐，走在乡间小路上，不时能听见村民们热情的吆喝叫卖声。但是淡季的农家乐足以维系家庭生计吗？目前，大多村民们选择在春秋两季回到家中经营农家乐，夏冬季节，家中的壮年们返回城市务工。显然，只有均衡了季节客流，村民们"候鸟式"的生活方式才有可能得到改变。如何走出眼前的困境？是增添遮阳避暑、取暖恒温的基础设施，还是开发夏冬季节特有的运动项目？桠溪镇依然任重而道远。

专家点评

有人说，"慢城"意味着建立一种放慢生活节奏的城市形态。中国首个"慢城"刚刚正式亮相，可"慢城"概念却迅速俘获人心。高效率、快节奏的工作和生活压力已经使现代人远离了自然、本真与舒适。城市化的高度、快速发展更是把现代性的扩张延伸到对空间的利用与争夺中。追求绿色生活方式、反污染、反噪音、支持都市绿化、支持传统手工方法作业、不设快餐区和大型超市……"慢城"的出现，让已经长久被高速"城市病"折磨的都市人，几乎看到了心目中的世外桃源。

高淳桠溪镇拥有"国际慢城"的称号，自然和生态环境非常好，很适合推行"慢"的生活理念和方式，在体育元素方面做了很好的考虑。笔者认为，在江苏体育健康特色小镇创建上，可以有很大的提升空间，但尚需深入思考如下问题：第一，是慢文化，这个慢的文化主要的核心内容是什么？该以哪些方式来呈现？建议要突出现代生活品质的内容，特别是涉及体育元素的时候，不仅仅是"体育运动+"，不是简单的赛事安排，运动项目的选择不仅要符合地域特点还要符合消费者的特点，为此，应该深入思考体育赛事选择依据究竟是什么？倡导以"慢文化"来带动"慢内容"，不仅是体育的内容，还有中国传统体育项目。第二，中国传统文化项目中有很多养生的东西，慢与中国传统文化是很一致的，如静养、养心，中国传统体育文化以静为主，与国外以肌肉锻炼为主有很大的区别。慢文化如何与中国传统文化相结合，如何强调中国传统文化由静到慢的衔接是国际慢城高淳桠溪镇创建体育健康特色小镇过程中一个非常重要的议题。第三，体育项目的选择。在慢文化中，有哪些项目可以选择？现有运动项目是否符合慢文化的特征？可以根据慢文化的特征来筛选体育项目，具备慢文化的体育项目是可以贯穿全年的。第四，慢文化的体育产业链打造问题。围绕高端体育养生与慢文化如何结合，变成一个常态性的产业链。如安徽九华山、廊坊开发区的国际酒店做得特别好，其关键是要形成一个慢的产业链。第五，是强调配套方面，基础设施、专业方面的配套如何能突出慢的主题，围绕慢文化的内容该如何规划设计，是国际慢城高淳桠溪镇值得思考的问题。

（谭建湘，华南师范大学教授，博士生导师。国家体育总局体育社会科学重点研究基地副主任，华南师范大学民族体质与健康研究中心副主任，国家体育事业"十二五"发展规划课题组专家。）

七、"生态体育+"引领时尚运动新潮流
——宿迁晓店镇体育健康特色小镇创建实录

传说隋炀帝凿通大运河后,要五百名童男童女为他拉纤去扬州看琼花和美女。途经骆马湖,见天色已晚,便决定在这儿住一晚。谁知夜半时分,周围蛙声一片,扰得皇帝睡不着觉。于是乎这个贪玩好色的昏君就下令,所有的青蛙都不许叫,否则格杀勿论。青蛙们慑于他的淫威,气得直鼓肚子却再也不敢叫出声来,于是宿迁当地就流传着"骆马湖的青蛙——干鼓"这么一句歇后语。时至今日,骆马湖的青蛙是否还"噤口不言"我们无从得知,但是它的所在地——晓店镇的时尚体育的发展还是有目共睹的。

(一)案例简介

晓店镇位于宿迁市湖滨新区核心区域,是座下镇,也是宿迁市的北大门,南与宿迁市主城区仅一河之隔。它环抱着省级旅游度假区骆马湖,坐拥国家级森林公园三台山,可谓"三面环水、一面抱山",山水相映、风光秀丽。全区景区(点)和体育产业项目有三分之二坐落在晓店镇辖区。晓店镇辖区面积约为196平方公里,其中水域面积110平方公里,总人口约为5.6万人,2016年全镇实现地区生产总值达20亿元,各项产业尤其是体育产业发展初具规模,在全市乡镇中综合实力排名保持在前10名。近年来先后摘得江苏省卫生镇、江苏省特色景观旅游名镇和江苏省生态乡镇等"金字招牌",目前已通过国家卫生镇初审。

回顾过去的五年,晓店镇时尚体育繁荣发展,共成功举办了20多次大型时尚体育赛事,形成了多项品牌赛事。2011年宿迁市唯一一家马术俱乐部在晓店镇注册成功,并于2015年4月成功举办骆马湖马术邀请赛。2013年9月,第一届国际生态四项赛在骆马湖畔开幕并完美收官,至今已连续举办4届。2013年10月20日,江苏省定向锦标赛——短距离定向赛在湖滨公园召开。2014年10月,全国定向冠

军赛在三台山召开。2015年，中国青少年高尔夫未来之星赛在骆马湖乡村俱乐部高尔夫球场开赛。除此之外，还有汽车越野赛、绿色骑行活动赛、三台山森林运动节、户外千人健身行、全民广场舞大赛等。并将赛事与旅游业相结合，形成体育赛事和美食节、音乐节、渔火节相结合的健康体育氛围。

近几年来，在江苏体育创新发展的新思路、新政策、新举措的快速推进下，晓店镇响应"全民健身"的国家战略，顺应"两聚一高"的目标要求，遵循"三个全面"的战略布局，形成了建设沿湖体育生态园，形成生态体育赛事举办基地，聚集新型体育体验基地，完善生态体育产业园，开发晓店镇区群众体育健康公园的五个发展思路，并以"户外运动休闲、体育赛事活动"为特色方向，打造时尚体育赛事，为"强富美高"的新江苏添砖加瓦。在去年10月份的江苏体育产业大会上，宿迁市湖滨新区晓店镇成为省体育局首批的8个体育健康特色小镇的其中一员，为宿迁市打造时尚体育城市写下了浓重的一笔。

立项以后，晓店镇依托湖滨新区四大主体工程建设优势和高校园区、中小学集聚的资源优势，累计投资30多亿元，拥有20多家大中型各类体育场馆，逐渐成为全市的体育场馆中心、新型体育项目体验区、大型赛事基地。资料显示，晓店镇辖拥有1个大型体育场馆，4个中小型体育场馆，1个沙滩运动场，高尔夫俱乐部、马术俱乐部、游艇俱乐部各1个，1个温泉休闲运动区，1个自驾游基地，2个国际生态四项赛基地，1个汽车越野赛基地，在建扩建的体育公园、运动区有4个。

经调查，晓店镇的资料基本属实，大部分基础设施已经建成。但是，晓店镇的体育产业运营模式尚未成熟。调研人员发现，晓店镇虽然已经建成了各项赛事基地，也形成了自己的品牌赛事，但令人惋惜的是，晓店镇的许多赛事还未盈利，有的甚至亏损，需要政府的补贴。当问及体育特色小镇如何运营时，对方表示暂时还没有明确的路线，只是摸着石头过河。然而自古成功在尝试，新事物在发展之初难免会磕磕碰碰，唯有勇敢地尝试，不断吸取经验，才能创造出一条适合自己的路。目前，我国体育特色小镇的建设仍处于初级阶段，各个体育小镇更应该以我为主，相互借鉴，建设出更多成功的体育特色小镇。

骆马湖乡村俱乐部

（二）做法提炼

1. 生态体育一体化：依山傍水建设赛事活动基地

树叶沙沙响，因其有风来。这正如柏拉图所说的，"每一生成或被创造的事物必然是由于某种原因而造成的，因为没有原因，任何东西都创造不出来。"而晓店镇体育健康特色小镇的成功打造也离不开它的硬件——生态资源。

在发展体育产业时，晓店镇选择因势利导地运用当地的生态资源——骆马湖和三台山。骆马湖又名龙马湖，是江苏省四大湖泊之一。骆马湖地跨徐州、宿迁两市结合部，湖区北起堰头村圩堤，南至扬河滩（宿迁市）闸口，西连中运河，东临马陵山南麓——嶂山岭，平均宽13公里，总面积375平方公里。中国北方干旱，湖不多；南方水多，湖不清。唯有华夏居中的宿迁既多大湖又没有污染，而骆马湖就是其中之一。著名歌唱家宋祖英曾演唱过《清清的骆马湖》这首歌来歌颂它。骆马湖湖水清澈甘甜，水质常年保持在国家二类标准。和宿迁另一大湖洪泽湖一起，被誉为华东地区的"两盆清水"。湖畔空气清新，达国家一级标准。由此，宿迁市政府常务会议专题研究通过《时尚体育概念性规划》，在骆马湖建设了水上与户外运动中心，形成生态体育赛事举办基地，包括生态四项赛基地、省级定项锦标赛举办地、骆马湖水上赛事路线、环湖自行车赛基地、湖滨浴场等。

另外，市政府还建设沿湖体育生态公园，包括上相湾游艇港湾、山水绿廊运动公园、水上森林运动区、浴场水上运动区、沙滩运动区、环湖大道自行车专用道及运动步道区等。聚集新型体育体验基地，包括骆马湖乡村俱乐部高尔夫球场、成功马术俱乐部、游艇俱乐部、晓店温泉休闲运动中心、自驾游基地，以及奥林匹克体育会展中心等大规模的运动中心。为进一步发展体育产业，市政府还完善生态体育产业园，包括三台山户外拓展基地、高尔夫培训机构、青少年国防培训基地、永峰体育工程企业等。开发晓店镇区群众体育健康公园，包括体育健康公园、广场舞运动广场、笼式足球场等。目前，沿湖运动公园、镇区群众体育公园正在建设，其他大部分产业已成形并对外开放。

骆马湖向东4公里，即是三台山，又名三台山风景名胜区（三台山森林公园）。三台山是一个自然与人文相结合的大型景区，距市中心7公里，总面积10450亩。此处属层峦叠翠的丘陵岗地，最高处海拔73.4米。境内峰峦起伏，沟壑纵横；碧水小湖，森林幽古，形成特异的风光带，被称为"江苏的西双版纳"。著名的宿迁八景中的"三峰夕照""葡萄醉月"二景即在园区内。

2015中国森林旅游江苏行·三台山森林公园核心景区开园仪式在5月1日隆重举行，将三台山森林公园分为三个核心景区——晴翠湖景区、碧波镜湖景区和衲田景区。晴翠湖景区，石径、石台、石壁、石坡与自然山水相映成趣；碧波镜湖景区，"湖、亭、廊、荷、桥、堤"为镜湖增添几分古韵古香；衲田景区，以花田和生态民俗村为主，以花海闻名，通过山、田、水、石四种方式进行拼接，"田"即为花，花作于田中，自有一种巧夺天工的朴素美。通过《时尚体育概念

第八章 江苏省体育健康特色小镇创建实录

性规划》，宿迁市政府将三台山森林公园中连缀着几个核心景区的道路设为马拉松赛道，并利用三台山的丘陵地势，建设登山步道和房车营地，设计三台山越野赛路线等，充分地利用了晓店镇的自然资源。

为聚集时尚体育元素，完善城市功能。宿迁市还将以奥体中心周边场地为主，重点建设攀岩场地、轮滑赛道、基线库跑赛道、户外拓展场地等；在三台山森林公园将设滑翔伞滑道，配套仿真娱乐飞行体育设施；继续推进生态体育公园、水上公园、足球主题公园、极限运动公园、定向主题公园、自行车主题公园、蹦酷主题公园、智慧体育公园八大体育主题公园建设。

生态四项户外运动精英赛

2. 赛事项目多元化：包罗万象打造时尚体育赛事

"世上没有比结实的肌肉和新鲜的皮肤更美丽的衣裳"，而这一切都来源于运动。试想，如果你漫步于空气清新的骆马湖畔，看清风徐来，水波不兴；或是慢跑在花海云集的三台山上，观灵山秀色，空水氤氲。微风拂过，空气里夹杂的都是花与草的清香，每一次吐气、吸气，都是与自然的交融，这样的运动，怎一个"美"字了得！而晓店镇让这一切都成为现实。

2014年3月，宿迁市志愿者总会、宿迁阳光志愿者协会和宿迁户外网等共同发起"倡导低碳环保出行，建设文明卫生宿迁"千人环保公益行活动，秉着"节能减排，绿色出行"的生态理念，以实际行动为宿迁"三创联动"工作助力加油。活动发起人之一——志愿者汪奕秀介绍说，活动在各大网站及公益平台发起后，得到了广大市民和志愿者的热烈欢迎，一周时间报名人数便达1200人。在活动中，记者看到，虽然每个团队的服装不同，但是阳光和欢乐都共同洋溢在大家脸上。值得一提的是，此次活动沿途还设置了5个活动微站，分别开展了清捡垃圾、创卫宣传、文明引导、水资源保护、美景随手拍等生态环保体验活动。每个微站完成任务的人将获得徽章一枚，如果全部完成的话，前100名将获得绿色盆栽一份。活动结束后，初"徒"者直呼"过瘾"，老"徒"者也为有越来越多的同行者感到高兴。同时，"全民健身"和环保的理念也更深入人心。

为推动时尚体育迈出坚实的步伐，宿迁市还依托已有资源，打造了一系列赛事，形成了"1+×+1"的时尚体育赛事体系。"1个国际时尚体育周，国际生态四项赛、瑜伽、帆船、力量举、高尔夫、极限运动等若干项品牌赛事，还有1个宿迁市民时尚运动联赛。"宿迁市市长王天琦说。而其中的"×"，即若干项品牌赛事在晓店镇落地实施。除户外千人行，晓店镇还打造了其他品牌赛事，如生态四项赛、三台山全国定向冠军赛、汽车越野赛、骆马湖马术邀请赛、全国青少年未来之星高尔夫球赛、绿色骑行活动赛、三台山森林运动节、全民广场舞大赛。

关于时尚体育的定义，王天琦说："作为一种以时间和流行趋势为划分的体育形态，时尚体育包涵了被人们普遍接受、最为流行的，以健身、健心、健智、娱乐、休闲、社交为目的的社会体育项目。"他还说，因其大众性、流行性、休闲性等特征，除能满足一般体育运动健身要求之外，也代表了未来的潮流方向，为社会大众所喜闻乐见，加上与之配套的服务厂商和运动赛事较多，因此市场前景十分广阔。又因为其所具有的开放、活力等特质，一旦形成产业规模，能够成为激发城市活力、塑造城市品牌的"催化剂"。而晓店镇的实际成果也证明了这一观点。

发展各项时尚体育赛事，不仅能满足人民体育需求的多样化，还能带动"体育+制造""体育+培训""体育+旅游""体育+互联网"等多种"体育+"产业的发展。如生态四项赛汇聚了"骆马湖横渡""骆马湖皮划艇""山地自行车""森林公园越野跑"四项人类在陆上和水上的最基本的生存技能的经典运动项目，集参与性和观赏性于一身，不仅为市民提供了更加优质便捷的公共体育服务，还能吸引许多外来游客，有效提升晓店镇的知名度和影响力。而骆马湖邀请赛的举办，则产生了骑手和赛马培训的需求，促使俱乐部针对不同学龄的人群和赛马招募相对应的教练。

  以时尚体育为主要定位，宿迁市紧紧围绕打造一批时尚体育精品赛事目标，不断细化"1+×+1"时尚体育赛事体系。除了举办生态四项公开赛、高尔夫球未来之星赛、三台山全国定向冠军赛，还将举办国际时尚体育周（轮滑节）和时尚宿迁市人民体育大联赛活动，形成"月月有比赛、周周有活动"的时尚体育浓厚氛围。按照时尚体育"1+×+1"赛事体系的安排，市政府制订了2017宿迁市民时尚体育四季活动方案。2017年3月26日，宿迁时尚四季游嘉年华春季户外节健步登山赏花大会在三台山森林公园热力开启。来自全市的5000名户外运动爱好者齐聚三台山，共同完成5公里的健步活动。不仅如此，宿迁市还将通过开展春季户外运动节、夏季少年体育培训、秋季俱乐部活动和冬季送温暖等系列活动，在一年四季中随着季节的变化，体验不同的体育文化生活。

江苏成功马术俱乐部——教练与幼马

3. 体育旅游综合化：产业融合书写城市新名片

近年来，随着体育旅游的兴起，各地都开始抓住这一新的增长点。晓店镇作为一个风水宝地，三面环水，一面抱山，其旅游业早就开始发展。骆马湖的湖鲜、三台山的风景吸引了各地的人前来品尝和观赏。最近几年，随着生态四项赛和各种时尚体育赛事的成功举办，晓店镇也开始注重体育旅游。

体育旅游，顾名思义，就是体育与旅游的结合。与传统旅游的最大区别在于，传统旅游重在观赏风景，体育旅游重在参与体验。五年前前来晓店旅游的人可能仅仅前往骆马湖品品湖鲜、看看湖景。而随着开始发展体育旅游步伐的加快，现在游客的目光则不仅仅停留在风景上，而是自发地开始寻找具有当地特色的运动项目进行体验。据不完全统计，晓店镇近五年来已经成功举办了20多次大型体育活动，其中包括"2公里骆马湖横渡""10公里骆马湖皮划艇""38公里山地自行车"和"8公里森林公园越野跑"四项陆上、水上基本生存技能的经典运动项目，也包括"马术""高尔夫"等时尚体育运动项目，而这些项目的设计都体现了"体育+旅游"的完美融合。

生态四项体验旅游路线，即经典运动项目体验旅游路线，作为中国首个户外运动体验旅游路线，采用新颖的方式，结合当地文化和自然资源，确定了一园一线两大主题的发展思路。设计建造的一园（5.8公里生态四项迷你体验园）和一线（58公里标准化推广体验线），开发出独具特色的骆马湖体育体验旅游产品，生态做培育原创赛事的土壤，原创赛事又促进体育体验旅游的落地生根，而旅游的兴盛最后反哺生态文明建设，形成了三个领域联动协调，链式环形闭合无浪费，无废弃发展，是体育与旅游的完美结合。游客在参与赛事的同时可以一览骆马湖的风光。

总而言之，赛事的线路设计将最具原生态的骆马湖、湖滨新区和三台山森林公园完美串联，线路行经黄河古道、京杭大运河古道，实现了时空交错的设计理念，让参赛者在比赛过程中感受骆马湖优势的生态自然环境的同时，也能够品味湖滨新区骆马湖的人文内涵和历史积淀，更能够通过游泳横渡、皮划艇、环湖自行车、森林公园越野跑四项经典运动项目的比拼，尽显体育赛事活动强大的观赏性、娱乐性和竞技性。这些赛事的成功举办拉动了国内外近5万人次前来参与或观看，这一数字对于体育旅游刚刚开始发展的苏北来说，具有里程碑式的意义。

湖滨新区旅游局副局长表示，未来的几年，他们力将"生态四项"打造成宿迁"体育+旅游"的国际品牌赛事，通过赛事让国内外游客体验宿迁的独特魅力，再造城市产业融合的新名片，打造一条生态体育体验旅游线路，为宿迁骆马湖旅游经济发展提供新思路。

为了迎合游客多样化的需求，晓店镇在重点发展原创"生态四项"赛事的同时，又打造了一系列时尚体育赛事，在区域内兴建了很多场馆，在不久的将来，力争满足游客的各项体育需求。

（三）访谈对话

采访者：南京体育学院　黄星月、吴凯平、申亚宁

受访者：宿迁市湖滨新区旅游经济发展局副局长　张运清

问：作为宿迁唯一一个入选江苏省14个体育健康特色小镇的区域，您能为我们简单介绍下晓店镇并具体谈谈晓店镇的特色吗？

答：我们小镇位于宿迁市最北部唯一的丘陵山区，靠近骆马湖东岸，环抱省级景点嶂山森林公园，北与新沂市接壤，是湖滨新区的城区座下镇，或者说我们晓店镇就是湖滨新区的城区，在宿迁市属于重点镇，因特殊的地理位置，省市区三级支持投入。

我们晓店镇不同于其他特色体育小镇的地方在于"体育+旅游"这一运行模式，通过举办各类赛事，打造城市名片，宣传城市形象，提升城市知名度是我们建设特色体育小镇的最终目的与归宿。为此，我们在举行"生态四项"赛的同时，也打造了诸如马术、高尔夫和游艇等时尚体育赛事。传统赛事与时尚赛事相结合，力争满足消费者多样化的需求。

问：请您谈谈你们是如何萌生将晓店打造成特色体育小镇这一想法的？在什么契机下开始建设的？运营的主体是政府还是企业？

答：首先，从体育产业的视角来说，宿迁的体育产业刚刚处于起步阶段，我们晓店镇作为宿迁市的一个重点乡镇，理应为宿迁市体育产业的建设增砖添瓦，因此发展体育产业的想法在很久之前就已经开始萌芽，建设特色体育小镇符合我们的未来规划。

另外，从自身条件来讲，我们晓店镇拥有得天独厚的自然环境，坐拥三台山森林公园和骆马湖两大法宝。如此优越的地理优势，是组织体育赛事的不二选择，于是在六年前，我们就开始立志打造精品体育赛事。在这六年间，我们的"生态四项"先后两次获得了"省级金牌赛事"的荣誉称号。事实证明，我们的想法是对的。另外，"体育+旅游"这一独特模式，也使得在"生态四项"赛事举办的这五年来，旅游业发展得越来越好，骆马湖风景区这样一个之前和洪泽湖相比完全默默无闻的人工湖，现在也逐渐被人们所熟知。

至于契机，应该就是去年江苏省体育局宣布要建设特色小镇，要求符合条件的小镇进行申报。因为在此之前，我们小镇的体育产业发展已经渐入佳境，所以入选第一批8个特色体育小镇是在我们的预料之中的。

再说运营的主体，因为"特色小镇"这一概念在全国都比较新颖，所以计划是最近两年政府占主导地位，待特色小镇的运行发展进入正轨之后再慢慢下放企业，让全社会都踊跃参与，培养群众发展体育产业的意识。群众基础很重要，只有群众支持、参与，特色体育小镇才会发展得更好。

问：4月22号宿迁市召开新闻发布会，发布第五届中国生态四项公开赛的筹备情况，请您给我们介绍一下"生态四项"。除了生态四项之外，你们每年还举办哪些时尚体育赛事？

答：我们的生态四项赛汇聚了"骆马湖横渡""骆马湖皮划艇""山地自行车""森林公园越野跑"四项经典运动项目，依托于骆马湖和三台山森林公园，目前紧跟"十八大"主题，将"五位一体"的生态文明建设与体育产业协调发展，促进休闲、服务等产业升级。旨在用健康产业促进当地经济发展，提高人们生活水平。简而言之，就是利用本地自然资源，因地制宜发展体育赛事。

除了生态四项之外，我们还定期举行马拉松、高尔夫和马术等时尚体育赛事。马拉松依托于三台山森林公园，高尔夫则在我们新建的高尔夫俱乐部举行，马术我们有专业的马术场等。这些赛事的举办不仅调动了我们本地居民参与体育的积极性，更吸引了各地游客前来观赏，拉动了旅游业的发展，促进了特色体育小镇的建设。

问：从你们建设特色体育小镇的经验来说，体育如何与其他行业融合发展？

答：这个问题从根本上来说，也就是"体育+"的问题。我们建设体育特色小镇主打的就是时尚体育赛事，但是在发展体育赛事的同时，我们还带动了多项"体育+"产业的发展。

一是"体育+旅游"。这个问题在之前已经提到过，也是我们小镇的特色。由于我们各项比赛的设计路线都在小镇的风景区内，参赛人员和观众可以在参赛或观赛的过程中感受小镇旖旎的风光，是"体育+旅游"的完美融合。

二是"体育+文化"。文化名人和历史遗迹是一个地方人文情怀与历史积淀的体现。我们的骆马湖，它作为一个人工湖，是古代劳动人民辛勤劳动的结晶，提起骆马湖，讲起骆马湖的历史，大家无一不对劳动人民心生敬佩。我们把"生态四项"赛定在骆马湖举行，让群众在比赛的同时了解历史文化，这就是我们的"体育+文化"理念。

三是"体育+培训"。体育赛事的举办必定会产生培训的需求，以我们的马术俱乐部为例，我们的江苏成功马术俱乐部每年都会举办国际化的骆马湖马术邀请赛，每年都会有许多优秀参赛者脱颖而出，拿到奖杯或证书。马术本身是一个很冷门的运动项目，但是我们发现，最近几年的赛事吸引了越来越多的人学习马术，当然，更多的人只是出于兴趣，并不是往专业的方向发展。学员一多，马术俱乐部就会招揽更多的教练来培训学员。

除此之外，还有"体育+制造""体育+互联网"等。

问：在体育小镇建设的过程中，你们有遇到什么困难吗？又是怎么解决的呢？

答：在建设体育小镇的过程中，我们的确遇到不少困难，比如说人才稀缺、资金匮乏、当地居民不理解。

针对人才问题，我们打算与北京体育大学、南京体育学院等国际知名体育院校达成合作，利用他们在体育产业方面的人才优势，为我们晓店镇体育特色小镇的建设量身定制一个发展规划，使其发展更加科学化。

对于资金匮乏，我们采取政府支持和社会投资并济的模式。政府在政策上支持体育小镇的建设，并聚集社会资金，促进主体公园、赛事基地的建成，各项赛事得以开展。

在建设主体公园以及举办各项体育赛事的过程中，会牵扯到群众利益的问题，比如征地用地。因为体育特色小镇的建设还停留在初级阶段，很多建设体育特色小镇的惠民点显现得还不够充分，所以当地的许多居民不理解政府举办赛事的意义。但我们相信，随着体育特色小镇建设进程的进一步推进，越来越多的居民将会感受到这个建设的好处，从而理解我们的初衷，更好地参与到体育特色小镇的建设中去。

（四）调研手记

通过此次调研，我们发现晓店镇在建设体育健康特色小镇的过程中还有很多的不足。

第一，建设人才非常稀缺。管理上，体育小镇建设仅由旅游分局管理，且管理部门人员不足。运营上，他们的运营主体只是当地的一些企业，并不具备太多的体育产业相关的知识。

第二，体育场馆闲置现象严重。例如江苏成功马术俱乐部、皮划艇俱乐部、骆马湖乡村俱乐部，他们每年的比赛都很少，比如马术俱乐部，一年只举办一次比赛，而皮划艇俱乐部建在那里到现在都没有运营。

第三,小镇的体育产业盈利艰难,甚至有的体育场馆运营亏损严重,需要政府补贴。

对于这些建设中的缺点,我觉得这与中国体育特色小镇还处于建设的初级阶段有关。我坚信,随着体育小镇建设进程的进一步推进,晓店镇会慢慢克服困难,弥补不足,为中国体育产业的发展添砖加瓦。

专家点评

江苏省宿迁市晓店镇拥有得天独厚的自然环境,其以"户外运动休闲、体育赛事活动"为特色方向,将体育赛事与旅游相结合,形成了一种"时"与"节"相结合的独特风格。

晓店镇以时尚体育为定位,以体育赛事作为引领,依托当地的生态资源,打造"1+×+1"的时尚体育赛事体系,较好地推动了"体育+"多项产业的发展,让人们从中体验不同的体育文化生活,从而满足人们对体育的多样化需求,由此也大大提升了晓店镇的知名度和影响力。

作为时尚小镇,将运动项目巧妙地融入了当地特色,让人们在享用骆马湖生态自然环境,感受小镇旖旎风光的同时,还能品味湖滨新区骆马湖的历史积淀和人文内涵,其为当今国内建设体育特色小镇提供了创新发展的新思路。

就其经营内容的选择来看,晓店镇依托于骆马湖和三台山森林公园,设置了"骆马湖横渡""骆马湖皮划艇""山地自行车""森林公园越野跑"等经典运动项目,有利于吸引各地游客前来观赏,从而拉动旅游业的发展,促进特色体育小镇的建设。晓店镇的经验无疑为我国体育小镇的建设与运营归纳出一条基本要求,即区位优势是关键,资源禀赋是核心,聚焦特色是卖点。

目前,国内各地的体育小镇建设蜂拥而至,未来面临的最大问题是同质化现象严重。对于时尚小镇来说,这就需要看其资源的发挥和运用。从经营要素的特点来看,场地、资本、劳力均属于有形资源,而技术和信息则属于无形资源。如今,无形资源在经营中的作用已经越来越大。因此,场地、资本、劳力、技术和信息作为小镇的经营要素需要紧密结合，有效配置，唯有发挥各自的作用，才能为时尚小镇创造出更好的业绩。

显然，作为时尚小镇，晓店镇今后将面对以下困难。

1. 如果说，小镇是池，资本是流，项目是水，人群是鱼，那么，以后如何能够引流入池，蓄水养鱼则是时尚体育小镇在运营管理体制和机制上亟须解决的问题。

2. 为能创建人们所崇尚的体育生活方式，其文化内涵是必不可少的元素，时尚体育小镇必然是一种经营要素的集成，而绝非是多种体育项目的堆积。

在此，我们期待宿迁市晓店镇的时尚小镇建设，能够假以时日，真正做到"尚"行出彩：产能有提升，产品有新意，产出更有效。

（陈锡尧，上海体育学院教授，硕士生导师。中国体育科学学会体育产业分会副秘书长，上海国际赛车研究中心秘书长。）

八、漫步锦溪，体验特色生态休闲
——昆山锦溪镇体育健康特色小镇创建实录

志载："一溪穿镇而过，夹岸桃李纷披。晨霞夕辉，尽洒河面，满溪跃金，灿若锦带，锦溪因此得名。"锦溪，东临淀山湖，西依澄湖，有着"中国民间博物馆"的美称。但锦溪镇不仅以人文精神的魅力吸引着游客，其特色鲜明的体育产业，便捷的体育服务也令我们神往。俯瞰锦溪镇，当古色古风的江南建筑与特色体育产业相结合，又是怎样一番风味？

（一）案例简介

锦溪镇，位于昆山市西南隅，与上海市青浦区接壤，与苏州市吴中区毗连，镇域面积90.69平方公里，下辖3个社区和20个行政村。锦溪自然环境优越，文化

第八章　江苏省体育健康特色小镇创建实录

底蕴深厚。"五湖三荡"环抱，境内大小湖荡16个，河流226条，水域面积占总面积的41%。锦溪与古城苏州同龄素有"三十六座桥，七十二座窑"的说法，0.51平方公里的古镇遗产保护区内，有古石桥梁16座，明清及民国历史建筑8.68万平方米，占比86%。锦溪先后荣膺中国历史文化名镇、国家4A级旅游景区、中国民间博物馆之乡、全国环境优美乡镇、中国人居环境范例奖等国家级荣誉。

近年来，锦溪镇始终紧紧围绕"四个全面"战略布局，深入践行"五大发展理念"，始终秉持"五个牢牢把握"，以守望水乡生态人文特色为重要使命，以转型升级为首要任务，以改善社会民生为根本导向，着力建设产业支撑有力、城乡和谐共生、生态环境优越、文化特色鲜明、群众幸福富足的"强富美高"生态人文锦溪，推动全镇经济社会各项事业稳健发展。

2017年起,锦溪镇始终向着"体育健康特色小镇"这一目标,把握建设节奏和进度,在规划编制、项目培育、平台搭建等方面注重"自然与生态性,历史与纪念性,游乐与休闲性"相结合的原则,坚持"政府主导,市场运作,企业参与",充分发挥锦溪的生态资源优势,把锦溪建成体育产业特色鲜明、体育服务便捷、发展富有活力、人文充满魅力、生态健康宜居的美丽小镇。

锦溪以"体育休闲"为发展主题,以"人文精神的魅力、产业经济的活力、地域空间的引力"为发展动力,凸显和谐、健康、休闲、科技和生态的融合,塑造锦溪独特的精神品质、经济品质、景观品质、生态品质及社会品质,打造产业、文化、旅游"三位一体"和生活、生产、生态"三生融合"的发展特色,把锦溪建成人们感受古镇文化魅力、享受体育休闲快乐、体验江南水乡特色之美的旅居目的地。同时,发展定位融合区域资源特色,彰显"动""游"主题,即休闲体验与赛事参与的融合,旅游与康复的融合,以此确立"漫步锦溪"主题特色。

在体育特色产业小镇建设上,锦溪镇紧紧围绕锦溪社会经济发展的整体规划和体育发展的战略定位。

第八章　江苏省体育健康特色小镇创建实录

以优化锦溪镇的产业结构、加速锦溪镇经济发展方式的根本转变为宗旨，以促进锦溪经济社会全面协调发展为根本，以"因地制宜、突出特色、整合资源、全面发展、立足锦溪、辐射长三角"为基本思路，以建设锦溪体育科技特色产业为载体，依托高新体育用品制造与研发、体育健身休闲与康复、体育竞赛表演与活动"三个中心"的建设，以倾力打造中国高新体育用品研发与制造产业集群、水上体育主题公园第一品牌、科技运动之城为目标，加速培育锦溪镇主导产业，提升锦溪镇经济发展的核心竞争力，推动锦溪产业层次向高附加值、精细化和柔性化方向发展，产业布局向集约化、专业化和网络化方向发展，建设人与自然和谐共存发展的现代化的美丽家园。

目前，锦溪镇已经完成30公里"漫行生态休闲廊道"建设，廊道沿线的祝甸窑文化体验区也已建成，向游客开放。西区的万亩良田种着小麦、油菜等作物，而东区的企业也在遵循着"突出特色、提升品质、创设品牌、自主创新"的思路有条不紊地投产、销售。在未来的规划中，"漫行生态休闲廊道"还将进一步延伸，全面建成后，可以举行定向运动（古城定向、公园定向等）与乡村马拉松。同时，正在建设的东方荡休闲主题公园可以给游客更好的休闲体验，垂钓、教育体验、休闲健身、家庭亲子活动区、迷你高尔夫等项目应有尽有。而在万千湖、杨氏田湖区域，保持了田园风光与现代相结合的特色，凸显了生态湿地特色、餐饮特色和康复养老、养生等辅助功能。此外，锦溪还准备建设"运动康复研发中心""运动康复科普展示馆""运动康复研发培训中心""中西运动康疗中心"，并将定期举办"中国（锦溪）运动康复国际论坛"。

（二）做法提炼

1. 利用优质自然资源打造"漫步锦溪"品牌

微风骀荡，莺飞草长的天气，逃离的大都市的尘嚣，面对令人心旷神怡的湖面，迎着扑面而来的风，何妨来一场沿湖漫步？沿着湖慢慢走，一路上看飞鸟从水面略过，看鱼翔水底，一切都是那么的美好而又惬意。当这一切不再是幻想，而是就这样展现在你面前，又是何等的震撼！

从2010年开始，结合锦溪镇湖面覆盖率高的特色，镇政府把"五湖三荡"旁若干的防洪岸堤串联起来，把水利工程打造成休闲设施、健身设施的载体，截至2016年，已经完成了30公里的"漫行生态休闲廊道"建设，这样就把水利工程、优质的生态资源与旅游、体育休闲体验完美地结合了起来。

同时，因为锦溪、昆山，甚至是长三角地区从社会层面讲已经步入了老龄化社会，镇政府也把康复的概念植入了体育小镇建设的规划思路中。由于大众对健康的理解、要求与现阶段的供给有一定差距，所以迫切地需要着漫步健身场所，而锦溪以空气质量好、水质好的独特生态优势吸引着人们，使人民更加乐于在锦溪漫步。锦溪也在加速推进"中西运动康疗中心""运动康复研发培训中心"的筹划，推进"老年医院"挂牌工作，力争创办"运动康复"论坛基地。倡导健康生活理念，打造健身休闲与康复综合体。

在"漫行生态休闲廊道"中也时有供人们休息的小亭子，茶余饭后，约三五好友，一起漫步于廊道，伴着夕阳，看浮光跃金，静影沉璧，或是伴着月光，看月色如练，听取一片蛙声鸟啼，说说笑笑，走走停停，乘兴而来，兴尽而归，岂不美哉！

锦溪不仅仅有古镇，还有乡村，有水域，30公里的"漫行生态休闲廊道"成功地把这一切串联了起来。在旅游层面上，这也十分契合国家旅游局提出的全域旅游的概念。沿着廊道的，还有祝甸窑文化体验区。这一古窑文化园在20世纪80

年代初期本是一个窑厂，近些年经过改造，打造成了一个古窑体验中心，同时也植入了旅游的功能，当然，也有体育康复健身的功能植入进去。在文化园区内保留了早已停止运行的红砖烟囱，有原汁原味的窑洞供游客参观。在游客感受古窑的基础上，文化园内也有"萱草书屋"等文化体验项目。同时，皮划艇、休闲自行车等休闲项目也可以在这里实现。游客可以从这里租自行车沿着廊道骑行，也可以坐皮划艇从这里出发在水面漫游。

在浙江乌镇，曾上演柯洁大战阿尔法围棋（Alpha Go）的戏码。而同为特色小镇的锦溪，在文化体验区内，也曾举办过象棋全国冠军邀请赛，数十名全国各地的象棋冠军棋手在锦溪齐聚一堂，交流切磋棋艺，浏览锦溪的美丽景色，对着澄澈的湖水思考、落子，也是锦溪独具的风景。

而在计家墩农耕休闲区中，整个村子在加强新农村建设、完善基础设施的同时，把乡村文化资源沉淀梳理出来，结合中央提出的社会主义新农村建设文化方面的考虑，乡村一方面可以满足锦溪镇居民的需求，另一方面还有部分房屋民宿资源可以通过改造来作为乡村旅游大力发展。在这个过程中，不但丰富了全域旅游的概念，而且把体育、养生的功能发挥了出来，达到了一举两得的效果。

第八章　江苏省体育健康特色小镇创建实录

讲到"漫步锦溪",最后不得不说的就是棋盘荡生态漫游区。棋盘荡既有日出而作、日落而息的农耕生活,也有水泊湖面供人们体验渔业观光、生态捕捞等项目。漫步于乡村小道,体验原始的乡村生活,听人们操着吴语交流,看人们带月荷锄归,收获的季节看遍地金黄的小麦,没有"千树扫作一番黄"的萧条,只有丰收的喜悦。这是在棋盘荡漫游才有的体验。把生活、生产、生态"三生融合"的发展特色是棋盘荡生态漫游区独有的标签。

"漫步锦溪"的品牌毕竟是在线下,互联网时代已经来临,锦溪会以大数据、物联网、移动互联网、云计算等现代技术为基础,推动"互联网+"与体育领域深度融合,全面提升"漫步锦溪"信息化、智能化水平。将移动互联、创新的运动理念与"中国最美小镇"相融合,建设智能化体育资源交易和服务平台,采用线上定制、线下服务的模式,促进体育产业发展;打造物联网互动的户外运动、水上项目、慢行系统平台,实现融合发展。

2. 户外、水上精品赛事提升品牌知名度

身处"五湖三荡"环抱中的锦溪,仿佛一个水做的孩子一般美丽动人。锦溪也遵循"人群动起来、场地活起来、活动连起来、特色显出来、产业做出来"的思路,开展大众健身赛事、户外运动赛事、特色娱乐赛事、专业竞技赛事、日常生活技能赛事等多式多样的赛事。

淀山湖,不仅有"风吹芦苇倒,湖上渔舟漂,池塘荷花笑"的怡人景象,更有相当于11.5个西湖的巨大面积以及优良的水质(国家二级水质),把水上运动放在淀山湖再合适不过。2010—2013年,锦溪连续四年承办了由国家体育总局水上运动中心与昆山市人民政府主办的中美滑水明星对抗赛,让中美划水明星选手充分体验了锦溪的美丽动人。

而2013年以后，锦溪也陆续举办了许多精品赛事，包括海峡两岸门球邀请赛、国际水上摩托大赛、中国皮划艇公开赛。锦溪利用小镇的水域资源与独具一格的美丽景色，举办了一场场令人印象深刻的水上运动赛事。

为了顺应国家规划，用体育竞技加强一带一路沿线各国的友谊，锦溪于2017年6月举办了拥有自主赛事品牌的首届"一带一路国际门球邀请赛"。

2017年9月，由昆山市人民政府与中国登山协会联合举办的中国户外运动节也由锦溪承办。有来自全国各地的近2万名户外运动爱好者参与，进一步提升锦溪的知名度。在锦溪的赛事规划中，锦溪也会举办"2018铁人三项世界名校挑战赛"，让世界各地的高校共同领略锦溪风采。通过赛事的举办，可以充分把锦溪的生态优势与体育产业的优势展现在世人眼前，也可以从赛事文化层面丰富锦溪体育小镇的内涵。

当然，锦溪的体育赛事远不止于此，还有许多面向群众的赛事，第七届全镇运动会、"迷你铁人三项赛"（全程25.7公里，其中游泳0.75公里，自行车20公里，跑步5公里）、日常生活技能赛事（捕鱼、抛秧、采摘等）也极具吸引力，利用30公里的"漫行生态休闲廊道"还有徒步、慢跑、马拉松、自行车等项目可供选择。

第八章　江苏省体育健康特色小镇创建实录

　　锦溪镇现有社会体育指导员430人，其中国家级指导员6人，国家一级指导员16人。区域内年开展群众性体育活动不少于30次。现有经民政局注册体育社团6个，体育健身俱乐部1个。另外还有40多个民间自组健身团体，全镇经常参加体育锻炼人口占比21%。所以，体育赛事除了对外树立小镇体育特色的品牌外，对内也极具市场，一个全民健身的体育小镇也是体育小镇最终的追求，而体育赛事正是助力全民健身的平台。

　　在体育赛事的管理上，政府会更多依照供给侧结构性改革的要求进一步放活、放宽激发市场层面上举办赛事的积极性，只有调动市场的积极性才能做到全社会参与的效果，政府与市场只有相互协调、相互配合才能达到更加完美的结果。

3. 体产龙头企业与小镇相互助力发展

特色体育小镇的打造，必须要由体育产业作为龙头与支撑，产业会带动资金流、人流、物流，形成集聚效应，形成产业链，因此，小镇在企业的支撑下会有更好的发展。昆山在2013年成功申报国家体育产业示范基地，而锦溪作为昆山国家体育产业示范基地的核心区，现有电能运动科技、皮划艇、体育地板、健身器材制造等体育产业企业156家，其中规上企业9家，从业人员5400多人。

同时，企业的存在也使得小镇的发展在由第二产业向第三产业的产业链延伸。多次获得加拿大塑料行业、皮划艇行业年度创新奖和最佳设计奖的昆山耀和体育用品有限公司，还组织了自己的全国性皮划艇俱乐部。昊翔电能运动科技（昆山）有限公司也有无人机爱好者组成的俱乐部。

第八章　江苏省体育健康特色小镇创建实录

2012年伦敦奥运会、2016年里约奥运会乒乓球比赛指定使用地胶供应商——天速地板科技有限公司也有天速地板业余俱乐部和业余的联赛。

　　5月28日锦溪承办的中国皮划艇公开挑战赛也是以俱乐部的形式吸引到锦溪的。此外，以企业为主体的推动可以形成政府与市场双方的支持，可以充分发挥市场积极性，政府只需要一定的鼓舞、引导、支持，从而使得市场的决定性因素更大即可。当市场的集聚到了一定的规模以后，体育特色小镇也就自然而然地发展起来了。

　　政府也在助力企业发展，助力工业经济提效。对龙头骨干企业，坚持抓大扶强；对"小巨人"企业，坚持培优育新；对新兴产能，坚持挖潜增效。从政策层面上讲，政府把握住了准入许可的底线，"法无禁止即可为"；从科技研发上来讲，政府要加大包括资金的补助在内的各项扶持的力度；从市场推广上来讲，要加大各种体育产品的展销，政府要无偿提供平台，把企业组织起来，抱团式地向外推广，调动企业拓展市场，加大研发的积极性，确保企业的良性发展。通过体育特色小镇的打造，企业也在推广产品，争取更多市场的同时也在扩大企业规模。同时，对一些融资、社会保障、劳资纠纷等问题政府也会从行业协会、商会的层面上解决，建立高效便捷的协调服务机制，确保企业安心在锦溪做优做大做强，政府有信心，企业有决心。锦溪政府也将提供全方位的支持服务，在外向型经济飞速发展的今天，比政策优势更有吸引力的，是服务优势。只有在地方微观经济环境许可的情况下，企业才能做优做大做强，形成特色。不比政策比服务的观念正一步步植入每一个政府服务员工的脑子里，大家正慢慢形成条件反射般的理解状态。

（三）访谈对话

采访者：南京体育学院　王亮、潘登、陆金宇

受访者：锦溪镇人民政府宣传委员、政协工委副主任　胡志寰

问：小镇的基础设施建设是否完善？在建设过程中不可避免地会造成环境破坏，是如何解决这个问题的？

答：截至2015年，我们已经完成了"三馆一场"的建设，文化体育中心与场馆的总面积超5000平方米。全镇现有综合性体育馆1座，室外游泳池1个，体育休闲公园1个，人均拥有体育场地面积10.4平方米。同时，依据昆山市委、市政府打造"十五分钟体育生活圈"的要求，我们在镇区、工业区以及农村地区都有若干体育场所以满足不同年龄层次的老百姓的健身休闲需要。

同时，今年我们也在进一步深化体育特色小镇的体育基础设施建设，其中，主要通过产业方面的"退二进三"，盘活存量，淘汰低档次企业，来完善"十五分钟体育生活圈"的载体建设。以镇区为例，我们将一个传统的服装企业收购拆除，利用其存量储地来植入一个带标准泳池的游泳馆，三连片的灯光篮球场。同样，在工业区，我们也将落后产能的企业腾退，来建设四连片的门球场和足球场。这样，可以进一步提升锦溪全民健身的保障水平，我们希望通过政府的引导来提高全民健身的热情。

至于环境破坏的问题，在昆山全市的8个镇、3个区中，锦溪相对离昆山城区较远，所以发展相较于昆山城区周围的小镇来说显得滞缓，但也因此有其他小镇发展的经验，有相对完善的理念，所以对体育基础设施的要求标准较高。我们主要是在考虑如何盘活现有的存量资源，即做"腾笼换鸟""插柳成荫"的工作。因为昆山的开发程度已经很高，所以如果我们在开发建设的过程中破坏了锦溪的生态资源、人文资源，那么就背离了我们的初衷，所以，我们在开发的过程中会

一以贯之地坚持生态理念与环保理念，保留锦溪古镇的原生态风貌。

问：小镇的体育项目布局是什么样的？

答：从锦溪镇长期发展规划来看，锦溪主要分成东、中、西三个区。东部发展工业，中部是生活休闲旅游区，西部是包含一万五千亩水稻的农业区。开发强度是由东向西递减。

从体育项目的布局上来看，西部农业区可以将体育项目结合农业观光、休闲旅游体验来开发农田资源、湖荡资源。中部则围绕特色小镇来实现旅游的功能，所以中部是体育项目布局的重点。东部工业区集中了大量的产业工人，其中包含了大量的年轻人。他们的业余文化生活需求相对来说比较多样，所以我们准备腾退部分企业来打造体育项目基础设施，以满足这部分人的体育需求。

问：在体育健康特色小镇创建过程中，人才是不可缺少的，锦溪镇是如何引进和培养体育健康特色小镇建设人才的？

答：从现阶段来看，锦溪镇需要的人才主要分为三类，一是项目开发的人才，二是赛事活动的人才，三是功能开发、基础设施建设的人才。而赛事活动组织、推广的人才，以及体育产业、体育产品推广的人才，这是我们作为乡镇最缺少的。我们也曾想过与高校对接，但对接也是相对宽松的。在20世纪80年代初期，也就是昆山农转工的时期，昆山借用了上海的"星期六工程师"，我们也可以利用。但核心人才（领军型人才）无论是在赛事营运方面还是宣传推广方面都拥有着大量的资源。在这个时代，谁拥有资源就拥有市场，就拥有有话语权。虽然锦溪靠近苏州城区，靠近上海，但更多的人才还是愿意留在大城市，所以小镇要建设能够吸引人才进驻的平台，要让人才看到留在锦溪发展的前景其实并不比大城市差，这样才能留住他们的心，这样才能解决如何把人才长期留住的问题。要知道，在同样待遇的情况下，人才的心在不在小镇上，最后的结果是不一样的。

问：市场化需要根据消费者的需求来定位发展方向与方式，锦溪在运作过程中是如何寻找消费者的需求点，如何满足消费者的消费需求的？锦溪体育小镇是如何宣传打造自己的品牌形象的？

答：如何吸引消费者主要还是要靠自身的资源优势，开发一些类似航模、水上运动、水上体验，包括锦溪的农村农业资源，都是比较独特的。在目前的这种状态下，我们要把上面提到的问题做优做好，从而吸引目标客户群。以我个人的理解，锦溪也不需要像其他一些小镇，在周六周日招揽大批游客，这样会对锦溪的社会管理造成超负荷的成本投入，我们要吸引有消费能力、有消费需求的目标客户。我们并不需要把战线拉得很长，我们只需要在一个点上把项目做好做精，要做到让人们一想到这项活动就想到锦溪，那样的话我们便达到目标了，也就标志着小镇的成功。面面俱到却又什么都做不好的方法是不适合锦溪的。

问：很多以"体育产业休闲"为特色的小镇在经营初期都会面临"投资大、收益慢、回报周期长"等问题，对此锦溪小镇的解决办法是什么？

答：特色小镇的打造，并非像改革开放初期那样招商引资，遍地铺设工业园这种做法，特色小镇是在梳理地方上已经有什么东西的基础上，找出缺少的东西，把缺少的东西按照政府、市场功能角色的定位分工去做好。属于政府的工作，政务必要做好，属于市场的工作，政府也无须大包大揽。特色小镇的建设是一个水到渠成的过程，而非一张白纸从头开始建设。这就好比作一幅画，构图框架已经完成了，整体已经完成了75%，特色小镇要做的，就是添色，完成剩余的25%。也就是说，小镇的建设本身需要有基础在那，再根据体育特色小镇的规划要求去建设，去补足那些建设纲要中没有的东西。锦溪的体育产业和赛事都是在申报体育特色小镇之前就具有的资源。在建设的过程中，要避免摊子铺得太大，造成镇府的财政收入难以维持。政府领导要权衡所有方面，量入为出补短板。

问：体育旅游市场发展潜力巨大，现在旅游已经从传统的观赏性转变成体验式旅游。这个也是小镇的特色，请问你们怎么加以利用呢？

答：锦溪是个旅游乡镇，4A级景区，经过20多年的发展，游客市场对旅游的要求越来越高。工业上，德国提出了"工业4.0"的概念，旅游上应该也有类似的概念，现在着力发展的体验游，就类似于旅游的3.0时代。什么是体验？体验不能把文化割裂了，有些小镇的民宿把原始民迁走了，只留下一个空壳，这不是体验。那么锦溪如何让游客，或者说以后的目标游客体验锦溪的体育特色小镇的内涵呢？目前，锦溪还是要回归到"乡村+度假"的旅游功能开发层面上，把赛事功能与活动有机地整合在一起，之前举办的一些赛事都是为之后的发展做的尝试，有游客满意的比赛，我们会选择更适合的地点和时间从而达到优化赛事的目的，进而吸引更多的游客。

（四）调研手记

乘车初入锦溪时，映入眼帘的便是无尽的绿色的田野，生态环境十分优美。在后来调研中了解到，锦溪在规划布局上，目前已形成了三大区域：镇域东部以生态产业区为核心的产业集聚区，中部以古镇为核心的旅游生活区，西部依托万亩良田形成的现代农业区。工业发展基本不影响居民生活，不影响农业发展，不影响旅游业等第三产业发展。而三个区域在各自发展的基础上，又通过30公里"漫行生态休闲廊道"相连，这样的布局充分把锦溪的优势联结了起来，是十分值得肯定的。

当然，目前的发展也面临着一些问题。第一，昆山从20世纪80年代开始，招商引资，目前的工业产值有望突破一万亿，这是靠着超高的开发强度，并且已经满负荷甚至超负荷运作。所以当前的问题是用地紧缺。很多项目是要落地的，比如篮球场、体育馆等。将体育与旅游相结合，体育与设施的结合都不能回避用地的问题。对于现阶段的用地紧缺问题，锦溪要采取"腾笼换鸟"的战略，来缓解这一问题。

第二，目前的法律法规以及相关的政策对于打造特色小镇是有一定的滞后性，相关政策的发展速度与现阶段特色小镇高速的发展不匹配。以5月28日锦溪镇举办的中国皮划艇公开赛为例，举办这样的赛事，就不可避免地要和相关部门进行协商，各个部门对赛事的要求和标准不尽相同，所以在项目的审批上会遇到很多麻烦，这就是所谓的政策冲突。举办这样的赛事很艰难，就会打击再次举办的积极性，市场的积极性会大幅度地下降，对打造特色的体育小镇造成一定的阻碍。国家支持特色小镇的打造，有关部门应该协调一下，要有相对的政策保障和支持。调动市场的积极性到最高层面是最大的支持，也是政府需要做的事情。

锦溪镇，镇域东部以生态产业区为核心的产业聚集区，中部以古镇为核心的旅游生活区，西部依托万亩良田形成的现代农业区，在已经形成的三大区域各自发展的基础上，通过30公里"漫行生态休闲廊道"相连，通过"五湖三荡"户外、水上精品赛事相拥，通过昆山体育产业基地形成产业链，向着"体育健康特色小镇"的目标发展，其建设体育小镇需要的自然环境、人文环境基础条件良好，建设体育小镇需要的交通、旅游、住宿等基本设施齐全，建设体育小镇需要的领导认知、文化氛围、规划布局清晰。但作为体育健康特色小镇建设，尚须注意以下问题。

1. 现有的三大区域为体育特色小镇建设奠定了基础，但漫行廊道、体育产业基地、赛事打造并不能自动构成体育特色小镇，这里需要资源整合，将体育与已有的古镇旅游结合，将户外、水上赛事与"五湖三荡"区域特色结合，将体育产业基地与体育科技教育特色游结合。

2. 注意"康复"与"健康"和"养生"的链接，康复，即便是运动康复，也是医学的一部分，是对伤病或伤残者采用各种方法，使其在身体功能和精神上获得全面恢复，使他重返社会。锦溪镇，作为古镇，作为要建设的"体育健康特色小镇"，既然是以"体育休闲"为发展主题，更应该做的是建设"运动养生研发培训中心"，创办"运动养生"论坛基地，把运动与健康、运动与养生有机结合，不宜将重点放到对伤病或伤残者的运动康复上。

3. 宣传主题在"漫步锦溪，体验特色生态休闲"上做文章，将漫行廊道漫行进入万亩良田之中，与观光农业有机结合；在运动场地设施建设中，既考虑进行正式体育比赛或开展青少年娱乐体育活动需要，也要考虑到游园等要素的配置；运动项目选择注意契合锦溪镇自然特征，注意反映运动流行趋势。

（钟秉枢，首都体育学院教授，博士生导师。首都体育学院校长、党委副书记。国际教练教育委员会副主席、国际田联地区发展中心·北京主任、中国大学生体育协会副主席、中国排球协会副主席、中国体育科学学会运动训练学分会主任委员、中国传播学会体育传播专业委员会副主任委员、北京市学位委员会委员。）

九、科技+体育，让电竞触手可及
——太仓天镜湖电竞小镇创建实录

走进太仓，空气中弥漫着一股子潮湿，绿草油油，天更是蓝得迷人。这个拥有着4500多年历史的江南名城，东濒长江，南依上海，西连昆山、苏州，北接常熟，地理极佳。人民生活富庶，春秋时期吴王曾在这里设立粮仓，所以自古就有"锦绣江南金太仓"的美誉。随着岁月的推移，以前的青砖石板早已被柏油马路替代，太仓从古典中走来，变得越来越时尚摩登。2011年，太仓引进第一家电竞企业，2017年正式申报创建电竞小镇，被称为"东南之富域""天下之良港"的

第八章 江苏省体育健康特色小镇创建实录

苏州名城与电子竞技相连，又会碰撞出怎样的火花？

长长的货船带着碧波荡漾

（一）案例简介

伴随着游戏产业的迅猛发展，拥有游戏和体育双重属性的电子竞技风头正劲，自2003年以来，电子竞技成为我国第99个正式体育竞赛项，2008年更是改批为第78个正式竞赛项。国家体育总局于2016年6月3日发布《关于举办2016年全国电子竞技公开赛（NESO）的通知》，中央多部委也出台系列文件扶持电竞产业发展，国家层面在扶持电子竞技产业上持续发力。亚奥理事会与阿里体育联合宣布，电子竞技将加入2018年雅加达亚运会和2022年杭州亚运会，电子竞技在"正式化"道路上又迈出一大步，全民电竞时代即将来临。可以说，现在的电子竞技不仅仅是一款游戏，更是一种生活方式。

太仓积极跟随时代潮流，2017年2月，太仓市向省发改委正式申报创建"太仓天镜湖电子竞技小镇"。未来太仓市将以太仓天镜湖电子竞技小镇为载体依托，大力培育发展电子竞技及相关配套产业，力争把太仓打造成未来的"中国电竞谷"。

小镇规划图

太仓市的电竞小镇位于科教新城区，整体规划3.55平方公里，以海运堤为核心区，按照"一轴两核三区多点"空间布局，着力打造海运堤游戏综合体验区、天镜湖电竞文化展示区、大学科技园电竞创意产业区三大功能区域。

科教新城位于太仓、上海、昆山三城交汇的中心地带，是连接上海和江苏的首要门户，立体化交通网与上海无缝对接，同城一体。总面积12.6平方公里，规划人口约9万。区内环境优美、文化深厚，城市功能配套齐全。

太仓市政府高度重视电竞产业发展，把大力发展电竞产业写入"十三五"发展规划，依托科教新城区位优势和资源环境优势，积极承接上海产业辐射及转移，大力培育发展电子竞技及相关配套产业。经过多年培育，科教新城电竞产业集聚度、赛事密集度和影响力不断提升，目前已集聚电竞核心企业40家，业务覆盖电竞赛事运营、节目制作、俱乐部运营、主播经纪、游戏开发等领域。入驻知名战队23个，其中不乏外籍战队成员。集聚从业人员约500人。

同时，小镇将不断完善信息基础设施及教育、卫生、文化、体育等公共服务设施，实现"产业+文化+旅游+社区"的四重功能，通过五年左右时间，培育和完善电竞产业链，建成"专而精、聚而合、小而美、活而新"的电竞产业集聚区，最终建成在国内外具有较强影响的电竞特色小镇。小镇的文化核心是"全民电竞，乐享生活"，让全民参与到电子竞技当中，电竞也可以和足球篮球一样成为小镇居民锻炼和娱乐的方式。

截至2017年10月30日,太仓电竞小镇仍在建设当中,规划总面积3.55平方公里,其中已建设规模有2.42平方公里,接近规划总面积的70%,其余未落成部分也已有整体规划。已建成部分包括天镜湖文化科技产业园、太仓大学科技园、太仓张江信息产业园、太仓传媒中心、国信金融大厦、溴华国际大厦六大产业载体以及天镜湖公园、国家级风情水街海运堤等生活休闲板块,在建项目包括科技信息产业园二期和天镜湖商业广场等,另有计划建设项目近十个。

(二)做法提炼

1. 天镜湖电竞文化展示综合区——以湖为核心,形成区域产业链

全区分布有电竞产业综合体、电竞总部区、影视及电商产业区、智慧社区及配套、天镜湖公园(3A级景区)等。

天镜湖公园近景

(1)绿色骑行,让精神和身体得到滋养

天镜湖公园距离市中心3公里,公园占地约52万平方米,其中湖面面积约30万平方米,景观绿化面积约20万平方米,总投资2.5亿元。公园集生态旅游、休闲娱乐、康体运动及亲子游戏于一体。其湖面从高空俯视,它的总体形状十分类

似于一面硕大的镜子,这可能就是它名字的来历吧。

根据3A级景区标准,天镜湖公园现阶段完成了基础设施建设,在第二阶段工作中将逐步完善服务体系,未来三年可达到3A级景区标准,预计年接待游客可达30万人次。天镜湖公园作为市级的公共开放空间,最大限度地突出公共性,表现出城市设计所提倡的公共交往方式和健康有序的城市生活,使市民产生强烈的场所认同感。

湖区内设有亲水驳岸、闲趣沙滩等,将运动、休闲、娱乐与绿化紧密结合在一起。其中最受人们欢迎的,是绕天镜湖旁的绿色骑行道,四周绿荫环绕,鸟语花香,骑上单车,邀上三两好友,享受着温柔湖风的轻抚,清新的空气扑面而来,好不畅快。

当地公共自行车

因太仓南依上海,也有许多上海人选择到这里骑行。与上海紧张的生活节奏不同,踏上单车,在一天繁忙工作之后来到这里,呼吸着清新而又湿润的空气,与老友说说笑笑,既是一种锻炼也是一种放松,何乐而不为呢?

第八章 江苏省体育健康特色小镇创建实录

来自上海的老年骑行队

（2）产业+文化+社区的模式创新，给你最好的体验

电竞商业街区主要包括电竞场馆、周边产品商铺等。天镜湖商业广场由太仓市国创科教发展有限公司投资建设。项目总投资约2亿元，项目占地15.2亩，总建筑面积约4万平方米。项目定位为生活配套服务设施，打造集电竞、购物、娱乐、餐饮等功能于一体的社区综合服务中心。

（3）特效影棚，影视特效让赛事更好看

特效影棚由太仓市科教文化发展有限公司投资建设，总投资约1500万元，占地15亩，建筑面积1200平方米。项目将利用三维运动捕捉、摄像机运动控制、实时绿幕抠像和实时虚拟角色运动合成等技术，将提前拍摄的场景或虚拟特效场景与演员及时合成，可极大提高电竞赛事的观赏性。

2. 海运堤游戏综合体验区——商业、电竞、健身休闲融合互动

该区包括游戏综合体验区及国家级商业配套。

中国体育小镇建设纲要

海运堤游戏综合体验区部分场景

海运堤位于科教新城的北部，地处100多米开阔的新浏河南岸，与主城区、新区一水相连，全长3公里，分三期打造。其一期工程定位为中式风格，二期为简欧风格，国内最专业的电竞赛事承办商苏州游视网络科技有限公司也落户二期，三期的海运堤体育公园已建成投入运营。

海运堤的主要目的在于建设完善的国家级特色商业街，集休闲娱乐和特色餐饮等功能于一体。海运堤商业街实现商业、电竞和健身休闲的融合互动，将打造成太仓休闲、旅游的新名片。

一期以特色中餐为主，人气旺盛，在本市及周边地区形成了较好知名度。

海运堤二期一号楼与十二号楼是太仓市科教文化发展有限公司投资的电竞馆，建成后交阿里影业与苏州钛度教育科技有限公司负责后期运营。PLU公司在海运堤的电竞中心也举办了《穿越火线》职业联赛（CFPL）、《使命召唤OL》赏金大奖赛、TGA大奖赛、《穿越火线》国际邀请赛、CFM超级联赛—穿越火线枪战王者职业联赛等多项赛事。

海运堤综合体验区部分场景

3. 大学科技园电竞创意综合产业区——科技与人才的摇篮

全区包括电竞产业孵化区、高校与培训基地、电竞产业加速器。

（1）租金优惠，让你想租就租

为了吸引更多电竞企业、电竞赛事入驻太仓，大学科技园房租为30元/平方米/月，按入园政策场地租金最高可享"两免三减半"。

现今，科技园内，苏州灯笼果和楚竹文化传媒有限公司正入驻其中，开展职业选手培训、主播经纪、赛事承办等业务。

苏州灯笼果文化传媒有限公司

两家公司在业内的影响力很高，灯笼果举办了两届南洋杯DOTA2国际邀请赛，被国际媒介认为是东南亚迄今为止举办最好的国际电竞赛事。楚竹文化传媒旗下情久直播平台拥有线上主播1500余名，直播涉及穿越火线、王者荣耀、球球大作战等板块。

走进面积不大的"战地"，你会一下子感受到电子竞技的魅力。一个个年轻而又专注的面庞紧盯着电脑屏幕，手指快速地在键盘和鼠标之间来回切换，激情飞扬。此刻的他们，如同参加奥运比赛的选手一般，专注、认真，却又是那么的迷人。

选手们在专注打比赛

（2）吸引聚集人才，我们有办法

一个企业想要生存发展，必须要有一定量的人才储备，小镇建设亦是如此。太仓市政府在吸引人才方面又有什么独到的措施呢？

首先，通过园区和市里各类人才政策吸引电竞产业相关人才和项目入驻。例如，新认定的江苏省创新型领军企业有100万元奖励，新认定的高新技术企业、重点文化科技企业有10万元奖励；获评太仓科技创业领军人才计划的个人或企业有50万～300万元项目支持，30万～50万元的安家补贴，100万～500万元的风险投资等。其次，考虑到部分就业人员属于外地人口，年龄在30岁以下的较多，这部分人群在太仓不太可能担负得起高额的房价，其住房问题只能靠租赁房屋解决。而现如今，城市租房价格居高不下，必定会给外来就业者带来很多负担，也不利于吸引和留住人才。因此，政府一举建成青年公寓，按照政府建设、统筹安排、统一管理和只租不售的原则进行管理，旨在为太仓市辖区内新就业人才及引进人才等提供短期周转的租赁保障型住房。同时，小镇内建有菁英公寓，内设160间酒店式公寓。这样一来解决了人才入住问题，也减轻了他们的生活压力。

菁英公寓

未来，电竞小镇将会与高校、业内知名培训机构合作，共同打造电竞产业人才培训基地和电竞教育标准体系制定基地。科教新城将从电竞人才引进、培养、使用三个环节着力，全面改善引才环境，推动人才集聚，为原始创新提供强有力的人才支撑。

有这么多的"福利"加持，太仓电竞小镇对于就业者或创业者来说，就是一个来了就不想走的"世外桃源"。

4.苏州皮爱优竞技网络科技有限公司——龙头企业带动产业发展

（1）公司简介

谈到太仓天镜湖特色小镇的由来，得从一家优质企业谈起。而这家推动电竞小镇形成的企业，就是苏州皮爱优竞技网络科技有限公司。

皮爱优（PLU）公司外观

苏州游视网络科技有限公司是皮爱优的前身。公司从创业初期仅有15人的团队，经历了5年多的发展，目前重新整合，已是一家拥有400多人的大型多媒体游戏互动平台企业，2016年纳税1300多万元，累计承办赛事超过6000多场，成为行业最专业的承办商之一。公司得到腾讯、软银、游久游戏的资本投资，目前市值达4.6亿美元，第三轮融资苏宁文创进入，并以上海PPTV聚力传媒领头，以10亿元股权置换模式，正式入主龙珠直播平台，PPTV聚力传媒也将每年投入15亿元进行平台开拓。

目前，PLU已是腾讯游戏最大的外包服务商。PLU的线下赛事承办，主要为腾讯的游戏赛事，例如CF、TGA等，每年大概要承办300场游戏赛事。而其直播业务——龙珠直播，将来会由PPTV聚力全权控股。

PLU作为深耕电竞行业10年的资深团队，在产业链中下游的电竞内容制作环节已处在行业领先地位：已直播、转播过3500多场赛事，在美国、法国、韩国、日本等多个国家做过直播，是全世界公认的最有经验的团队，韩国电子竞技协会曾公开赞誉PLU的专业性。而根据艾瑞咨询权威统计显示，2015年国内的规模及电竞赛事中，有48%的线下赛事由PLU承办，远超同行位列第一。

第八章　江苏省体育健康特色小镇创建实录

PLU内部赛事场馆

正是这个由一批年轻人创建起来的团队，从起初的15人到现今的400余人，不断发展壮大，给太仓的电竞产业发展注入了新鲜的血液，让其有动力有信心发展属于自己的电竞特色小镇。

（2）龙珠直播，让电子竞技触手可及

龙珠直播是由PLU公司打造的国内综合游戏直播平台，于2015年2月1日正式上线。背靠电竞团队PLU，龙珠直播与腾讯游戏、游戏风云、NICETV等海内外游戏、电竞企业有深度战略合作，拥有《英雄联盟》职业联赛（LPL）、《穿越火线》电视职业联赛（CFPL）等30余款游戏顶级赛事的直播权。涵盖重竞技、轻竞技、休闲竞技等国内最丰富的竞技游戏产品线，专业的电竞赛事，快捷的直播频道，方便的网络平台。

与传统电视台不同，在赛事直播过程中，最多延迟3~5秒的时间，直播者就得给观众一个解释，也就是说观众和直播者可以通过网络进行沟通交流，交互性十分强。而传统的电视媒体交互性不强，观众在观看电视节目时，无法和电视上的人物进行直接互动，用户体验度较差。

通过龙珠直播平台，电竞爱好者就算无法亲临现场观看比赛，也能够身临其境地感受到现场氛围，让电竞不仅成为体育赛事，更是数字传媒，实现实时共享。

5. 政府扶持，让企业专心发展

虽说PLU公司的运营主体是企业，但政府提供资金和政策方面的支持，全力扶持企业发展。首先是资金和场地支持，企业的办公区域都是政府免费提供的，减少了企业的资金负担；其次是在服务方面，政府会尽量减少一些烦琐的手续，走绿色通道给企业发展。

这种模式有点像当下流行的PPP模式，让专业的人做专业的事，企业可以专心发展电竞产业，不受资金、政策等问题的困扰，与此同时，当企业发展态势良好时，其对当地的税收贡献率也会有所提高。

正因太仓市政府给PLU提供了良好的发展土壤，其才能发展如此迅速，成为电竞小镇的龙头企业。电竞小镇建设以来，PLU公司已吸引了20多家相关企业工会入驻这里，未来，电竞将会在太仓形成一个完整的产业链，推动经济发展。

（三）访谈对话

采访者：南京体育学院　董尉、高圣凯、许家明

受访者：太仓市科教新城管委会副主任　王永健；太仓皮爱优竞技网络科技有限公司公共事务总监　王琴

问：企业要发展创新，人才储备是不可或缺的，目前贵公司主要需要哪些方面的人才呢？我们又是如何吸引人才呢？

答：伴随着企业的不断发展，我们不仅仅需要电竞方面的人才，管理型、技术型、职业型的人才都需要，文化水平要本科及以上学历。技术型的人才以传媒专业为主，进行后期制作和现场督导。其他方面不一定需要专业对口，但我们有三个月的培训期进行筛选。我们有一整套体系留住我们的人才，所以说人才流动不是特别大。电竞产业本身就是一个受年轻人欢迎的产业，我们的薪资水平也很好，能够吸引到很多富有创新力的年轻人。

问：作为江苏第一家电子竞技小镇，我们是如何建设电子竞技配套产业的

呢？（内容提供商、内容开发生产商、内容制作商）

答： 发挥龙头企业的带动作用，吸引产业链上下游企业落户，壮大产业集群；引入高端赛事和活动，引进国际顶尖战队及行业人才，打造标志性品牌IP，促进小镇内产业集群的快速形成；加快载体建设，完善公共服务平台，通过节目录制与视频特效制作、产业基金、中介代理、网络云计算等各类配套服务的提升留住项目。

问： 国家体育总局2016年6月3日发布《关于举办2016年全国电子竞技公开赛（NESO）的通知》，太仓市也将大力发展电竞产业写入"十三五"发展规划，国家和地方高度重视电竞产业的发展，小镇的发展规划是如何与国家政策相对接的呢？在小镇建设过程中，当地政府都给予了哪些帮助呢？

答： 2016年，国家体育总局发布《体育产业发展"十三五"规划》，指出"以电竞等运动项目为重点，引导具有消费引领性的健身休闲项目发展"；教育部发布《普通高等学校高等职业教育（专科）专业目录》，在体育类中新增电子竞技运动与管理专业；国务院办公厅印发《关于加快发展健身休闲产业的指导意见》，明确提出"推动电子竞技等时尚运动项目健康发展"。小镇将积极围绕国家政策要求做好建设规划。政府出台了一系列政策，对电竞企业税收贡献、高端人才引进、赛事获奖等给予奖励。

问： 与芜湖电竞小镇相比，我们的不同之处在哪里呢？（是否一个为资本市场介入，一个为政府引导？管理特色、产业特色、运营模式如何？）

答： 经过近年来的积累，科教新城已经具备一定的电竞产业基础，全区目前已集聚40家电子竞技企业，业务覆盖电竞赛事运营、节目制作、俱乐部运营、主播经纪、游戏开发等电竞产业链的各个领域。作为长三角城市群的核心城市，上海已经有了显著的溢出效应，而科教新城作为上海的周边卫星城，未来将成为其产业、人才的承接地。从产业基础和地理位置来看，科教新城具有不可比拟的优势。未来小镇还将通过多渠道、全方位引入社会资本，开展包括但不限于直接投资、PPP模式、产业基金引入等多种建设形式。

问：小镇的规划建设过程中，有遇到什么困难吗？又是怎么解决的呢？对于未来太仓电竞小镇的发展，您又有哪些展望呢？

答：目前电竞产业的发展正处于一个划时代的风口上，各地均在抢占先机，包括安徽芜湖、重庆忠县等。太仓天镜湖电子竞技小镇一方面将加快建设速度，包括政策出台、项目引入、社会资本导入等；另一方面找准定位，突出特色，从制定行业标准、形成指标体系入手，走可持续发展道路。小镇计划通过五年左右的时间，集聚投资约50亿元，扎实做好创新产业、创新企业、创新载体、创新生态四篇文章，持续巩固提升富民惠民工作成效，千方百计让老百姓的口袋更加充实、生态环境更加优美、基本公共服务更加均等，培育和完善电竞产业链，形成以太仓大学科技园为核心的"苗圃（众创）—孵化—加速—产业化"全链条电竞产业创业孵化体系，着力将海运堤打造成国家级餐饮服务示范区，将天镜湖文化科技产业园打造成国家文化和科技融合示范基地，最终建成国家级特色小镇。

（四）调研手记

传统体育一直都是以体力为前提的运动，直到后来将棋类等脑类运动加入体育项目，这种传统观念才有所改变。2003年国家体育总局正式批准将电子竞技列为第99个正式体育竞赛项，电子竞技才逐渐作为一种竞技项目被认可。

电子竞技就是电子游戏比赛达到"竞技"层面的活动，是利用电子设备作为运动器械进行的人与人之间的智力对抗运动。有人认为玩电竞就是不务正业，容易玩物丧志，其实不然，通过运动，可以锻炼和提高参与者的思维能力、反应能力、心眼四肢协调能力和意志力，培养团队精神。

在国发〔2014〕46号文件《国务院关于加快发展体育产业促进体育消费的若干意见》发布后，国家希望在2020年体育产业总规模能达到5万亿。这在中国掀起一场体育产业的大热潮。大量资本进入体育行业，希望能够在体育行业发展的大浪潮下分一杯羹。众多投资机构对体育赛事业、健身、康复及营养、户外运动休闲业、体育设施建设、体育转播等领域的投资机会十分看好。其中，电子竞技行业从曾经无人问津的"边缘产业",到如今成为各路资本争相追逐的热点,其近几年的发展可谓"翻天覆地"。

太仓电子竞技小镇的出现,是一个必然。早在2011年,太仓就引进了第一家游戏赛事公司PLU。经过几年的发展,太仓市核心电竞公司已经有近30家,电子竞技行业产业链全部涉及。从内容授权、生产、制作到传播,全部能够在太仓本地完成。太仓凭借当地龙头企业的带动作用,在国家大力发展体育产业的大背景下,综合小镇模式的特点,向国家申报了天镜湖电子竞技特色小镇。

在太仓电子竞技小镇的规划上,各处都是赛事公司、主播演艺公司、电子竞技战队俱乐部等。

太仓的优势是毋庸置疑的。目前中国电子竞技行业发展最好的当属上海,绝大部分俱乐部都设立在上海,这导致上海集中了非常多的资源。当一个地方集中了大量的资源后,资源的利用会非常不合理。所以,与上海毗邻的太仓便很容易地接受上海电子竞技行业的辐射及转移。很多公司的总部在上海,但是考虑到成本、竞争等因素,他们会将很多业务放在其他地方。太仓就成了他们的首选——地理位置优越,基础设施完善,政策制度规范。在太仓电子竞技小镇审批下来以后,有上百家相关企业向太仓发出了合作意向,很多公司已经先行考察。

当我到达太仓电子竞技小镇后,第一站就是PLU公司。在他们的场馆内,我仍然能够感受到前一天比赛所留下的余热。紧张刺激的比赛,全神贯注的选手,热情高涨的解说……在PLU负责人的介绍下,我们得知当地政府正在计划建造大型电竞馆。当电竞馆与高铁站相继建造完成后,PLU公司将把旗下的大型比赛搬到太仓来举行。之后参观的几家企业如楚竹文化、LGD战队俱乐部等,都把太仓电子竞技行业发展的前景摆在我们面前。

或许我们国家的体育产业与发达国家有不少差距,但是电子竞技行业是一个新兴的行业,全世界绝大部分国家都站在同一个起跑线上。太仓电子竞技小镇已然站在了这条起跑线上,甚至已经开启征程了。我们坚信,小镇的明天乃至中国电竞产业的明天都会越来越好。

一、规划引领,"电竞"特色鲜明

按照创新、协调、绿色、开放、共享的发展理念,因地制宜、突出特色,科学编制体育特色小镇建设方案。目前,太仓电竞小镇仍在建设当中,规划总面积3.55平方公里,其中已建设规模有2.42平方公里,其余未落成部分也已有整体规划。太仓积极跟随时代潮流,2017年2月,太仓市向省发改委正式申报创建"太仓天镜湖电子竞技小镇"。未来太仓市将以太仓天镜湖电子竞技小镇为载体依托,大力培育发展电子竞技及相关配套产业,力争把太仓打造成为未来的"中国电竞谷"。太仓市的电竞小镇位于科教新城区,整体规划3.55平方公里,以海运堤为核心区,按照"一轴两核三区多点"空间布局,着力打造海运堤游戏综合体验区、天镜湖电竞文化展示综合区、大学科技园电竞创意产业区三大功能区域。该体育特色小镇建设坚持政府引导、企业主体、市场化运作,既凸显企业主体地位,充分发挥市场在资源配置中的决定性作用,又加强政府引导和服务保障,在规划编制、基础设施配套、资源要素保障、文化内涵挖掘传承、生态环境保护等方面更好发挥作用。该方案从当地经济社会发展实际出发,发展特色电竞产业,同时坚持生态环境保护,完善市政基础设施和公共服务设施,防止了千镇一面。

二、生态和健身相得益彰、凸显了和谐宜居的健身休闲环境

依靠体育产业尤其是"电竞"优势,该小镇活化了"体育+娱乐"产品,引进高端体育产业企业,大力开展"电竞"相关外围产业,将体育产业、健身、娱乐、旅游等元素有机结合,使其成为具有电竞特色的"电竞活动集散地、电竞体验理想地、体育文化展示地、旅游休闲必经地"。全区分布有电竞产业综合体、电竞总部区、影视及电商产业区、智慧社区及配套、天镜湖公园(3A级景区)等。天镜湖公园是市级的公共开放空间,湖区内设有亲水驳岸、闲趣沙滩等,将运动、休闲、娱乐与绿化紧密结合在一起,最大限度地突出公共性,表现出城市

设计所提倡的公共交往方式和健康有序的城市生活。生态和健身相得益彰，与国家建设特色小镇的"和谐宜居的美丽环境"要求很吻合。

三、体育聚集社会资源，创新运营方式

在该体育特色小镇探索开发过程中，体育产业与其他产业融合，实现以企业为主体、政府做服务的发展模式，政府负责小镇的定位、规划、基础设施和审批服务，引进民营企业建设电竞特色小镇。而特色小镇项目建设以电竞产业链的整合为主，利用各种资源，突破原有的项目推进和开发时序，将后期导入前期，在进行策划规划设计的同时，引入后期的建造、成熟项目、营销、管理、服务、投融资等资源，加快相关项目的有效落地。目前当地电竞产业集聚度、赛事密集度和影响力不断提升，已落户有较强竞争力的核心电竞企业近30家，电竞战队12个，业务覆盖PC游戏、手机游戏、游戏节目录制、竞技游戏职业战队联赛运营与视频直播等领域。全区分布有电竞产业综合体、电竞总部区、影视及电商产业区、智慧社区及配套、天镜湖公园（3A级景区）等。该方案中，参与特色小镇建设企业根据既有资源优势，谋划电竞类主题创新，定位体育和旅游等产业融合，集聚资源，组合项目，创新驱动，实现企业成长和体育小镇经济的可持续发展。

四、进一步完善思路

体育特色小镇培育要在发展、建设、管理各层面全方位创新，打造创新创业新平台。方案规划和实施要有利于集聚人才、技术、资本等高端要素，实现小空间大集聚、小平台大产业、小载体大创新；有利于推动资源整合、项目组合、产业融合，加快推进产业集聚、产业创新和产业升级，形成新的经济增长点，并在国内形成体育特色小镇的典型示范效应。

（白晋湘，吉首大学教授，博士生导师。吉首大学党委副书记、校长。兼任教育部全国高校体育教学指导委员会委员，中国体育管理学会副主任委员，北京大学体育科学研究所专家，湖南省自然科学基金委员会委员。）

十、南京老山打造有氧运动基地
——南京老山有氧运动小镇创建实录

于淮阳山脉余脉，老山横贯浦口，山峦起伏叠嶂，有大小山峰近百座，东西长35公里，南北宽15公里，包含永宁街道、汤泉街道、泰山街道、江浦街道、顶山街道及珍珠泉旅游度假区、老山林场等美丽风景。老山总人口约40万，总面积7493.33公顷，森林覆盖率超过90%，空气中负氧离子含量丰富，不仅是白鹭、苍鹭等栖息的地方，也是中国最大的灰喜鹊驯养基地。

（一）案例简介

老山有氧运动小镇位于江苏省会南京市西北郊，长江北岸的浦口区江北新城中部。南临长江，北枕滁河，素有"南京绿肺、江北明珠"之美誉，是江苏省科普教育基地和江苏省环境教育基地，也是江苏境内最大的国家森林公园。

伴随着江北新区重大交通项目，在江北大交通格局下，老山有氧运动小镇区位交通优越。104国道、宁淮高速、浦合公路、宁滁快速通道以及汤盘公路五条干道穿境而过，小镇距南京河西、滁州市区、高新区均为20分钟车程，距规划中的南京北站10分钟车程，距南京南站40分钟车程。首家以通用机场建设、运行管理为主的民营通用航空企业——若航南京老山直升机场已于2008年年底竣工并投入使用。

2016年，南京老山景区管理办公室开展"最美老山"资源调查暨"老山新28景"评选，通过对老山景区范围内珍稀动植物、泉水、溶洞、奇石、人文、传说等自然资源和文化资源的调查与挖掘，评选出老山"新28景"。老山有氧运动小镇涵盖了丰富的自然资源，是一个集生态观光、主题游乐、宗教朝拜、书法修学于一体的休闲旅游度假场所，年吸引游客1000万人次。

这几年，随着经济社会的改革发展和城镇化进程的加快，越来越多的人从

第八章　江苏省体育健康特色小镇创建实录

"单位人"成为"社会人",从"农村人"成为"城市人",城市(镇)社区日益成为当前及未来群众生活的共同体,也是居民享受公共体育服务的主要场所。其中,建设10分钟体育健身圈就是要让所有人参与到健身中去,提高生活质量。因此,老山有氧运动小镇建立了特色鲜明、覆盖城乡、功能完善、可持续发展的全民健身公共服务体系。

作为南京最大的城市绿地板块,老山有氧运动小镇将打造"一核三轴四区":"一核"是指核心保护区;"三轴"是三条纵向的生态轴,承担"山—城"与"山—乡"的联系纽带作用;"四区"指规划四大景观风貌区。其中,北麓侧重乡野活动、乡村休闲,将串联起农庄、农业休闲园等,南麓侧重城市休闲功能,将串联起周边文化、科技、休闲旅游节点。未来的老山,将建设完成100公里健身步道和100公里生态廊道,集徒步、登山和骑行于一体,并打造有氧运动示范基地。

围绕"有氧"主题特色,融合老山28景原生态自然元素,老山有氧运动小镇在打造有氧运动示范基地的同时,积极呼吁保护自然,倡导人与自然的和谐共处。随着"有氧"主题特色的深化,老山有氧运动小镇与库珀有氧大健康合作,提出"全民健身与健康深度融合"这一概念,区别于以往比赛中"成绩第一,健康在次"的传统观念,首次将"运动处方"带入赛事,服务于赛事中出现诸如抽筋、骨折、脱臼等身体问题的跑者。

2014年之前,老山区域旅游总人数只有数百万人次;2015年,举办多次马拉松类型户外运动,同时开展多渠道的积极营销,对老山区域的旅游吸引力有了很大的推动作用;2016年,老山区域接待游客突破1000万人次。老山有氧运动小镇通过各类平台建设,致力于打造高水平的体育赛事集聚地,创下了不少优良成绩。

库珀有氧运动中心的创建,构建了中高档次的平台,如今有氧运动中心已经基本建设完成。随着有氧运动中心逐渐地面向大众开放,提升了老山有氧运动小镇的知名度。

水墨大埝的个别游乐设施仍在建设之中,吸引了不少游客前来游玩。围绕着水墨大埝的骑行跑道的优化,提高了水墨大埝骑行运动的专业性,更是吸引了不少的专业运动员以及骑行爱好者前来健身运动。

此外,象山湖花海部分尚未完工,也是值得期待的部分。

(二)做法提炼

1.利用特色森林景区,助跑有氧体育产业

老山有氧运动小镇包含水墨大埝、2014年青奥会环老山自行车赛道、老山森林公园、不老村及老山管办修筑的老山中部生态休闲步道。东至琥珀泉、珍珠泉,西至狮子岭、龙洞,北至侯冲、水墨大埝,以及中部的象山湖、大椅子山片区,众多的景点以及优美的自然风光不仅适合旅游,更适合人们长居于此养生休闲。除此之外,还有桃源谷、楚韵花香、西梗莲香、知青故里、九华茶坊等沿途特色美景,是值得一去的旅游胜地。

在这里,老山建设了有氧运动小镇,所谓有氧运动,是指人体在氧气充分供应的情况下进行的体育锻炼。老山有氧运动小镇景区的优越旅游资源及其氧气充分的优秀条件被很好地利用了起来,实力助跑有氧体育产业。

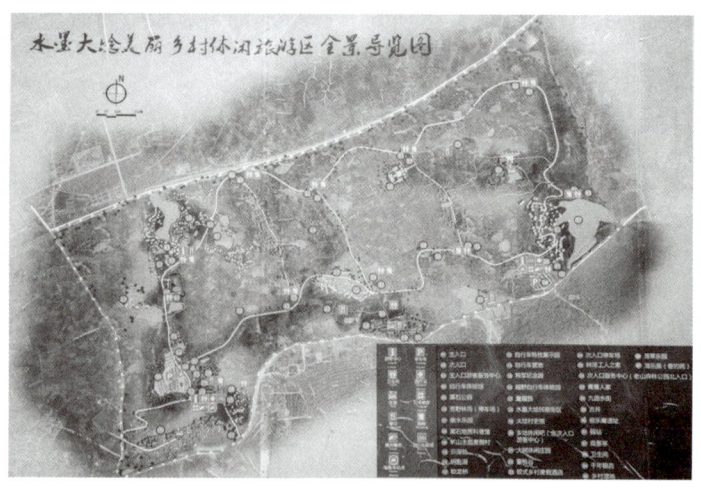

水墨大埝美丽乡村休闲旅游区全景导览图

第八章　江苏省体育健康特色小镇创建实录

老山国家森林公园，是国家3A级景区，素有"南京绿肺、天然氧吧"之美誉，是江苏省内最大的国家级森林公园。老山系淮阳山脉余脉，山峦起伏叠嶂，有大小山峰近百座，森林覆盖率90%以上，负氧离子含量为市区的500倍。目前，老山正在推进生态景观及旅游廊道系统，传播绿色、运动、健康的理念，吸引更多人来老山运动休闲，使旅游休闲和有氧运动在此完美结合。

隐于老山，置身于山村中，可环顾老山高峰奇险峻美，港埠跌宕起伏，青山绿水怡人风景。感受人与自然的和谐之乐，返璞归真的自然境界。这也是神奇的不老村的奇妙之处，不老村是老山的特色景点之一，小镇在不老村周围建设栈道，让徒步及骑行的人们感受优美自然风光。途经之处地势时而平坦，时而上下陡坡，对锻炼身体有着很大的帮助。

老山有氧运动小镇还以老山绿色生态为平台，建立集运动、体验和科研于一体的有氧运动基地，为来老山游玩的游客们提供老山特色的有氧"运动处方"。通过老山特有的云雾茶、冻干粉、桥林茶干、手工油面等食物，为运动后的人们提供美食，让身心全方位融于老山的自然环境之中。

同时，还成立户外运动俱乐部，在景区之中运作老山户外健身运动活动及相关赛事市场，建设绿色、自然、健康、运动的老山，为老山的有氧运动提供更多的人气与固定的基地场所。

此外，景区中的珍珠泉度假区亦为国家4A级景区，也是颇具特色的旅游生态景区。

更加独一无二的，应该是老山森林景区还有充分利用了丰富的自然资源，超高的负氧离子含量使小镇有着天然并且颇具特色的氧吧生态效应，带动了全社会来老山零距离体验老山"有氧深呼吸"的精彩活动及赛事。

利用地理位置的便利，老山有氧运动小镇积极进行美丽乡村及精品乡村旅游项目建设，包括水墨大埝、永宁知青故里、侯冲景区、桃园静谷、不老村等一批老山景区美丽乡村和乡村旅游示范点。在旅游项目之中，还建设各类运动体验馆，开展各项体育竞赛及休闲体育活动，吸引热爱美丽山川景色的群众，鼓励他们进行有氧运动。

其中，象山湖还种有美丽花海，栈道与徒步道路修建在侧，可以在充分观赏美丽花景的同时，进行有氧运动，充分放松身心，在天然氧吧中享受有氧运动乐趣。

利用著名的汤泉温泉旅游度假区，来进行汤泉温泉养生疗法，通过此疗法固守元气强身益寿，在这里让游客享受慢节奏的养生之旅，也是老山有氧小镇独具魅力的特色之一。

小镇通过景区以及合作公司、媒体等进行宣传，增加大型专业经济赛事关注度。以专业竞技赛事带动大众赛事，以大众赛事吸引大众健身运动，以大众健身为娱乐、休闲、培训及康体养生类消费引流，以文化展示和培训教育引导消费者，以餐饮、住宿、特色商品销售创造更大价值。

老山有氧运动小镇根据自身优秀的风景条件，秉承着顺势而为、顺风而动、顺水行舟的"三顺"策略，开展小镇建设，发扬特色有氧运动，带动体育产业发展。

2. 丰富体育赛事活动，宣传有氧体育魅力

2015年11月1日，小镇中"欢乐中国跑"南京老山站等活动的成功举办，将广大群众的目光聚焦在了老山这片广袤的土地上，国内外的大型企业发现其潜在价值，纷纷前来考察、评估、投资和赞助，媒体也参与进行了大量的宣传。

自此，企业与各大公司合作，在老山有氧运动小镇组织了不少体育赛事活动。其中，近几年的赛事活动分别为：邀请南京博露爱文化传媒有限公司参与承办了2015年11月"欢乐中国跑南京老山站"和2016年4月的"领跑中国2016穿越老山南京国际跑步节"活动；ZAKER与现代快报则承接了2016年7月的《"Z动"徒步大江北》活动；美国库珀有氧运动中心前来老山设立有氧运动基地，参与了2016年10月老山举办的"有氧三项国际高峰论坛暨媒体名人测试赛"和2017年4月举办的库珀有氧"老山有氧三项"国际论坛活动；三夫户外也参与2017年4月的"筑梦绿色老山，共享有氧健康"大型有氧活动，并预备在老山成立服务中心。

第八章　江苏省体育健康特色小镇创建实录

水墨大埝民宿风光

小镇通过企业及赛事承办商的赞助，以相关平台为载体开展各类赛事活动，为国内外有氧运动专业运动员和业余爱好者提供比赛场地、比赛组织、运动装备补给以及相关专业配套服务。

老山运动小镇规划建成国际级的有氧运动基地，在未来承办更加高水平的赛事，并且准备在维护现有赛道基础上，开发登山、越野跑、泥地运动等多种形式的运动场地。

老山有氧运动小镇运行的赛事业务，分为专业类和大众类两种，专业类竞技赛事比如老山有氧三项赛、环老山公路自行车赛事等，参赛对象是专业级长跑或自行车等运动员，借此保证有氧运动专业性。此类赛事业务发展目标是：聚焦关注，彰显一流，传播品牌；吸引顾客，招商引资。业余类大众赛事如老山户外运动俱乐部每周组织的"有氧三项"休闲运动、老山自行车林间穿越赛、定向越野赛、群众登山赛、徒步越野比赛、森林马拉松等，活动或参赛对象是身体健康、热爱运动的普通市民。此类赛事活动业务发展目标是：吸引大众，推动人气，增强黏性。已经举办以及预计举办的赛事见下页表格。

各类体育赛事活动分布在老山有氧小镇各区域举行，为了让体育赛事更高质量地完成，小镇建设了不少比赛场馆及赛道。这类设施之后向市民全方位开放，让市民享受专业比赛设施，再加上赛事的宣传效果，更加吸引群众来小镇休闲度假，同时进行有氧运动锻炼。

老山有氧小镇举行的各类体育赛事活动一览表

时间	活动名称	活动性质
2015.11	"欢乐中国跑南京老山站"	活动
2016.4	"领跑中国2016穿越老山南京国际跑步节"	活动
2016.7	"'Z动'徒步大江北"	活动
2016.10	"有氧三项国际高峰论坛暨媒体名人测试赛"	比赛
2016.10.29	"醉氧老山,万人行PARTY"	大型休闲活动
2017.03.04	"南京老山100公里国际越野挑战赛"	毅行活动
2017.03.25	"扬子江老山杯"200公里毅勇赛	竞赛
2017.04.09	南京浦口国际女子半程马拉松暨全国女子半程马拉松锦标赛	竞赛
2017.04.15—16	2017中国山地车公开赛江苏水墨大埝站	竞赛
2017.04.22	库珀有氧"老山有氧三项"	国际论坛
2017.04.23	"筑梦绿色老山,共享有氧健康"	大型有氧活动
2017.04.29—30	"国际攀联攀岩世界杯"和亚洲户外运动节	活动
2017.05.20	"5·20"主题登山活动	休闲活动
2017.10下旬	有氧三项比赛	竞赛

小镇以丰富多彩的国际国内赛事活动和众多国际国内知名企业及媒体的扶持,共同打造"老山有氧运动小镇"的品牌效益。

老山竞赛现场

3. 三大有氧体育运动，专业发展骑行健身

基于老山有氧运动小镇坐落于老山国家森林景区中，小镇形成了颇具特色的三大有氧体育运动。分别为集中于中椅子山、大椅子山、石公山、石婆山、大顶山等地区的登山运动；在珍七路、水墨大埝、象山湖自行车道组织建立的骑行运动；象山湖环湖栈道、不老村、里黑路、珍七路周围的徒步运动。此外，与之为辅的还有攀岩等有氧运动。

其中最值得一提的，是水墨大埝的骑行运动。水墨大埝作为亚青会和青奥会自行车比赛基地，旨在传播绿色出行、亲近自然的生活理念，着力打造独具特色的"金陵自行车休闲运动第一村"，设有自行车文化体验馆。利用天然的地理优势，以及有优美的环境，水墨大埝在进行旅游资源开发的同时，对骑行运动进行了深度的挖掘。

通过文化体验馆提升市民对骑行的兴趣，体验馆中资料丰富，收藏着不同种类的骑行自行车，还有教学视频与资料等，通过对骑行的介绍，增加运动人群量，带动产业发展。展板上写有中国自行车运动比赛的历史，以及对徒步环游地球第一人——潘德明的介绍。通过历史的展现，来增加参观者对于自行车比赛的了解。

其中，就南京体育学院自行车队的成就进行了着重介绍，有着地域特色，丰富有趣的体验过程对前来旅游的群众有着强大的吸引力。基于这些便利，水墨大

水墨大埝自行车体验馆

埂着力打造独具特色的"金陵自行车休闲运动第一村"。在此基础上，水墨大埂建设了专业的自行车车道，方便人们在此进行骑行锻炼。

此外，2016年，南京老山旅游发展有限公司、江苏省发展体育基金会、江苏扬子晚报有限公司共同作为发起人成立了南京老山户外运动健身俱乐部。并且以

水墨大埂美丽景色

"亲近自然，给户外运动爱好者带来高品质的精神享受"为己任，通过定期组织开展各项户外活动，重点打造"老山徒步、登山、跑步有氧运动三项"特色品牌活动。在此基础上，小镇还加强对老山环境保护，成立"南京老山户外运动俱乐部联合会"，作为一个完善的互动、交流平台，有利于各家俱乐部、公司等到老山区域开展、组织活动，让更多人了解老山，从而爱护老山。俱乐部空间宽敞，会员可以在俱乐部进行休闲娱乐等活动。

与体育运动相辅相成的，是老山有氧运动小镇的休闲旅游娱乐活动。

通过各种各样的娱乐活动吸引来此处游玩的游客，在旅游休闲之余，体会有氧运动的乐趣，产生对有氧运动健身的强烈兴趣。

在不老村和水墨大埂两个重点区域，小镇设置民宿、野营、放风筝等活动场所。结合美丽乡村建设，挖掘民风、民俗等农耕文化，编制老山周边地区及滁河沿线街道主题民宿规划，并组织实施落实。尽量利用居民现有住房，引导扩大有

条件的居民参与市场。休闲运动中心的民宿主要分布在滁河风光带沿线村落,将民宿打造成园区的特色接待方式。其中,还有区内乡村客栈,是乡村风情浓郁、价格便宜的住宿餐饮设施。最有名的,为水墨大埝的民宿,以环境优美为优势,被大多游客看好。

此外,水墨大埝还有更多的儿童设施,如卡丁车、碰碰车、水上乐园等,都起到了吸引游客节假日来游玩的作用。

小镇将旅游与活动相结合,有助于小镇发展。

在象山湖大坝、森林公园、狮子岭处,特意设有亲近自然的捉蝴蝶、寻找萤火虫等活动。此类活动回归大自然,以老山优美的景区为基础,充分利用原始生态风景,让游人充分体验有氧地区的美丽,让刚进行过有氧运动的人们体会到森林之美,深化有氧运动在游人心中的印象,有助于对外宣传,是唯美的闪光点之一。

在弘阳生态园、老山岔路口生态办公区(EOD)产业园,多次在相应季节举行了采摘草莓、枇杷、李子、杏子等活动。此类活动不仅让人们劳动后可以品尝到新鲜美味的水果,健康饮食,使游人体会到劳动后的成就感,还能提升游人劳动兴趣,提升了户外趣味性,从而加大了对外宣传,为小镇增加了游客量。

4. 引进科学健身培训,全民参与促进发展

南京老山有氧体育小镇建立了多种青少年体育教育体验中心,将青少年体育教育体验中心打造成为一个以青少年体育教育为特色,集全民休闲健身、户外运动体验、森林拓展运动、户外体质训练、青奥遗产展览于一体,适合各个年龄阶层的体育运动爱好者前来户外体验的体育教育集聚区。

此类教育体验中心,能够将体育更加全面地展现在游人面前,面向中高端人士。在中高端人士中宣传有氧运动的优势,从而扩大老山体育小镇在中高端人群中的知名度,达到很好的宣传效果,对老山有氧运动的体育产业建设有着一定的影响。

随着社会的发展以及生活水平的提高，人们对长寿和提高生命质量的要求越来越高，社会对健身康体养生的需求日益增长。为此，国家和地方政策明确了健康服务业的发展方向，鼓励、扶持健康服务业的发展，在内外各种因素综合作用下，以森林有氧运动为特色的健身康体养生的健康服务必定受到市场追捧。通过大健康产业链实现了体育与文化、旅游、医疗、农业等产业融合发展，实现各产业共赢。

其中，重点项目为"库珀有氧运动与康体修复体验中心"，此项目加快了康体融合发展，加强了体育运动指导，推广运动处方，发挥体育锻炼在疾病防治以及健康促进等方面的积极作用。

库珀有氧运动器械

南京老山有氧运动小镇在健康养生方面非常重视，在全国率先建立库珀有氧中心，引进库珀有氧锻炼。该体验中心是世界"有氧运动之父"肯尼斯·库珀博士领导下享誉全球的库珀有氧运动中心在美国以外的第一家分支机构，是中高端人士的健身场所。有氧老山中心共有四座姊妹楼，占地400亩，总建筑面积11245平方米。在这里，世界一流的科研团队为中心提供最新、最先进的科研成果，更将这些世界尖端的研究成果转化为简单实用的库珀健康处方，配以美国总统享受的顶级健康服务送给中国老百姓。

库珀有氧中心把先进的企业健康管理理念介绍给中国企业，帮助中国企业提高生产力与领导力。为中国家长送去最令他们关心，却也往往最令他们烦恼的孩子健康的解决方案。

有氧中心最初建立时邀请库珀教授亲临，贯彻有氧运动"治未病"的主题，从而达到了很好的宣传效果。库珀教授人气旺盛，在此方面具有权威性，大大增加了老山有氧运动小镇在全国的知名度。

健身中心的运行方法为先通过独特的专业检测系统对客户进行检测并一对一地分析讨论测试结果，提供全面营养品系列，进行教学与训练，开设运动健康处方，改善顾客身体营养及生活方式。这种神奇的有氧运动"治未病"的主题方针，让库珀有氧中心深受中高端市民的欢迎，称为老山有氧小镇的一大亮点。

老山有氧运动小镇充分将养生与有氧运动相结合，具有鲜明特色，符合当代人的生活追求，走在了科学的前沿。

（三）访谈对话

采访者：南京体育学院　杨婉宁、夏婧、吴奇隆

受访者：南京老山旅游度假区管委会办公室保护管理部副部长　刘青

问：目前体育特色小镇的建设都在如火如荼地展开，您认为老山有氧运动小镇相比于其他体育特色小镇来说，最主要的特色在哪里？为避免它与其他体育小镇的同质化，你们做了哪些努力？

答：老山有氧运动小镇其实是覆盖整个老山范围的巨大健身系统，它通过有氧运动与旅游配套设施相衔接，打造的是一个功能全面、覆盖城乡、体系完整的有氧运动网络。所以我们最大的特色应该是有氧运动和生态保护相结合，将传统的比赛第一、健康其次的这种观点打破，我们强调的是人跟自然的一种和谐发展，将室内的运动带到老山的生态环境中去。

问：您认为目前老山有氧运动小镇内部的基础设施的建设是否完善？对于小镇内部未来的基础设施建设，您又有什么样的期望呢？

答：目前很多基础配套还处于一个正在建设的过程中。未来的基础设施呢，

我们主要是分两部分进行的，一个是自然基础设施方面，我们主要通过美丽乡村建设，进一步改善街道自然环境，未来将进一步加快环境村落整治，观光景观建设，交通系统完善，山水资源优化等方面的"美丽"基础设施提升。另一个是网络基础设施建设，我们主要会以移动通信4G网络、Wi-Fi网络以及物联网、云计算等关键基础设施建设为核心，增强互联网宽带接入能力和对移动互联网、物联网、可穿戴设备等智慧体育应用的服务能力。

问：未来老山有氧运动小镇的发展规划又是怎样的？又制定了哪些主要的发展措施呢？您可以简单介绍一下吗？

答：根据以五年为期完成建设和发展的整体目标，未来的发展主要分为三个阶段。第一阶段，也就是2017—2018年，是要建设并逐渐完善基础及配套设施，产业基本要素建设和引进快速发展；规划的运营组织体系成立，联合社会资本共同开发资源和市场；景区平台及相关项目之基础设施分层次推进；各类运动、娱乐、休闲、培训等项目逐步开始经营；引进赛事和自主IP赛事成功举办并产生一定影响。第二阶段也就是2019—2020年，是要实现集聚效应，树立国际品牌。要使得基础设施日臻完善；赛事引爆大众关注，南京市内大众参与热情高涨，大众健身顾客流量大；吸引各类商家入驻，产业链条逐渐完善，为当地带来巨大服务业增加值，形成"点线面"的整体化格局，进行整体化的运营管理，运营管理公司逐渐盈利；品牌定位广泛传播，受到行业内国际认可；助力浦口老山成功申报国家有氧体育产业基地。第三阶段，也就是2021—2022年，目标是产业生态繁荣，形象深入人心。也就是各项运动、服务项目全面开始运营，并不断创新；健身和休闲娱乐顾客体验良好；老山有氧运动品牌吸引力辐射至全国主要城市及地区；有氧运动产业链拓展并大大带动旅游、娱乐及相关产业发展；促进有氧运动基地联盟总部在浦口建立，主导开发有氧运动标准并树立行内权威；品牌形象、理念深入人心。

问：老山有氧运动小镇为了保护环境，制定了哪些措施，您可以给我们介绍一下吗？

答：老山的环境保护措施主要分为三个方面。一是空气质量的保护，空气的污染源主要来自汽车行驶中引起的粉尘和尾气、餐厅及公共场所所排出的油烟气体、野营篝火中烧柴及户外烧烤等。应制定相应的措施防止空气污染。二是水体资源保护，要加强水源管理，疏通河床，清理河道腐烂植物，保护水源的洁净。针对服务中心、驿站、环卫设施所排生活污水对地表水环境的影响，设置污水排放系统和污水处理设施，排污设施应保证工程质量，定期检查、疏通。通过合理设计，消除停车场对地表径流、地表水环境产生的不利影响。对参与休闲运动者进行文明卫生宣传教育，禁止向水中投扔废弃物，禁止在水体中洗涤污物。三是生态环境保护，在项目开发建设和运营过程中，应制订完善的生态环境保护方案，确保生态环境不受破坏。加强从业者环境保护的教育工作，进行严格的环境影响评价和环境审计。强化环境管理和治理措施，加强环境自净能力。加强区域容量控制，保证活动人数控制在容量范围内，同时对区域内遭到破坏的植被资源，要及时予以恢复，提高森林覆盖率。

（四）调研手记

南京老山位于江苏省南京市西北郊，长江北岸的江北新区浦口区珠江镇，是国内最大的灰喜鹊驯养基地。得天独厚的自然环境使得老山极具建设有氧运动小镇的条件，发展体育产业的潜力十分巨大。

2016年5月22日，我们老山有氧运动小组早早地出了门，赶往我们老山有氧运动小镇的第一站——水墨大埝。

到了那里，水墨大埝的葛总热情地接待了我们，向我们介绍了水墨大埝的现状与未来的发展，我们实地考察了水墨大埝的建设发展情况。水墨大埝主要发展的是自行车文化，依托南京青奥会自行车赛场赛后打造的"自行车慢行系统"和"山地车户外体验基地"，现在也成功地举办了一些赛事，这些赛事在未来将会被打造成区域内的品牌赛事。

我们去调研时正值景区内的薰衣草盛开，目前园区内的民宿已经建成，许多围绕自行车文化设计的项目也已投入运营，但是通过调研我们发现，景区内游客数量较少。一个成功的旅游景区，应该不论是大众的工作日还是休息日，都是有一定的游客数量的，否则，景区的运营成本难以维持。我们打车去往水墨大埝的途中，在浦口区龙华路的出租车司机都不知道有水墨大埝这个地方，水墨大埝应尽快扩大它的影响力，做好景区宣传工作，尽快提高它在南京市以及江苏省的知名度。

目前水墨大埝虽已投入运营，但是有一些地方仍然处于建设的过程中，这些施工工程可能会影响游客的游玩心情。目前园区内进驻的商家也相对来说较少，基础设施配套相对来说不是很完善，不利于游客获得满意的深度游玩体验，我们觉得后期在这个方面还需要进一步的加强。

来到老山旅游度假区管委会，我们与工作人员会面。随后，我们来到库珀有氧运动中心，库珀有氧运动中心的工作人员耐心地为我们介绍了库珀有氧老山中心里的各种设备的功用以及整个体验中心的设计理念，我们感叹于他们先进的健康设备与全面周到的健康处方。但是，这次在库珀有氧运动中心，我们并没有看到前来锻炼的顾客，整个锻炼场馆显得比较冷清。未来，在宣传与营销上，我们认为库珀有氧运动中心还应该多下功夫。

接下来，工作人员又驱车带我们来到了象山湖有氧运动示范基地。目前正在建设的象山湖有氧运动示范基地位于中部片区，占地约4800亩，总投资6.5亿元。工作人员向我们介绍，象山湖有氧运动示范基地将结合景区的自然条件，选用地带性树种，还将结合景区的景观需要，成片营造有季相变化、景观丰富的风景林。我们在现场看到象山湖山清水秀，目前已建成徒步道、骑行道、登山道，可以满足游客徒步、登山、骑行等多种需求，发展潜力巨大。当然，我们在象山湖水库也看到了一些危险的情形，比如，虽然水库边醒目地竖立着"库区水深，禁止游泳"的警示牌，广播也在一遍遍地提醒游客朋友"禁止游泳"，但还是有不少的市民在湖中游泳，对这些警示置若罔闻，而除了警示牌和广播提醒外，我们也并没有看到有工作人员在现场对下水游泳的市民进行劝阻，如果发生意外，

第八章 江苏省体育健康特色小镇创建实录

后果将会不堪设想。我们觉得,未来这里应该配有工作人员对水库的安全情况进行监督,对于屡不听劝下水游泳的游客甚至需要建立相关的惩戒制度。

最后,工作人员在车上给我们介绍了岔琥路、珍七路体育旅游交通道路,这里特别适合发展休闲骑行运动,道路两旁分布着一些登山步道,适合游客登山,是人们进行有氧运动的好去处。但是我们也发现了一个问题,就是岔琥路、珍七路上并没有修建路灯,我们觉得这对于喜欢在晚上徒步或者是夜骑的朋友来说是一个安全隐患,同时对区域内体育旅游的发展也造成了一定的限制。我们认为未来应该尽快在道路两旁建起路灯,完善基础设施建设,以便能够吸引到更多的游客。

总的来说,我们认为老山自然资源优越,十分适合有氧运动的开展,未来发展空间巨大。目前应尽快加强基础设施的完善建设工作,做好宣传推广工作,提升小镇知名度。可以借助举办赛事、节假日活动等契机,吸引更多的人流量。应着重发展户外运动与健康、旅游、养老、文化的多元融合产业,最大化地开发利用好自身的自然资源优势,让更多的人享受到有氧运动的乐趣。

南京老山有氧运动小镇依托江苏省境内最大的国家森林公园——老山国家森林风景区的特色森林景区资源,以登山运动、骑行运动、徒步运动三大有氧运动与业已形成和正在开发的旅游配套设施相衔接,立志于打造功能全面、覆盖城乡、体系完整的大健身系统,强调人与自然和谐发展的理念和做法值得肯定。老山有氧运动小镇的建设将生态底色与运动特色相融合,多业态有机组合、体育产业与相关产业联动发展,先行先试,对于提高南京市城市品质以及南京市民幸福度都具有积极的意义和作用。

老山有氧运动小镇以体育健康为主题和特色,集产业功能、健身休闲功能、运动体验功能、体育赛事功能、旅游与文化展示功能于一体,具有明确的产业定位,体育内容丰富,文化内涵鲜明,是宜业、宜居、宜游的新型空间载体,符合江苏省体育健康特色小镇建设的总体思路和要求。其中，通过美丽乡村建设与智慧体育应用着手完善各项基础健身设施，打造老山十分钟体育健身，通过与库珀有氧大健康合作，建设"库珀有氧运动与康体修复体验中心"，推动全民健身与全民健康深度融合的具体做法有创新意义。

在有氧运动小镇未来建设中，建议从以下几方面进一步提升与改善。

一是不断提升老山有氧运动小镇体育产业的融合度，加大体育产业与小镇内其他产业的联动与融合，不断延伸体育旅游产业链。

二是加强老山有氧运动小镇品牌塑造，借助国际、国内知名体育赛事，自主赛事打造特色体育旅游品牌。

三是充分重视游客的运动体验，做好赛事节庆推广，借助特色森林景区资源，加强体育项目集聚度。

四是将体育、文化、旅游、康复医疗等元素有机融合，打造具有山水特色的户外有氧运动赛事集聚地、体育休闲旅游目的地、运动康复医疗研发地。

五是切实落实好项目规划内容，加强政企协同推进，加强政府引导，坚持市场主导，构建小镇各类项目的可持续化运营模式，切实提高小镇的自我发展能力。

（鲍明晓，北京体育大学教授、博士生导师，中国体育经济研究中心主任，清华大学体育产业发展研究中心学术委员会主任，享受国务院特殊津贴专家。国家哲学社会基金项目评委、中国体育科学学会体育产业分会副主任、北京奥运经济研究会常务理事、中国体育发展战略研究会委员。）

十一、凤凰：振翅欲飞的足球小镇
——张家港凤凰镇体育健康特色小镇创建实录

在张家港市东南部藏着这样一只金凤凰，它栖息在西张、港口、老镇区三片区中间的新镇区，背靠重峦叠嶂，低头啄饮长江水。许是蛰伏太久，有日凤凰终展翅，天地灵气汇聚，人杰荟萃。凤起舞间，片片金羽中抖落出一粒粒闪闪的圆珠，落了地，竟成了一颗颗灵动的足球。从此，凤凰足球小镇落地生长，倚着山，倚着水，又有凤凰用精华滋养哺育着它，如今它正茁壮成长，含苞待放，只待群英聚集之时，一展芳华。

（一）案例简介

凤凰镇历史底蕴深厚，人文荟萃，遗迹众多。凤凰镇首批国家级非物质文化遗产河阳山歌是吴歌的代表，其代表作《斫竹歌》有6000多年的历史。凤凰名人辈出，在历史的长河中共有4位状元、32位进士，被誉为"进士之乡"。凤凰镇山明水秀，恬庄古街、千年红豆树、永庆古寺等历史遗存星罗棋布，杨氏宅地是全国重点文物保护单位，凤凰山风景区是张家港首家国家级4A景区，2015年入选"江南水乡古镇世界文化遗产"预备名录。可谓名声远扬，四海之内知凤凰。

凤凰镇山清水秀。凤凰山、凤凰湖交相辉映，城区、农村融为一体，新城区、老镇区、古街区清水走廊全线贯通，全镇森林覆盖率达26%，城市绿化覆盖率达40%。深入践行绿色发展理念，打造"山水林湖田"生命共同体。"望得见山、看得见水、记得住乡村"完美呈现。经过老城改造的凤凰镇天然气接管率达50%，全镇生活污水集中处理率60%。2011年启动的凤凰新城全面建成后，凤凰镇将成为"生态休闲、配套齐全、宜居舒适的现代化小城镇"。凤凰镇的交通十分便利。境内苏虞张一级公路、204国道穿境而过，沿江高速公路、锡通高速在镇区设有互通出口，未来将有沿江、沪通、通苏嘉三条高铁通过，并在距凤凰3公里处建立苏南枢纽。至苏南硕放国际机场半小时车程，至上海虹桥国际机场1小时车程，至上海浦东国际机场、南京禄口国际机场1.5小时车程，处于"长三角1小时经济圈"范围的圆心位置。

尽管近年来凤凰足球小镇才确立，但早年凤凰镇的大地上便有了足球滚动的身影，那时候孩童们呼朋唤友，脚下生风，最大的乐趣便是看着足球飞入球网的那一刻。正是在这样的渊源下，"贝贝杯"这一国内举办最早、届数最多、坚持时间最长、影响范围最广的全国性少儿足球赛事的第一声啼哭在1983年的某个日子里响彻凤凰镇。如今，青少年足球终于回到了阔别多年的故土，经年过去，凤凰接纳它正如欢迎孩子回家，它仍然是孩子们追逐的乐趣所在，3.09平方公里的足球小镇是凤凰心尖尖上的骄傲。

张家港凤凰足球小镇自申报以来，已在前期规划的基础上建成了贝贝足球学校，远翔生活广场2017年年底建成并投入使用，由于各方原因，其余凤凰湖生态湿地公园提升工程、运动员康复中心（凤凰医院）、足球特色街区等项目尚未建成，城市足球生态公园及城市形象工程也正处于建设状态中。也许一个设施完备的小镇在建设中会遇到许多问题，各个项目的建设进度需适时调整；同时如何更好地打造一个足球精品特色小镇，将足球与当地特色相结合等问题也还需进一步地研究。但经过多方面的实地考察，我们相信张家港凤凰足球小镇将在预定的规划期内顺利完成各个项目的建设，推出一个建设完全且充满活力的体育小镇。

（二）做法提炼

正是这样风景如画且钟灵毓秀的好地方孕育了贝贝足球。凤凰镇作为"贝贝杯"中国足协青少年足球赛的发源地，社会的青少年足球文化氛围浓郁，结合国家青少年足球政策推力，将迎来足球产业发展的绝佳机遇。

1.以足球为引擎的产业融合

在传统的"观光式"旅游不再能满足消费者日益多元化的消费需求的今天，"体验式"旅游逐渐开始占据市场主流。张家港凤凰足球小镇依托自己特有的"贝贝"足球品牌资源，进行"体育+旅游""体育+文化""体育+服务"和"体育+互联网"的多元化特色产业融合，打通上下游产业链，增加产业价值，提高社会经济效益。

以足球赛事为体育元素，带动凤凰镇的旅游业，是特色小镇建设的核心。2017年的凤凰镇又迎来一场体育盛典，第20届"贝贝杯"青少年U12男子足球赛与全国首届五人制男足U14锦标赛在此举行。凤凰镇将"贝贝足球"打造成凤凰镇的特色体育名片，并以"贝贝足球"为核心，以各类足球文化和足球活动项目为基点，从赛事举办推广到赛事观光旅游；并组织少年儿童的足球教育体验游、亲子足球体验游；打造以足球为主题的体育锻炼、团队训练的素质拓展游。充分发挥贝贝足球学校、"贝贝杯"赛事举办地的足球文化标杆引领作用，到2019年，建立能够举办高标准青少年足球赛事的青少年赛事中心；改造现有的凤凰湖生态湿地公园，对现有景区进行提升，融入足球元素，将现有慢行步道提升为足球主题的健身跑道，并植入足球特色的小品雕塑等，同时新建部分会所等休闲娱乐设施。打造集青少年足球运动员训练、比赛、疗养于一体的足球产业生态系统，以贝贝足球文化为引领，吸引少年儿童、体育驴友等人群来小镇休闲游玩、康体科普。

同时，依托"贝贝足球"赛事，精心打造具有凤凰镇特色的多元化主题赛事，如"环湖马拉松赛""江苏省风筝精英赛""全民健身节""千人自驾游度假基地"等。凤凰镇的"环湖马拉松赛"围绕凤凰湖生态湿地公园，风景迷人，办赛时间长，经验丰富，每年都会提出新的主题与项目，比如今年的"情侣跑""定向"等，旨在让更多的人参与进来，在享受其宜人的风光，体验体育运动乐趣的同时，增进人与人的交流，享受生活的乐趣。五月，凤凰镇以"端午"为主题庆典的龙舟赛也将拉开序幕，欢迎各地的游客前来同庆。

足球小镇区域内包含国家4A级风景区——占地约17.67公顷的凤凰山风景区，包含凤凰湖生态湿地公园、千年古刹永庆寺与文昌阁、世界非物质文化遗产展示中心河阳山歌馆等景点，建有凤戏游台、凤堤漫步、凤湖烟雨、河阳山歌、凤芦落斜、陶然山水等多个游览点，此外小镇周边亦有恬庄古镇、万亩桃园、苏南温泉等多个景点。同时，将足球文化、青少年客源融入凤凰山风景区建设，小镇现有景观系统充分融合足球元素，现有景区参与项目充分融合足球活动，通过文化功能植入、空间景观设计，绘制足球文化与旅游产业发展共荣的美好画面。将全年无休的多元化主题体育活动植入旅游景点，使景区活动得到极大丰富，提升景区人气，同时使得体育项目更具趣味性和参与性。两者集合会产生巨大的附加价值，共享增值。

结合足球小镇的规划特点，内部旅游功能分为凤凰湖文化公园及凤凰山足球拓展两大板块，结合当前旅游项目及青少年足球产业相关衍生旅游功能形成文化休闲观光、足球拓展训练体验、欢乐足球比赛三条特色旅游产品游线。结合凤凰镇本身的青少年足球文化，打造具有特色的"足球+文化"的文化展示窗口，不仅宣传足球文化，也展示出当地独有的历史文化底蕴。将整个小镇打造成为富有足球文化的主题空间，为此小镇将重点建设两个项目：

生态景观带。凤凰足球特色小镇"一轴双带，一心多点五区"的总体规划布局中，以映山路及凤恬路两条道路为纽带，通过景观游步道将沿线各个景观节点串联，通过城市道路、慢行步道、广场空间、街头空间、建筑立面等方面的改造与建设，充分融入足球元素，在空间上和视觉感受中，整个小镇都充满了足球的文化气息，使进入小镇的人群沉浸在足球的氛围中，感受足球的热情。

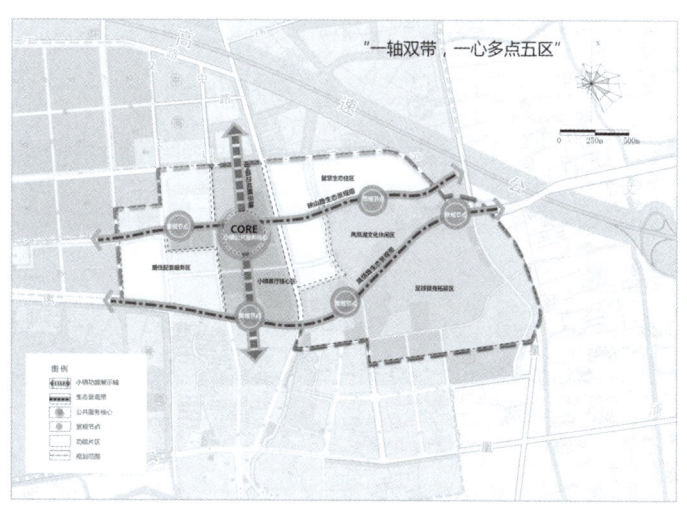

漫游凤凰湖文化休闲区。作为国家4A级风景区的凤凰湖文化休闲区位于小镇东侧，由河阳山歌馆和凤凰湖两大块区域构成，占地面积约0.44平方公里。其核心景区凤凰湖由大小三个湖组成，与三干河清水走廊联通，湖区之间由偃月桥、相思桥、朝凤桥和状元桥等四座拱桥串联成景。其中主桥偃月桥为五孔连拱桥，造型别致，连接湖区南北。湖区北建有鸟岛、生态湿地，大批白鹭和候鸟来此栖息，成为凤凰湖一景。湖区南为高山区，山上设有登山道、自行车道和慢步道，可供游人登攀、漫步观光。站在山顶可鸟瞰湖区全景。湖区南侧设有游船码头，共有30艘四人座电动游船供游人徜徉湖面，泛舟赏景。湖区西侧设有一座18米高的凤凰主体雕塑，成为凤凰景区的一大亮点。

在体育健康特色小镇的创建过程中，张家港凤凰镇将依托现有的资源，对现有的凤凰湖景区进行提升改造，融入足球元素，将现有慢行步道提升为足球主题的健身跑道，并植入足球特色的小品雕塑等，建成富有足球特色的凤凰湖生态湿地公园。将足球文化、足球元素融入现有的优质文化旅游资源，构建生态、康体休闲于一体的旅游区，实现生态旅游与足球文化的融合。后期，当"贝贝足球"

品牌成熟后,将以"贝贝"为品牌,开发一系列相关文化产品,如青少年足球运动装备、学习文具等,带动制造业发展。

"足球+服务"是特色小镇品牌建设重中之重。以各类赛事活动、培训活动、交流活动为依托,以训练基地、赛事中心等项目为平台,强化小镇旅游接待、住宿餐饮、商业服务功能,通过足球产业带动相关服务配套功能。人性化游客服务——小镇客厅。将"游客满意"作为景区发展的灵魂,为游客营造一个环境优美、生态良好、文明和谐的场所,是凤凰特色小镇的一直追求的目标。小镇客厅位于小镇中部,北至凤凰大道、西至中山路、南至风恬路、东至金谷路,面积约0.52平方公里。将作为小镇公共服务核心,成为小镇旅游接待、比赛会务、综合服务、文化展示等功能的主要载体,以小镇客厅、赛事中心为核心抓手,配套商业及文化展示功能,是足球小镇的会客及形象展示中心,是凤凰足球小镇的核心功能区域。运动员公寓酒店。预计耗资2.5亿元的运动员公寓将实现现代化管理，为小镇游客、参赛队伍、交流客户等提供高端住宿餐饮。并结合相关人员的不同需求，辅以快捷酒店等，以满足产业发展配套、商务会展旅游等不同层次商务住宿需求。远翔生活广场。以足球为主题的商业街区，为小镇居民、运动员及游客等人群提供一站式生活服务，包括特色餐饮、健身中心、银行、休闲书吧等时尚生活场所。居民配套服务区。位于小镇西侧的居民配套服务区将建成二级综合性的凤凰医院及数据化管理、生态环境宜人的精品住宅区等，为小镇居民提供教育、医疗保障、科技馆等配套服务，为小镇相关人群营造家的归属感。凤凰镇拥有十分完善的基础设施配套，游客服务中心、客运站、停车场等旅游服务配套运行有序。

小镇客厅意向图

运动员公寓意向图

远翔生活广场意向图

将青少年足球产业发展与新型城镇化建设有机结合,以特色小镇为产业发展载体,扩大配套服务市场,打造足球产业智能服务中心,提供赛事接待、培训指导、旅游咨询等多方面的综合服务,一站式解决小镇游客、运动嘉宾、培训人员等各类人群的不同需求。通过服务质量提升,强化小镇软件配套,形成以产兴镇、以镇促产的良性循环,全面推进产镇融合与经济社会和谐发展。

传统的体育产业正在逐渐与互联网融合,呈现新的产业形态,在品牌成熟后,凤凰足球小镇也将引进"足球+互联网"的发展方式。电竞,是现在孩子们必须面对的一个"坎",正如每个时代的人,都必须跨越自己时代的那些新兴的诱惑,才能够最终成长起来。当西方电影刚刚进入中国,交谊舞、摇滚乐是他们必须面对的诱惑;当中国工业化刚刚有所成就,电视机、游戏机是必须面对的诱惑,然而,无论是我们的父母一辈还是我们这一辈,都没有因为这些东西而垮下去,反而,这些已逐渐变为了一种用来追忆往日的情怀,成为过去的一个时代的文化。电竞,亦是如此。

时代在变,文化也在变,就像在过去的时代,很难想象金庸的小说可以进教科书一样,电子竞技已经正式成为体育项目,得到国家的支持与推广。在谈到小镇发展后期,将引入"足球+互联网"的概念时,凤凰镇提出了一个大胆的想法:要做电子竞技。凤凰足球的定位一直在青少年足球,因此,相关负责人表示,要将电子竞技与足球结合,开发相关的足球游戏、电子竞技职业联赛等。互联网是时代的潮流与发展趋势,我们不能像柯达拒绝数字胶卷一样,拒绝电子竞技,我们要做的是站在专业、客观的角度给予青少年理性、更具思考价值的建议,赋予电子竞技与文体、科技和其他体育项目同等的魅力和内在价值,丰富青少年的课余生活,成为他们或者下一代的"情怀"。

特色小镇像中医,讲究"体质",在凤凰足球小镇的建设中很好地体现了这一点,它结合当地独特的凤凰文化、历史、饮食、地域等个性化因素,将足球巧妙地、温和地融入其中,而不突兀,让足球成为一种常态化的生活方式。

2. 为青少年圆足球梦——青少年足球的精准产业定位

足球运动作为世界第一大运动,一直备受世人的关注。足球赛事的极大观赏性、娱乐性与竞技性的统一,使得足球产业的盈利模式多点全面开花:从足球球员培训教育、门票销售、转播权销售、商业赞助,到衍生品开发、足球彩票及用户数据变现等,无所不包。足球产业是世界第17大产业,其年总产值超过5000亿美元。

党的十八大以来，以习近平同志为核心的党中央把振兴足球作为发展体育运动、建设体育强国的重要任务摆上日程。2015年3月16日，国务院正式印发《中国足球改革总体方案》，方案共有50条改革措施，涉及足协改革、联赛改革、国足建设、青训体系、申办世界杯、中国联赛足彩等。

而青少年足球运动普及程度与国家足球运动竞技水平直接相关，这一点已被现代足球100多年的发展历史和足球强国的成功经验所证明。尽管我国青少年男子足球运动水平自我国足球职业化以来取得了一定进步，但面对世界足球运动迅速发展形势和未来我国足球事业发展要求，进一步提高我国青少年足球运动普及水平，完善青少年足球训练、竞赛组织管理体系，是目前中国足球界必须面对和重视的课题。而总结职业化以来青少年足球训练、竞赛、管理等方面的经验和教训，学习借鉴足球先进国家青少年足球运动员培养的成功经验，根据足球运动发展规律及青少年足球运动员竞技成长规律，加大对我国青少年足球工作宏观调控力度，促进青少年足球运动有序、健康地发展，有利于逐步确立起足球运动的社会基础，加速了大批富有足球天赋的青少年的涌现，不断为足球职业联赛输送新的血液，不断为提升中国国家队的整体竞争力做出新的贡献，有利于中国国家队尽快地走出低谷。同时也是实现我国足球运动可持续发展的坚实基础和重要保证，因此凤凰足球小镇愿意做发展青少年足球的一块基石！

发展青少年足球最大的价值，在于提升整个社会人群对于足球的参与感，乃至形成足球文化。对于从小接受足球训练的孩子来说，即便未来没能成为职业球员，仍然会将这项运动当作生活中必不可少的一部分。比如在英国，整个联赛体系包括十几级，其中最底层的业余联赛其实与名利无关，纯粹是满足打工族对于足球运动的爱好。日本著名漫画《足球小将》，其贡献绝不只是为日本国家队贡献了几十位可用之才，而是在日本国内培养了数以百万计的年轻球迷。如果有更多孩子来参与足球运动，不仅在为未来的职业联赛提供后备力量，更是为职业联赛培养出一批最忠实的球迷，成为人气乃至收入的稳定保障。这些便是凤凰足球小镇之所以定位于青少年足球的很大一部分原因。

第八章　江苏省体育健康特色小镇创建实录

我国目前存在青少年足球活动开展不足、娱乐训练比赛场地不足、青少年足球运动员短缺等问题。青少年足球作为我国足球发展的未来，近年来得到了深切关注。自2009年以来，国家出台了一系列的政策，以促进青少年足球和校园足球的发展。伴随着国家政策，全社会对青少年足球活动的开展也给予了极大的热情，足球特色学校不断增多，青少年足球运动员人数不断增长，各项足球活动如火如荼开展，一定程度上也证明了凤凰足球小镇以青少年足球为本的正确性。

凤凰镇一直以来是苏州市乃至江苏省青少年足球运动开展和足球后备人才培育的标杆，如今成为足球特色小镇正是充分发挥了张家港深厚的文化底蕴、丰富的旅游资源和鲜明的产业经济特色。立足凤凰镇，明确以青少年足球为重点的体育经济发展方向。坚持差异化发展定位，形成自身在中国青少年足球领域错位竞争优势，培育具有全国竞争力的青少年足球示范基地。

凤凰足球小镇作为青少年足球运动的特色小镇，服务主体为青少年儿童。小镇建设发展将以少儿为本，从空间尺度、街道家具、建筑形式、建设风貌等多方面体现少年儿童特色。使小镇具有较高的辨识度，能让进入小镇的青少年儿童有强烈的归属感和吸引力，成为青少年的足球天堂。

众所周知，以足球为主打的体育小镇在全国有不少家，但张家港凤凰足球小镇凭借精准的定位便可轻易脱颖而出。海门足球小镇的目标人群为初中生至高中生，并面向全社会招生；桐庐国际足球小镇的定位为中国女足的基地，北京国际足球小镇则侧重于国际足球。与这些足球小镇不同的是，张家港凤凰足球小镇牢牢定位在青少年足球，更精准地说，是定位在校园足球。在整个发展过程中，凤凰足球小镇都坚持较之做中国足球金字塔顶尖而言更愿意成为中国足球塔基中的一块。对于自身各项资源清晰的认识，同时又囿于张家港整体市场消费潜力不足，打消了凤凰镇做职业足球的念头，专心耕耘"青少年"（校园）足球这一块肥沃土地。

3. 打造精品赛事营造足球情怀——青少年足球移入小镇品牌建设

1983年，"贝贝杯"发源于张家港凤凰镇。当时正值改革开放，社会发展迅速，"贝贝杯"响应并落实邓小平同志关于"足球要从娃娃抓起"的指示精神，普及中国少儿足球运动，进一步推动少儿足球运动的发展，为中国足球事业培养输送后备人才，"从小参加贝贝杯，长大要捧世界杯"的口号激励了无数青少年投身足球运动。"贝贝杯"曾培养出范志毅、彭伟国、黎兵、李铁、杨晨、孙继海、邵佳一等多名优秀球员。"贝贝杯"在凤凰不仅仅是为了提高孩子们的踢球技术，更是为了培育、锻炼他们的意志、品质、锻炼体魄、增强体质，让孩子们从小树立起团结协作的团队精神与吃苦耐劳的精神。在凤凰，踢足球的孩子们除了技艺的成熟，精神与品质也会越来越丰满！

时间来到了2001年11月，苏州足球市队县办项目落户凤凰镇中心小学（原西张小学）。十年的时间弹指一瞬，2012年，凤凰镇中心小学又成为张家港市贝贝足球学校的挂牌学校，同徐市小学、凤凰中学一起，成为了全国首批青少年校园足球特色学校。凤凰镇中心小学以"动静相宜，超越自我"为校训，以"踢贝贝足球，当现代勇士"为学生成长价值，以足球活动为龙头，广泛开展校园足球活动，形成了学校独特的办学特色，不断提升学生体质健康水平。同时凤凰镇中心

第八章　江苏省体育健康特色小镇创建实录

小学制定了《体育（足校）工作三年发展规划》，将足球活动列为学校的中心工作之一，在校学生人手一球，每天操练贝贝足球操；重新编排设计了以足球活动为主

凤凰镇中心小学

线的室内、室外大课间活动，让全校学生都能享受足球带来的乐趣，并从中体验健康和快乐。如今贝贝足球学校实行四位一体，将"学""训""赛""教"结合在一起。

作为凤凰镇足球的生长地，凤凰镇中心小学历年在各级别的足球赛事中取得过多项荣誉：男子足球队从1997年开始在张家港市小学生足球比赛连冠至今，并每年代表张家港市参加苏州市比赛；曾经参加江苏省"省长杯"小学生足球比赛，获冠军一次，第三名一次；参加全国"贝贝杯"小学生足球赛获冠军一次，第三名一次，第四名一次，第五名一次；苏州市比赛，每年均进入前四名，并两次获得冠军。

近年来张家港市西张小学为中国足球输送了大批人才，其代表运动员有周云和姚双艳。前者参加了在广州举行的第16届亚运会，成为张家港市参加亚运会第一人；后者在第十一届全运会上，代表江苏女足获得足球金牌，不但创造了江苏球类集体项目夺冠的历史，更是成为了张家港第一位全运会冠军。2016年，在中国足协、中国宋庆龄基金会、张家港市人民政府、江苏省足协、凤凰镇人民政府的共同努力下，第十九届"贝贝杯"青少年12岁男子足球再次在凤凰镇扬帆起航，吸引了来自全国各地的24支少儿足球队参赛，影响力巨大。自此，贝贝足球将在发源之地，跨上新的起点，迈开新的步伐，追求新的目标，成为凤凰足球小镇发展的核心力量与全力打造的最强品牌。

4. 产、城一体，适应新型城镇化发展

一个成功的体育特色小镇除了准确的定位，还应有科学的规划，抓住产业特征将其与自身的特色融合，进行合理布局。张家港凤凰足球小镇便是以足球文化为支点，积极抓住国家足球产业服务需求增长和我省大力培养足球产业的政策机遇，整合小镇内部现有产业优势、旅游资源、文化资源、配套设施，促成足球文化与现有资源的联合协作，实现空间资源整合，优势互补，实现足球小镇乃至整个凤凰镇域功能的整体提升。小镇绿野环绕、河网纵横、山湖辉映、温度宜人，同时凤凰作为国家级历史文化名镇，丰富的旅游资源结合浓郁的历史文化资源，使得小镇成为绝佳的居住和休闲旅游目的地，为足球小镇的人气吸引、多样化主题打造等提供了绝佳条件。与此同时，小镇基础设施配套十分完善，区内路网基本成型，文化中心、中心小学、幼儿园、派出所等一批功能配套项目建成投入使用，相关旅游配套服务也很到位。强大的产业实力和完善的配套设施为足球小镇的建设提供了坚实的经济保障和服务保障。

在建设张家港凤凰足球小镇的同时，根据城镇化发展的需要，于2011年6月启动新城建设。新城总规划面积6平方公里，核心区面积2.17平方公里。主要包括五大功能定位：一是以学校、科文中心、医院、行政服务为主体的公共配套服

务区；二是以凤凰湖、凤凰山为依托的低密度住宅区；三是以商贸、商务、居住为框架的城市综合体；四是城乡一体集中居住区，分别是双龙花园（2750套）、凤凰花园（2136套）；五是以鸷山运动公园、康复养老、温泉山庄为功能载体的休闲旅游度假区。凤凰新城全面建成后，将容纳3.5万～4万人口，成为东有千年古街、西有万亩桃园、中有湖光山色、生态优良、配套齐全、和谐宜居的现代化小城镇。有了这样的先行项目，凤凰新城建成后的各个基础设施如张家港凤凰镇医院等也将为张家港凤凰足球小镇所服务，由此实现了资源的整合与共享。

凤凰医院意向图

此次足球特色小镇的建设，凤凰镇有望将足球文化产业与现有的优势、资源、产业等进行深入融合与延伸，通过推进实施一批以运动产业、体育旅游、健康养生为载体的现代服务业重大项目，提升凤凰现代服务业发展水平，引领凤凰城镇建设新阶段，实现本地经济新跨越。凤凰足球小镇深入挖掘整合凤凰镇国家级历史文化名镇的文化底蕴、旅游资源和产业发展优势，并与城市、旅游、古镇保护等规划相匹配，适应新型城镇化发展。通过合理的资源整合即可避免建设凤凰足球小镇时需要另起炉灶的问题，少走弯路，避免重复投资，共建共享，合理使用并保护生态资源。

（三）访谈对话

采访者：南京体育学院　刘芳菲、华欣雨、陆冬

受访者：张家港市凤凰镇党委委员　李新

问：能否请您简单介绍一下小镇的发展建设理念？

答：大致来说就是四点。创新驱动：将政策创新、理念创新作为足球小镇发展的第一动力；少年为本：坚持服务主体为青少年儿童，让小镇成为青少年的足球天堂；产镇融合：通过足球小镇打造的特色产业和凤凰镇现有的城镇建设与产业发展相结合；文旅共荣：充分发挥凤凰镇现有文化旅游资源，将足球文化融入凤凰山风景区，绘制足球文化与旅游产业发展共荣的美好画面。

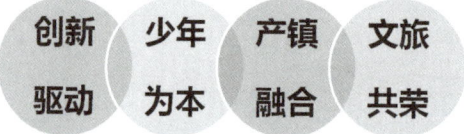

问：您认为小镇的发展应坚持什么原则？

答：（1）规划先行，统筹推进。加强对规划重要性的认识，全面统筹各种要素，优化资源配置，协调推进小镇各项建设工作。（2）政府引导，市场运作。小镇建设发展离不开政府主管部门对凤凰足球小镇建设的指导、沟通和组织工作，同时我们应创新特色小镇投资运营机制，建立专业的投资运营公司，采取专业团队管理、市场化运作，推动小镇建设工作的有序发展。（3）创新模式，借势发展。鼓励开发主体积极寻求战略合作伙伴，加强与运动休闲项目投资商、大体育用品生产企业和体育运动训练机构等方面的合作，借助市场资源强化资金保障、运营管理保障和客源保障，积极探索利益分享与风险共担模式。（4）合理布局，滚动开发。做好长远考虑，以全新的建设理念进行产业空间的合理安排，做到定位准确、功能齐备的总体布局与科学的分布式布点。遵循"分步实施、滚动开发"的方针，科学地划分阶段与区块，明确周期与时序，分步连续地

推进特色小镇建设。（5）突出特色，彰显优势。充分发挥张家港深厚的文化底蕴、丰富的旅游资源和鲜明的产业经济特色，立足凤凰镇，明确以青少年足球为重点的体育经济发展方向。坚持差异化发展定位，形成自身在中国青少年足球领域错位竞争优势，培育具有全国竞争力的青少年足球示范基地。（6）产镇融合，和谐发展。将青少年足球产业发展与新型城镇化建设有机结合，以特色小镇为产业发展载体，扩大配套服务市场，形成以产兴镇、以镇促产的良性循环，全面推进产镇融合与经济社会和谐发展。（7）健康为旨，足球为特。以构建健康服务体系为核心主题，强化青少年足球文化为重点，积极拓展健康运动、健康养生、健康旅游等多种功能板块，完善各项功能设施，加快引入各类赛事、论坛展会，加大文化宣传和营销推广，进一步塑造凤凰青少年足球运动与健体养生的知名品牌。

问： 请问您对小镇发展的总体目标有何期望？近期目标呢？

答： 总体目标当然是围绕凤凰足球小镇的发展思路，以"贝贝"足球为主要引擎，依托4A级凤凰山景区，积极谋划、加快建设一批产业、文化和旅游功能叠加的核心产业发展片区，同时坚持企业主体，优化资源整合，抓好空间布局，强化项目组合，全面建成主体定位鲜明、建设风格独特、基础设施完善、主导产业成熟的特色小镇，推动凤凰镇新型城镇化协调发展。至于近期目标，简单说便是"四个突破"：运营收入实现突破、客源辐射实现突破、品牌打造实现突破和小镇形象实现突破。

问： 您认为，凤凰足球特色小镇的建设，对凤凰镇整体发展有什么积极意义？

答： 第一，在我国经济正面临由资源密集型转为技术或资金密集型的关键时期，发展体育特色小镇正是响应了国家的号召。体育产业作为国民经济新的增长点，具有发展潜力大、辐射范围广、关联度高、产业链条长、带动作用强、资源消耗低、附加值高等特点，能够拉动凤凰镇当地的第三产业发展。第二，推动小镇的城镇化改造。传统的城镇化可能已经不太适应现在发展的趋势，而体育小镇则是个很好的突破口。以体育为核心要素,加快产业的集聚,加快人的集聚,对凤凰镇的可持续发展和城镇化建设有重大意义。第三,赋予体育更深层次的内涵,推动体育发展方式的变革。众所周知,江苏是体育大省,也是体育变革的先驱者,我们的体育发展方式已经不再是唯金牌论的模式,而是需要竞技体育与全民健身协调发展,并推动体育产业的发展,助力社会经济结构调整。从这个意义上来说,凤凰镇发展足球特色小镇将成为江苏体育发展方式转变的重要组成部分。我们致力营造一种生产、生活、生态三位一体的健康的生活空间,让体育逐渐变为凤凰镇居民的一种生活方式,提升小镇幸福指数,增加生活情趣。

(四)调研手记

凤凰这么一个文化古镇怎么会和足球联系在一起呢?带着这个疑问我们来到了张家港凤凰镇。凤凰镇依然山明水秀,景色宜人,但它的美在与现代体育的交融中更具活力了。小镇的中心是景色宜人的凤凰湖。湖区南为高山区,山上设有登山道、自行车道和慢步道,可供游人登攀、漫步观光。站在山顶可鸟瞰湖区全景。湖区南侧设有游船码头,供游人徜徉湖面,泛舟赏景。黄昏的凤凰湖上四座拱桥迎着夕阳的余晖倒映在湖面,远处,饭后的居民三三两两开始结伴而来,他们在湖边或漫步或跳舞或游船,人声、人影充斥着凤凰湖面,让它少了些许日暮沧桑的哀戚,多了几分生活的灵动。

凤凰镇的文化是深厚博大的,同时也是包容性极强的。我们认为,它能将现代足球融入当地文化中最重要的一个因素是它一直坚持的理念——为人服务。因此,凤凰足球小镇的核心不是旅游也不是房地产,而是青少年人才培养,让每个热爱足球、拥有足球梦想的青少年能够踢足球,才能真正践行"让体育进入大众的生活"的理念。同时凤凰足球小镇自建设以来一直坚定地定位于为青少年圆足球梦是将来与同类体育小镇相比时最核心的竞争力。随着体育产业的号角吹响,足球作为所有中国人最为关注的体育项目一定会再次攀升到更高的热度,全民参与度将大大提高。过去我们都认为幼小的孩子不适合过于激烈的对抗运动,且看

第八章 江苏省体育健康特色小镇创建实录

当今绿茵场上奔跑的除了成年人,还有一双双稚嫩的小脚。可见凤凰足球小镇潜藏着巨大的发展可能!

凤凰足球小镇在建设发展中同样面临着许多问题。其中"核心品牌竞争力不强"是小镇建设面临的首要挑战。凤凰镇不像汤山,有自己独特体育资源,而其作为小镇足球发展核心元素的"贝贝杯"足球赛,也正处在发展初期,品牌成熟度、知名度还远远不能支撑小镇的整体发展。并且凤凰镇缺乏自己的品牌赛事,"贝贝杯"赛事的所有权不属于凤凰镇,一旦它不再在此举行,凤凰足球小镇将面临巨大的品牌危机。

应运而生。"运"就是时势。国家的需要和提倡,就是最大的时势。顺应时势,就是抓住了机遇,就容易成功。《国务院关于加快发展体育产业促进体育消费的若干意见》(国发〔2014〕46号)颁布后,体育产业就不断展现出强大的内生动力。2016年10月,国务院办公厅出台《关于加快发展健身休闲产业的指导意见》,提出以健身休闲重点运动项目和产业示范基地等为依托,鼓励地方积极培育一批以健身休闲为特色的服务贸易示范区。同年7月,国家发改委、住建部、财政部联合发出《关于开展特色小城镇培育工作的通知》,提出在全国范围内开展特色小城镇培育工作,到2020年培育1000个左右各具特色、富有活力的特色小镇。2017年5月,国家体育总局办公厅颁布了《关于推动运动休闲特色小镇建设工作的通知》,提出在全国扶持建设一批体育特征鲜明、文化气息浓厚、产业集聚融合、生态环境良好、惠及人民健康的运动休闲特色小镇。在此背景下,张家港凤凰足球小镇应运而生。

今天来看,某一个运动项目"植入"某一个地方,似生硬甚至"粗暴",但如果该项目在该地有着历史的底蕴和生动的回忆,那"植入"一定是令人幸福的回归。凤凰镇的足球正是如此。正如案例描述"早年凤凰镇的大地上便有了足球滚动的身影,那时候孩童们呼朋唤友,脚下生风,最大的乐趣便是看着足球飞入球网的那一刻"。正是在这样的渊源下,"贝贝杯"这一国内举办最早、届数最多、坚持时间最长、影响范围最广的全国性少儿足球赛事的第一声啼哭在1983年的某个日子里响彻凤凰镇。如今,青少年足球终于回到了阔别多年的故土,经年过去,凤凰接纳它正如欢迎孩子回家,它仍然是孩子们追逐的乐趣所在,3.09平方公里的足球小镇是凤凰心尖尖上的骄傲。

以某一项运动项目作为牵头引擎,进行产业融合,也是凤凰足球小镇的特色之一。"观光"和"体验"是旅游的两大方式,当今"体验式"旅游逐渐开始占据市场主流。从产业的角度看,"体验式"当然有更大的附加值。体育如果加上了旅游、加上了文化,加上了服务和互联网,进行了产业间的融合,无疑会增加产业价值,提高经济和社会效益。

凤凰镇青山绿水,足球及其他的体育元素的融入,多么美好的景象。良好的总体设计与规划是凤凰足球小镇的又一特色。小镇一侧是国家4A级风景区凤凰湖文化休闲区,"一轴双带,一心多点五区"是其布局规划;依托现有的资源,对凤凰湖景区进行提升改造,融入足球元素,将慢行步道提升为足球主题的健身跑道,植入足球特色的小品雕塑等,建成富有足球特色的凤凰湖生态湿地公园;将足球文化、足球元素融入现有的优质文化旅游资源,构建生态、康体休闲于一体的旅游区;日后,将以"贝贝"为品牌,开发一系列相关文化产品,如青少年足球运动装备、学习文具等,带动制造业发展。这些都是其建设规划,小镇将来要将电子竞技与足球结合,开发相关的足球游戏、电子竞技职业联赛等,因为他们认为互联网是时代的潮流与发展趋势,不能拒绝电子竞技,这是其发展规划。

对特色小镇言,凤凰足球小镇是成功的案例。但对案例描述言,它忽略了一个重要的方面,即小镇的建设对当地百姓的影响,百姓的获得感如何,百姓的幸福感如何,简言之,百姓是否受益。小镇最接地气,因为它就是地气,小镇的建设一定要惠及百姓。诚如国家体育总局赵勇副局长所言,要把体育旅游做成民生工程、发展工程、幸福工程。凤凰足球小镇或许已经惠及了当地百姓,但案例尚未进行描述。应该明白,惠及百姓,也是体育特色小镇建设的重中之重。

(虞重干,上海体育学院教授,博士生导师。中国体育科学学会常务理事、中国体育科学学会体育统计专业委员会主任委员、中国拳击协会副主席。)

十二、"百年煤城"的绿色户外休闲体育集聚区大变革
——徐州市贾汪区体育健康特色小镇创建实录

它曾经是一片矿区,浓烟缭绕,灰尘飞舞;而如今它绿水青山,芳草如茵。新生的生命力正在江苏北部勃勃生长,充满了激情与挑战。在春天和秋天,你可以感受滑草的刺激和速度的快感;在夏天,你可以体验漂流带给你的别样凉爽;在冬天,你可以在纯白色的世界里进行一次有温度的滑雪。又或者你会选择勇敢地完成一次转身、跳跃,在攀岩的过程中跳一支优美的空中芭蕾。若你想要离开城市的喧嚣,在乡镇田野间用激情的欢乐褪去平日里的疲劳,那就选择贾汪大泉街道体育健康特色小镇,来一场极限式的体验之旅吧!

(一)案例简介

位于徐州市东北苏鲁两省交界处的贾汪区,北依齐鲁大地,南连淮北平原,西距"五省通衢"徐州38公里,东距新亚欧大陆桥东桥头堡连云港150公里,区位条件十分优越。贾汪是一个有着133年煤炭开采历史的传统矿区,素有"百年煤城"之称,鼎盛时期有大小矿井252座,累计为国家贡献煤炭3.5亿吨。2002年以后,虽然还有约1.18亿吨矿藏未曾开发,但贾汪域内的煤矿大都遭遇了"政策性关闭"。由于长时期、高强度开采,贾汪全区采煤塌陷土地多达11.3万亩,土地资源和生态环境遭到严重破坏。曾经的"满目疮痍"如今形成了以潘安湖景区为核心的生态新格局,令人流连忘返……

贾汪区大泉街道成立于2013年8月15日,是贾汪区人民政府所在地,是贾汪

区的政治、经济、文化中心。它资源丰富，陆路、铁路、水路、空中交通十分便利快捷。其地势东高西低，群山环抱，山清水秀，空气清新，属高亢丘陵山区（低山丘陵）。过去的贾汪就像是一张黑白照，是黑白灰的颜色。现在的贾汪则像是一幅水彩画，色彩缤纷，充满活力。徐州贾汪从"一城煤灰半城土"变成"一城青山半城湖"。虽然有着"百年煤城"的美称，但是现在的贾汪越来越意识到环境保护的重要性，在政府的带领下积极进行生态修复，吸引了大量富有经验的企业家进行投资，利用得天独厚的山水优势，逐渐创造出一个富有活力的绿色贾汪。

大泉镇街道根据自身独特的自然环境，充分发掘体育特色产业，培育了航空飞行、攀岩、滑雪、航模、漂流等特色体育经营项目。经过几年的发展，逐步形成了大景山滑雪公园、督公湖航空飞行房车营地项目、大洞山风之谷户外运动公园、督公湖时光隧道漂流项目、凤鸣海休闲风景区等户外休闲体育集聚区。项目开发坚持生态保护与适度开发相平衡，以户外体育和休闲旅游相融合的开发原则，在现有体育产业基础上统一规划、分期开发、滚动发展。

督公湖图

大泉街道以推动科学发展、建设体育强镇为主题，抓住徐州承办省运会和贾汪区举办全民运动会及全民健身运动会等大型赛事的机遇，加快转变体育发展方式，协调推进群众体育、竞技体育和体育产业快速发展。街道公共体育服务体系不断健全，体育比赛精彩纷呈，充分利用场馆资源和竞赛组织经验，积极探索体育产业市场运作机制，积极培育地方特色的品牌赛事，成功承办了江苏省2015年"凤鸣海杯"航空模型公开赛、第九届世界滑翔伞定点锦标赛及滑翔伞定点世界杯（德国站）选拔赛。群众性体育活动广泛开展，经常组织开展全民健身活动，做到每月赛事不断。街道体育产业多元发展，大泉街道利用山水资源优势，多方吸引产业发展资金，集约发展体育产业，形成了以户外休闲旅游为主导的体育产业链。现有体育产业单位7个，体育产业从业人员5207人，体育固定资产投资总额超过11亿元，体育产业增加值38831万元，体育产业增加值占本街道GDP比重达23.82%。群众体育和体育产业协调快速发展，开创了大泉街道体育事业蓬勃发展的新局面。

金无足赤，人无完人。自2013年以来，贾汪区依靠它特有的山水资源积极开展体育健康特色小镇的创办工作，在现有的滑雪、滑翔伞、漂流、户外攀岩等项目的依托下，拓展了滑草、卡丁车、越野车、真人CS等项目。但从已确定的建设目标中我们可以看出，小镇还存在一些不足。虽然已经开始接待游客，但大多景区仍处于需要完善的状态，如大景山和督公山的雪场，依然在扩展和修缮中。初步规模已经形成，要想打造自己的品牌和赛事还要有更细致的规划。滑翔基地受自然因素影响比较大，消费群体属于高端客户，如何更好地打造自己独一无二的基地和最大效率地利用场地还有待学习和研究。另外政府在公共服务设施的完善上还需加大力度，周边交通不便的问题仍旧没有得到很好的解决，尤其是到督公山景区的交通线路仍比较偏僻难行。这些都是贾汪体育健康特色小镇需要努力和完善的地方。

（二）做法提炼

1. 提高公共服务水平，注入小镇运动活力

一个地方独特之处不仅仅在于表面的建设，更重要的是当地的风土人情。贾汪体育特色小镇也是如此，在积极招商引资打造时尚运动小镇的同时，政府为了满足百姓的运动需求也在不断加大力度。贾汪区政府和大泉街道不断提高公共服务水平，支持区内经济和社会发展。区内外交通能力不断提升，对外已开通从高

铁徐州东站至贾汪区的公交专线，对内基本形成大路连小路、村社连到户的纵横公路网络；对外宣传力度不断加强，体育休闲旅游景点的知名度持续提升。经过这一系列的努力，如今，贾汪人民已经人人都成为了体育特色小镇的名片，为小镇的建设注入源源不断的活力。

大泉街道不断加大财政资金对体育公共服务的投入力度，加快公共体育服务提档升级，并于2016年助力贾汪区成功创建江苏省公共体育服务示范区。2016年人均公共体育设施面积达3.65平方米；全民健身晨晚练点226个，已全面建成"10分钟体育健身圈"。积极开展全民健身进社区（村庄）活动，面向社区（村庄）老年人、少年儿童、妇女、残疾人等特定人群，开展群众喜欢的、趣味性强的健身活动，街道共举办较大规模的群体活动22次。积极为社区群众提供运动健身指导，普及健身健康知识，传授运动健身技能和健康生活方法，带动更多的居民参与到全民健身行列。2016年已拥有单项体育协会24个，每万人拥有体育社会指导员72人，举行组织体育健身讲座16次。推进"互联网+体育"工程，积极融入"智慧体育"建设，发展在线场馆预订、门票预售、赛事报名等"互联网+体育"服务，促进体育健身消费。

2. 紧随时代步伐，营造绿色户外体育

"山水贾汪，美丽泉城，苏北江南，养生天堂"，随着社会的不断发展，城市化进程的加快，越来越多的人走向户外，根据相关调查和访谈，消费者参加户外运动的原因多种多样，而最主要的动机为走进自然、追求自由、挑战自我、缓解工作压力、结交朋友。体育运动与休闲旅游相结合的户外运动将成为一股新的发展潮流。

大泉街道利用自身的生态优势，打造户外体育休闲旅游基地，具有较高的前瞻性和广阔的发展前景。依托贾汪区山水风光自然优势和体育发展人文环境，做大做强"体育+旅游"文章，打造以体育旅游与运动休闲为特色的体育健康特色小镇。大景山、督公山、大洞山等坐落于大泉街道，这些独特的地貌为开发户外

运动提供了天然的载体。目前已建成全省面积最大的滑雪基地、全省最大的攀岩训练基地、全省首家综合性航空运动基地和亚洲最长的索道。同时，真人CS、射箭、卡丁车、骑马、漂流等各种体育休闲项目遍布全区。体育休闲产业取得了良好的社会效益及经济效益。大泉街道体育健康特色小镇将继续发挥自然资源优势，做大做强户外体育和休闲旅游产业。

3. 一轴四片五大主题，全面感受生态体育独特魅力

其中一轴为公共服务、形象展示轴，公共服务主要包含超市、邮政、银行、酒店、游客急救中心等，形象展示主要包括历史、文化、特色建筑等；四片为大景山户外体育集聚区、督公山体育休闲区、大洞山户外运动乐园、凤鸣海风景区；五大主题为滑雪、低空飞行、攀岩、漂流、亲子户外。

大景山户外体育集聚区。绵延深邃的山，却也从不曾失去年轻的召唤。如果你想来一场紧张刺激的滑雪比赛，褪去平日里的疲惫，感受自然的召唤，那么大景山将是你一个很好的选择。大景山户外体育活动集聚区位于徐州市贾汪区山水大道26号，现已投资1.2亿元，占地面积67万平方米，已建成项目有滑雪、滑草、漂流、卡丁车、越野车、真人CS、VR虚拟体验馆、餐饮住宿等；年接待游客35余万人次，安置就业人员100余人，营业收入达3000多万元。项目规划中，大景山景区将不断完善户外体育发展项目，扩建大景山滑雪场，新建冰雪主题，新建户外拓展亲子乐园，把大景山风景区打造成全省一流的体育休闲旅游集聚区。

大景山滑雪场图

大景山滑草场图

大景山漂流图

　　督公山体育休闲区。欧阳修说："醉翁之意不在酒，在乎山水之间也。"置身督公湖畔，青山倒映，鸥鹭翻飞，群鸟云集，尤其是春天桃花盛开之时，水天一色，花潮如海，如梦如幻。集北方的雄浑粗犷和南方的灵动秀气于一体的督公山督公湖景区位于贾汪城区东约5公里，2009年2月区政府投资约5500万元，以水库自然生态为依托，以督公传说为主题特色，实施了督公湖续建工程，开启了督公湖景区的建设序幕。徐州督公湖漂流有限公司投资5000万元，兴建督公山滑雪乐园和督公山漂流项目，该项目年接待游客120万人次。徐州飞鹏体育旅游发展有限公司投资2000万元，建立督公湖滑翔伞飞行基地，是江苏省第一家滑翔伞基地，经过3年的历练，基地培养了一批批翱翔于天际的"雄鹰"。

督公山滑翔图

督公山滑雪图

督公山漂流图

大洞山户外运动乐园。"大洞山隐茱萸寺，石榴园居药师佛"，茱萸寺位于大洞山南坡的万亩石榴园中，是国内最有特色的药师佛道场。著名诗人王维在重阳之际有感而发，写出了《九月九日忆山东兄弟》"独在异乡为异客，每逢佳节倍思亲。遥知兄弟登高处，遍插茱萸少一人"的著名诗句。如今的大洞山风景区自然生态环境优美、文化积淀深厚、旅游资源丰富。充分利用了废弃的采石场，致力于打造专业的攀岩基地，让矿山石上又多了无限活力，成为开在废弃采石场上最美丽的花朵。大洞山景区规划占地10500亩，总投资3.2亿元，重点建设山地运动休闲区、佛教文化游览区和万亩石榴观光区。风之谷户外运动基地作为景区的运动休闲区，计划建设12个极限运动项目，包括极限户外攀岩、速降、飞拉达岩壁行走、CS野战推演、狩猎区、红军长征营地、山洞探险、蹦极等，现已投资1000万元，已建成攀岩场、山地自行车越野场、铁道攀登场，年接待游客20万人次。

第八章 江苏省体育健康特色小镇创建实录

大洞山攀岩图

大洞山攀岩图

凤鸣海景区。凤凰涅槃，浴火重生。凤鸣海景区位于贾汪主城区东约3公里，2015年成功创建为国家4A级旅游景区，景区生态规划面积约10平方公里，计划总投资20亿元，其中凤鸣海核心区、山体公园、茱萸养生谷三个板块已建成开放，现已投资12亿元，建成区面积6平方公里。其中凤鸣海飞行家园项目共投资6000万元。凤鸣海飞行家园由航空模型展馆、俱乐部、模拟飞行体验馆组成，内有各类飞机模型、展架500余架，初级飞行模拟教室2间，初级模拟飞行器75台，中级飞行模拟教室1间，中级模拟飞行设备3台。景区内有20×400米飞行跑道及6架车模跑道，可以承办国家级航空赛事及活动。凤鸣海自成立以来已成功举办贾汪区第三届传统项目运动会、凤鸣海定向寻宝挑战赛、凤鸣海环湖长跑赛、徐州首届风筝节、"凤鸣海杯"航空模型公开赛等大型活动。徐州海啸大世界水上乐园，占地120亩，总投资约7000万元人民币，是目前徐州游乐设施先进、设备数量较多的顶级水上主题乐园。

亲子乐园图

规划中，一方面扩大飞行家园的规模，继续承办高规格的航空模型比赛，另一方面完善凤鸣海景区中心度假娱乐区和"墨上集"文化民俗园的建设。中心度假娱乐区包括凤栖台地景区、疏林五彩野花区、有氧密林健身区、水街休闲娱乐区、活动中心区、接待中心、石潭映月叠水区。"墨上集"民俗文化园四期"古村逸境"板块预计投资5000万元，计划于2018年建成投入运营。项目完成后凤鸣海景区将成为淮海地区风景最美丽、最富有民俗文化内涵的体育旅游休闲区。

4. 筑梦航空飞行营地

扶青天而上，寻得仙缘地。你可曾到过仙履桥？又可曾寻得玉兔泉？此物不仅天上有，人间也可寻。当车驶入督公湖景区时，映入你的眼前的就是贾汪第一

第八章 江苏省体育健康特色小镇创建实录

景观长桥——仙履桥，此桥是当年道教八仙之一蓝采和的鞋子所化的七彩拱桥。而不远处就静卧着玉兔泉，其中的典故也颇有趣味，后羿思嫦娥，雄兔仰望星空思雌兔，日久天长，雄兔便化为玉兔泉，在此仙缘之地，扶青天而上，翱翔星空，别是一般滋味，而这些，都已成为现实。

位于督公湖畔的贾汪督公湖航空主题公园可以带给你梦寐已久的飞行体验，督公湖航空飞行房车营地项目是江苏省首家以飞行体验培训为主的综合性航空运动营地，在2015年，依靠督公湖的凤鸣海景区，"江苏飞行家园"更是成为了全国首批"航空飞行营地"。运营两年来，吸引了全国的航空飞行爱好者及大众游客，共接待航空爱好者3万人次。另外，滑翔伞基地向广大市民推广普及初中级滑翔伞运动，培养了一批批翱翔于天际的"雄鹰"。凤鸣海飞行家园项目由航空模型展馆、俱乐部、模拟飞行体验馆组成。

仙履桥图

但是，督公湖航空主题公园不仅仅是"航空飞行项目+旅游"这么简单，在体育旅游这个大范畴下，航空主题乐园也延伸出了体育培训、赛事承办等相关产业。在2015年5月，徐州飞鹏体育旅游发展有限公司成功举办"2015FAI世界滑翔伞定点锦标赛暨滑翔伞世界杯（德国站）选拔赛"，期间吸引周边群众观赛达5万人次，CCTV5、新浪体育、新华社、中国体育报等高端媒体进行了深度报道。使航空体育项目成为贾汪体育旅游产业的一张名片。自2016年以来，徐州飞鹏投入资金300万元开始启动建设滑翔伞培训品牌，并与全球最大滑翔伞训练机构

APPI达成战略合作。期间吸引来自全国各地100余名高净值收入人群前来学习滑翔伞飞行，在学习期间入住滑翔伞基地农家乐，学习之余到周边景点参观旅游。2016年12月江苏省体育局陈刚局长莅临现场指导航空体育产业的发展，并对公司发展思路进行了现场指导；2016年12月13日参加江苏省体育产业现场会议的200余名全省体育系统工作人员观摩了公司发展基地，现场观看滑翔伞训练。

如今，贾汪正在积极申请承办"全国滑翔伞定点联赛""全国动力伞冠军赛"，以增强区域内体育产业的发展实力，促进体育及旅游产业发展，为打造全国滑翔伞培训第一品牌而努力。

滑翔基地图

5.打造户外时尚休闲体育品牌

扶山而上，循雪遇水而下。在贾汪，青春、时尚、休闲、体育等元素，不断映入你的眼帘，督公山、大景山沉睡了千年，在体育元素的融合下，重新焕发了活力，贾汪在遇到体育后，"煤城"已成为一个遥远的过去，产业融合下的贾汪已经成为时尚之城的代表。

第八章　江苏省体育健康特色小镇创建实录

户外运动营地图

大洞山，这个曾经因为煤炭而兴盛一时的山脉，如今也在户外攀岩融入后，给人们带来了刺激的感官体验。这座曾经采煤留下的废墟，如今已经成为淮海地区最佳攀岩教学基地。攀岩基地占地面积约500平方米，目前园内有20间标准宿舍，可接待160人，同时已建成跨度150米的岩壁行走线路，攀岩专业赛道2道，岩壁速降5道，成人体验赛道10道，儿童赛道6道，幼儿抱石区一个，68米高岩壁速降5道。然而其带来的不仅仅是一种攀岩体验，更是一种文化的体验。

在大洞山攀岩基地设置了一个红军文化体验园，红军长征营地让游客在攀岩后体验当年的红军精神，促进红军精神的宣传。另外在民宿文化体验上，大洞山户外运动基地更是别出心裁，直接以大锅饭的形式展现了徐州人民热情好客的形象，每一个灶台对于在城市生活已久的人来说，都可以称得上新奇，或者说是一种情怀的体验，让每一位游客充分体验当地的民俗文化。扶山而上的督公山滑雪乐园依靠三面环山的地势与自然的坡度已经建成了初级、中级、高级雪道及摩托道、儿童嬉雪区等。是目前淮海地区规模最大、设施最完善的综合性滑雪乐园。实现了在不破坏自然生态的情况下与农业紧密融合，在引流入水库的同时，为漂流河道沿岸的农作物提供了充分的水流灌溉。

另一个滑雪场大景山滑雪场，环境优美，原生态林木茂密，景区依山就势，在保护自然生态环境的前提下打造"江苏规模最大滑雪乐园""淮海地区设施最先进滑雪教学基地"。雪场各项雪道及雪地游乐区面积达到6万余平方米，日接待游客可达到4000余人，滑雪乐园拥有滑雪道、雪圈道、雪地摩托等雪地运动项目。雪场目前开辟了260米的初级滑雪道1条、长370米的中级滑雪道2条、长780米的高级滑雪道一条以及雪圈道3条，还有雪地摩托娱乐区等多项雪上运动项目，满足不同滑雪消费群体的需求。滑雪乐园拥有造雪机10台，其中美国雪神牌造雪机2台，意大利MMS 8台，造雪能力强大，均为零度造雪机；现配1台玉兔压雪车，为滑雪爱好者提供最棒的滑雪环境；两条300多米长全自动雪地魔毯、一条450米长托牵，运载能力强大，极大增强滑雪者的体验度、方便性和安全性。雪场同时配置4000套滑雪双板、600套滑雪单板、500套雪圈以及雪地摩托等设备。

大景山滑雪场图

循流而下的督公山漂流被称为"高山第一漂"。游客可全方位体验漂流的刺激和欢乐。贾汪督公山漂流全长4公里，分A、B、C三段，每一段都惊险刺激，可以满足不同游客的不同需求。为了充分与农业结合，沿山坡而下，当与农田接触时，两岸并未设置阻碍物，既让游客在麦田里感受到漂流之美，也为当地群众带来便利，达到产业的完美融合。在滑雪、漂流与户外攀岩等时尚运动的融入下，贾汪这座"千年煤城"已经完美转型为时尚运动之城。

第八章 江苏省体育健康特色小镇创建实录

督公山漂流图

督公湖全国山地车邀请赛图

6. 群众赛事与体育企业共同发展

贾汪体育特色小镇在发展中注重培育消费市场，壮大体育产业。积极鼓励群众性体育协会、俱乐部与体育企业合作，以各类体育设施为依托，为群众开展健身、健美、休闲、娱乐等体育活动提供场地、设施和技术辅导等多项优质服务，积极引进趣味性强的健身娱乐项目与设施，让消费者在快乐中享受体育运动带来的乐趣。积极引导和规范各类体育竞赛的经营活动，使体育竞赛和表演朝产业化、社会化、市场化方向发展。加强对品牌赛事的策划运作，集中人力、物力、财力承办各级别的大型赛事，搭建消费平台，推动产业发展。目前已经承办的赛事有：2015年"凤鸣海杯"全国航空模型公开赛（徐州站），2012中国·贾汪首届"大千杯"环潘安湖自行车邀请赛。除了专业赛事以外，仅仅2016年就举办了22场群众性赛事，有效地进行了体育旅游的宣传，促进了大众对体育旅游的消费热情。在体育产业集聚方面，贾汪区政府积极给予符合条件的体育企业、运动休闲项目申请资金、税收、金融、土地、人才及创新驱动等方面优惠。进一步明确阶段性的工作目标和基本任务，制订年度工作计划，准确把握工作重点，明确职责分工，做好各项政策措施的贯彻落实和各项工作的组织实施。要健全规划实施的监管机制，采取切实有效的措施，对创建体育健康特色小镇规划实施情况进行监督，确保落实，保障规划的实施。贾汪区政府也成立创建领导小组，并制定出台了促进体育产业发展的一系列规划政策，为体育产业持续发展创造更加良好的投资环境；建立体育产业发展融资平台，帮助企业做大做强。

目前贾汪区体育产业集聚已经形成了初步规模，政府积极扶持体育休闲和生态旅游产业，推动区域产业结构升级；提升绿色产业产值，促进经济良性发展；促进低耗能高产出产业的发展，促进财政收入持久增长。GDP和财政收入分别由2013年的14亿元和1.4亿元，增加到2015年的15亿元和1.55亿元。户外体育旅游项目在持续运营期中，通过户外运动、餐饮、住宿、旅游、体验等，拉动GDP增长3.3亿元/年，提高财政收入3300万元/年，增加就业500人/年。

（三）访谈对话

采访者：南京体育学院　毛佳音、徐江、李杰波

受访者：徐州市贾汪区文广体局副局长　鹿永海；徐州督公山漂流（滑雪）有限公司总经理　赫连小利；徐州市力拓体育文化有限公司经理　刘艳军；徐州山水休闲度假村有限公司总经理　侯念林

第八章　江苏省体育健康特色小镇创建实录

红塔山舞蹈队图

问：贾汪为什么会想到申办体育特色小镇项目？建设体育特色小镇对当地民生建设有什么益处？

答：以前贾汪主要是煤矿产区，环境很差，又黑又脏，都是尘土，天空都是黑的。最近这几年转型搞生态修复，搞旅游开发，贾汪有优秀的山水条件和丰富的自然资源，我们煤矿这几年都关闭完了，产业转型，这几年就加大城建力度，注重生态修复。

贾汪凭借山水优势，吸引市场方面专业的人士进行投资，而且投资小回报快，基本上一两年就能把投资的成本收回来。每年夏天暑假那两个月是人山人海，就像农村赶集一样，一波接一波，他们和这些旅行社挂钩联系，游客直接带来，生意相当好。夏天漂流，春天秋天滑草，冬天滑雪。冬天滑雪虽然时间短，大概不到一个月的时间，但是也很挣钱。因为滑雪的资源苏南地区没法做，（全省）只有我们这边。攀岩基地就是用一个废弃的采石场做的，现在主要就是发展一些拓展训练。现在收益也很好，一次投资，终身受益。他们搞这些投资要比企业来钱快，而且前景要好，做得很轻松。

问：滑雪场的建设进展如何？有没有想要举办自己的赛事，打造一定的品牌影响力？

答：大景山滑雪场按目前的建设规模和场地面积绝对是苏北最大的，接待能力也是最强的。未来按我们现在的想法是冰雪的面积还是不够，到北方去调研学习，比如哈尔滨的一个滑雪场，我们的和他们的相比规模还是小。他们有独特的环境和天气优势。贾汪这个地方到了冬天还是不够寒冷，天气原因在一定程度上制约了冰雪产业的发展。

赛事我们目前也就是一个未来的考虑、一个方向，按我们目前的场地，在江苏地区里面还是具备这个条件的。像东北哈尔滨那些比较专业的，咱们这个还是不具备那个条件。滑雪场我们已经运营了三年吧，在经验这块积累了很多，从管理方面，从造雪的技术方面，包括设备的管理还是基本上走向成熟了。至于影响力一定得够。在宣传上我们企业自己做了一部分，政府在这方面的投入也是非常大的，包括贾汪旅游局，徐州高铁站区域对这个冰雪项目也是非常重视。不过政府宣传起到的是一个辅助作用，主要还是企业自己的宣传投入最多。

我们举办了两次滑雪节。但是，我们目前的赛道算是初级道，初级也就是一种学习和训练场，比不上比赛级的赛道，比赛得是中级以上，高级道甚至会有缆车。计划是要扩建到目前的三到五倍以上，我们也是请了一个具有世界影响力的管理团队，包括规划设计方面都是相当有知名度的团队来做的，也参考了他们设计的一些项目，对我们也有很大的启发。未来不能说在全国，就说在江苏要当第一，一定要第一，制造影响力。现在硬件设备包括场地面积已经是可以了，场地面积在这周边已经没有比我们再大的了，但是接待量和人家那些发达的比还是太小了。

至于督公山滑雪场的进展，滑雪场近几年拿到了体育局颁发的高危许可证。近些年在积极响应国家号召，大力发展冰雪运动，助力2022年北京冬奥会，这几年就是说整体思路打通了，进一步来说，我还有一个很大的计划。这里有一个600米的坡道，坡度很好，所以就是说重新地再来规划，再来整理。原来的坡道是在山上，到这来的时间比较短，我们到这来的时间是2013年7月25日，我过来考察，9月份签订合同，10月2日成立了项目部。10月12日，基建进场，2014年1月18日就面向游客，就接待游客。通过4个年头的运转，慢慢地逐步完善，细化，提档升级。

有想过要打造自己的赛事。先说雪道吧，也就是说现在因天气影响，咱们当时对地形不是很了解，冬季的日照时间比较长，计划北的坡再开辟一批高级道，也就是说400多米长，计划是这样。咱这里有初级道，中级道，高级道。初学的滑雪者上这个初级道，掌握了滑雪之后，上上端滑下来，更会滑的时候，上这个高级道，很轻松很自然。这个地方重新打倒之后做一个"翻牌儿"，滑下来之后他有一个缓冲区，达到了100米。这些将来都要拉出去。这一带是湖，湖的水量比较小，就是说把这个湖扩大，增大容量，这一块打倒之后弄翻牌儿，游客从上面这个有翻牌儿，他这样一翻，保证了游客的安全。

问： 贾汪办滑雪场有哪些优势？大景山和督公山都有一个滑雪场，两者相比有哪些优势和不足？

答： 咱们这儿目前南京的客人、上海的客人都很多，影响力还是可以的。因为咱们这个地方再往南造雪的可能性就太低了，除了杭州那有个海拔比较高的地方，海拔达到1000米以上它才有造雪的可能。

贾汪时就是招商三滑：滑雪、滑草、滑翔，滑草消费的群体方方面面不是很多，滑翔属于高端消费，并不是很大众化。滑雪这一块在整个江苏来说是一个比较大众的品牌，消费群体比较广泛，下至4岁的儿童，上至60岁的老人，甚至70岁也有来滑雪的，这都是比较专业的。滑雪场再往南去就开不了了，因为天气气候的影响。这个雪场是大众化的，一般来说给北方大型的雪场作为一个培训基地吧。

滑翔基地规模也不小。但是比较小众化，消费者也大都是有钱人，普通的老百姓玩不起，再加上它的接待量没有那么大，而与之相比，滑雪场这边旺季接待量一天就能达到6000人。而且更加简单实惠，保证来玩的游客花尽量少的钱，却能感受到最大的快乐。

大景山因为毗邻主干道，所以交通比这里便利，但是由于大景山滑雪场地势过于开阔，不利于储雪存雪，而督公山滑雪场附近山较多，冰雪的储存就容易得多。

我们的造雪机器都是进口的，地下也有现成的管道，机器一开便可造雪。现在你们看到的这里的土是为了扩大水库的容量而挖的，未来都会运走，我们还会利用一些土来做个"缓冲区"，因为江苏体育局来调研过，说这里的缓冲区做得还不够好，所以今年我们打算完善起来。

问：关于自己的特色和一些惠民的地方？

答：在夏天和冬天的时候，基本上来我们贾汪做夏令营冬令营的都安排大洞山攀岩这个项目。会组织一些露营派对、烧烤派对。我们这里吃饭的地方有贾汪特色的大锅炖，我们提供食材游客们自己动手，搞得热火朝天，其实大家不是为了吃饭，而是感受一起做饭的这个氛围。

督公山滑雪场负责人在大别山湾西县投了一个雪场，去年又在湖北英山县桃花冲风景区投了一个雪场，河南尧山滑雪乐园也是他们的，他们一直都在做雪场，今年都是第九年了，经验很是充足，可以很好地带动当地滑雪业务的发展，对响应2022年冬奥会国家号召，提高当地老百姓对冬季运动项目的喜爱增添了不少动力。

另外督公山景区也准备弄漂流，在这方面也是很有经验。引水上山工程给老百姓提供了很多方便的东西，比如农业灌溉。

（四）调研手记

贾汪时尚运动小镇在苏北地区确实是一大亮点，从贾汪区意识到一味地开采煤矿资源所带来的环境污染的严重性开始，贾汪政府便开始大力推进生态修复工作。一些有经验的商人看到贾汪得天独厚的山水资源，纷纷开始投资。这在苏北乃至全省地区里都是一个很好的范例。

如今的贾汪已经成为真正意义上的时尚运动小镇了，在体育产业发展的基础上与农业、文化、教育进行了很好的融合，文化精神体验、体育教育培训已经成为当地主打品牌，群众赛事如火如荼地举办，推动了全民积极参与健身，响应了国家的政策，扩大了体育的受众，增强了居民体育消费水平。此外，竞技赛事的举办也并没有落后，在一系列重要赛事举办后，极大地提升了贾汪的城市形象，促进体育健康特色小镇品牌的宣传，在群众赛事与竞技赛事相互融合发展下，贾汪已经成为一种充满活力的新型城市的代表。

产业融合创新发展为基础、赛事举办推广举办为辅助手段、户外运动体验为核心的发展模式已经使贾汪区体育健康特色小镇成为苏北乃至淮北体育产业中的佼佼者。

通过和这些企业家的交谈，我们不难看出他们还是很认真地在做这件事，有自己的想法和规划，并且还会主动向国内甚至国外的一些顶尖技术团队学习、请教。与此同时，政府也给予了大力的支持，并在一定程度上为他们进行宣传。

也许是我们去的季节不太对，游玩的人不是很多。给人的感觉是整体设施已完善，能够让人们有一个比较完整的游玩经历，但在外围环境和服务模式上还有待提高，在如何让人们玩得尽兴，充分地在户外极限运动上挑战自我的体验感方面还有待提高。特别是因为与自然相结合，离城区有一定的距离，交通不是很便利，这也在一定程度上阻碍了景区的发展速度。

另外，贾汪是一个拥有丰厚的历史文化背景的地方，在这方面虽然已经开始挖掘，但是还没有很好地与当地景区相结合，缺少自己独有的特色。

现在贾汪区的基础设施已经很完备，具备接待大规模游客的能力。但是，正如我们在贾汪区所看到的，崭新的道路和楼房与之对应的是寥寥无几的人群和游客，一切都很崭新，充满着新鲜感和生命力。作为位于徐州中部的一个大区，贾汪在未来所要做到的，并不只是吸引徐州当地的游客资源，而是利用"五省通衢"的先天优势，吸引附近省市乃至全国的旅游资源。这不仅仅需要政府和企业的宣传推广，更是要贾汪的时尚运动小镇打出真正响亮的金字招牌。我们去贾汪区由于季节原因，并没有看到当地的滑雪盛况，但借着图片与文字资料以及所见所闻，贾汪现在已有两座专业滑雪场，设施完备，场地一流，颇具规模。北京和张家口将在2022年合办冬奥会，国家近几年必将大力发展冰雪产业，贾汪迎着冬奥会的春风，凭借自身得天独厚的自然资源和天气资源，将滑雪做成自己的头号招牌，未来可期。

当然了，由于经济发展水平不是特别高，当地老百姓更在意经济的发展而不是体育旅游的开发和体验，来游玩的反而更多的是外地游客。因此，政府还需在宣传上加大力度，营造良好的健身氛围，并且将目标定位于全国知名体育特色小镇，努力打造自己的特色品牌，而不仅仅是江苏省体育健康特色小镇。

从2016年10月国务院办公厅下发《关于加快发展健身休闲产业的指导意见》，到2017年5月国家体育总局下发《关于推动运动休闲特色小镇建设工作的通知》，贾汪时尚运动小镇项目紧扣时代脉搏。贾汪的转型与建设可以满足群众日益高涨的运动休闲需求，对推进体育供给侧结构性改革，培育体育产业市场，吸引长效投资，促进地方经济发展与新型城镇化建设有重要作用。贾汪时尚运动小镇具有代表性。对该案例的具体评价如下。

1. 供给侧结构性改革的创新之路。"百年煤城"向户外休闲体育集聚区的转变，即从煤炭资源型城市成功转型为现代服务型城市，让绿水青山变成金山银山，成功走出了一条"绘制美丽苏北、生态惠及群众"的体育产业改革探索和创新实践之路。

2. 体育产业增加值占当地GDP比重高。大泉街道体育产业增加值38831万元，体育产业增加值占GDP比重23.82%，远高于我国体育产业增加值占我国GDP比重0.8%；而且，其体育产业增加值主要由体育服务业产生，产业结构水平高。

3. 政府公共体育服务水平较高。2016年人均公共体育设施面积达3.65平方米，远高于我国人均体育场地面积1.57平方米（2015年）；已全面建成"10分钟体育健身圈"，并于2016年成功创建为"江苏省公共体育服务示范区"。

4. 户外体育休闲产品体系较丰富。一是已建成"水陆空"常态化产品体系。水上运动项目有漂流等，陆地运动项目有滑雪、滑草、攀岩等，空中运动项目有滑翔伞等。二是积极开展国际国内体育赛事，进一步提升城市知名度和形象。

5. 政府引导、市场主导的体育产业发展机制。大泉街道现有体育产业类企业

7个,体育产业从业人员5207人,体育固定资产投资总额超过11亿元。上述业绩得益于当地政府营造了良好的体育产业发展氛围,吸引了社会资本积极投资开发体育产业化项目。

(刘青,成都体育学院教授,博士生导师。成都体育学院党委书记,国家社会科学基金项目评审专家,四川省学术和技术带头人,四川省有突出贡献优秀专家,国家体育总局中青年学术和技术骨干,四川省专家评审委员会专家。)

十三、传统与新潮体育元素碰撞出别样火花
——武进太湖湾体育休闲小镇创建实录

"锦绣常州,魅力龙城。臂挽长江而向海,襟怀太湖以腾云。"常州地处长江之南、太湖之滨,自古以来就是人杰地灵、钟灵毓秀之地。武进太湖湾体育休闲小镇位于常州市武进区东南部,由雪堰镇和江苏省武进太湖湾旅游度假区组成。这里层台耸翠,能让你在郁郁葱葱中远离尘世的喧嚣,谷神山庄里品一壶茶,龙凤谷里赏一园精美的盆景,卸下一身的疲惫;这里内河交错,水域宽广,能让你在渔舟唱晚的悠然之境中品味垂钓的超然之趣,能让你在阵阵龙舟号子中感受传统龙舟竞技的力与美。这里既古老又创新,嬉戏谷的游园欢乐声见证着电竞产业的蓬勃发展,漂流、赛马、溜索、单车……年轻的活力在这里迸发新生力量!

(一)案例简介

武进太湖湾体育休闲小镇东接无锡马山,南濒太湖,西临宜兴,拥有7.6公里的太湖岸线,是太湖经济圈中的重要区域,也是常州市沿太湖发展的"桥头堡"。区域内的雪堰镇先后被授予国家级生态镇、国家级卫生镇、全国千强镇、江苏省文明镇、江苏省新型示范小城镇、江苏省园林小城镇等称号。江苏省武进

太湖湾度假区于2002年8月成立，2012年8月，经江苏省人民政府批复同意，正式升级为省级旅游度假区。

这里历史文化底蕴深厚，"承江南水乡之韵，得山川形胜之灵。五千年人文润丽，八百里山水嘉菁"。春秋淹城，千古流韵；宋代龟山书院和南山寺、吴稚晖故居、国家龙舟训练基地等人文景观均坐落在境内。"彼百越舟东之会，三湖襟带之邦。南抱滆湖，北环长江。形胜甲于东南，富饶达于诸方。"这里物产丰富，特产有太湖"三白"、水蜜桃、柑橘、杨梅和绿茶等。太湖银鱼、夏庄葡萄、谢家水蜜桃、城西梨园等四大千亩以上规模基地优势领先。河网密布，阡陌纵横。天目驰景，太湖毓灵。轻风起而鱼唱，水波兴而龙吟。依托天然的环境优势，太湖湾旅游度假区已形成了城西农家乐回民风情街、太滆渔家乐一条街、雅浦观光旅游等特色的体育旅游市场。

得天独厚的自然环境和地理位置，加之科学的发展理念造就了太湖湾地区体育事业的蓬勃发展。太湖湾体育休闲小镇现以"生态太湖""休闲太湖""文化太湖"为发展理念，正在积极探索以优势基地建设、"体育+旅游""体育+生态"、体育赛事为主要发展方向的特色模式。目前，小镇体育基础设施建设趋于完善，体育产业化发展突飞猛进，全民健身氛围浓厚，体育特色团队不断涌现，科学健身理念日渐进入寻常百姓家。已经形成了以品牌体育赛事为龙头、以特色体育项目为标杆的体育产业发展格局。成立至今，太湖湾体育特色小镇的整体发展已趋于完善，日后还将围绕"体育+"的特色发展模式，依托太湖湾独有的环境优势，以太湖湾龙泉山郊野公园、中航水上飞机项目等特色品牌项目为发展契机，争取将太湖湾体育特色小镇打造成理念创新、服务完善、独具特色的新型体育特色小镇。

（二）做法提炼

1.太湖湾边风景独好，赏景运动亲近自然

"草长莺飞，处处锦动；花红柳绿，时时秀成。鹰击长空，活力无限；碧漫大地，秀丽无垠。而或长空电起，惊风撒神韵；远方雾来，烟雨画江南。"太湖湾的美是含蓄的，它像一壶需要细细品味的普洱，越陈越香，飘散出深厚岁月积淀的韵味。这里优美的自然环境，深厚的文化内涵造就了它独特的文化氛围。谷神庄园、雅浦观光旅游带、雪堰垂钓基地就是依托太湖湾得天独厚的生态环境，以"体育+生态"为概念推出的特色体育小镇建设模式。

谷神庄园位于常州太湖湾，与嬉戏谷、孝道园为邻。此地三面环山，清致淡雅，整个园区充满着江南的韵味美。"谷"象征"道"，"道"既是空虚的又是实在的，它的作用是无穷无尽的，从时间而言，它经久不衰、天长地久！"神"也比喻"道"，说明道生万物，绵延不断。谷神，是一个能孕育万物而生生不息的现代生态庄园，也是把国学精华与生态旅游、书法艺术及体育休闲四大文化融为一体的特色庄园。庄园占地近200亩，体育元素占据了很大的篇幅。其中，游泳池、垂钓、篮球场、散步林荫道、采摘等项目已初步形成，后期将规划建设太极馆、灯光篮球场、网球场、国学文化德育基地等文化体育休闲项目。

"数尺丝纶垂水中，银钩一甩荡无存"，垂钓是一项十分修养身心的体育运动，不同于其他运动的活力四射，垂钓似乎更讲究一个"静"字。雪堰人爱垂钓，一柄鱼竿，悠然自得，在郁郁葱葱的优美环境中，呼吸着天然氧吧中的新鲜空气，好不自在。雪堰垂钓基地于2015年4月基本建成运营，占地面积500余亩，

投资总额约5000万元。主要建设内容有：开挖改造国家级高标准垂钓鱼池30个；建设池塘护坡3800米；建设道路、停车场15000余平方米；建设生产用房1700多平方米；购置了一系列主要配套设备如自动投饵机、增氧泵、钓具、板凳、遮阳伞等若干。垂钓运动的开展，大大促进了当地交通、旅游、餐饮、住宿、娱乐和特色水产品销售等产业的发展，拉动了当地特色体育消费需求，带动了当地传统养殖业向现代休闲体育服务业的转型升级，成为武进区乃至常州市的钓鱼竞技基地。

坐落于雪堰镇境内的雅浦村依山傍水，人杰地灵。这里生态环境优美，物华天宝，俊采星驰，是亲近乡村自然，旅游度假的理想去处。雅浦村自开展社会主义新农村建设以来，坚持以原生态的模式进行老村整治，使整个村庄呈现村在林中、房在树中、人在绿中，充分利用得天独厚的森林资源优势，加快体育产业结构调整，促进农民增收，同时挖掘本村文化特色，积极营造人与自然和谐相处的雅浦生态文明景象。雅浦旅游观光带以山丘为依托建成健步走路径，并对宗祠文化、农垦文化、酒文化、竹文化、桔文化等进行了建设，把生态建设与观光旅游有机结合，总投资5000余万元。

2. 嬉戏谷旁活力无限，新潮刺激享受乐活

常州是一个既古老又新潮的城市，这里既有积淀深厚的文化底蕴，又有创新活力的新鲜血液。这里是老年人颐养天年的理想场所，也是年轻人释放青春活力的靓丽平台。"承古韵，逢新生。追江赶海，揽日掠云。"将文化底蕴与现代项目相融合，迸发出超乎意料的惊喜效果，武进太湖湾体育休闲小镇兼顾传统与创新，依托天然的环境优势和嬉戏谷特有的青春活力元素，打造别具一格的"体育+旅游"的发展新模式。常州龙凤谷生态旅游项目、太湖湾龙泉山郊野公园就是在这种模式下，新兴发展的旅游项目。

常州龙凤谷生态旅游项目，筹建于2014年，作为江苏"首个四季雪"滑雪场是省、市区重点项目，规划用地800亩，计划总投资3亿元。龙凤谷坐落在武进雪堰镇凤凰村、凤凰山和夹山之间，这里风景优美，草长莺飞，处处锦动，花红柳绿，时时秀成。内设五个休闲体育项目：四季仿真雪毯铺装地面滑雪场、15～20分钟山地漂流、溜索、跑马训练场、漂移越野车。四季滑雪场滑道全长280米，宽50米，坡面与水平面的夹角为15度，地面由具有世界领先水平的四季仿真雪毯铺装而成。根据山地坡度，滑雪场被巧妙设计在山体的背面，为游客创造了良好的地域条件。使得在春、夏、秋三个季节，游客也可以滑"雪"，仿真度高达百分之九十八。而冬季在条件允许的情况下，还能造出真雪，让南方的游客在冰雪世界中也能充分地享受滑雪的快乐。山地漂流项目是利用天然水库资源建成的，河道全长1000余米，落差近100米，全程30～40分钟。漂流分为一级段和二级段，一级段位于河道上游，流速较快，适合有漂流经验和喜欢刺激的游客；二级段起于河道中游，流速相对缓和，适合没有漂流经验的游客。整个河道还利用茶园、竹园、阔叶林等环境，兼顾漂流的刺激性和滑落的舒适度，让游客一会儿在惊涛骇浪中、一会儿在舒缓平坦中与自然美的韵律共振。在四季滑雪场的"动感区"，还包括溜索、跑马训练场、拓展训练基地、漂移越野车等参与性运动项目，将挑战性、刺激性、娱乐性等现代化体育娱乐元素巧妙地融于龙凤谷的自然环境之中，开拓新的"体育+旅游"发展模式。

第八章 江苏省体育健康特色小镇创建实录

太湖湾龙泉山郊野公园位于太湖湾旅游度假区太北路以东、黄婆岭青天山路以南、龙泉山以西，项目依托自然山体湖泊，充分利用原有地形与植被，以生态观光为主，在不破坏原有生态环境的前提下，加强生态保护和实施环境改造，将其塑造成一个生态、野趣、创意、高端的奢野之地。该项目打造集五星级房车、帐篷露营、茶园漫步、原生态垂钓于一体的综合性露营地公园，给各年龄层游客不同的体验感受。充分考虑了不同的年龄结构、文化层次和消费层次人群的需求，最大限度地利用原有的地形地貌、自然水系和植物地被。内设八大主要功能区：一是综合服务区，含停车场、游客接待中心、后勤服务等功能；二是房车露营区，含80个房车营位和106个自驾车营位；三是帐篷露营区，可同时容纳300个帐篷扎营；四是休闲商业区，含酒吧、特色餐厅、棋牌娱乐室、便利商店、烧烤等功能；五是体育拓展区，含综合拓展区、CS体验区和青少年军事训练区；六是移动木屋区，含20个特色木屋；七是农耕文化区，含农耕展示、农趣、垂钓等功能；八是茶园体验区，含茶园、休闲茶室等功能。该项目建成以后将选用管家式服务，保障游客人身安全的同时又让游客感受温馨快乐。

人们对天空也一直有一种天然的亲切之情，中航水上飞机项目积极围绕"上天入湖"，大力发展水上运动项目，修建亲水平台、游艇码头，统筹水上旅游路线，增加游客的互动参与性。目前已与中航集团签约水上飞机项目，拓展航空旅游功能，适度发展航空旅游体验项目，将太湖湾打造成环太湖低空旅游集散区。水上航空项目总投资3亿元，由幸福航空独资开发太湖水上搜救中心及相邻地块26亩，建设水上飞机航站楼及起降平台，定位为区域固定的运营基地、飞行员培训基地及华东地区重要的通勤基地。建成后将大大丰富太湖湾旅游度假区旅游业态。

　　雪堰镇"雪堰桃花节""太滆开湖节"利用当地特有的优质资源，精心打造乡村旅游线路，通过"桃花节""开湖节"等四大品牌节日的打造，目前已经形成了"春赏花、夏摘果、秋品鲜、冬滑雪"四大特色旅游项目。据不完全统计，2016年全年乡村游旅客已经达到50万人次。第三届雪堰桃花节期间，以"桃花之约·美丽雪堰"为主题，以桃花"五瓣簇一蕊"（桃花美、桃花乐、桃花韵、桃花情、桃花坛、桃花游）的形式开展系列活动，以竞相绽放的桃花美景，描绘醉美的生态旅游文化。活动期间组织别具特色的"桃跑计划"欢乐跑活动，将旅游与体育特色完美融合，打造独特体育文化。"太滆开湖节"期间，太滆渔家乐一条街以健康饮食为主题，服务周边龙舟基地、垂钓基地等体育项目带来的活动人群，构建体育健身、健康饮食为内涵的综合特色小镇组成部分。

3.基地建设高瞻远瞩，竞赛事业蓬勃发展

体育比赛能丰富人们的文化生活，满足人们精神上的需要。精彩的竞赛和表现吸引着亿万观众，紧张、激烈、惊险、拼搏的场面扣人心弦，使人们赏心悦目，激励和感染着不断进取的人们。在大力加强物质文明和精神文明建设的今天，作为上层建筑的体育，越来越起到重要的作用了。体育比赛可以给个人及家庭带来乐趣和幸福，给社会带来安定，能有效地占领社会主义的思想文化阵地。通过体育比赛，能使更多的人认识和参与体育运动，从而促进体育运动的进一步发展。人们在工作学习之余，欣赏体育表演和比赛还能陶冶情操，得到积极性的休息。运动员尽善尽美的表演，健、力、美和谐的统一，鲜明的节奏，默契的配合，表现出诗的情感，艺术的造型，给人以美的享受，从而忘掉忧愁和烦恼，有效地调整失去平衡的心理，改善人的心理和情绪，使人朝气蓬勃，充满活力，增进健康。人们在欣赏体育比赛的过程中可以看到运动员之间、运动员和裁判员之间、观众和运动员之间发生着频繁而激烈的思想感情或行为上的交流，从中看到个人与集体的关系、人与人之间的合作精神、谅解精神、相互鼓励的精神。在激烈的竞争中，还有严格的规则，受到诚实、守纪律和严密组织纪律性的熏陶。因此，体育欣赏能培养人们团结一致的精神、豁达合群的性格、愉快乐观的情绪。

武进太湖湾体育特色小镇积极打造与本地特色相结合的特色体育赛事，独具匠心地进行基地建设，龙舟竞赛基地、雪堰垂钓基地、全国首家电竞基地……同时通过龙舟竞技、电子竞技、"环太湖"骑行赛、健身毅行等体育赛事极大地推动了太湖湾地区体育产业的发展。

2016国际龙舟联合会"世界杯"赛，2016年10月22日到10月23日，在江苏省武进太湖湾旅游度假区全国龙舟赛竞赛基地举行。来自11个国家和地区的12支队伍，共360名运动员参赛。比赛由国际龙舟联合会主办，由国家体育总局社会体育指导中心、中国龙舟协会、中央电视台体育频道、江苏省体育局、常州市武进区人民政府承办。武进太湖湾拥有浓厚的龙舟文化和坚实的群众基础，最初的太

湖湾龙舟队正是由群众自发组成。2008年5月，武进太湖湾被国家体育总局社会体育指导中心、中国龙舟协会授予"全国龙舟竞赛基地"荣誉称号，成为继浙江龙游后，全国第二家被授予该称号的区（县、市）。基地位于太湖湾旅游度假区的西南方，建有标准龙舟赛道和永久性生态看台。标准龙舟赛道深约2.8米、长500米，其中主航道4道，裁判用副航道1道，各项配套设施健全，训练竞赛环境达到了国际水准。目前，基地已成功举办了"中华龙舟大赛""万泽杯""九洲杯""旷达杯"等国内龙舟赛事。区内湖山结合近乎完美，可谓"山不高而清秀，水不深而旷远"，丰富的绿色植物、自由翱翔的70多种鸟类、优质的土壤和水源以及达到国家一级标准的大气环境，使太湖湾成为大自然的一座天然"氧吧"，是举办龙舟比赛的最佳场所。

第八章　江苏省体育健康特色小镇创建实录

2016·中国24H单车环太湖认证赛于2017年6月10日到6月11日举行。江苏省武进太湖湾旅游度假区是环太湖认证赛的路段之一，作为常州站点。比赛由江苏省自行车运动协会、江苏单车网、无锡市太湖新城建设指挥部办公室主办，由南京先锋体育俱乐部、捷安特（昆山）有限公司承办，由江苏省电视台、江苏省武进太湖湾旅游度假区协办，由江苏省体育局、无锡市体育局特别支持。

"又是一年秋酷跑，又是一场相逢时！""怒放青春，冲刺激情！"2016年11月20日，太湖湾旅游度假区内，第二届"太湖湾·秋酷跑"拉开帷幕。上午9时30分，随着一声枪响，第二届"太湖湾·秋酷跑"开跑！太湖湾旅游度假区内，山水映衬景色秀美，附上天然富氧的大气环境，1000多名跑者穿着各具特色的秋裤，奔跑于醉美的盘山公路。"秋酷跑"跑道全长7.8公里，跑者由太湖湾旅游度假区西入口出发，沿环湖路前往盘山公路、嬉戏路，最后到达终点嬉戏谷梦幻广场。跑道途经环球动漫嬉戏谷、中华孝道园、全国龙舟竞赛基地、竺山湖小镇，可将太湖湾的知名景点尽收其中。途中，主办方设置穿越时光隧道、老式自行车、老式缝纫机、炫彩大冒险等主题体验站，把每一位跑者带进游戏里，将欢乐回忆、爱心铺满跑道。大家笑容洋溢，欢乐不止，纷纷表示"秋酷跑"跑出了珍贵的青春记忆，跑出了几代人的怀旧情结。

近年来，伴随游戏产业的迅猛发展，拥有游戏和体育双重属性的电子竞技风头正劲。电竞作为一个朝阳产业，获得了来自国家、社会、媒体等各方面的高度关注。国家体育总局批准首个"国家电子竞技运动基地"落户太湖湾旅游度假区。总投资达3亿元，常年举办或承办CCJOY中国大学生电子竞技联赛、IEF、WCG等国际、国内各类最高级别的电子竞技赛事，是高规格电子竞技赛事的专业基地。截至目前，基地已先后成功举办了2011年全国电子竞技大赛暨CCJOY全国大学生电子竞技大赛总决赛、2012年全国啦啦操联赛（江苏站）、2012年全国啦啦操总决赛、2012年啦啦操中国公开赛暨首届世界啦啦操高峰论坛、南京青奥会"青奥之旅活力之星"总决赛、2016国际龙舟联合会邀请赛联谊会等活动，每年参与人数上万。同时，每年在举办各类赛事活动期间免费对外开放，接受电竞和体育爱好者参观赛事，参与活动，极大地促进了当地电竞和体育活动的开展。2016年12月24日，常奥赤焰狼电子竞技传媒有限公司与常州嬉戏族产业文化有限公司战略合作新闻发布会暨VG江苏青训基地授牌仪式在环球动漫嬉戏谷隆重举行。这一多方强强联合组成的电竞战略联盟正式成立，对推动常州及周边地区乃至全省的电竞产业发展具有重要意义。

太湖湾千人健康毅行于2016年4月26日在太湖湾旅游度假区内举行，所谓毅行，就是"坚毅的行走"。毅行活动源自于香港，是由慈善机构组织的广大市民自愿参加的徒步活动。毅行者活动不是竞技活动，更不是比赛，它是对每一个参赛者心理和生理上的一种考验活动。毅行活动追求的是团队精神，锻炼的是互助精神，只有齐心协力，才能走完全程，也只有一起经历风雨，到达终点，才能明白毅行者的意义之所在。太湖湾，作为常州目前有检测数据显示空气质量最佳的一片净土，在阳光明媚的春日举行"健康毅行"，能够带领市民淘春、洗肺，乐享春天。活动吸引了1500多人参加。

（三）访谈对话

采访者：南京体育学院　张婧娴、陆雨、顾晓波

受访者：常州市武进区雪堰镇镇长　王宏强；常州龙凤谷生态旅游发展有限公司　徐嘉；谷神庄园创始人　蒋南春

问：您可以向我们介绍一下雪堰镇的特点和它的优势吗？雪堰镇接下来会有怎样的发展规划？

答：雪堰镇在常州市东南部，也是常州唯一拥有太湖资源的一个镇。雪堰镇交通位置十分优越，境内山水资源非常丰富，人文底蕴也非常深厚。近几年我们利用良好的资源环境，优质的林果产品，大力发展乡村旅游。除了观光农业、休闲娱乐这些类型，我们还利用现有的体育龙头企业和体育设施项目，像恒泰泳池装备是国内泳池水处理行业巨头，还有龙凤谷四季滑雪场、钓鱼竞赛基地来积极发展"体育+旅游"这一新模式。

至于发展规划，第一是今年四月省体育局与我们达成合作共建太湖湾体育休闲小镇协议，根据雪堰镇实际情况积极编制建设规划，通过提升生态文明建设水平，继续做优雪堰镇生态化境，把我们的生态优势转化为吸引游客和项目的资源。第二是通过四大节庆活动，加大宣传推进力度，加强重大体育项目的招引，鼓励社会资本踊跃参与体育小镇项目建设。第三就是进一步建设和完善公共体育设施，丰富公共体育内容，为群众体育发展提供保障。

问：谷神庄园是一个集国学、体育、自然于一体的庄园，能为我们简要介绍一下谷神庄园的情况吗？谷神庄园目前秉持着怎样的发展理念？谷神庄园平时会举办哪些交流身心的体育活动？

答：我们的庄园坐落于常州太湖湾，庄园中植物生态环境极佳，拥有紫薇、枇杷、蓝莓等多种植物。因为我十分热爱篮球，特地在庄园内建造了两块标准篮球场，平时也会组织各种篮球友谊赛。周边拥有250米塑胶跑道，以供客人健身。我们还专门建造了600米文化长廊，洗涤心灵，普及中华传统文化，继承发展国

学。目前主要业务是餐饮、运动、旅游。我们庄园以"生态、文化、健康、休闲"为核心。主打健康，身心健康是每个人一生最大的财富。同时庄园也非常注重生态平衡，通过科学可持续手段，主要在排污方面变废为宝，打造生态庄园。

体育是我十分热爱的领域，我十分喜欢篮球场主席台下刻的两句话：四海之内皆兄弟，学问身世意气平。对于组织比赛时出现的身体对抗及其产生的矛盾，我希望引导他们进行情绪控制，自我约束。既要学体育，更要学做人。除了专业技术，还要用文化武装自己，输球不输人。不仅倡导身体健康，还有心理健康，希望每一位来到庄园的客人都能够洗涤外界纷扰，静下心来。我们承接了众多篮球比赛，太湖湾优美的自然环境让每一位来打球的客人都感到心情愉悦。我们举办了常州运动学校篮球队比赛等专业赛事，吸引当地老百姓现场观看赛事，受到当地百姓的欢迎。未来打算每个月办一次这样的赛事，让谷神庄园"体育+生态"的模式得到更好发展。

问：雪堰垂钓基地发展至今已举办过许多赛事，能为我们简要介绍一下雪堰钓鱼基地的发展现状和遇到的问题吗？基地目前举办过哪些赛事与培训活动呢？基地未来发展规划是什么呢？

答：我们的钓鱼基地共投资700多万，一次可容纳500人进行活动，主要经营项目是比赛和培训。在2015年我们基地获得区产业资金30万元。但基地目前周边配套设施还不完善，赛事资源不足，平日客流量少。

我们举办了许多精品赛事，如海峡涉水精工杯常州站钓鱼比赛、第54届华东钓鱼邀请赛、光威钓王杯全国钓鱼比赛江苏赛，还举办过江苏、浙江、安徽钓鱼培训班。目前正计划向政府申请土地建设指标以完善周边配套设施建设。

问：常州龙凤谷旅游项目巧妙地将自然与现代体育游乐项目融合，能为我们简要介绍一下龙凤谷生态旅游项目的经营项目和发展现状吗？接下来龙凤谷项目将有哪些规划？

答：我们主要经营项目有滑雪、漂流、溜索、卡丁车、餐饮、住宿等。所有项目依靠地势特点，按照因地制宜的理念建设。园区占地面积700多亩。在滑雪项目上，它是江苏首家四季滑雪场，冬季造大量真雪，其他季节利用从新西兰进口四季雪垫体验滑雪项目。在漂流项目上，我们利用山地资源优势，聘请专业团队规划设计来提高项目刺激性，漂流的高度落差在80米左右，日接待量5000人左右，整个项目实现全机械化、全自动化运行模式。我们的卡丁车项目速度适中，安全性强，独特之处是利用山地高低落差，增加了项目的刺激性。溜索项目长280米，高低落差30多米，充分利用山地与水库资源。整个龙凤谷目前经营状况良好，利用同程旅游平台进行合作营销。我们龙凤谷开发荒地，大量种树，保证生态平衡。并且带动了周边居民生活水平提高，促进周边开发农家乐等旅游资源。龙凤谷目前基础设施齐全，年客流量达到35万，年盈利500万元左右。现已列入武进区重点工程，获得扶助资金。

至于规划，首先我们要加大环境改造力度，开发多类型产品以适合各年龄段。其次，我们计划建设足球场、篮球场等设施，丰富职工和其他单位人员体育生活。再次，我们积极推动与学校合作，签订协议，开展冬令营、夏令营等活动。最后，我们计划扩建滑雪场以容纳更多游客，另外打造300多米的玻璃观光桥，拓宽经营项目。

问：电子竞技是目前一个大热的体育发展项目，就你所知道的常州电子竞技情况，来跟我们介绍一下有关情况好吗？还有，能否依你所见说说基地的发展状况？

答：我们常州电子竞技基地最初是嬉戏谷动漫游戏主题展览馆，后响应国家发展电子竞技等体育休闲产业的号召，建立起国家电子竞技基地。

我们主要分三个层次发展，第一个层次是借助基地现有的先进设备举办国家层面的大赛。第二个层次是与江苏电竞动漫协会、常州电竞协会等合作举办城市电竞联赛。第三个层次是培养业余队伍，与周边城市共同组织办赛，带动地区电竞发展。目前主要是与常奥集团、腾讯合作举办赛事。我们会继续深化与完美、腾讯合作，进行资源整合。通过与韩国较为成熟的机构合作，借鉴发展经验，寻找整合点。

（四）调研手记

　　之前也到过一两次常州，大概是一直在市区内转的缘故，总觉得常州太过拥挤忙碌了。拜访太湖湾体育小镇让我意识到是我孤陋寡闻了，喧嚣至极的尘世之中，原来有这样一个世外桃源，这里山美、水美、人文美，这里有古老运动的传承，这里还有新潮体育的创新……太湖湾体育休闲小镇发展至今已经初具规模了，小镇内的各个项目都得到一定的发展，成为相关产业中的佼佼者，目前规划的项目也都在有条不紊地进行着。作为一个年轻人，在调研了太湖湾体育小镇后，我对许多项目都表现出了极大的兴趣，像国家电子竞技运动基地、龙凤谷旅游项目，里面新潮刺激的元素都深深地吸引着我。但是这里也不会让上了年纪或者追求宁静的人寂寞，在太湖湾依山傍水的优美环境中，甩一尾鱼竿，哪怕坐上一整天都觉得怡然自得，高兴时，雅浦村果园内摘一篮桃子，体味农家亲近自然的欢乐。

　　太湖湾体育休闲小镇就是这样，兼顾了各个年龄段的消费人群的体育需求，将传统与创新的体育元素相互融合，碰撞出别样的火花。这也让太湖湾体育休闲小镇成为江苏地区体育小镇建设中独树一帜的一块牌子。在实地参观谷神庄园并拜访了庄园的建设者后我获得了从未有过的切身体会：什么叫做"体育+"，体育又有着怎样的包容性。体育以其独特魅力吸引着人们，因为热爱，人们希望它出现在生活的各个角落。这在谷神庄园中清晰地展现出来。庄主热爱体育，热爱篮球，他在自己的庄园里建了两块标准的篮球场地。积极组织专业球队来此打比赛，将篮球的魅力传播到小镇的家家户户。令我心生感慨的是并不仅如此，篮球场主席台下刻着的那句话最令人回味无穷：四海之内皆兄弟，学问深时意气平。庄主推崇国学，他的谷神庄园处处散发着传统文化独特的氛围，而这片挥洒汗水的篮球场却能与悠久的传统国学完美融为一体，这是我以前从未想过的。我国体育改革30多年，取得发展阶段也就是近十几年，体育界在学习西方体育先进技术与文化时，对西方的科学技术和文化是以仰视的态度看待的，体育界的教育和培训一味地强调技术的先进性，在我国体育高歌猛进的路上，我们似乎遗忘了自己

第八章 江苏省体育健康特色小镇创建实录

传统的国学文化。庄主在与我对话时曾说道："我希望我们体育人，既要学好体育，更要学会做人。除了专业技术，还要用文化武装自己，输球不输人。"

体育很多时候被认为是单纯靠体力或武力得以发展的，但其实不然，纵观整个体育世界的发展史，我们不难发现体育与文化往往有着千丝万缕的联系。"体育+国学"，用历经沧桑的传统国学对体育进行具有中国特色的诠释，这与奥林匹克的人文精神相得益彰。我们应该取传统国学文化之精髓，吸收其普遍适用的人文思想，使世界的体育人文思想进一步丰富与完善。这次调研机会对于我们每个人来说都是难能可贵的，我们得到了书本上所不能获得的收获。"体育小镇的发展"这个课题，不再是虚无缥缈的空中楼阁。依托当地特色环境优势，以太湖湾旅游度假区和雪堰镇为中心，通过优化产业结构，打造独具特色的体育产业链，将生态、旅游、竞技等多种元素与体育元素加以融合，挖掘新的体育经济增长点，把太湖湾体育特色小镇打造成传统与新潮体育元素相辉映的新型特色体育小镇。虽然是根据太湖湾特有的条件而形成的发展模式，但是对于其他体育特色小镇的建设仍然具有一定的借鉴意义。

"无体育不城市，无休闲不生活"。2016年10月28日，国务院办公厅印发了《关于加快发展健身休闲产业的指导意见》，部署推动健身休闲产业全面健康可持续发展。紧接着，国家旅游局、国家体育总局发布了《关于大力发展体育旅游的指导意见》。随后，国务院印发《"十三五"旅游业发展规划》，强调要加快休闲度假产品开发，大力开发温泉、冰雪、滨海、海岛、山地、森林、养生等休闲旅游产品。国家政策的密集出台，为我国运动休闲旅游产业注入一剂强心剂。

在这样的背景下，有着"太湖湾下的运动休闲明珠"美誉的武进太湖湾体育休闲小镇紧密跟踪国家政策，以"生态、文化、健康、休闲、民生"为核心，将传统体育文化与新潮体育元素巧妙融合，探索出了一条新颖的发展路径，有如下几点值得关注。

1. 打造体育产业价值链。武进太湖湾体育休闲小镇度假区内的体育产业发展独具特色，经过培育，目前已形成了包括全国龙舟竞赛基地、国家电子竞技运动基地、常州龙凤谷生态旅游项目、谷神庄园、恒泰泳池设备有限公司等多个项目。

2. 搭建运动休闲市场运营平台。武进太湖湾体育休闲小镇依托优质的山水资源、秀美的环境以及现有的运动项目资源和道路等旅游配套设施，传承"生态太湖""休闲太湖""文化太湖"的发展理念，构建起湖山结合、层次立体、项目丰富的太湖户外运动休闲体系，形成多业态集聚效应。

3. 挖掘体育运动魅力和生态资源优势，发展体育旅游体验项目。武进太湖湾生态资源丰富，建议太湖湾体育休闲小镇未来可以依托太湖优美的环境和自然资源，一是积极打造太湖湾龙泉山郊野公园，将其打造成一个生态、野趣、时尚、创意、高端的集聚地，同时进一步优化自行车绿道，满足观光自行车慢性的要求，兼顾自行车爱好者进行户外比赛的自行车赛道体系。二是积极围绕"上天入湖"，大力发展水上运动项目，修建亲水平台、游艇码头，发展水上体育旅游线路，增加游客的体验性和互动性，适度发展航空旅游体验项目，将太湖湾打造成为太湖低空旅游集散区。

（于翠兰，南京体育学院教授，硕士生导师。南京体育学院休闲体育系主任，党总支书记，武术与民族传统体育学科带头人，武术八段。中国武术裁判委员会委员，江苏省健身气功协会副秘书长，江苏省户外与登山运动协会副秘书长，江苏省马业协会常务理事。）

十四、激情扬中攀登身心之巅
——镇江市扬中极限运动小镇创建实录

"上善若水，自强不息。"这一句城市精神如涓涓细流环绕着扬中这座江中小岛，流进了每一位扬中市民的心中。滚滚东去的万里长江水绕城而过，城中一派江南水乡的清丽与富饶，"鱼米之乡"的美誉当之无愧，三月，朋宾满座，或为河豚，或为小桥流水人家的美景。而今，扬中人民仍不忘自强不息的箴言，变柔为刚，攀登进取。极限运动的落户，让这座淡雅如水的江南小镇增添了几分勇猛进取的锐利，激情四射的气势勃勃待发，就让我们循着这股精气，一起来探寻踪迹，沿路发现它不为人知的奥秘吧！

扬中风光

（一）案例简介

极限运动小镇坐落于四面环江、生态优美、国家级生态示范区——扬中市。全市由长江主航道以南的雷公岛、太平洲、西沙、中心沙四个江岛组成，总面积331平方公里，其中陆地面积228平方公里。现辖4个镇、2个街道、1个省级经济开发区。这里绿树成荫、生态宜人，城市绿化覆盖率达37.26%，是全国首批"国家级生态示范区""江苏省园林城市"，先后创成"国家卫生城市""国家生态市"，"国家环保模范城市"通过国家级考核验收。扬中素有"河豚之乡""江中明珠"的美誉，一年一度的河豚节吸引了无数海外朋宾。扬中拥有得天独厚的旅游资源和方便快捷的交通优势。扬中四面环江，为生态度假游、绿色养生游、发展观光农业等有机结合，构建了一系列的环岛生态旅游体系。旅游业的发展离不开扬中极富优势的地理位置、交通网络。

便捷的交通体系辐射出了"1.5"小时的生活圈，1.5小时生活圈内城市财富实力不可小觑，给扬中带来了巨大的消费潜力。且扬中百姓富裕，人均储蓄、人均收入分别列江苏第三位、第七位，在镇江市率先全面消除年稳定性收入低于8000元的贫困人口。

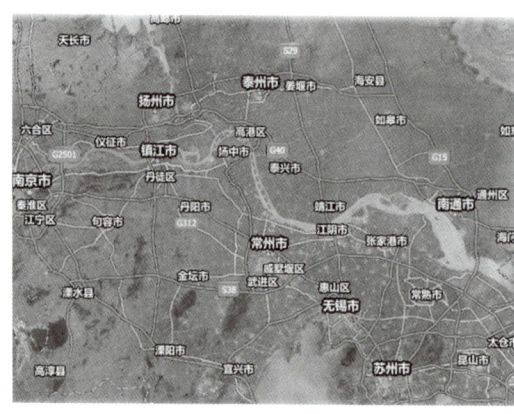

"1.5小时"生活圈

近年来，扬中市围绕"四个全面"的战略布局，践行"五大发展理念"，深入发展水域生态，积极转变升级生态旅游业，着力打造环保科技、健身运动、休闲旅游为一体的幸福扬中，推动全市社会经济全方位、一体化地发展。

在这样的背景下，际华园项目应运而生，极限运动小镇迅速发展。目前，将落户小镇的极限运动一共有四个，分别是室内冲浪、室内滑雪、保加利亚探险中心和攀岩。冰雪世界项目将与国内领先的室内滑雪场投资方及运营机构通力合作，致力于打造长三角地区专业化运营的室内滑雪馆，满足家庭休闲、滑雪训练、旅游享受等多层次多方面的娱乐需要，并且走上国际，与国际化的滑雪项目形成联动。同时，室内探险极限运动还配备好一系列的护手、护膝、连体服等保障措施，辅之以专业教练的讲解培训，保障了刺激的极限体验和安全放心的后备保障。际华园是一个集体育运动、休闲娱乐、旅游购物等多项目于一体的目的地中心。利用体育小镇的建造契机，巧妙地将运动、娱乐、餐饮、购物、酒店等完美地结合到一起。

第八章　江苏省体育健康特色小镇创建实录

未来游客冲浪示意图

全场设有冰雪世界、亚洲首席极限运动中心、孩子宝主题乐园、奥特莱斯商业广场、时尚购物中心、生态美食街、产业特色小镇、温泉度假酒店、精品公寓等配套广场，打造出长三角地区一站式首选度假中心目的地。其中一些品牌将在数十年内，通过大量电影广告的宣传，来提高扬中际华园的国际知名度和曝光率。孩子宝主题乐园的存在，不仅刺激了周边项目的消费，同时，也是支撑辅助着扬中极限体育生存与发展的中流砥柱。此外，温泉酒店和高端客房也满足了一些社会高级阶层消费群体的需求。总体上看，际华园项目在极限运动小镇的基础上，整合探索出了一条运动休闲度假一体化的新模式。

至2017年5月，扬中极限小镇一期工程正在紧张施工，一期工程包括冰雪世界、极限运动中心和孩子宝主题乐园，另外同步进行的还有奥特莱斯商业广场。前期，扬中际华集团的负责人称："我们分期开发的策略就是先基础、后特色；先旅游、后配套度假。"近期，先打造游乐旅游核心，配套旅游服务实施，实现旅游接待功能，同时打造部分度假物业导入人气，平衡资金。人气和知名度向来都是一个地区产业发展的关键，特色体育运动产品的塑造将形成特色的体验项目，带动人气和知名度的提升。极限运动的建设还在起步阶段，但作为华东地区独家经营的"极限运动馆"，冰雪世界的占地就达到2.5万平方米，极限运动中心（冲浪/室内攀岩）占地2.1万平方米。如今，工程队已经入驻施工，周边的宣传海报也已经配合一致，在不久的将来，我们很快就能看到一个全新的、充满着运动的激情和活力的极限运动小镇。

（二）做法提炼

1. 激情攀岩冲浪，闲情欣赏江海

扬中江海风情

临江而立，四面江岛，沙鸥阵阵，晚风习习，漫步长江一畔，口齿中还残留着河豚刀鱼的余香，这样的生活是否太过安逸？是否缺少些激情洋溢的挑战与跨越？不用拿起手机再订机票奔向各地，来场说走就走的旅行，这些分散各地的极限运动就在触手可及的家门口啦！

2016年以来，扬中人均GDP突破13万元，"五岛一桥"项目竣工，这座江心小岛的发展速度就日益加快，此次极限运动小镇的落户，给当地居民带来了室内滑雪、室内攀岩、室内冲浪、探险中心四个极限项目和数不胜数的娱乐设施。"室内滑雪"是一项极富挑战性的室内高科技体验运动。现代化快速忙碌的生活方式使许多都市青年远离了冰雪世界，但在这里，只需带上一腔热情和一张门票，就能立马投入到这段激情燃烧、释放自我的征途里去。

第八章 江苏省体育健康特色小镇创建实录

河豚之乡

剪纸、河豚、肖笛、竹编……这些特色的小镇文化，丰富了这座小镇的内在修养，刺激的滑雪冲浪之后，出门寻一处僻静之地，来上一碗鲜嫩的河豚，鲜美的鱼块滑入口中，冲走了刚刚残留体内的如火热情。运动释放后的闲情总是格外可贵，扬中用其"天时、地利、人和"的自我优势，把握住极限小镇的历史机遇，一步步地将当地特色的江鲜文化注入到体育文化的战略中区，到底是江鲜成就了体育还是体育发展了江鲜，这个中细节只有亲自前来感受一番才能准确体会了。

体育健身深入发展

2. 产业与运动齐飞，养生与娱乐一色

扬中极限运动主要的项目定位是"旅游、休闲、运动、娱乐、养生"一站式目的地中心。在传统旅游项目已不能满足大众需求的时代里，"一站式"旅游逐渐成为市场的宠儿。而在体育项目上更是如此，或许你看过"体育+旅游""体育+文化""体育+休闲"等一系列发展模式，但扬中这次全面化一体化的目的地中心可谓做足功夫，打通上下产业链，立足于整体小镇的经济建设发展。

温泉度假酒店效果图

先动后静节奏换起来。运动和旅游是本次项目的第一站，旅游业作为朝阳产业，资源消耗少，带动系数大，就业机会多，综合效益好，对地方财政贡献高，向来都是每个地区的香饽饽。早在《扬中市旅游发展总体规划》中，就围绕"三园、两岛、一环"的规划布局，重点打造滨江公园及滨江休闲风光带、长江渔文化生态园、江苏省园博园三大精品景区，这次趁着体育小镇的发展之机，又加入了自行车赛道、健身绿道为特色的120公里环岛江堤旅游风光带。另外，它还与"田园风光游""自驾游""渔猎游"和"采摘园""农家乐"等乡村旅游产品有机串联，加快构建环岛生态旅游体系。同时，依托"极限运动"，精心打造具有扬中特色的多元运动文化，通过与当地文化互相渗透、理念融合，创造旅游纪

第八章　江苏省体育健康特色小镇创建实录

念品与旅游产业相互融合，增加了体育项目的口碑和娱乐性。

边玩边学好时机用起来。在吸引逛大都市青年的同时，合理分布的娱乐休闲场所也为带着孩子的中年父母提供了一个不错的选择。目前，际华园内设有孩子宝主题乐园、奥特莱斯商业广场、时尚购物中心。其中孩子宝自身强大的IP效应，曾推出过变形金刚、大富翁、小马宝莉等一系列孩子们耳熟能详的动漫人物，后期跟进的电影项目，就将把扬中极限小镇的产品理念推向世界各地，现在还不来试试？再晚就得排队啦！

奥特莱斯广场效果图

3. 政企高效合作共发展，国际赛事力升知名度

扬中体育特色小镇主要的经营方式就是当下流行的，以政府招商引资、企业投资建设的高效模式。际华园项目是由政府批地打造，但在执行的过程中是承包给际华园公司去督造规划的。际华园集团股份有限公司，是上交所上市公司，下属70余户全资及控股子公司，2015年就入选亚洲企业500强，拥有"际华皇家""JHI912"等一系列自主品牌。政府选择这样一家有影响力的公司合作，可谓目光长远。在建成以后，其负责招商运营，具体规划细节。在这个过程中，政

府就像是一只无形的手，在响应国家政策的同时，下放权力，为市场经济保驾护航，共同促进扬中体育产业经济的繁荣，共同带动扬中总体经济产量的增长。为了一直保持亲密友好的合作方式，扬中市政府一直坚持的就是政企协同推进。极限小镇的培育创建坚持以市场为主导，做到市场主体不缺位、政府引导不越位。政府为极限运动的发展制定了标准，但都是立足于企业实际施工现场的真实情况而来的。特色小镇是一个新的事物，是一个创新的、摸着石头过河的过程，在企业遇到一些政策上的迷茫和困惑的时候，政府积极为他们来解答疑惑，上报体育部门，及时解决。另外，政府也积极联络上级，引进国家队来滑雪场进行训练，备战奥运会，树立一个良好的合作形象。政府自身还在不断加强服务意识、完善基础设施、扩展服务内容，制定未来的赛事活动和全民健身活动，来补充企业职能的短板。在未来，极限小镇将会组织不同群体的赛事项目，来提高极限运动在我国的影响力。如开展全国极限运动超级联赛、大学生赛、企业赛等，来选拔出一支优秀的参赛项目，来参加更多的国际赛事，如洲际赛、国家间邀请赛、对抗赛、友谊赛等，与国际的极限运动互相学习取经。届时，这些大赛和活动主要将依托政府出面规划、协调，共同提高扬中极限小镇在国际上的影响力，促进周边长三角地区旅游业的发展。

4. 高科技设备避风险，专业化教练引兴趣

极限运动体育小镇中包含了室内冲浪、室外攀岩、室内冰雪以及风洞跳伞项目。这些项目在日常生活中都是极为酷炫的，在运动过程中也存在着极大的风险。当你面对高高的气压、低空的悬浮的时候，你害怕了吗？不用担心！不用害怕！在这里，小镇会给你绝对安全的保障，让你玩得刺激、来得放心！

因为，在进行这些项目之前会针对体验者给予相应的人身保险，确保必要的协议，免除后顾之忧。而后，在体验者进行项目体验前对其进行严格的体检培训，规避风险，扫除隐患，确保在自行运动过程中的人身安全。在所有项目中，都采取一对一教学模式，教练不仅能传授知识，还能培养你的兴趣，用幽默化

的知识讲解来构建你的运动框架。最后，在每项运动场馆内都设有相关的急救人员，对一些突发性安全事故进行及时处理。

（三）访谈对话

采访者：南京体育学院　袁萍萍、何思源、刘芸

受访者：扬中文化体育旅游局副局长　胡敏生；扬中市三茅街道办事处副主任　林晓宁

问：目前扬中体育健康特色小镇运营的主体单位是政府还是企业呢？

答：我们这个项目是由政府批地打造，但在执行的过程中是承包给际华园公司去督造规划的。而且在建成以后，也是他们去负责招商运营，具体规划细节。在体育特色小镇的建设上，我们可以说政府就像是一只无形的手，在响应国家政策的同时，下放权限，为市场经济保驾护航，共同促进扬中体育产业经济的繁荣发展，共同带动扬中总体经济产量的增长。

问：极限运动现如今已逐渐走进大众视野，取得了很大的进步，但仍存在心理或者见解上的差异，特色小镇落在扬中，请问（企业/政府）是如何向大众宣传，扩大其在扬中及其周边发展的呢？对区域民生有哪些影响？可以从客户的体验、周边发展这些方面谈一谈。客户有了这些体验以后有没有帮助到大众更积极地参与到全民健身之中呢？如果有，可以跟我们分享一下引导经验吗？

答：大众对极限运动的抵触畏惧情绪的原因：一是不了解，他们觉得极限运动离他们很遥远，不像篮球、足球这些众所周知的运动那么深入人心，因为不了解而存在的误解是完全可以解决的。我们在体育特色小镇建造开始就在周边以广告、宣传栏等方式来让居民了解这个项目，一起投入到我们的体育经济建设之中。至于周边长三角区域的影响力，我们还可以通过际华园这个大公司来帮我们宣传扩展，目前国内在建的际华园就有六个，他们的影视IP衍生品在宣传范围上可以说是非常先进迅速的。体育特色小镇，其特色就是在于极限运动，这个运动不像大众运动那么广泛，因此才能做出新意，做出影响力，要是我们搞个普通的

项目，你说还能叫体育特色小镇吗？二是大众对极限设施的安全问题心存疑虑。对此，我们还有一个保障那就是绝对的安全质量。际华园里目前开展的四个极限运动，都是和国际知名机械公司合作进口的，由保加利亚攀岩器材公司Walltopie提供的攀岩设备，这些都是高标准、高安全的合作器材公司，与此一起引进的就是专业的训练指导团队，给每位前来挑战的消费者以一对一的指导培训，让他们玩得刺激、用得放心。"金杯银杯不如消费者的口碑"，广泛的宣传加上绝对的质量保障，久而久之极限小镇的名声就会在长三角地区打响，甚至影响全国，形成一股热潮，当然这是我们一个长期发展的构想。

影响肯定是存在的，但我相信是好的影响居多。现在我们国家不都提倡全民健身嘛，由我们牵头，来构造的这个体育小镇就让体育对居民的影响不仅仅停留在造几个篮球场、设几个小区健身器材那么浅显的层面了，而是用体育经济的发展来告诉他们，体育不仅仅是健身，更与我们的经济息息相关，与我们的生活密不可分。我们希望通过这个体育小镇的建设来把体育这个广泛而深刻的概念深入到扬中每个居民的心中。如何帮助大众更好地体验呢？这个在上面回答了，就是宣传+保障，居民在有了震撼刺激的体育体验以后，通过调研，我们发现扬州极限运动小镇还带动了扬中整体经济的增长，城镇口碑知名度的提升，自然而然就会受到体育的感染。这就是我们的引导经验，先用实际行动来证明我们自己的设施是完全有感染力的，再用长期有效的发展来浸润他们。

问：目前，越来越多的"主题乐园"性质的旅游项目开展得倒是不少，在和周边其他城市的竞争中，扬中是如何利用这一极限运动的体育特色打造出一套体系的呢？（体系即自己的管理特色、产品特色、运营模式等）

答：近年来，我们确实可以看到各地都掀起了一股主题乐园热潮，比如南京的银杏湖乐园主打娱乐设施的溜冰场和大型商场，泰州的三水乐园主打水上漂流，常州的恐龙园主打游乐场地。在现在周边主题乐园辈出的情形下，我们为什么还要迎难而上？因为际华园在主题乐园上具有它独特的优势。它不仅包括了娱乐游玩的乐园，还有国内鲜有的极限运动场馆，不仅可以容纳不同层次的旅客，还可以接纳国家运动队的训练，是一个多重利用的设备基地。此外，它还融入了我们扬中的地方特色，就是河豚江鲜，旅客即来即尝，用"河豚之乡"的美誉为其发展助力，相信一个主题乐园拥有了从游玩到住宿到度假全方位一体化的构造以后，加上其不可分割的文化内核，一定能够蓬勃发展。

问：体育企业的发展离不开人才的需求，企业这方面是如何引导人才的，特别是对极限运动方面的人才？

答：极限运动的人才在市场上还不那么广泛，我们从跟我们合作的国际公司引进人才，因为他们具有良好的国际素质和专业的培训基础，从长期的发展来看，还需要更多的人才，用优质的利益和就业待遇来聘请这些专业人才。同时，我们也在这里小小地期许一下，将来极限运动小镇做大做强以后，能够打出一套有影响力的体系以后，我们也可以培养出一套专业的人才供给体系，不仅仅是为我们这个小镇来输送人才，更是为全国的极限运动献出一份绵薄之力吧，当然这是后话。

问：对于体育健康特色小镇的未来，您有哪些展望？

答：响应陈局长提出的"体育+"，打造出一条体育+旅游+休闲+运动+娱乐的一站式目的地中心，在一期工程完毕以后，后期我们还会加入开放性城市湿地公园、健康养老所等高端体育休闲场所，更深层次地将极限运动带来的体育文化深入该地，同时也以举办大赛、招揽游客、开发旅游的方式来把极限运动带上国内平台，与国际学习对话。

（四）调研手记

在走访扬中的过程中，扬中在绿色发展上做得很好，值得学习取经。任何一个经济项目的落户，都对当地的生态有一定的依赖，在发展的过程中也势必会造成环境方面的影响，极限运动也不例外。扬中人文聚集、资源丰富、四面环岛、环境优美、气候宜人，这些天然的优势对于体育项目有一定的正面作用。在体育休闲产业落户以后，各个小镇都将面临的就是一些废水污染、工业污染的问题，际华园项目的负责人称现在提倡绿色消费，在大量商家入驻际华园之初，就做好了一套防污染、治污染的措施方案，收益的一部分也会用于治理保护之中。此外体育小镇后续将大力推进生态体育，生态湿地公园、人工湖、度假区、线性公园、城市绿道等一系列绿色工程的应运而生，对环境必将起到促进作用。

不可回避的是，扬中在具体的宣传工作上力度不够大。当地的许多居民还不知道际华园项目，也不知道极限运动。在走访过程中，群众称原本以为只是要建一个商业街区，没想到这么好的运动场所就要落地在自家门口了。既然作为体育特色小镇，那么重点应该是体育项目的广泛宣传，希望在后期的运营过程中，相关负责人会加大宣传力度，早日把扬中与极限运动的精神合二为一，形成独一无二的扬中精神。

瑕不掩瑜，总的来说，扬中的极限运动发展前景一片大好，值得期待。

在我国由体育大国向体育强国迈进的过程中，在全面贯彻落实党中央、国务院《健康中国2030规划纲要》的大背景下，扬中市依据其特有的地理环境和经济优势，卓有远见地提出并建设体育小镇，打造集旅游观光、运动休闲、餐饮美食和体育产业于一体的极限运动小镇，为我国特色小镇的体育发展提供了具有引领作用和借鉴意义的典型案例，其主要典型性意义有以下几点。

1.《健康中国2030规划纲要》中首次将国民健康摆在优先发展的战略地位。扬中市建设体育小镇，为城市居民富起来之后形成健康的生活方式搭建了良好的平台，通过各种体育活动提高了市民的健康水平，增强了现代社会中人们之间的社会交往，为社会主义精神文明建设和构建和谐社会做出了贡献。

2. 扬中极限运动小镇引进室内冲浪、室内滑雪、探险中心和攀岩等极限运动项目，不仅打造了扬中特色的多元运动文化，而且在我国每个家庭一个孩子的背景下，通过极限运动培养孩子们不怕困难、勇于拼搏的意志品质和冒险精神尤为重要。同时，把在温暖的江南自然环境下极难看到的滑雪运动呈现给当地人民，为当地人民带来了欢乐,为在我国南方挖掘我国尚比较匮乏的冰雪体育人才拓宽了渠道。

3. 扬中极限运动小镇采用了政府为主导,企业为主体,市场配置资源,社会共同参与并实时监督的经营模式。政府的职责是管,企业的职责是办,市场化运作,社会参与监督,各司其职,互相配合,互不越位,保证了企业的高效率运营。扬中极限运动小镇的实践再次证明"管办分离""政企分离"的市场化经营模式是体育产业运作的成功模式。

(周爱光,华南师范大学教授,博士生导师。华南师范大学体育科学学院院长、第五、六、七届国务院学位委员会体育学科评议组成员、享受国务院特殊津贴专家、国家社会科学基金项目评审委员、中国体育发展战略研究会会员、全国体育硕士专业学位教育指导委员会委员、全国高等学校体育教学指导委员会理论组副组长、中国体育法学研究会副会长等。)

(李金宝　叶小瑜　整理)

参 考 文 献

[1] Murphy C.Boyle E.Testing a conceptual model of cultural tourism development in the post-industrial city: A case study of Glasgow. [J]. Tourism and Hospitality Research, 2010, 6(2):111-128.

[2] R Rey. New Challenges and Opportunities for Mountain Agri-Food Economy in South Eastern Europe [J]. Procedia Economics and Finance, 2015, 22: 723-732.

[3] Graham Parlett, John Fleteher, Chris Coop. The impact of tourism on the Old Town of Edinburgh [J]. Tourism Management, 1995(5).

[4] John S.Akama, Melphon Mayaka. Systems approach tourism training and education: The Kenyan case study [J]. Tourism Management, 2007(1).

[5] Baud-Bovy. New concepts in planning for tourism and recreation [J]. Tourism Management, 1982(4).

[6] Carlos Costa. An Emerging Tourism Planning Paradigm? A Comparative Analysis between Town and Tourism Planning [J]. International Journal of Tourism Research, 2001(3).

[7] Downward, P. Critical Realist Reflection on Policy and Management Research in Sport, Tourism and Sports Tourism [J]. European Sport Management Quarterly, 2005(5).

[8] Dimeo, P. Review of "Sports Tourism: Participants, Policy and Providers" by Mike Weed and Chris Bull [J]. Tourism Management, 2008(6).

[9] Shonk, D.J. and Chelladurai, P. Service quality, satisfaction, and intent to return in event sport tourism [J]. Journal of Sport Management, 2008(4).

［10］Weed, M.E. Global trends and sport tourism［J］. Journal of Sport & Tourism, 2009（2）.

［11］Gibson, H., Mcintyre, S., Mackay, S. and Riddington, G. The economic impact of sports, sporting events, and sports tourism in the U.K. The DREAM Model［J］. European Sport Management Quarterly, 2005（5）.

［12］Greg Halseth, Cathy Meiklejohn. Indicators of Small Town Tourism Development Potential: The Case of Fouriesburg, South Africa［J］. Urban Forum, 2009（3）.

［13］卓勇良. 特色小镇的内涵与外延［J］. 经济地理, 2015, 13（5）: 27-30.

［14］赵士雯, 赵艳华, 国福旺. 新型城镇化背景下的天津特色小镇培育策略研究［J］. 城市, 2016, 10（8）: 22-25.

［15］闵学勤. 精准治理视角下的特色小镇及其创建路径［J］. 同济大学学报, 2016, 27（5）: 55-60.

［16］刘德云. 参与型旅游小镇规划模式研究——以金门金湖镇为例［J］. 旅游学刊, 2008（9）: 73-79.

［17］卢森林. 旅游经济对传统体育影响的研究［J］. 体育文化导刊, 2015（9）: 139-143.

［18］姚尚建. 城乡一体中的治理合流——基于"特色小镇"的政策议题［J］. 社会科学研究, 2017（1）: 45-50.

［19］乔海燕. 基于地域文化特征的嘉兴旅游特色小镇建设［J］. 城市学刊, 2016, 37（3）: 56-61.

［20］仇丽萍. 特色小镇建设的实践与探索［J］. 咨询决策, 2017（03）: 74-79.

［21］林峰. 特色小镇全产业链全程解决方案［J］. 中国房地产, 2017（02）: 47-45.

［22］司亮，王薇.我国体育小镇空间生产的理论框架及实践路径［J］.沈阳体育学院学报，2017，36（5）：53-58.

［23］沈克印，杨毅然.体育特色小镇：供给侧改革背景下体育产业跨界融合的实践探索［J］.武汉体育学院学报，2017，51（6）：56-62.

［24］谭冉.体育小镇开启产业投资新蓝海［J］.经济，2017（11）：92-94.

［25］林峰.体育小镇激活体育产业新蓝海［J］.中国房地产，2017（11）：47-49.

［26］吕平，王健.特色小镇体育生态建设研究——以四川省特色文化小镇青莲镇为例［J］.体育世界（学术版），2017（11）：30-31.

［27］蒋清，敬艳.全域旅游视域下体育特色小镇的开发［J］.开放导报，2017（5）：92-95.

［28］曹建华.体育小镇重在"特色"［N］.国际商报，2017-04-14（A02）.

［29］吕红星.体育小镇有望成为体育旅游新动力［N］.中国经济时，2017-08-17（006）.

［30］潘时华.打造体育健康特色小镇新"名片"［N］.新华日报，2017-03-23（013）.

［31］毛毛.建设体育特色小镇 有效落地是关键［N］.陕西日报，2017-03-20（012）.

［32］范颖华.健康产业催生体育小镇迎来美好时代［N］.中国企业报，2016-11-08（024）.

［33］唐人元.富阳：建设中国首个智慧体育特色小镇［J］.杭州（周刊），2015（07）：62-65.

［34］徐林强.产业融合视角下浙江省旅游小镇发展路径研究［J］.现代城市，2015（03）：1-3.

［35］盛世豪，张伟明.特色小镇：一种产业空间组织形式［J］.浙江社

科学，2016（03）：36-38.

［36］付晓东，蒋雅伟.基于根植性视角的我国特色小镇发展模式探讨［J］.中国软科学，2017（08）：102-111.

［37］张清华，宋年春.体育特色小镇构建背景下峡山区体育旅游SWOT分析与对策研究［J］.辽宁体育科技，2017（03）：19-22.

［38］吴雨辰，郦琪琛.看浙江体育小镇如何"特色生长"［N］.中国体育报，2016-07-12（004）.

［39］钱巧鲜.特色小镇体育生态建设研究——以浙江诸暨大唐袜艺小镇为例［J］.浙江体育科学，2016（03）：25-27.

［40］谢大强，陈创淼.永兴体育小镇今年底"初长成"［N］.海口日报，2016-03-01（001）.

［41］曹建华."体育+"为特色小镇加分［N］.国际商报，2017-04-14（A02）.

［42］陈磊，陈元欣，张强.国内外体育特色小镇建设启示——以湖北省为例［J］.体育成人教育学刊，2017（13）：41-45.

［43］张银银，丁元.国外特色小镇对浙江特色小镇建设的借鉴［J］.小城镇建设，2016（11）：29-36.

［44］罗翔，沈洁.供给侧结构性改革视角下特色小镇规划建设思路与对策［J］.规划师，2017（06）：38-43.

［45］黄玮，李锋.我国体育与旅游产业融合发展对策研究［J］.经济问题，2017（10）：116-120.

［46］谢大强，陈创淼.永兴体育小镇今年底"初长成"［N］.海口日报，2016-03-01（001）.

［47］曹建华."体育+"为特色小镇加分［N］.国际商报，2017-04-14（A02）.

［48］陈磊，陈元欣，张强.国内外体育特色小镇建设启示——以湖北省为

例[J].体育成人教育学刊,2017,33(03):41-45.

[49] 应瑛,王晋,文娜.公众眼中的特色小镇——浙江特色小镇的互联网大数据分析[J].浙江经济,2016(8):45-45.

[50] 徐林.加快特色镇的发展是未来城镇化的重点[J].中国经贸导刊,2016(13):22-23.

[51] 周莉雅.以新型城镇化引领江苏特大镇转型升级[J].中国经贸导刊,2016(35):24-27.

[52] 罗小龙,郑焕友,殷洁.开发区的"第三次创业":从工业园走向新城——以苏州工业园转型为例[J].长江流域资源与环境,2011,20(7):819-824.

[53] 李庭辉.浦东特色镇经济发展的新思路[J].上海管理科学,2001(3):45-46.

[54] 郭金喜.浙江特色小镇建设的区域经济学考察[J].浙江经济,2016(9):62-63.

[55] 许益波,汪斌,杨琴,等.产业转型升级视角下特色小镇培育与建设研究——以浙江上虞e游小镇为例[J].经济师,2016(8):90-92.

[56] 卓勇良.浙江特色镇的秘密[J].决策,2015(8):50-51.

[57] 卓勇良.政府公共政策供给的逻辑必然与创新——浙江特色小镇规划建设的理论思考[J].决策咨询,2016(2):26-29.

图书在版编目(CIP)数据

中国体育小镇建设纲要/陈刚，杨国庆主编.-北京：人民体育出版社，2017

ISBN 978-7-5009-5304-3

Ⅰ.①中… Ⅱ.①陈… ②杨… Ⅲ.①小城镇-城市建设-研究-中国 Ⅳ.①F299.21

中国版本图书馆CIP数据核字（2017）第310132号

*

人民体育出版社出版发行
中国铁道出版社印刷厂印刷
新 华 书 店 经 销

*

787×1092　16开本　25.75 印张　380千字
2017年12月第1版　2017年12月第1次印刷

*

ISBN 978-7-5009-5304-3
定价：95.00元

社址：北京市东城区体育馆路8号（天坛公园东门）
电话：67151482（发行部）　　邮编：100061
传真：67151483　　　　　　　邮购：67118491
网址：www.sportspublish.cn
（购买本社图书，如遇有缺损页可与发行部联系）